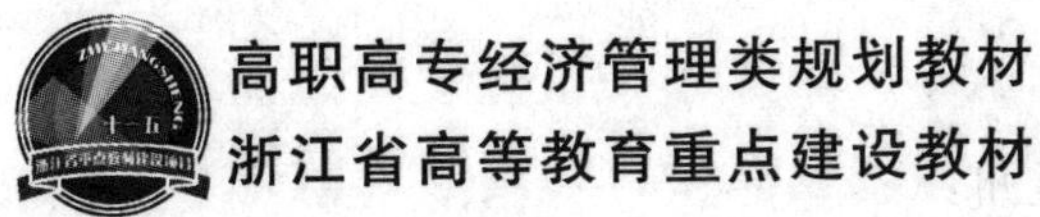

高职高专经济管理类规划教材
浙江省高等教育重点建设教材

国际货运代理实务

（第二版）

朱华兵　陈　罡　编著

ZHEJIANG UNIVERSITY PRESS
浙江大学出版社

图书在版编目（CIP）数据

国际货运代理实务 / 朱华兵，陈罡编著. —杭州：浙江大学出版社，2013.6(2020.7 重印)
ISBN 978-7-308-11540-7

Ⅰ. ①国… Ⅱ. ①朱…②陈… Ⅲ. ①国际货运一货运代理一高等职业教育一教材 Ⅳ. ①F511.41

中国版本图书馆 CIP 数据核字（2013）第 107070 号

国际货运代理实务（第二版）

朱华兵　陈　罡　编著

责任编辑　周卫群
封面设计　卢　涛
出版发行　浙江大学出版社
（杭州市天目山路 148 号　邮政编码 310007）
（网址：http://www.zjupress.com）
排　　版　杭州中大图文设计有限公司
印　　刷　杭州良诸印刷有限公司
开　　本　787mm×1092mm　1/16
印　　张　21
字　　数　511 千
版 印 次　2013 年 6 月第 2 版　2020 年 7 月第 8 次印刷
书　　号　ISBN 978-7-308-11540-7
定　　价　38.00 元

浙江大学出版社市场运营中心联系方式：0571－88925591；http://zjdxcbs.tmall.com

再版前言

浙江省重点建设教材《国际货运代理实务》自2010年出版以来，被全国许多高职高专院校所选用，受到了广泛的好评。同时，也发现并反馈了书中存在的一些问题和不足。此次再版，我们对第一版出现的内容和印刷错误进行了修正；同时，与教材使用者及货代企业和货代从业者进行了多次沟通和研讨，对教材的内容和布局进行了调整和修改。具体涉及：第二章附表2-1至2-7的修改；第四章增加了大量的表格图例，并对附表4-1、附表7-2（原6-2）、附表9-4、9-6的表格进行了替换；将"第四篇　国际货运事故处理"打散，分别归类到"海运篇"与"空运篇"。原"海运公约"中增加了"鹿特丹规则"的简介；原"第七章　国际航空货物运输流程"整章放到原"第九章航空货运单"后面，原附表7-2替换了新的表格；修改了原第六章"项目二　民航飞机参数实训"的实训内容，替换了原实训项目表格；增加延伸阅读版块，对于学生需要了解，但课堂有限时间内难以详细讲授的内容作为延伸阅读版；附录增加了"海牙—维斯比规则"，原"第三章第四节危险货物运输"整节改为附录。

一本好的教材，需要在使用过程中不断地充实和完善。囿于编著者的水平所限，问题和错误依然会存在，我们将继续听取各种途径、渠道的信息反馈，及时对存在的问题和错误进行回应和修正。

感谢相关院校专业教师对本教材的厚爱及所提的宝贵意见和建议。感谢义乌部分货代企业对本教材修订工作的支持。感谢义乌货代物流协会为本书提供的新增单证图表。

编著者

2013年5月于义乌

前　言

国际贸易已是拉动我国经济发展的三驾马车之一，与国际贸易密切相关的国际货运代理行业也得到了迅猛的发展，各高校所设的相关专业及行业从业人员也在迅速增长。为更好地适应并促进国际货运代理行业的发展及高等院校特别是高职院校的教学需要，我们编写了《国际货运代理实务》一书，并成功入选浙江省 2009 年度高校重点建设教材项目。

本教材在编写思路上，强调以货代基本理论为指导，以企业实际业务流程为主干，在岗位技能分析的基础上设置教学和实训环节。在内容的选择上，删繁就简，以中国国际货运代理协会的货代职业考试为基础，以浙江主要的国际货运代理业务为出发点，以当地典型企业为核心，行业协会为依托进行货运代理海、空运操作岗位分析后，本着“必须”、“够用”、“精干”的原则对授课知识进行筛选与整合，将“大而全”的课程体系变革为“少而精”。侧重于国际货物运输主流的海运和空运部分，同时放弃了长三角地区特别是浙江国际工农业产成品贸易中使用极少的租船运输、国际铁路和公路运输，使教材更具有地方特色。

本教材采用项目导向、任务驱动和情境导入的教学形式，设计了可执行的详细实训方案，有利于高职高专校内实训及工学结合的开展。

在教材的编写过程中，走访了众多的物流和货代企业，了解行业的特点和实际需求，并得到了浙江中道物流等企业的大力支持和参与，在此表示由衷的感谢。

本教材同时也是义乌工商职业技术学院浙江省特色专业“国际经济与贸易”专业建设项目的系列成果之一。

本教材由朱华兵和陈罡编写完成，其中第 1、2、6、7、8 章由朱华兵完成，第 3、4、5、9、10、11 章及附录由陈罡完成。囿于编著者自身水平，不妥之处在所难免，敬请各位专家和使用者批评指正。

编著者

2009 年 11 月于义乌

目录
Contents

第一篇 基 础

第二篇 海 运

第三篇 空 运

第一篇

基　　础

第一章

国际货运代理概述

本章学习任务

一、能用自己的话说出国际货运代理(以下简称货代)的相关概念要点;

二、学会甄别货代企业营业资质;

三、知道如何报名参加货代从业资格培训与考试,以及不同协会货代证的含金量;

四、明白国际货运代理企业究竟可以从事哪些业务。

章节情境设定

经过十年寒窗苦读,小张终于如愿考上大学。大学丰富多彩的学习生活,家人提供的生活费有些不够用,加上大学课余时间较多,许多像小张一样的新生在外做兼职,小张决定也去做份兼职。正好当地的一家国际货运代理企业招收在校生做实习生,小张顺利通过面试后,对方让他一周后上岗。

第一节　国际货运代理的概念

本节情境导入

长这么大,第一次找工作就顺利被录取了。日后既可以增加工作经验,也可以让自己的手头宽裕些,小张非常兴奋,宿舍夜话时就把这好消息和室友分享了。这时,小张的室友小李好奇地问小张:“你那家什么公司是做什么的啊? 什么是国际货运代理啊?”小李的问题一下把小张给难住了,小张也是第一次接触到国际货运代理企业,一时间不知道如何回答小李好奇的提问。

本节任务

帮助小张用自己的语言向小李解释,到底什么是国际货运代理。

随着国际贸易、运输方式的发展,其业务涉及面越来越广,头绪众多,情况复杂,致使贸易、运输的经营人已无多大能力亲自处理经营每一项具体的业务,大量的业务需要委托代理人代为办理。为了适应这种发展的需要,国际货运代理业应时而生,为国际贸易运输提供“一站式”服务,即某一代理或贸易、运输的经营人在完成货物贸易并组织完成货物运输时采用一次托运、一次保险、一张单证、一次计费、一次报关的方法,以求快、省、便。

一、国际货运代理的定义

货运代理(the freight forwarder)一词,虽然国际上没有公认的、统一的定义,但是可以从一些国际组织和国家法律法规对其的定义或解释看出一些共同点。

联合国亚太经社会对其解释为:货运代理代表其客户取得运输,而本人并不起承运人的作用。货运代理在不同国家有不同的名称,比如关税行代理人、清关代理人、关税经营人、海运与发运代理人等。

国际货运代理协会联合会(法文缩写 FIATA,英文全称 International Federation of Freight Forwarders Associations)对"货运代理"下的定义是:货运代理是根据客户的指示,并为客户的利益而揽取货物运输的人,其本人并不是承运人,货运代理也可以依这些条件,从事与运送合同有关的活动,如仓储(也称寄存)、报关、验收、收款。

以上是国际组织对货代的定义。根据 1995 年 6 月 29 日国务院批准的《中华人民共和国国际货物运输代理业管理规定》第二条规定:"国际货物运输代理业,是指接受进出口货物收货人、发货人的委托,以委托人的名义或者自己的名义,为委托人办理国际货物运输及相关业务并收取服务报酬的行业。"

通过这三个定义,可以看出货代的几个关键特征:

1. 接受委托。可以是货物发货人的委托,也可以是收货人的。一般出口时是发货人,进口时是收货人。

2. 不是承运人,没有自己的运输工具。这里运输工具主要指的是进行国际间运输的运输工具,如船舶、飞机等。

3. 代理国际间货物运输及相关业务。

由此可以对货代给出一个较为通俗的定义:货代就是替货主办理货物进出口相关业务(手续),使货物顺利交接的中间人(代理人)。

二、与国际货运代理相关的几个概念

1. 无船承运人(Non Vessel Operating Common Carrier, NVOCC)

无船承运人本身不拥有船舶,也不经营船舶,对货主而言,他是承运人,对运输合同履行承担责任,通常还签发自己的提单,并收取运费;对船公司而言,他又是托运人,并支付运费。

2. 与第三方物流(3PL)的区别

国际货运代理人和无船承运人在一定程度上是第三方物流经营人的成因基础。从目前第三方物流经营人的"出身"看,大多数是国际货运代理人、仓储经营人、运输代理人。他们是在经营传统业务的同时进入物流行业,并逐步为客户提供部分或全部的物流服务。从他们公司挂牌的转变便可清晰地看出这一"演变"过程。如原来××货运代理公司、××仓储公司、××运输公司等,更名为"××物流公司"。

为了对第三方物流业中的国际货运代理人、无船承运人、第三方物流经营人之间的异同点有更好的理解,列下表加以比较:

主要内容	国际货运代理人	无船承运人	第三方物流经营人
1.与托运人关系	委托方与被委托方	托运人与承运人	委托人与经营人
2.与收货人关系	不存在任何关系	提单签发人与持有人	根据是否订立合同或是否签发有关单证
3.法律地位确定	委托方代理	承运人	经营人
4.相关费用计收	佣金	收运费或赚取差价	根据服务动态收费
5.提单拥有	不拥有自己的提单	拥有自己的提单	根据经营的业务和法律地位确定
6.服务动态	软件服务	软件服务	软件或硬件或软硬件
7.信息系统	比较独立	比较独立	综合网络系统
8.业务范围	进出口货运相关业务	进出口货运相关业务和承担运输责任	根据客户要求所能承担的服务
9.买卖合同	不订立买卖合同,本人不拥有货物		
10.运输合同	代表委托方订立	与托运人订立	根据是否承担运输责任
11.业务行为	服务动态		
12.法规适用	货运法规	货运和运输法规	根据所从事的业务适用相关法规
13.法律关系	委托关系	双重身份	多重身份

第二节 国际货运代理的行业组织

本节情境导入

经过一番努力,小张终于向小李解释明白了什么是国际货运代理。一周很快过去了,小张正式开始了货运代理实习工作。在简短的欢迎会上,和小张一起新来的实习生被介绍给大家相互认识。知道小张是在校生后,一同事在工作间隙问小张道:"你们学校的商远培训中心有没有培训货代证?我想考。"小张答应帮忙回去问问,第二天回复他。同事的询问让小张好奇,货代证是什么?如何参加培训与考试呢?

本节任务

1.满足小张对货代证培训与考试的好奇心,让小张知道如何报名参加货代从业资格培训与考试,以及不同协会货代证的含金量。

2.完成本章第五节《项目一 中国国际货运代理协会职业资格考试报名实践》。

一、国际货运代理协会联合会

国际货运代理协会联合会(International Federation of Freight Forwarders Associations),法文缩写为FIATA(以下简称"菲亚塔"),是一个非营利性的国际货运代理行业组织。1926年5月31日在奥地利维也纳成立,总部设在瑞士苏黎世,并分别在欧洲、美洲和太平洋、非洲、中东四个区域设立了地区办事处,任命有地区主席。其中亚洲和太平洋地区秘书处设在印度孟买。

"菲亚塔"的宗旨是保障和提高国际货运代理在全球的利益,工作目标是团结全世界的货运代理行业;以顾问或专家身份参加国际性组织,处理运输业务,代表、促进和保护运输业的利益;通过发布信息,分发出版物等方式,使贸易界、工业界和公众熟悉货运代理人提供的服务;提高制定和推广统一货运代理单据、标准交易条件,改进和提高货运代理的服务质量,协助货运代理人进行职业培训,处理责任保险问题,提供电子商务工具。

"菲亚塔"的会员分为 4 类:

1. 一般会员

代表某个国家全部或部分货运代理行业的组织和在某个国家或地区独立注册的唯一国际货运代理公司,可以申请成为一般会员。

2. 团体会员

代表某些国家货运代理行业的国际性组织、代表与该联合会相同或相似利益的国际性货运代理集团、其会员在货运代理行业的某一领域比较专业的国际性协会,可以申请成为团体会员。

3. 联系会员

货运代理企业或与货运代理行业密切相关的法人实体,经其所在国家的一般会员书面同意,可以申请成为联系会员。

4. 名誉会员

对该联合会或货运代理行业做出特殊贡献的人士,可以成为名誉会员。

目前,有 86 个国家和地区的 96 个一般会员,在 150 多个国家和地区有 2700 多家联系会员,代表 4 万多家货运代理企业、近 1000 万从业人员。

"菲亚塔"的最高权力机构是会员代表大会,下设主席团。主席团对外代表 FIATA,对内负责 FIATA 的管理。设有航空货运、海关事务、多式联运等研究机构,并成立了常设工作组;危险货物咨询委员会、信息技术咨询委员会、法律事务咨询委员会、公共关系咨询委员会、职业培训咨询委员会等常设委员会。

"菲亚塔"制订了《国际货运代理业示范规则》、《国际货运代理标准交易条件》以及有关单据、凭证格式,供会员采用。"菲亚塔"1996 年 10 月所推出的 FIATA 标准条件,为国际货运代理人的定义及责任风险做了法律界定,并为货运代理人及托运人之间的委托关系制订了合约文本,对全球货运代理的业务规范化和风险防范起了巨大的推动作用。"菲亚塔"所制订的包括联运提单在内的八套标准格式单证,更为各国货运代理所广泛使用,并在国际上享有良好的信誉,对国际货运代理业的健康发展,起了良好的促进作用。

"菲亚塔"每年举行一次世界性的代表大会,即 FIATA 年会。历届 FIATA 年会都被国际社会视为货代行业及相关行业相互交流的一次盛会。大会通过 FIATA 上年度的工作报告和财务预算,并对一年内世界货运代理业所发生的重大事件进行回顾,探讨影响行业发展的紧迫问题,通过主要的法规和条例,促进世界贸易和货运代理业健康发展。

"菲亚塔"被联合国及许多政府组织、权威机构和非政府的国际组织,如国际商会、国际航空运输协会、国际铁路联合会、国际公路运输联合会、世界海关组织等公认为是国际货运代理行业的代表。

二、中国国际货运代理协会(CIFA)

中国国际货运代理协会(英文缩写 CIFA)是国际货运代理行业的全国性中介组织,于

2000 年 9 月 6 日在北京成立，是 FIATA 的国家会员，是我国各省市自治区国际货运代理行业组织、国际货运代理企业、与货运代理相关的企事业单位自愿参加的社会团体，亦吸纳在中国货代、运输、物流行业有较高影响的个人。截至 2008 年底，CIFA 拥有会员近 600 家，其中理事 84 家、常务理事 33 家。

CIFA 的业务指导部门是国家商务部。作为联系政府与会员之间的纽带和桥梁，CIFA 的宗旨是：协助政府部门加强对我国国际货代行业的管理；维护国际货代业的经营秩序；推动会员企业间的横向交流与合作；依法维护本行业利益；保护会员企业的合法权益；促进对外贸易和国际货代业的发展。

CIFA 以民间形式代表中国货代业参与国际经贸运输事务并开展国际商务往来。她与世界运输领域最大的非政府和非营利性的国际组织——国际货运代理协会联合会（FIATA）保持着极为密切的关系，CIFA 于 2001 年初被 FIATA 接纳为国家会员，罗开富会长为 FIATA 副主席。CIFA 不断扩大并加深着我国与世界各国同行业组织、企业的交流与合作。CIFA 还取得过全球货代业界的盛会——2006 年 FIATA 年会的举办权。

三、国际货运代理职业资格证书

货代业的发展前景广阔，货代企业数量将快速增加，对专业人才的需求也将水涨船高。根据国家商务部的有关计划，为规范国际货运代理行业的操作流程和提高从业人员业务水平，2005 年后将在国际货代行业推行持证上岗制度。对打算进入这一领域的人士来说，拥有一本证书更是入行的“敲门砖”。

国际货运代理资格证书在国内主要有三种，按考取的难易程度从易到难依次为：中国商业企业协会颁发认证的《国际货运代理员》、中国国际货运代理协会颁发认证的《国际货运代理从业人员岗位专业证书》以及“菲亚塔”（国际货运代理协会联合会）颁发认证的《菲亚塔国际货运代理资格证书》，即《国际货运代理协会联合会国际货运代理资格证书》。

延伸阅读

各类证书简介

（一）国际货运代理员证书简介

中国商业企业管理协会成立于 1987 年，是在国家民政部注册登记的全国性商业贸易行业组织。现归属国务院国有资产监督管理委员会主管。中国商业企业管理协会长期致力于对我国商贸领域新兴职业人员的培训考核工作。建立我国商贸领域职业人员的业务标准，并开展相关培训与考试是协会法定业务内容。2003 年协会组织专家开发了“中国商业职业人员培训考试体系”，为相关职业人员设立了社会化综合评价体系，根据他们的职业发展过程和社会需要进行社会化培训和评价，为在职人员的继续教育和终身教育提供服务，培养和引导社会成员的自立和创新能力。

中国商业企业管理协会教育工作委员会是中国商业企业管理协会开展“中国商业岗位认证项目体系”规划、开发、推广、管理等工作的职能部门。目前服务于该工作的特聘教授 51 人，其中享受国务院特殊津贴的专家 2 人，教授 14 人；博士生导师 6 人，副教授 15 人，讲师 4 人，企业专业管理人员 16 人。

随着我国加入世界贸易组织后对外贸易的快速发展,单一的贸易经营者或单一的运输经营者都没有足够力量亲自处理每项具体业务,因此需要委托代理人为其办理一系列商务手续,避免货物在运输、交割时的信用风险。在此背景下,我国需要大量的国际货运代理从业人员,也对从事国际货运代理的从业人员提出了更高的要求。中国商业企业管理协会在广泛调查研究的基础上,开发了国际货代员培训认证项目,其目的在于尽快培养出一批适应企业需要的人才队伍,为企业融入国际大市场提供必要的人才储备,满足社会需要。

国际货运代理员的岗位定位是接受进出口货物发货人、收货人的委托,为其办理国际货物运输及相关业务。报名条件为高中或相当于高中以上学历人员(含在读,专业不限)。每年举办2次认证考试,考试方式为笔试,考试科目为一门货运代理理论与实务。

(二)国际货运代理从业人员岗位专业证书简介

国际货运代理员岗位资格考试是由国家商务部批准,由商务部中国国际货运代理协会组织全国统考、发放资格证书,统一教材、统一考试、统一发证,国际货代员岗位资格证书全国通用。2002年首次举办全国国际货运代理岗位专业证书考试,颁发了首批货代资格证书。

《国际货运代理岗位资格证书》是国际货运代理行业从业人员的资格证明,在全国范围内通用,该证书有效期5年,到期后需要对证书持有者进行知识更新,对证书进行延期登记。持有该证书,一般货代单位优先录用,并可保证相应货代岗位,中国国际货运代理协会2002年即强调货代公司应有相当数量的持证上岗人员。

2007年中国国际货运代理协会为了切实贯彻国家人力资源和社会保障部、国家发展改革委等八大部委下发的《关于贯彻〈国务院办公厅关于清理规范各类职业资格相关活动的通知〉的通知》文件精神,暂将"国际货运代理从业人员资格证书考试"更名为"国际货运代理从业人员岗位专业证书考试"。

"国际货运代理从业人员岗位专业证书考试"报名条件为具有高中以上学历,或有一定的国际货运代理实践经验,或曾接受过国际货运代理业务培训并有志于从事国际货运代理业务的人员。

报名方式为通过货代考试中心网站(http://211.87.160.204/),进入培训考试栏目进行网上报名(填报时请仔细阅读网上的《考生注意事项》)。超过报名日期未进行网上报名者不能参加考试。

培训考试科目考试分两科,即:

1.国际货运代理理论与实务(包括:国际货运代理概论、国际贸易实务、报检与报关、班轮货物运输、租船货运实务、航空货物运输、陆路货物运输、货物多式联运、仓储与物流管理、危险货物运输、货运代理市场营销、货运纠纷处理与案例)。

2.国际货运代理专业英语(含英文单证)

各科满分均为100分,及格分数为60分。两科均及格者方可获得合格证书。单科及格者成绩可保留至下年度有效(只允许补考一次)。

(三)"菲亚塔"货运代理资格证书简介

1."菲亚塔"货运代理资格证书概述

《"菲亚塔"货运代理资格证书》,即《国际货运代理协会联合会货运代理资格证书》

(FIATA DIPLOMA IN FREIGHT FORWARDING)是国际货运代理协会联合会于1995年向全球货运代理人推出的一项重要的货运代理行业统一的资格培训和考试项目,目的是为了整体提高全行业货运代理从业人员的水平,同时也为了统一并规范全球货运代理资格证书的培训和考试,采用规范的培训教材,依照统一的考核标准,签发相同的证书。用FIATA总部文件的话来说,即:The diploma will assist:

—to speak the same language regarding freight forwarding

—to prove the knowledge of the holder of the diploma

(推广此"证书"有助于让全球货运代理人用相同的业务语言说话;并证明持证者的知识水平和业务能力)

"菲亚塔"总部规定:"菲亚塔"货运代理资格证书的获得,必须参加FIATA授权并认证的国家级货运代理协会的资格培训,必须通过书面考试,并且经过复试及面试合格,方能获得"菲亚塔"货运代理资格证书。

"菲亚塔"货运代理资格证书由国际货运代理协会联合会(即"菲亚塔"FIATA)主席和授权的国家级货代协会主席联合签署,并由"菲亚塔"总部签发并编号。此证书是目前全球货运代理行业中权威性最高的资格证书,不仅体现获证的从业人员具备较高的英语水平和业务能力,而且证书在全球范围内通用,终身有效。"菲亚塔"总部规定,通过考试及复试、面试合格的考生,须向FIATA总部交纳证书手续费150瑞郎(约合人民币1200元)。

2."菲亚塔"货运代理资格证书在中国的培训和考试

2004年9月,经严格审核并认定,FIATA总部在南非太阳城召开的2004年FIATA世界代表大会上通过了中国货代协会的申办,授权中国国际货运代理协会为中国大陆唯一有资格从事FIATA货运代理资格证书培训和考试的组织者。

根据CIFA的培训计划并经FIATA 总部认定,中国国际货运代理协会将在国内的北京、上海、大连、青岛、厦门及广州六个城市先行开展FIATA 货运代理证书的培训和考试。

经中国国际货运代理协会批准,由上海海事大学为上海培训中心,下设三个培训基地:上海海事大学交通运输学院、上海市对外经济贸易教育培训中心、上海市兰生外经贸进修学院,具体负责上海及华东地区培训考试工作。

1)上海海事大学:上海市浦东大道1550号上海海事大学交通运输学院,电话:68620208,网址:http//www.shmtu.edu.cn,E—mail:liugz@shmtu.edu.cn。

2)上海市对外经济贸易教育培训中心:上海市福州路89号,电话:63294725,网址:http//www.shwmpx.com,E—mail:shwmpx@163.com

3)上海市兰生外经贸进修学院:上海市长阳路1514号,电话:65181990,网址:http//www.shlank.com,E—mail:dhjun@citiz.net

浙江省内人员可到上述三个地方参加培训与考试,但申请者需符合下列资格之一方可报名:

1)凡从事货运代理业务两年或两年以上的中国或境外公民,有一定的货运代理专业知识和实际操作(或企业管理)能力,并有相当程度的英语水平,均有权申请参加"FIATA货运代理资格证书"的培训和考试。

2)非货代专业人员(如在校学生)也有权申请参加培训和考证,但考生必须先通过由商务部授权、CIFA组织的全国货代资格证书培训考试并取证,考生需有累计一年以上的货运代理、海运、空运、铁路或公路运输、物流或外贸等相关专业的集中学习经历。

"菲亚塔"货运代理资格考试题目及答案一律采用英文。考试科目有:

1)国际货运代理基础理论(包括外贸专业知识)(考试时间2小时30分钟);

2)国际海上货运代理及多式联运和现代物流专业知识(考试时间3小时);

3)国际航空货运代理专业知识(考试时间2小时30分钟);

凡已参加过前三次CIFA组织的国家货代资格证书培训和考试、并已获证的优秀考生,年度考试总分达150分或150分以上,并且单科达75分或75分以上者,可免试上述2)、3)科目的任选一科。

上述考试合格者,在通过后一个月内,考试还须通过"案例分析"或"航线设计"或"货运最佳方案设计"及有关企业管理等方面的复试,并接受证书评审专家的面试。复试及面试成绩是考生最终能否获证的依据之一。复试与面试也是全程全英文作答。

第三节　国际货运代理国内行业管理

本节情境导入

第一次参加工作总是充满了好奇与兴奋,突然发觉世界很精彩。午餐和同事吃饭时,小张听前辈们说货代行业很乱,什么一代,二代的,还有三代四代。小张很惊讶,怎么货代企业还要分"辈分"的啊。

本节任务

1. 化解小张关于他理解的货代行业"辈分"的讶异。

2. 完成本章第五节《项目二　甄别国际货运代理企业经营资质实训》。

一、中华人民共和国商务部

国际货运代理行业主管部门在我国为商务部。

商务部的前身为外经贸部,在2005年4月1日起施行《国际货运代理企业备案(暂行)办法》前,国内的国际货运代理企业的设立必须经商务部(外经贸部)行政审批通过方可成立。由于审批通过的难度极大,所以当时大多数从事国际货运代理的企业都是通过挂靠经审批通过的国际货运代理企业从事国际货运代理业务。国际货运代理业内通常将经审批成立的国际货运代理企业称为"一级货运代理",即"一代";而挂靠"一代"的货运代理企业则被称为"二代",以此类推。

2005年4月1日起施行《国际货运代理企业备案(暂行)办法》后,商务部委托符合条件的地方商务主管部门(以下简称备案机关)负责办理本地区国际货代企业备案手续;受委托的备案机关不得自行委托其他机构进行备案。国际货代企业可在本地区备案机关办理备案。这大大方便了国际货运代理企业的设立,许多原先挂靠的国际货运代理企业纷纷自立门户,但还是存在许多挂靠的国际货运代理企业。

商务部颁布的国际货运代理企业管理的法规有:《中华人民共和国国际货物运输代理业管理规定》、《中华人民共和国国际货物运输代理业管理规定实施细则》、《商务部令2005

年第9号 国际货运代理企业备案(暂行)办法》、《外商投资国际货运代理业管理办法》和《外商投资国际货运代理企业审批办法》。

凡经国家工商行政管理部门依法注册登记的国际货物运输代理企业及其分支机构，应当向商务部或商务部委托的机构办理备案。依法设立国际货运代理企业主要有以下四个方面的硬性规定：

(一)国际货运代理企业的名称、标志应当符合国家有关规定，与其业务相符合，并能表明行业特点，其名称应当含有“货运代理”、“运输服务”、“集运”或“物流”等相关字样。

(二)具有至少5名从事国际货运代理业务3年以上的业务人员，其资格由业务人员原所在企业证明；或者，取得商务部根据《中华人民共和国国际货物运输代理业管理规定实施细则》第五条颁发的资格证书。

(三)中国大陆及港澳台公民注册国际货物运输代理企业的注册资本最低限额应当符合下列要求：

(1)经营海上国际货物运输代理业务的，注册资本最低限额为500万元人民币；

(2)经营航空国际货物运输代理业务的，注册资本最低限额为300万元人民币；

(3)经营陆路国际货物运输代理业务或者国际快递业务的，注册资本最低限额为200万元人民币。

经营前款两项以上业务的，注册资本最低限额为其中最高一项的限额。

国际货物运输代理企业每设立一个从事国际货物运输代理业务的分支机构，应当增加注册资本50万元。

其他地区外商投资国际货代企业注册资本最低限额则是100万美元。

(四)经营国际货运代理业务，必须取得商务部颁发的《中华人民共和国国际货物运输代理企业批准证书》。

二、中华人民共和国交通运输部

在我国确立独立的无船承运人制度后，《国际货物运输代理业管理规定》中的国际货运代理企业不再包括从事无船承运业务的企业。但是我国沿用的用“国际货运代理人”表示“Freight Forwarder”的含义与国际不接轨，菲亚塔组织和一些国家使用的“Freight Forwarder”的含义是包括《中华人民共和国国际海运条例》规定的无船承运业务经营者的。《中华人民共和国国际海运条例》由中华人民共和国交通运输部负责解释，即中华人民共和国交通运输部负责主管无船承运人业务。

国内许多国际货运代理企业在开展经营活动时，其实是同时具备国际货运代理和无船承运人经营资质的。但更多的国际货运代理则是只具有国际货运代理经营资质。显然，同时具备两种经营资质的国际货运代理企业的实力较强，法定经营范围较大。

为了规范无船承运市场，交通运输部水运司会定期在其网站上公布《无船承运业务经营者名单(截止到×年×月×日)》、《终止无船承运业务经营者名单(截止到×年×月×日)》和《无船承运业务保证金退款公示清单》。这三种名单以电子表格形式提供需要者免费下载，收到国际货运代理企业签发的货代单的外贸企业和个人，可以去下载来验证该货代企业签发的提单在国内流通的合法性。《无船承运业务经营者名单(截止到×年×月×日)》上查找不到的货代企业是不具备无船承运业务资质，即法规不允许签发自己的提单，也不允许代理无船承运人签发提单。

在国内,无船承运人与国际货运代理主要区别如下:

(1)无船承运人可以签提单(HOUSE B/L),俗称"货代单";

(2)在中国,主管部门不同。国际货代是商务部,无船承运人是交通运输部。国际货代是根据从事的业务缴纳相应的注册金,并在商务部备案相关材料。而无船承运人则依据《国际海运条例》规定,经营无船承运业务,向交通运输部办理提单登记,并按规定缴纳保证金。

经营无船承运业务的申请人缴存保证金的保证金专门账户开户行为:招商银行北京分行长安街支行;保证金专门账户名称为:无船承运业务保证金专户;账号为:0583308310001。无船承运经营人在缴存保证金时,应在银行汇款凭证上注明"无船承运业务保证金"。

保证金利息原先依据《国际海运条例》规定按照国家中央银行公布的活期存款利率计息。但为进一步保障无船承运人的合法权益,根据中国人民银行有关规定,交通运输部自2009年1月1日起在现有无船承运业务保证金以活期存款方式交存的基础上,为无船承运人增加以定期存款方式交存保证金的选择。对于2009年1月1日前已取得经营资格的无船承运人,为方便无船承运人,除非无船承运人于2009年1月10日前向交通运输部水运司提出特别书面说明,明确保证金及利息维持活期存款或申请转存两年期定期存款,其所交纳保证金及利息将于2009年1月31日前一并转为一年期限定期存款。对于2009年1月1日后申请经营资格的无船承运人,除非在保证金交纳银行凭证进行特别备注("活期"或"两年定期"),保证金将自动按照一年定期存款方式处理。

无船承运业务经营者交存的保证金,受国家法律保护。除下列情形外,保证金不得动用:

(1)因无船承运业务经营者不履行承运人义务或者履行义务不当,根据司法机关已生效的判决或者司法机关裁定执行的仲裁机构裁决应当承担赔偿责任的;

(2)被交通主管部门依法处以罚款的。

有上述两种情形需要从保证金中划拨的,应当依法进行。

无船承运业务经营者的保证金不符合《海运条例》规定数额的,交通运输部应当书面通知其补足。无船承运业务经营者自收到交通运输部书面通知之日起30日内未补足的,交通运输部应当按照《海运条例》第十五条的规定取消其经营资格。

第四节 国际货运代理企业经营范围

本节情境导入

上次宿舍夜谈时,小张费了好大劲才向室友们解释清楚了什么是国际货运代理。但国际货运代理企业到底做什么的,小张却说不清。问同事,同事说什么都能做,小张反而变糊涂了,他决定弄明白国际货运代理企业有哪些业务可以做。

本节任务

和小张一起弄明白国际货运代理企业到底从事哪些业务。

一、国际货运代理企业的经营范围

根据《中华人民共和国国际货物运输代理业管理规定》、《中华人民共和国国际货物运输代理业管理规定实施细则》和《外商投资国际货运代理业管理办法》的有关规定，国际货运代理企业可以接受委托，作为代理人或者作为独立经营人从事下列全部或部分经营活动：

(1)揽货、订舱(含租船、包机、包舱)、托运、仓储、包装；

(2)货物的监装、监卸、集装箱装拆箱、分拨、中转及相关的短途运输服务；

(3)报关、报检、报验、保险；

(4)缮制签发有关单证、交付运费、结算及交付杂费；

(5)国际展品、私人物品及过境货物运输代理；

(6)国际多式联运、集运(含集装箱拼箱)；

(7)国际快递(不含私人信函)；

(8)咨询及其他国际货运代理业务。

上述8条并不是每个国际货运代理企业都具有的经营范围，国际货运代理企业应当按照批准证书和营业执照所列明的经营范围和经营地域从事经营活动。因为商务主管部门根据各个国际货运代理企业的具体情况不同，批准的国际货运代理业务经营范围会有所不同。不过，国际货运代理企业经营满一年后，可申请拓宽经营范围。

二、无船承运业务的经营范围

对于同时具备无船承运业务经营资质的国际货运代理企业，其经营范围将比单一经营资质的国际货运代理企业要增加无船承运业务活动内容。

无船承运人业务，是指《海运条例》第七条第二款规定的业务，包括为完成该项业务围绕其所承运的货物开展的下列活动：

(1)以承运人身份与托运人订立国际货物运输合同；

(2)以承运人身份接收货物、交付货物；

(3)签发提单或者其他运输单证；

(4)收取运费及其他服务报酬；

(5)向国际船舶运输经营者或者其他运输方式经营者为所承运的货物订舱和办理托运；

(6)支付港到港运费或者其他运输费用；

(7)集装箱拆箱、集拼箱业务；

(8)其他相关的业务。

第五节　章节配套实训项目

项目一　中国国际货运代理协会职业资格考试报名实践

一、实训说明

1.知道如何报名参加货代从业资格培训与考试；

2.网上报名完成后，只要不到报名点缴纳报名费，网上报考无效，即只是让学生知道将来如果需要报考将如何报名，非强制学生马上报考。

二、实训步骤

1. 教师示范在中国国际货运代理协会网站(http://211.87.160.204bmrjindex.asp)上报考货代从业资格证;

2. 学生模仿完成,将待打印的电子版报名表发送到教师指定邮箱;

3. 撰写实训报告,对 CIFA 的货代证与 FIATA 的货代证进行分析阐述。

三、实训要求

1. 积极参与,在教师指导下完成;

2. 明白 CIFA 的货代证与 FIATA 的货代证的区别与联系。

项目二 甄别国际货运代理企业经营资质实训

一、实训说明

本实训项目目的在于让学生面对众多良莠不齐的国际货运代理企业时,学会用简单的方法甄别其中有实力,正规的国际货运代理企业。有利于将来在货代行业就业,或从事外贸时委托正规货代企业代理货物出运,避免货运风险。

二、实训步骤

做法一:

1. 若当地货代企业众多,可以花 2 个课时,要求每个同学上交 5 个当地国际货运代理企业名单或名片。

2. 将名单做成电子表格(参见"附表 1-2 甄别国际货运代理企业经营资质实训电子表格示例"),让学生至少选择其中 20 家企业,并填制完整企业信息。

做法二:

直接让学生填制完整"附表 1-2 甄别国际货运代理企业经营资质实训电子表格示例"。

填制电子表格步骤说明:

1. 教师示范从商务部网站的相关网页查询国际货运代理企业注册信息(http://iffe.mofcom.gov.cn/huodai/index.jsp),即打开网页,点击"企业信息查询",再输入"企业名称",点击"查询"即可。

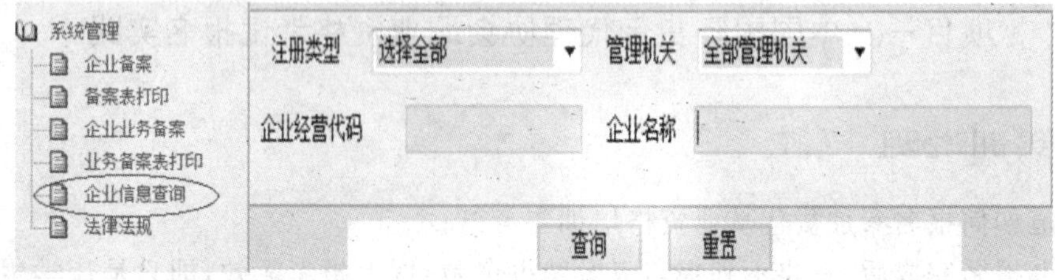

2. 教师示范从交通运输部网站(http://www.moc.gov.cn/)的首页点击链接下载无船承运人注册信息并示范如何查询目标企业是否在其中,不具备无船承运人资格的企业无法

从下载名单内查到企业信息；

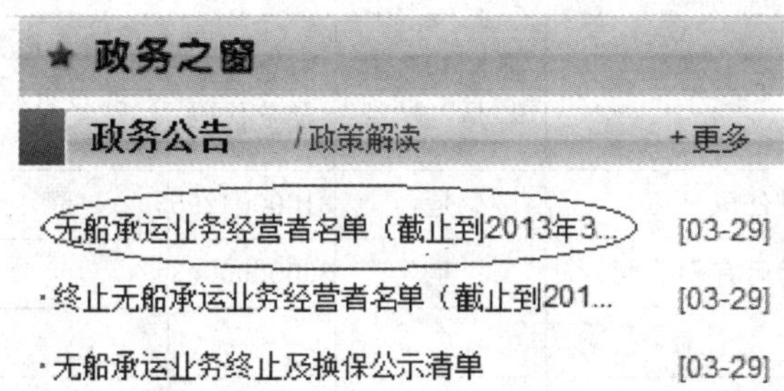

3. 学生模仿完成表格。

4. 撰写实训报告，对表格中的企业进行分析说明为什么大多数企业不申请“无船承运人业务”。

三、实训要求

1. 按模板示例的范本，或教师整合学生收集的企业名称表格，将表格里空白处填完整。

2. 明白国际货运代理人与无船承运人间的联系与区别。

第一章配套实训项目附表：

附表 1-1　中国国际货运代理协会职业资格考试报名实践

国际货运代理资格考试报名表示例

报名顺序号：311100027

考　区	浙江省国际货代仓储协会	报名点	义乌工商学院	照　片
姓　名	张　三	性　别	男	
出生年月	1989－2－7	民　族	汉　族	
证件类型	身份证	证件号码	123456789012345678	
学　历	大　专	报考级别	资格证书	
考试类型	新　考	考试科目	货代业务，货代英语	
工作单位	义乌工商学院	工作岗位	其　他	
联系电话	13812345678	邮　编	322000	
联系地址	义乌工商学院国际贸易系			
报名点审核意见				
本人确认签字	年　月　日			

请您务必于 2008-06-01 至 2008-09-18 17:00:00 期间前往义乌工商学院（义乌学院路 2 号）交费确认，否则报名无效！电话：0579－85353529。

注意：确认交费时务必携带 3 张 2 寸照片（包括报名表上 1 张，并在相片后注明姓名、身份证号）、报名表、报名费、身份证及身份证复印件、学历证书原件及复印件（复印件由各报名点备存）。

附表 1-2 甄别国际货运代理企业经营资质实训电子表格示例

序 号	企业中文名	商务部备案填"是"或"否"	企业经营代码	无船承运人经营资质填"是"或"否"	无船承运人编号	注册地
示例一	上海源福物流有限公司	是	3100004295	是	MOC-NV01701	上海
示例二	义乌市华皓国际货运有限公司	是	3300000053	否	N/A	N/A
1	浙江中道物流有限公司					
2	浙江运长国际货运有限公司					
3	浙江海外国际物流有限公司					
4	浙江凯喜雅物流有限公司					
5	浙江东方集团国际货运有限公司					
6	浙江华泰国际货运有限公司					
7	浙江艺捷进出口有限公司					
8	浙江美联国际货运代理有限公司					
9	浙江大华物流有限公司					
10	嘉丰国际货运代理(深圳)有限公司义乌分公司					
11	义乌市华丰国际货运有限公司					
12	义乌太平洋国际货运有限公司					
13	浙江大田国际货运有限公司义乌分公司					
14	义乌市永达国际货运代理有限公司					
15	义乌市长航国际物流有限公司					
16	义乌市金隆国际货运代理有限公司					
17	浙江省义乌市毕盛国际货运代理有限公司					
18	义乌海达国际货运代理有限公司					
19	义乌市新华国际货运代理有限公司					
20	义乌市玛嘉利国际货运代理有限公司					

第二篇

海　　运

第二章

班轮运输概述

本章学习任务

一、明白班轮运输"四固定"的意思；

二、掌握获得航运公司的航线和船期表的技巧；

三、能说出部分世界各大洲或地区的基本港；

四、能说出世界主要的集装箱航运公司和海运组织的中英文简称。

章节情境设定

在头两天熟悉完工作环境后，新来的实习生被分配到各个部门。小张被分到了海运部，真正的来自工作的挑战来了。经过几天的工作，小张体会到工作与学习确实不一样。学习可以及格就好，但是工作却必须力求完美，不然就要卷铺盖走人了。能否顺利完成部门经理布置的阶段性任务，直接关系到小张这份兼职工作的成败。

第一节　国际海上货物运输概述

本节情境导入

到海运部上班的第一天，部门经理简要地寒暄后，指着挂在海运部四周墙上的世界地图对小张他们说："你们这周的工作就是把世界各地方基本港背熟，下周考试。不合格就走人。至于哪些是基本港，你们自己看地图，或者问公司里的前辈。后天我带你们去参观下堆场。"小张他们这时才明白，海运部墙上那些不是装饰画，赶紧去地图前找基本港。但面对花花绿绿的地图，小张实在感到无从下手。

本节任务

1. 帮助小张理清思路，弄明白国际海运航线和基本港。

2. 完成本章第四节的《项目一　世界各大洲主要港口实训》。

一、国际海上货物运输特点

海洋运输是指使用船舶通过海上航道在不同国家和地区的港口之间运送货物的一种方式。国际货物运输是在全世界范围内进行的商品交换，地理位置和地理条件决定了海上货物运输是国际货物运输的主要手段。国际贸易总运量的75%以上是利用海上运输来完成的，中国进出口货运总量的约90%都是利用海上运输。

国际海上货物运输特点主要有：

(1)运输能力大，船舶向大型化发展。如50万～70万吨的巨型油船，16万～17万吨的散装船，以及集装箱船的大型化，船舶的载运能力远远大于火车、汽车和飞机，是运输能力最大的运输工具。

(2)运输成本最低，运费低廉。海上运输利用天然航道四通八达，不像火车、汽车要受轨道和道路的限制，除了建设港口和购置船舶外，水域航道几乎不需要投资。

船舶的航道天然构成，船舶运量大，港口设备一般均为政府修建，船舶经久耐用且节省燃料，所以货物的单位运输成本相对低廉。海运运费一般约为铁路运费的1/5，公路汽车运费的1/10，航空运费的1/30，这就为低值大宗货物的运输提供了有利的竞争条件。

(3)受自然条件影响很大。如河流航道和一些港口受季节影响较大，冬季海水结冰，枯水期水位变低，难以保证全年通航。不过，我国海岸线18000多公里，沿海拥有许多不冻良港。

(4)运输的速度较慢，时间较长。由于商船的体积大，水流的阻力大，运输距离长，加之装卸时间长等其他各种因素的影响，所以货物的运输速度比其他运输方式慢，运输时间也长。特别是国际海上运输的时间可达一个月左右。目前，集装箱船的航速可超过25节。

受运输条件的限制，海运货物运输的安全性和准确性相对较差。因此，国际海上货物运输最适合于承担运量大、运距长、对时间要求不太紧、运费负担能力较低的货运任务。国际海上运输伴随着国际贸易而开展，活动范围广阔、航行距离长、运输风险很大。海运经营活动还受到有关国际公约和各国法律约束，也要受到国际航运市场的影响。

二、班轮航线与港口

船舶在两个或多个港口之间从事货物运输的线路称为航线。海运航线按其不同的要求分为国际大洋航线、地区性航线和沿海航线；根据船舶营运方式可以分为定期船航线和不定期船航线。目前，世界上规模最大的三条主要集装箱航线是：远东—北美航线，远东—欧洲、地中海航线和北美—欧洲、地中海航线。

(一)远东—北美航线

1.航线介绍

远东—北美航线，习惯上也称为跨太平洋航线，该航线实际上可以分为两条航线，一条是远东—北美西岸航线，主要由远东—加利福尼亚航线和远东—西雅图、温哥华航线组成；另一条是远东—北美东岸航线，主要是纽约航线。将大洋洲的澳大利亚和新西兰等国家的远东—澳新航线包括在该航线内时，称为泛太平洋航线。

该航线除承担太平洋沿岸附近地区货物运输外，还连接北美大西洋沿岸、墨西哥湾沿岸各港及通往美国中西部的内陆联合运输，是目前世界上最繁忙的航线。

2.主要港口介绍

远东—北美西岸航线涉及的港口主要有：亚太地区的东京、横滨、名古屋、神户、大阪、釜山、仁川、大连、天津、青岛、上海、香港、高雄、基隆、新加坡；北美太平洋沿岸的洛杉矶、长滩、奥克兰(旧金山)、西雅图、波特兰和温哥华；

远东—北美东岸航线涉及的港口主要有：北美东岸(包括墨西哥湾沿岸)的休斯敦、新奥尔良、坦帕、杰克森维尔、诺福克、费城、纽约、波士顿、哈利法克斯、圣约翰等。

远东—澳新航线涉及的港口主要有:澳大利亚的墨尔本,布里斯班,阿德莱德,弗里曼特尔;新西兰的奥克兰和惠灵顿。

(二)远东—欧洲、地中海航线

1.航线介绍

远东—欧洲、地中海航线,也被称为欧地线。该航线由远东—欧洲航线和远东—地中海航线组成。远东—欧洲航线是1879年由英国4家船公司开辟的世界最古老的航线。远东—欧洲航线除联系远东和欧洲各港外,还把北美大西洋沿岸、加勒比海地区、地中海、中东、澳新等地连接起来。远东—地中海航线是1972年开始集装箱运输的。

航线上涉及的著名运河为苏伊士运河。苏伊士运河处于埃及西奈半岛西侧,横跨苏伊士地峡,处于地中海侧的塞德港和红海苏伊士湾侧的苏伊士两座城市之间,全长约163公里。这条运河允许欧洲与亚洲之间的南北双向水运,而不必绕过非洲南端的风暴角(好望角),大大节省了航程。从英国的伦敦港或法国的马赛港到印度的孟买港作一次航行,经苏伊士运河比绕好望角可分别缩短全航程的43%和56%。在苏伊士运河开通之前,有时人们通过从船上卸下货物通过陆运的方法在地中海和红海之间实现运输。它是亚洲与非洲的分界线之一。与绕道非洲好望角相比,从欧洲大西洋沿岸各国到印度洋缩短5500~8009公里;从地中海各国到印度洋缩短8000~10000公里;对黑海沿岸来说,则缩短了12000公里,它是一条在国际航运中具有重要战略意义的国际海运航道,每年承担着全世界14%的海运贸易。

2.主要港口介绍

远东—欧洲航线涉及的港口主要有:费利克斯托、南安普敦、勒阿弗尔、安特卫普、汉堡、不莱梅、鹿特丹、阿姆斯特丹。

远东—地中海航线涉及的港口主要有:东地中海的马耳他、比雷埃夫斯、伊斯坦布尔、伊兹密尔、梅尔辛、塞得港、亚历山大港(埃及)、利马索尔、拉塔基亚、贝鲁特、海法、阿什杜德;西地中海的里斯本、莱肖埃斯、巴塞罗那、瓦伦西亚、马赛、福斯、热那亚、那不勒斯、拉斯佩齐亚、焦亚陶罗(地中海地区最大的中转港)。

(三)北美—欧洲、地中海航线

1.航线介绍

北美—欧洲、地中海航线,也被称为跨大西洋航线。该航线实际包括三条航线:北美东岸、海湾—欧洲航线,北美东岸、海湾—地中海航线和北美西岸—欧洲、地中海航线。北美东岸、海湾—欧洲航线是联系北美和欧洲各国的航线,其东经苏伊士运河接印度洋航线,这里是世界上船舶周转量最大的航线,第二次世界大战后相对衰落。

北美西岸—欧洲、地中海航线涉及的运河有巴拿马运河。巴拿马运河是世界上最具有战略意义的两条人工水道之一,另一条为苏伊士运河。行驶于美国东西海岸之间的船只,原先不得不绕道南美洲的合恩角(Cape Horn),使用巴拿马运河后可缩短航程约15000公里(8000海里)。由北美洲的一侧海岸至另一侧的南美洲港口也可节省航程多达6500公里(3500海里)。航行于欧洲与东亚或澳大利亚之间的船只经由该运河也可减少航程3700公里(2000海里)。

沟通太平洋和大西洋的重要航运要道,被誉为世界七大工程奇迹之一,并被誉为“世界桥梁”。位于美洲巴拿马共和国的中部,横穿巴拿马地峡。巴拿马运河全长81.3千米,水深

13～15 米不等,河宽 150 米至 304 米。整个运河的水位高出两大洋 26 米,设有 6 座船闸。船舶通过运河一般需要 9 个小时,可以通航 76000 吨级的轮船。

巴拿马运河是由美国建成的,自 1914 年通航至 1979 年间一直由美国独自掌控。不过,在 1979 年运河的控制权转交给巴拿马运河委员会(由美国和巴拿马共和国共同组成的一个联合机构),并于 1999 年 12 月 31 日正午将全部控制权交给巴拿马。运河的经营管理交由巴拿马运河管理局负责,而管理局只向巴拿马政府负责。

世界三大国际通航运河除了巴拿马运河和苏伊士运河外,还有德国的基尔运河。沟通德国北海与波罗的海的基尔运河位于德国北部,起自易北河口布伦斯比特尔科格,止于基尔湾霍尔特瑙,全长 98.6 千米。基尔运河横贯日德兰半岛,使波罗的海沿岸至北海和大西洋沿岸港口的航程比绕过该半岛缩短 370～650 千米,为著名的国际通航运河。运河于 1887 年动工兴建,1896 年建成。1907 年和 1965 年先后进行两次扩建工程。长 98.7 公里,河面宽 103 米,航道深 11.3 米,有船闸 6 座,可容吃水 9 米、宽 40 米的海轮日夜通航,近年年均通过商船 6.5 万余艘,其中 60%属德国。运送货物以煤、钢铁、石油、矿石等大宗商品为主。航道底宽达 90 米,水深 11 米,过水断面面积 1353 平方米。运河上建有 7 座桥梁,净空为 42 米。运河初建时两端各有船闸两座,闸室长 125 米、宽 25 米。第一次扩建时两端各增建船闸两座,闸室长 330 米、宽 45 米。运河最大通航船舶为 3.5 万吨级。

德国北临波罗的海和北海,海岸线被邻国丹麦隔断。德国在波罗的海和北海间开凿了基尔运河,原是为了军事目的而开凿的,现成为波罗的海沿岸各国通往北海和大西洋的捷径,世界三大国际通航运河之一。

延伸阅读

基尔运河

世界三大国际通航运河除了巴拿马运河和苏伊士运河外,还有德国的基尔运河。沟通德国北海与波罗的海的基尔运河位于德国北部,起自易北河口布伦斯比特尔科格,止于基尔湾霍尔特瑙,全长 98.6 千米。基尔运河横贯日德兰半岛,使波罗的海沿岸至北海和大西洋沿岸港口的航程比绕过该半岛缩短 370～650 千米,为著名的国际通航运河。运河于 1887 年动工兴建,1896 年建成。1907 年和 1965 年先后进行两次扩建工程。长 98.7 公里,河面宽 103 米,航道深 11.3 米,有船闸 6 座,可容吃水 9 米、宽 40 米的海轮日夜通航,近年年均通过商船 6.5 万余艘,其中 60%属德国。运送货物以煤、钢铁、石油、矿石等大宗商品为主。航道底宽达 90 米,水深 11 米,过水断面面积 1353 平方米。运河上建有 7 座桥梁,净空为 42 米。运河初建时两端各有船闸两座,闸室长 125 米,宽 25 米。第一次扩建时两端各增建船闸两座,闸室长 330 米,宽 45 米。运河最大通航船舶为 3.5 万吨级。

德国北临波罗的海和北海,海岸线被邻国丹麦隔断。德国在波罗的海和北海间开凿了基尔运河,原是为了军事目的而开凿的,现成为波罗的海沿岸各国通往北海和大西洋的捷径,世界三大国际通航运河之一。

2. 主要港口介绍

航线涉及的欧洲,地中海和美国东西岸港口前文均有说明。

目前，世界集装箱海运干线中转港主要有：远东地区的香港、高雄，联结中国大陆、菲律宾和越南；东南亚地区的新加坡，联结泰国、印尼和马来西亚；印度洋上的索科特拉岛，联结缅甸、南亚各国、东非沿海各国；地中海上的马耳他岛，联结地中海和黑海沿岸各港；波多黎各和牙买加，联结加勒比海、南美各国。

第二节 国际班轮运输

本节情境导入

一周很快过去了，经理说的考试也如期而至。考试也简单，经理对每个人随机问几个港口。小张被问到的是欧基港有哪几个，小张顺利地全回答出来了，可以继续做这份兼职了。考试结束后，经理对合格的人员布置了本周的工作任务，即背熟当地开展经营活动的船公司名称及经营航线。任务介绍完，给小张他们每人一张印有船公司中英文简称的表格。至于航线就得自己弄明白了。

本节任务

1. 背熟全球20大集装箱船公司的中英文简称。

2. 完成第四节的《项目二 班轮公司航线与船期实训》。

最早的班轮运输是1818年美国黑球轮船公司开辟的纽约—利物浦的定期航线，用帆船进行运输，用以运送海外移民、邮件和货物。1924年英国开辟了汉堡、鹿特丹之间以蒸汽机船经营的班轮航线，19世纪40年代又扩展到中东、远东和澳大利亚。此后，日本、德国、法国等轮船公司均经营班轮运输，设有横渡大西洋、太平洋的环球运输航线。

中国于19世纪70年代开始沿海和长江的班轮运输。20世纪初，在长江和其他内河开展班轮运输。中华人民共和国建立后，开辟了大连—上海定期港班轮货运航线。1961年中国远洋运输总公司成立，开始建立中国远洋运输船队和国际班轮航线。

一、班轮运输的定义与特点

(一)概念

班轮运输(Liner Shipping)也称定期船运输，是指班轮公司将船舶按事先制定的船期表，在特定航线的各既定挂靠港口之间，经常地为非特定的众多货主提供规则的、反复的货物运输服务，并按运价本(Tariff)或协议运价的规定计收运费的一种营运方式。

相对于班轮运输的另一种海上运输方式是国际不定期船运输，其既没有固定的船舶班期，也没有固定的航线和挂靠港，船期、航线及港口均按租船人(chatterer)和船东(ship owner)双方签订的租船合同(charter party)规定的条款行事。

(二)特点

1)“四固定”——固定船期、固定航线、固定港口和相对固定的运费。

(1)固定船期：

班轮公司会制定并公布班轮船期表。班轮船期表的主要内容包括：航线，船名，航次编号，始发港、中途港、终点港的港名，到达和驶离各港的时间，其他有关的注意事项等。典型的班轮公司船期表示例：

宁波至美东快航(AUX)	船舶靠泊北仑二期码头		截关日期:周二		
VESSEL/VOY	CLOSED	ETD	QINGDAO	COLON	KINGSTON
		NINGBO	CNQIN	PACOL	JMKIN
以星马海 (RMX) MARMARA SEA V.710E	3月9日	3月11日	3月12日	4月3日	4月5日
意泽轮 (ITU) ITAL LAGUNA V.003E	3月13日	3月16日	3月17日	4月8日	4月10日
意秀轮 (LLR) LT GLAMOUR V.118E	3月27日	3月30日	3月31日	4月22日	4月24日

通常,近洋班轮航线因航程短且挂港少,船舶可以严格按船期表规定的时间运行。远洋航线由于航程长、挂港多、航区气象海况复杂,船公司在编制船期表时对船舶运行时间会有所保留。

集装箱运输具有速度快、装卸效率高、码头作业基本上不受天气影响等优点,所以,集装箱班轮运输航线可以编制出较为精确的船期表。

国际海上货运代理人不但应了解班轮船期表的内容,还应该了解在哪里可以找到船期表,同时要知道班轮船期表所表示的ETA(预计抵港日)、ETD(预计离港日)的准确性。

(2)固定航线和固定港口:

虽然一条航线上的港口众多,但是班轮公司不会每个港口都停靠,通常只停靠固定的几个港口。这些对应航线上的港口,通常被班轮公司称为该公司在这条航线的基本港。

基本港是指港口设备较好,货运量较大,班轮公司按期挂靠的港口;非基本港指班轮公司不常挂靠的港口,去该港货物要加收附加费。不同班轮公司在某条航线上的基本港是不一样的,有的公司多些,有的少些。具体可以查看该公司的航线图或船期表获知。

国际海上货运代理人应该了解世界前20的船公司各大洲与地区的基本港,或者自己公司专营航线的船公司挂港顺序。

典型的班轮公司航线图示例:

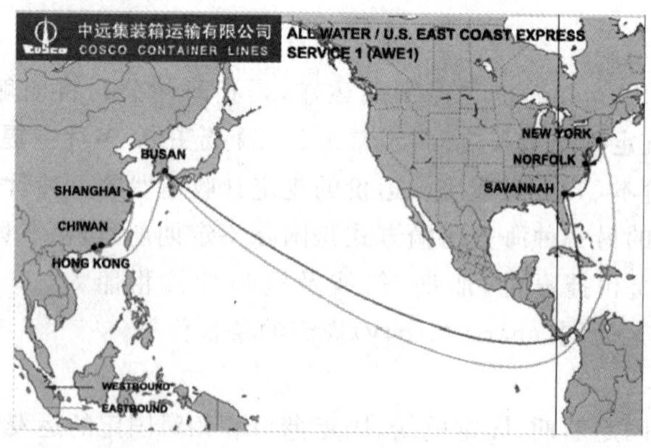

(3)相对固定的运费:

①班轮运价相关概念。

a. 运价:承运每单位货物而付出的运输劳动的价格。运价就是运输产品价值的货币表现,表现为运输单位产品的价格。海上运输价格简称为运费。

b. 运费：承运人根据运输契约完成货物运输后从托运人处收取的报酬。运费等于运价和运量之积。

c. 运价本：又称费率本或运价表，是船公司承运货物向托运人据以收取运费的费率表的汇总。运价本主要由条款和规定、商品分类和费率三部分组成。

②班轮运价备案制度。

根据我国 1996 年 10 月 17 日起实施的《国际集装箱班轮运输运价报备制度实施办法》规定，班轮公司的运价必须到上海航运交易所报备，被接受后一定时间方生效。例如：该规定第十六条第一款规定：对于班轮公司运价本上载明的公布运价是被接受的报备运价于航交所出具报备回执次日起 30 天生效。这样就保证了班轮运价在 30 天内保持稳定。

按 2009 年 4 月《国际集装箱班轮运价备案实施办法（征求意见稿）》的精神："各班轮经营者可根据实际情况自行调整运价幅度，每次调整间隔应不少于 30 日，调整后应重新报备。"

通常国家法规保证班轮运价在 30 天内是基本稳定的，但是班轮公司可以在报备的海运运价（Ocean Freight）幅度，即最低价和最高价的范围内进行变动。

国际海上货运代理人应该了解班轮公司的运价是在 30 天内保持在相对固定的水平范围内，而不是 30 天内不变。实际操作中，除非与班轮公司订有协议价，否则运价每周都会有小幅的波动，作为国际海上货运代理人必须在订舱前确定班轮运价。

2）"一负责"——船方负责装卸，运费内已包括装卸费，即码头作业费。根据国家交通部、发改委和工商总局公布的《关于公布国际班轮运输码头作业费（THC）调查结论的公告》指出："码头作业费在性质上属于国际集装箱班轮运费的组成部分。班轮公司在装货港向发货人收取码头作业费、在卸货港向收货人收取码头作业费的做法在主要贸易国家（地区）是存在的。同时，调查机关注意到，在某些国家和地区，托运人组织对班轮公司收取码头作业费表示反对。……调查机关敦促班轮公会和运价协议组织，今后凡订立的涉及中国港口的运价协议和各类附加费协议生效前，应当与中国境内的托运人或托运人组织建立有效的协商机制，对共同关心的事项进行充分有效的协商。"虽然现实操作中，装卸费已从运费中剥离出来，但是船方单方面进行码头作业费收取或提高收费标准的做法是不允许的。

3）班轮公司和货主双方的权利、义务和责任豁免均依据班轮公司签发的提单条款。

4）同一航线上的船型相似并保持一定的航班密度。

5）各类适合集装箱运输的货物都可接受。

（三）班轮运输的作用

（1）特别有利于一般杂货和小额贸易货物运输。班轮只要有舱位，不论数量大小、挂港多少、直航或转运都可接受。

（2）有利于国际贸易的发展。班轮运输"四固定"，时间有保证，运价相对固定，为贸易双方洽谈价格和装运条件提供了方便。

（3）提供较好的运输质量。班轮运输长期在固定航线上航行，有固定设备和人员，能够提供专门的、优质的服务。

（4）手续简便，方便货方。由于承运人负责装卸和理舱，托运人只要委托货代将货物交给承运人即可，省心省力。

二、全球主要的国际班轮运输公司简介

由于世界经济的蓬勃发展,国际贸易带来全球货物运输需求,全球大大小小的船公司数量众多。每年都有新生的船公司,也有老牌船公司之间的相互兼并。

2006 年由于马士基和赫伯罗特各自的兼并,铁行渣华(P&O Nedlloyd)和加拿大太平洋航运(CP Ships)退出前 20 名,PIL 加入前 20 名行列。2008 年 1 月 1 日,PIL 晋升至第 19 名,但仍比前 20 大船公司的平均水平低大约 30 万 TEU。根据表 2.1,这一年里,20 大船公司俱乐部没有新的加入者,排名变化也较少。

2012 年 12 月 4 日联合国贸易暨发展会议公布"2012 海运回顾"报告,全球排名前五的集装箱船公司分别是丹麦马士基航运公司、瑞士地中海航运公司、新加坡美总轮船、法国达飞航运集团和中国远洋运输公司。其中中国台湾船公司进步巨大,长荣海运、阳明海运和万海航运进入全球前二十名,其中长荣海运排名第六、亚洲第三。

1. 马士基一海陆公司(MAERSK SEALAND)

马士基航运公司是 A. P. 穆勒一马士基集团下属的集团公司,是全球领先的海运公司之一,其客户遍及全球。拥有 500 多艘集装箱船和 140 多万个集装箱,确保可靠的全球服务。拥有支线船舶、运货卡车和专用火车,形成了一种独特的门到门服务理念。

马士基航运拥有全球最大的集装箱运输服务网络,在 100 多个国家设有 325 个办事机构,并通过该网络为大中华区的外贸事业服务。

马士基航运在大中华区拥有 40 个分公司和办事处,地域覆盖范围无可比拟。马士基航运每天都有船只停靠中国,为主要码头提供航运服务。

2. 地中海航运公司(MEDITERRANEAN SHIPPING COMPANY;MSC)

成立于 1970 年,地中海航运有限公司(以下简称地中海航运)在世界十大集装箱航运公司中排名第二,业务网络遍布世界各地。70 年代,地中海航运专注发展非洲及地中海之间的航运服务。至 1985 年,地中海航运拓展业务到欧洲,及后更开办泛大西洋航线。虽然,地中海航运在 90 年代才踏足远东地区,但在这个朝气蓬勃的市场内,已经占有一个重要的地位。最初,地中海航运开办远东至欧洲的航线,然后开设另一条航线到澳洲。1999 年,地中海航运的泛太平洋航线正式起航,并迅即广泛地受到寄货人的欢迎。从投资的规模,亦可看到地中海航运对航运业的热诚及其发展的速度。由开业初期只有几艘普通货船,直至今日,地中海航运拥有 240 艘货柜轮。事实上,无论依据船只数目,或是依据载运能力,地中海航运都稳居全球第二位。

3. 中国海运集团(简称中海集团)

中海集团 1997 年 7 月 1 日在上海成立,是中央直接管理的国有重要骨干企业之一,是一家跨地区、跨行业、跨所有制和跨国经营的特大型航运集团。中海集团以中国海运(集团)总公司为核心企业,现拥有总资产约 400 多亿元人民币,麾下由油运、货运、集装箱运输、客运、特种货运输等五大专业船公司组成的主营船队,拥有各类船舶近 400 艘,1150 万载重吨,年运输量达到 2.45 亿吨。并拥有综合物流、码头经营、金融投资、工程劳务、供应贸易、信息技术等陆岸多元产业及 50 余家境外企业。中海集团的集装箱运输实现了跨越式的发展,已形成了 100 多艘船、20 万箱位的集装箱船队规模,开辟了 50 余条内外贸兼有的集装箱班轮航线,年运输量超过 350 万 TEU。

4. 中远集装箱运输有限公司(COSCO)

中远集运由原设在北京的中远集装箱运输总部与设在上海的上海远洋运输公司，经资产重组，于 1998 年 1 月 27 日在上海揭牌成立，是中国远洋运输集团所属专门从事海上集装箱运输的核心企业。中远集运目前拥有 120 艘标准箱位集装箱船，总箱位逾 25 万标准箱；其中 9 艘 5400 标准箱位超巴拿马型全集装箱船是当今世界最先进的船舶。年箱运量达到 400 万标准箱。运力排名世界前列，箱运份额约占全球总额的 4.2%；国内排名第一，箱运份额占 8%。开辟 20 多条全球运输主干航线，船舶挂靠世界上 100 多个重要港口。集装箱运输业务遍及全球，其影响力辐射至五大洲各交通枢纽和经济热点地区，在全球拥有 1000 多个代理分支机构，并已形成网络。在中国本土，拥有货运机构 300 多个。

5. 长荣海运(E. G)

长荣海运股份有限公司创立于 1968 年 9 月 1 日，成立之初，仅以一艘二十年船龄的杂货船刻苦经营，虽创业维艰，但长荣海运凭借着“创造利润、照顾员工、回馈社会”的经营理念，缔造了许多航运史上的佳绩；发展至今，共经营约 120 艘全货柜轮，不论船队规模或货柜承载量皆位居全球领先地位。中国台湾的高雄港是其根据地。

6. 东方海外(OOCL)

东方海外是东方海外(国际)有限公司的全资附属公司，为世界具规模之综合国际货柜运输、物流及码头公司之一。东方海外拥有超过 310,000 多个标准箱的集装箱队伍，2003 年第二季度两艘特大船只的投入使用使东方海外集装箱船只的最大吞吐量达到 7700 个标准箱。

7. 达飞轮船(CMA-CGM)

达飞轮船名字由法文得来。CMA 是 Compagnie Martime d'Affretement；CGM 是由 Compagnie des Messagenes Ma rltines(CMM) & Compagnie Generale Transatlanonque (CGT)合成得来。达飞是一家非典型的欧洲家族公司，在资本运作方面非常成功，除收购 CMA 之外，还表现在收购 ANL(澳大利亚国家航运)，但是其手段高就高在只收购了 ANL 干线业务，而偏港和支线业务 ANL 交由万荣船务打理，也就是只要肥肉，不要骨头。达飞在非洲航线有优势。

8. 美国总统班轮(AMERICAN PRESIDENT LINES；APL)

APL 全称 AMERICAN PRESIDENT LINES。美国总统轮船，原来是一家有 150 年历史的美国船公司，后来在 1997 年的时候给 NOL(东方海皇)吞并，但还是用 APL 的牌子。

APL 的主打航线是美国线，这和它的起源有关系，也是它的最大利润来源。

表 2-1　2008 年 1 月全球 20 大集装箱船公司运力排名

排名		船公司名称 中英文缩写	所属国家 或地区	2008 年 1 月 运力/TEU	拥有运力/ 船舶数量 (TEU)	租赁运力/ 船舶数量 (TEU)	订单运力/ 船舶数量 (TEU)
2008	2007						
1	1	马士基 MAERSK	丹麦	1 878 943	181 (964 138)	342 (914 805)	93 (457 301)
2	2	地中海 MSC	瑞典	1 214 486	212 (693 786)	156 (520 700)	66 (660 212)
	3	达飞轮船 CMA&CGM	法国	887 553	88 (268 839)	284 (618 714)	71 (533 625)
4	4	长荣海运 EVERGREEN	中国台湾	619 462	103 (364 859)	73 (254 603)	3 (15 620)

续表

排名 2008	排名 2007	船公司名称 中英文缩写	所属国家或地区	2008年1月运力/TEU	拥有运力/船舶数量(TEU)	租赁运力/船舶数量(TEU)	订单运力/船舶数量(TEU)
5	5	赫伯罗特 HAPPAG-LLOYD	德国	494 516	60 (247 831)	82 (246 685)	12 (105 000)
6	6	中海集运 CSCL	中国	432 251	87 (251 192)	52 (181 059)	39 (244 782)
7	7	中远集运 COSCO	中国	430 472	94 (232 499)	46 (197 973)	59 (390 035)
8	9	总统轮船 APL	美国	401 625	38 (139 690)	84 (261 935)	40 (262 456)
9	10	日本邮船 NYK	日本	375 925	50 (240 747)	67 (135 178)	44 (235 833)
10	12	东方海外 OOCL	中国香港	343 228	34 (195 759)	47 (147 469)	23 (143 366)
11	8	韩进海运 H.J	韩国	339 681	21 (109 236)	61 (230 445)	34 (214 368)
12	11	商船三井 MOSK	日本	329 211	35 (147 692)	73 (181 519)	35 (190 457)
13	13	川崎汽船 K'LINE	日本	306 486	33 (163 736)	59 (142 750)	36 (170 564)
14	15	以星航运 ZIM	以色列	276 512	42 (136 009)	68 (140 503)	46 (298 159)
15	17	汉堡南美航运 ASIA	德国	275 691	37 (111 041)	83 (164 650)	42 (184 131)
16	16	阳明航运 Y.M	中国台湾	272 813	51 (172 825)	31 (99 988)	24 (153 008)
17	14	智利航运 CCNI	智利	248 987	4 (21 208)	80 (227 779)	24 (161 315)
18	18	现代商船 HMM	韩国	196 782	10 (42 217)	37 (154 565)	23 (189 346)
19	19	太平洋国际航运 PIL	新加坡	169 444	72 (101 696)	37 (67 748)	20 (68 491)
20	20	万海航运 W.H	中国台湾	137 656	50 (94 339)	32 (43 317)	23 (62 764)

注:A. P. 穆勒马士基集团包括马士基航运、南非箱运、巨航海空通运;达飞轮船集团包括达飞轮船、澳大利亚箱运、马克安得鲁、达贸、OTAL 、Comanav、正利航业(CNC Line);智利航运集团包括智利航运、智利航运--北欧亚航运、Libra2Monternar;汉堡南美航运集团包括汉堡南美航运、Alianca 、FANZL;韩进海运集团包括韩进海运、胜利航运;日本邮船集团包括日本邮船、东京船舶航运;以星航运集团包括以星合资航运服务有限公司、金星航运、Niver lines。

数据来源:罗凯,徐剑华. 20大集装箱船公司运力扩张大盘点. 世界海运. 2008,2(1):17

三、班轮公会与联营体

(一)班轮公会概述

班轮公会又称航运公会,俗称水脚公会。它是由两个或两个以上在同一条航线上经营班轮运输的船公司,为避免相互间的竞争,维护共同利益,通过在运价和其他经营活动方面签订协议而组成的国际航运垄断组织。

创办海运业,不像开创铁路运输那样需要投入巨资,征用土地和铺设轨道。有意经营者不论规模大小,均可营运。仅有一条船的经营者,也可令其船借助天然航道通航世界各地。因此,海运业和其他行业相比更富竞争性。当某一条航线同时存在几家、几十家甚至更多的船公司经营班轮运输时,激烈的竞争尤易发生。在这种情况下,各船公司往往以降低运价来争揽货载。但是,运费又是船公司最主要的收入来源,如果无节制地降低运价,则会危及船公司的生存。正由于此,作为维护船公司自身利益的手段,在班轮公司之间产生了班轮公会的组织。1875年,经营英国至印度港口之间从事货运的英国七家公司成立的加尔各答班轮公会(Calcutta Conference),创世界班轮公会之先。目前在国际间的主要航线上,几乎无不存在班轮公会这类航运垄断组织。

班轮公会分为开放式公会和关闭式公会两种。开放式公会多见于与美国港口有关的航线,并为美国政府有关当局所调节。入会条件是同意公会规定的运价,遵守公会协议。关闭式公会的入会条件是要求入会者经全体会员通过。大多数班轮公会为关闭式公会。

班轮公会的任务是规定共同遵守的最低运价;通过对船舶发航次数、船舶吨位和挂靠港口的限制,控制会员公司之间的竞争;采用折扣、回扣、延期回扣和合同优惠等办法给货主一定优惠,以控制货源,排挤会外航运公司和垄断航线上的班轮业务。

有些船公司同时经营数条班轮航线,也同时成为数家班轮公会的会员。这一情形强化了班轮公司之间的联系。资本雄厚的班轮公司甚至在几个班轮公会中占据垄断地位,左右公会事务。有时几个班轮公会联手,组成联合公会,增强公会竞争力。例如,墨西哥湾联合水脚公会(Gulf Associated Freight Conference),就是由9个班轮公会联合组成,控制着墨西哥至欧洲北部、地中海、南非和东非的货运。

班轮公会的业务主要是限制和调节班轮公会内部的相互竞争,同时防止或对付来自公会外部的竞争,从而达到垄断航线货载的目的。在限制和调节班轮公会内部的相互竞争时,班轮公会主要采取以下措施:

1.制定费率

制定费率是班轮公会最主要的一项工作。所有参加公会的会员公司,协定共同遵守的费率,因此这一费率又称协定费率。在协定费率中,又有固定费率和最低费率之分。固定费率是指会员公司之间协议为某一航线制定的一个固定运价,所有会员公司都必须遵守并按统一的运价计收运费,不得有任何增减。最低费率是指会员公司为某一航线制定的一个最低费率,所有的会员公司只能按高于或等于所规定的费率计收运费,而不得按低于所规定的费率收费。

2.统一安排营运

班轮公会在其控制的航线上,限制航次及挂靠港口,规定各会员公司在一定时期内船舶艘次数和每一航次的靠港数,并制定船期表。对此各会员公司都必须遵守。

公会在安排营运时的另一措施是限制货载,为各会员公司划定装货区域,规定各会员公司在一定时期内货载的分配数额,但允许有一定百分比的伸缩。

3.统筹分配收入

公会为了平衡各会员公司的利益,将会员公司的运费收入的全部或部分集中起来,按预先规定的比例进行分配。对那些为公会利益做出牺牲的会员公司而言,此为一种补偿性安排。

着眼于防止或对付来自外部的竞争,公会又采取以下措施:

1.规定延期回扣制(Deferred Rebate System)

规定延期回扣制,是班轮公会争揽货载时通常采用的回扣制度。按照这一制度规定,货主必须同公会签订所谓"忠诚信约"(Loyalty contract),即在一定时期内,货主将自己的货物全部交由某一班轮航线的班轮公司运输,在计算期届满时,可按整个计算期间所支付运费总额的一定百分比从班轮公会取得回扣。按照延期回扣制,在连续两段期间内,货主将其货物全部交给该班轮公会运输，才能得到自己应得的回扣。否则将被剥夺回扣享受权。

2. 合同费率制(Contract Rate System)

合同费率制又称双重费率制(Dual Rate System)，它实际上是延期回扣制的替代方式。在这种制度下，货主与班轮公会签订全部交运合同，享受特别低廉的公会运价或运价不变的待遇。那些没有与班轮公司签订全部交运合同的货主则不能享受合同费率，而必须按非合同费率计收运费。

3. 安排战斗船(Fighting Ship)

安排战斗船是班轮公会船舶与非会员船舶展开竞争的重要方式。当班轮公会垄断的航线上出现非会员船舶营运时，班轮公会即按照非会员船舶航行的相同船期和停靠港口，派出战斗船，以低于非会员船舶的费率揽货承运，直到对方被挤出该航线为止。至于战斗船的一切损失，则由公会成员共同承担。

(二)《1974 年联合国班轮公会行动守则公约》

进入 20 世纪 60 年代以后，广大的发展中国家为了发展民族经济，维护国家利益，强烈要求改变旧的经济体系，建立新的世界经济秩序。在国际航运领域，它们强烈反对受发达国家控制的班轮公会的各种垄断性做法，认为班轮公会把运价定在发达国家和工业国家而不利于发展中国家和原料出口国的水平上，是不合理的、不公平的。

为了改变这一现象，1972 年 4 月至 5 月间，在智利首都圣地亚哥举行的第三届联合国贸易和发展会议(United Nations Conference on Trade and Development，缩写为 UNCTAD)上，“七十七国集团”拟定了《班轮公会行动守则公约草案》，以限制班轮公会的活动。联合国大会于同年 12 月 19 日做出决议，并提交给秘书长。此后联合国贸易和发展会议主持召开的全权代表会议审议并通过了此案，1974 年 4 月 6 日在日内瓦通过了《联合国班轮公会行动守则公约》，该公约于 1983 年 10 月 6 日正式生效。

中国政府曾派代表团参加拟定和审议公约的工作，并于 1980 年 9 月 23 日加入公约。由于我国的远洋运输企业不参加任何班轮公会，因此我国不履行该公约的任何具体义务。

延伸阅读

《联合国班轮公会行动守则公约》简介

《联合国班轮公会行动守则公约》分七个部分(共 54 条)和一个附件，其主要内容包括：

1. 公约的宗旨

维护世界海洋货运有秩序的发展，促进班轮运输更有效地为国际贸易服务，保证班轮运输的提供者和使用者之间的利益均衡，不对任何国家的船主、托运人或对外贸易实行任何歧视。

2. 货载分配原则

这是公约的核心条款，旨在反对国际航运垄断。公约规定，凡是参加公会的班轮公司均享有航次和装货的权利。在班轮公会服务的航线上，对于班轮公会揽运的货载，由航线两端国家的会员班轮公司各占 40%，其余 20% 由第三国会员公司承运。这就是有名的公会会员公司间 4∶4∶2 货载分配原则。

3. 公会协议

这一条款是对公会做出协议的程序规定。公约规定,一项公会协议所包含的做出决定的程序,应以全体正式会员公司一律平等的原则为基础。公约还规定,未经两国中的一国航运公司的同意,不能对公会协议中规定的有关该两国间贸易方面的问题做出决定。这些规定,反映了在班轮公会内部,包括发展中国家的航运公司在内的所有参加公会的会员公司享有平等权利,从而动摇了航运大国垄断并操纵班轮公会的基础。

4. 费率

公约规定,运费率应视商业上可行的范围,尽量确定在最低水平,同时应当使船东获得合理的赢利。关于运费率的调整,公约规定如果班轮公会要求全面提高运费率,应将其提高的幅度、实施的日期、提高的理由等,至少于 150 天前通知托运人或托运人组织,并规定两次提高费率的间隔时间不得少于 10 个月。

5. 战斗船

公约规定禁止使用战斗船。

(三)航运联营体

航运联营体(Consortia)是指班轮公司以舱位互租、互换、联营等形式组成的联盟。联合经营航线,但是航运市场的营销还是各公司自理,不统一制定运价。

随着集装箱运输的发展,班轮公会走向解体。20 世纪 90 年代以来,班轮航运业供需矛盾日益尖锐,航运市场进入前所未有的困难时期。尽管各船公司努力在航线配置、运价政策、服务水平等方面增加投入和合作。但实践表明一家船公司已孤掌难鸣,无法在"低运输成本、高服务质量"轨道上运行,因此,世界主要班轮公司走上了大规模联营的道路。船公司为了增加挂靠港、拓展物流服务范围,往往通过舱(箱)位互租协议、码头共享等形式进行联合经营。原本舱位共享、舱位互换等合作协议在班轮公司间就非常普遍,联营体形式更被认作是班轮业的根基。通过联盟(Alliance)与各种合作协议(Agreement),个体班轮公司有机会在全球范围内开展业务,而不必在每条航线上都开辟自己的航线、投放自有的船舶。

不同于班轮公会,联营体的协议中完全不存在集体制定运价,即使都使用一条船装货,联营体的成员仍需为货源而展开竞争。由于联营体在降低经营成本的同时并不削弱竞争性,货主、法规制定者以及班轮公司都认为联营体是一种有益的形式。

1995 年以来,航运联盟成为航运市场的主旋律,6 年时间中,先后进行了多轮的联盟重组。全球 5 大航运联盟集团在东西主干航线上控制着 80%以上的货源,其成员基本包括了前 20 位的班轮公司。班轮公司实现全球性联营,不仅提高了服务质量,而且取得了巨大的经济效益。2001 年 6 大航运联盟是新世界联盟(美国总统、现代商船、商船三井)、伟大联盟(赫伯罗特、马来西亚国际、日本邮船、东方海外)、马士基海陆、中远/川崎/阳明、联合联盟(朝阳、韩进、胜利、阿拉伯联合航运)、长荣集团。联盟成员之间通过联合派船和互租舱位的方式,在航线设置、资源优化、成本调整等方面取得了成功,这对原有的航运体系产生了强烈冲击,并从根本上动摇了班轮公会存在的基础。

第三节 国际海运组织

本节情境导入

经过一周的努力,小张又顺利过关了。但是,工作过程中,小张不满足于经理布置的任务,发挥大学生肯钻研的精神,不但熟记了船公司的情况,还自己拓展了班轮公会的知识。接下来,小张有了疑问,那就是除了班轮公会,还有没有其他更全面的国际海运组织呢?小张想到了就马上着手去了解了。

本节任务

能说出世界主要的海运组织的中文全称与英文简称。

一、国际海事组织(IMO)

国际海事组织(IMO)的前身为政府间海事协商组织(INTERGOVERNMENTAL MARITIME CONSULTATIVE ORGANIZATION, IMCO)。IMO是根据1948年3月6日在日内瓦举行的联合国海运会议上通过的《政府间海事协商组织公约》于1959年1月6日至19日在伦敦召开的第一届公约国全体会议上正式成立的,是联合国在海事方面的一个专门机构,负责海事技术咨询和立法。

1975年11月第9届大会通过了修改的组织公约决定,并于1982年5月22日起改为现名IMO,以加强该组织在国际海事方面的法律地位,使其在海事和海运技术领域起到更大作用。IMO通过的国际公约、规则和决议案为造船、设计、检验、航运、海事、管理等部门所必须遵循的法定文件。我国在联合国恢复合法席位后,于1973年3月1日正式参加IMO,1975年当选为理事国,1995年11月,我国以最多票数连任A类理事国。我国对IMO的归口管理部门设在交通部船舶检验局。

二、波罗的海国际海事协会与国际海事委员会(BIMCO)

BIMCO成立于1905年,总部设在丹麦哥本哈根。BIMCO向本组织成员提供全世界港口和海运条件方面的免费情报服务、免费咨询服务、专题讲座及短期培训。成立的宗旨是联合船东和航运机构,在适当的时候采取一致行为促进航运业的发展,把不同的意见和违反工作惯例的情况通知本组织成员。

BIMCO在1927年时只有20个成员国,占当时商船队总吨位的14%。目前,BIMCO有110个成员国,950个船东,约有11800条船接受它的服务。BIMCO吸收的人员和组织包括:船东、船舶买卖代理人、船东和船舶买卖协会、船舶代理商和承租商、延期停泊和防卫协会及航运联合会。

BIMCO的服务范围:

1)预防和解决争端:在现实中,许多本不必要的争端源于错误地使用一些单证,或单证本身不健全、不准确。如果使用BIMCO的标准单证就可以防止争端的发生。BIMCO经常发表一些文章,免费给它的成员一些信息。当它的成员由于某些原因出差错时,可以通过它在海运业的地位来保护它的成员。

2)信息服务:作为 BIMCO 的成员,能免费从 BIMCO 的信息库得到港口和航运市场的信息。BIMCO 已建立了 24 小时服务制,有港口情况、冰冻情况、运费率、航运市场报告、燃料价格、BIMCO 修改过的某些条款。BIMCO 平均每天收到来自世界各地的 150 多个咨询。

3)出版物:BIMCO 周刊刊登最新加入该组织的成员名单和航运市场信息;BIMCO 公告每年出六期,主要是介绍海运业的发展趋势和一些海事案例的判决。

三、国际海事委员会(CMI)

1897 年,在比利时安特卫普成立,据创立人路易·法兰克爵士宣称:"委员会的宗旨,在于促使国与国之间天然联系的海洋,能获得统一法律的利益。这些法律在观念上应合理周密而公平,实际内容也切实可行。"

20 世纪初开始,国际海事委员会陆续完成了各种有关海商问题的国际公约,包括《碰撞公约》(1910 年)、《救助公约》(1910 年)、《海牙规则》(1924 年)等等。

1989 年 4 月 7 日,经 CMI 批准,中国海商法协会取代中国国际贸易促进委员会,成为国际海事委员会的中国会员协会。

四、国际航运公会(ICS)

ICS 成立于 1921 年,总部设在伦敦。主要是由英、美、日等 23 个国家有影响力的私人船东所组成的协会,协会成员大约拥有 50%的世界商船总吨位。ICS 成立的宗旨是为了保护本协会内所有成员的利益,就互相关心的技术、工业或商业等问题交流思想,通过协商达成一致意见,共同合作。

ICS 制定的各种决议可通过它的成员,即来自各国的船东带回各自的国家,影响他们国家的法规,从而达到 ICS 的决议与各国的法规相和谐,使 ICS 的意愿在各国有所体现,使各国使用统一的航运法规,便于海上交通运输的发展。

第四节　章节配套实训项目

项目一　世界各大洲主要港口实训

一、实训说明

完成第一节教学即可开展本项目实训,也可在开展第一节教学前。

进入经营国际海上货运的国际货运代理公司后,在外出揽货或从事其他海运业务前,国际海上货运代理人必须做到对世界各大洲或地区的主要港口耳熟能详。否则将无法正常开展工作。

本项目实训采用填制表格的形式,让学生在反复的填制过程中,熟悉基本港。

二、实训步骤

根据第二章后"附表 2-1"至"附表 2-7"提供的港口中文或英文名,将表格内容填写完整。

三、实训要求

1. 交来的港口必须写明中英文全称、代码及缩写,还要注明所属国(中文名称)。例:中国宁波 NINGBO CNNBO NGB;

2. 每位同学根据老师要求任选数张将表格空白的地方填满;

3. 表格完成并提交完毕后,完成本次作业的实训报告。

项目二　班轮公司航线与船期实训

一、实训说明

完成第二节教学即可开展本项目实训。

国际海上货运代理人除了对基本港要求掌握外,还应了解班轮船期表的内容,还应该了解在哪里可以找到船期表。国际海上货运代理人应该了解世界前 20 的船公司各大洲与地区的基本港,或者自己公司专营航线的船公司挂港顺序。简单地说,就是对班轮运输公司经营的航线和港口有基本的了解。

本项目实训采用填全表格的形式,让学生在反复的填制过程中,掌握获得航运公司的航线和船期表的技巧,并熟悉航运公司。

学校所在地有航运公司的,可以安排学生以走访的形式完成表格。

二、实训步骤

1. 根据给出的船公司名称,根据老师要求任选数家,并到相应船公司网站浏览搜寻企业信息。可通过百度、谷歌等搜索引擎搜索到相应船公司网站。

2. 参照“附表 2-8　班轮公司航线与船期实训示例”完成“附表 2-9　班轮公司航线与船期实训模板表格”,可以直接填在书上,或者做成一份 word 文档在线提交到教师指定信箱。

3. 撰写实训报告,对完成实训的过程进行总结分析。

三、实训要求

1. 每位同学根据老师要求任选数家船公司,将表格空白的地方填满。

2. 主要集装箱班轮公司中英文缩写如下:

英文缩写	中文名称	英文缩写	中文名称	英文缩写	中文名称
APL	美国总统	ASIA	汉堡南美航运	CCNI	智利航运
CHINASHIPPING	中海集运	COSCO	中远集运	CMA&CGM	达飞轮船
CSAV NORASIA	南美邮船	E. G. (EVERGREEN)	长荣	HYUNDAI(HMM)	现代商船
HANJIN	韩进	HAPPAG-LLOYD	赫伯罗特	K. H. L	建恒
K'LINE	川崎汽船	MOL	商船三井	MAERSK	马士基
MSC	地中海	NYK	日本邮船	OOCL	东方海外
PIL	太平船务	RCL	宏海箱运	SITC	新海丰

3. 认真撰写实训报告

第二章配套实训项目附表：

附表 2-1　世界各大洲主要港口实训表格——中日韩基本港

序　号	所属国(地区) 中文名称	港口中文名称	港口英文名称	港口代码
答题示范	中国	张家港	ZHANGJIAGANG	CNZJG
1		大连		
2		秦皇岛		
3		天津		
4		烟台		
5		青岛		
6		日照		
7		连云港		
8		上海		
9		宁波		
10		温州		
11		福州马尾		
12		厦门		
13		深圳蛇口		
14		香港		
15		三亚		
16		基隆		
17		高雄		
18		釜山		
19		仁川		
20		名古屋		
21		东京		
22		横滨		
23		大阪		
24		神户		
25			MOJI	

说明：

1. 交来的港口必须写明中英文全称、代码及缩写，还要注明所属国(中文名称)。例：中国宁波 NINGBO CNNBO NGB

2. 推荐查询网站 http://www.yicang.com/和 http://port.sol.com.cn

附表 2-2　世界各大洲主要港口实训表格——东南亚基本港与常见港口

序　号	所属国中文名称	港口中文名称	港口英文名称	港口代码
1		海防		
2		胡志明市		
3		西哈努克市		
4		曼谷		
5		吉隆坡		
6		新加坡		
7		雅加达		
8		马尼拉		
9		仰光		
10		吉大港		
11		科伦坡		
12		加尔各答		
13		孟买		
14		卡拉奇		
15		泗水		
16		巴林		
17		穆阿拉港		
18		槟城		
19		巴生港		
20		泗务		
21		宿务		
22		宋卡		
23		巨港		
24		苏拉特		
25		金边		

附表 2-3　世界各大洲主要港口实训表格——欧美基本港

序　号	所属国 中文名称	港口 中文名称	港口英文名称	港口代码	
1			BOSTON,MA		北美
2			NEW YORK,NY		北美
3			BALTIMORE,MD		北美
4			NORFOLK,VA		北美
5			SAVANNAH,GA		北美
6			MIAMI		北美
7			NEW ORLEANS,LA		北美
8			HOUSTON,TX		北美
9			SEATTLE,WA		北美
10			OAKLAND		北美
11			SAN FRANCISCO		北美
12			LOS ANGELES		北美
13			LONG BEACH		北美
14			SAN DIEGO		北美
15			FELIXSTOWE		欧基港
16			SOUTHAMPTON		欧基港
17			AMSTERDAM		欧基港
18			ANTWERP		欧基港
19			ROTTERDAM		欧基港
20			HAMBURG		欧基港
21			BREMEN		欧基港
22			LE HAVRE		欧基港
23		多伦多			北美
24		蒙特利尔			北美
25		温哥华			北美

附表 2-4 世界各大洲主要港口实训表格——拉丁美洲基本港

序　号	所属国 中文名称	港口中文名称	港口英文名称	港口代码
1			MANZANILLO,MX	
2			MEXICO CITY	
3			SAN JOSE	
4			HAVANA	
5			PANAMA CITY	
6			COLON FREE ZONE	
7			BELEM	
8				BRFOR
9				BRREC
10				BRSAL
11				BRRDJ
12				BRSTS
13				BRRGR
14				ARENA
15				UYMON
16				SANCL
17				PECAL
18				PELIM
19		布埃纳文图拉		
20		卡塔赫纳		
21		加拉加斯湾		
22		基多		
23		瓜亚基尔		
24	圭亚那	乔治敦		
25		帕拉马里博		

附表 2-5　世界各大洲主要港口实训表格——非洲基本港

序　号	所属国中文名称	港口中文名称	港口英文名称	港口代码	
1			CASABLANCA		北非
2			ALGIERS		北非
3			ORAN		北非
4			BENGHAZI		北非
5			TRIPOLI		北非
6			TUNIS		北非
7			LUANDA		西非
8			DOUALA		西非
9			LAGOS		西非
10			APAPA		西非
11			COTONOU		西非
12			LOME		西非
13			TEMA		西非
14			ABIDJAN		西非
15			BANJUL		西非
16			CAPE TOWN		南非
17			DURBAN		南非
18			JOHANNESBURG		南非
19			PORT ELIZABETH		南非
20			MOMBASA		东非
21			KAMPALA		东非
22			DAR ES SALAAM		东非
23			MAPUTO		东非
24			TOAMASINA		东非
25			PORT LOUIS		东非

附表 2-6 世界各大洲主要港口实训表格——地中海基本港

序 号	所属国 中文名称	港口 中文名称	港口英文名称	港口代码	
1			MALTA		东地中海
2			PIRAEUS		东地中海
3			ISTANBUL		东地中海
4			IZMIR		东地中海
5			MERSIN		东地中海
6			PORT SAID		东地中海
7			ALEXANDRIA		东地中海
8			LIMASSOL		东地中海
9			LATTAKIA		东地中海
10			BEIRUT		东地中海
11			HAIFA		东地中海
12			ASHDOD		东地中海
13			LISBON		西地中海
14			LEXIOES		西地中海
15			BARCELONA		西地中海
16			VALENCIA		西地中海
17			MARSEILLES		西地中海
18			FOS		西地中海
19			GENOVA		西地中海
20			NAPLES		西地中海
21			LA SPEZIA		西地中海
22			GIOIA TAURO		西地中海
23			TUNIS		
24			GEMLIK		
25			ODESSA		

附表 2-7　世界各大洲主要港口实训表格——中东基本港和其他

序　号	所属国 中文名称	港口 中文名称	港口英文名称	港口代码	
1			UMM QASR		波斯湾
2			BASRAH		波斯湾
3			KUWAIT		波斯湾
4		迪拜			波斯湾
5		阿布扎比			波斯湾
6		达曼			波斯湾
7		多哈			波斯湾
8		阿巴斯			波斯湾
9		苏伊士			红海
10		亚喀巴			红海
11		苏丹港			红海
12		吉达			红海
13		吉布提			红海
14		荷台达			红海
15		亚丁			红海
16		布里斯班			澳新
17		悉尼			澳洲
18		墨尔本			澳洲
19		弗里曼特尔			澳洲
20		阿德莱德			澳洲
21		奥克兰			新西兰
22		惠灵顿			新西兰
23		海参崴			俄远东
24		东方港			俄远东
25		圣彼得堡			欧洲

附表 2-8　班轮公司航线与船期实训示例

LOGO	名称	母公司网站	经营业务	注册地
	中远集装箱运输有限公司	http://www.coscon.com/	公司经营着 80 多条国际航线,及数十条国内航线。	中国
航线名称	中远美东一线			
对应航线船期表				

CNQIN		CNNBO		CNSHA		KRBUS		PAPAN(T/S)		USNYK	
ETA	ETD	ETA	ETD	ETA	ETD	ETA	ETD	ETA	ETD	ETA	ETD
THU	FRI	SAT	SAT	SUN	MON	WED	WED	SAT	SAT	WED	THU

USWTN		USSAV		PAPAN(T/S)		KRBUS		CNQIN	
ETA	ETD	ETA	ETD	ETA	ETD	ETA	ETD	ETA	ETD
SAT	SUN	SUN	MON	FRI	FRI	TUE	WED	THU	FRI

附表 2-9　班轮公司航线与船期实训模板表格

LOGO	名称	母公司网站	经营业务	注册地
航线名称				
对应航线船期表截图				

第三章

集装箱班轮运输概述

本章学习任务

一、明白国际标准集装箱的概念,熟记常用集装箱的类型缩写与参数;

二、掌握货物装箱的一般方法;

三、熟记集装箱班轮运费附加费的种类与缩写,掌握集装箱班轮运费计算技巧;

四、对于危险货物分类与特性有初步的了解。

章节情境设定

在海运部上班的第一周,小张原以为只要把世界各地方基本港背熟,就是这周工作的全部。可是,很快他就发现自己太乐观了。在部门经理如约带小张他们到堆场去参观后,小张作为行业新人,就觉得要掌握的东西太多了。

第一节　国际标准集装箱

本节情境导入

在堆场,部门经理对着码放在那的集装箱指指点点,并不停地给小张他们解说。在短短的半小时内,他们就这么走马观花地绕堆场一圈。回到公司,部门经理告诉他们熟记常用集装箱的类型缩写与参数对于一名货代从业人员来说,是最基本的要求。于是,小张又多了个任务。

本节任务

1. 知道集装箱的种类,熟记常用集装箱类型缩写及主要参数。

2. 能从集装箱外观标记辨识集装箱类型及所属船公司。

3. 完成本章第五节的《项目一　船公司所属集装箱 LOGO 及类型辨识》。

一、集装箱的定义与标准化

1. 集装箱的定义

国际标准化组织(ISO)对集装箱下的定义为:集装箱是一种运输设备,应满足以下要求:

(1)具有耐久性,其坚固强度足以反复使用;

(2)便于商品运送而专门设计的,在一种或多种运输方式中运输时无需中途换装;

(3)设有便于装卸和搬运的装置,特别是便于从一种运输方式转移到另一种运输方式;

(4)设计时应注意到便于货物装满或卸空;

(5)内容积为1立方米或1立方米以上。

集装箱一词不包括车辆或传统包装。目前,中国、日本、美国、法国等世界有关国家,都全面地引进了国际标准化组织的定义。

2. 集装箱的标准化

(1)国际标准集装箱

目前世界上通用的是国际标准集装箱,现在海运和陆运普遍使用20英尺和40英尺集装箱。为了便于计算集装箱数量,以20英尺的集装箱作为换算标准箱(Twenty-Foot Equivalent Unit, TEU),并以此作为集装箱船载箱量、港口集装箱吞吐量、集装箱保有量等的计量单位。

其相互关系为:20’=1TEU,40’=2TEU。

表3-1 常见国际标准集装箱主要参数

箱 型	20英尺平柜	40英尺平柜	40英尺高柜
外部尺寸(毫米)	2438×2591×6058	2438×2591×12192	2438×2591×12192
外部尺寸(英尺)	8×8′6 ″×20	8×8′6 ″×0	8×9′6 ″×40
内部尺寸(毫米)	2340×2379×5925	2336×2379×12043	2345×2685×12055
门(高×宽) 单位:毫米	2278×2286	2278×2286	2585×2340
容积*(立方米)	33	67	76
总重(公斤)	24000	30480	32500
最大载重(公吨)	22100	27396	29600

* 集装箱内容积会有些许波动,比如有的40英尺平柜内容积为68立方米。

(2)国家标准集装箱

各国政府参照国际标准并考虑本国的具体情况,而制订本国的集装箱标准。

(3)地区标准集装箱

此类集装箱标准,是由地区组织根据该地区的特殊情况制订的,此类集装箱仅适用于该地区。如根据欧洲国际铁路联盟(VIC)所制订的集装箱标准而建造的集装箱。

(4)公司标准集装箱

某些大型集装箱船公司,根据本公司的具体情况和条件而制订的集装箱船公司标准,这类箱主要在该公司运输范围内使用。如马士基海陆的35英尺集装箱。

此外,目前世界还有不少非标准集装箱。如非标准长度集装箱有美国海陆公司(该公司已被马士基收购)的35英尺集装箱、总统轮船公司的45英尺及48英尺集装箱;非标准高度集装箱,主要有9英尺和9.5英尺两种高度集装箱;非标准宽度集装箱有8.2英尺宽度集装箱等。由于经济效益的驱动,目前世界上20英尺集装箱总重达24ft的越来越多,而且普遍受到欢迎。

二、集装箱类型与标记

(一)集装箱类型

集装箱的分类方法很多,根据集装箱用途不同进行分类如下:

1. 干货集装箱(Dry Cargo Container),也称杂货集装箱

这是一种通用集装箱(General Purpose,GP)。用以装载除液体货、需要调节温度货物及特种货物以外的一般件杂货。这种集装箱使用范围极广,常用的有 20 英尺、40 英尺和 40HQ 三种,45 英尺的也较常见,其结构特点是常为封闭式,一般在一端或侧面设有箱门。

例:

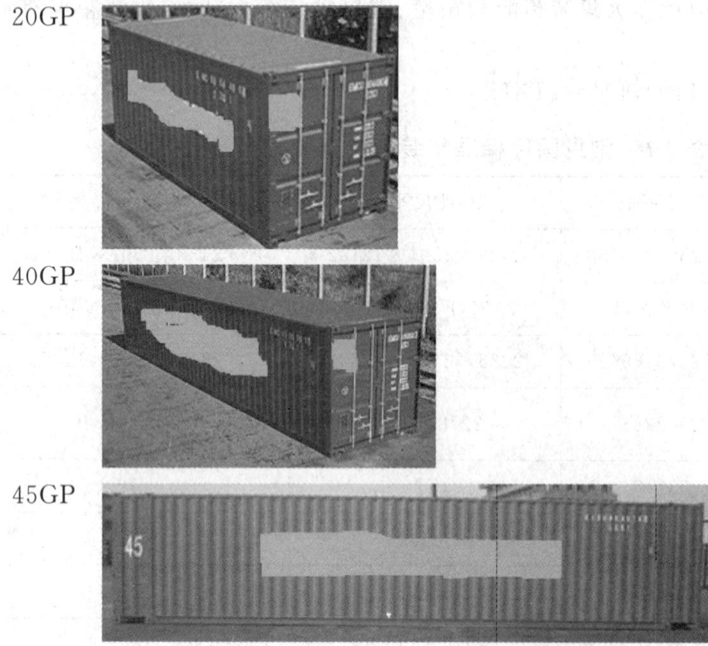

2. 开顶集装箱(Open Top Container,OT),也称敞顶集装箱

这是一种没有刚性箱顶的集装箱,但有可折式顶梁支撑的帆布、塑料布或涂塑布制成的顶篷,其他构件与干货集装箱类似。开顶集装箱适于装载较高的大型货物和需吊装的重货。

例:20 英尺全开顶集装箱业内俗称“20 尺”全开顶集装箱

3. 台架式及平台式集装箱(Flat Rack Container,FR)

台架式集装箱是没有箱顶和侧壁,甚至有的连端壁也去掉而只有底板和四个角柱的集装箱。

台架式集装箱有很多类型。它们的主要特点是：

1)为了保持其纵向强度，箱底较厚。箱底的强度比普通集装箱大，而其内部高度则比一般集装箱低。在下侧梁和角柱上设有系环，可把装载的货物系紧。

2)台架式集装箱没有水密性，怕水湿的货物不能装运，适合装载形状不一的货物。

台架式集装箱可分为：敞侧台架式、全骨架台架式、有完整固定端壁的台架式、无端仅有固定角柱和底板的台架式集装箱等。平台式集装箱是仅有底板而无上部结构的一种集装箱。该集装箱装卸作业方便，适于装载长、重大件。

例：40 英尺前后板框可折叠式之床式、平台两用集装箱

4. 冷藏集装箱(Reefer Container，RF)

这是专为运输要求保持一定温度的冷冻货或低温货而设计的集装箱。它分为带有冷冻机的内藏式机械冷藏集装箱和没有冷冻机的外置式机械冷藏集装箱。适用装载肉类、水果等货物。冷藏集装箱造价较高，营运费用较高，使用中应注意冷冻装置的技术状态及箱内货物所需的温度。

例：20 英尺冷藏箱

5. 汽车集装箱(Car Container)

这是专为装运小型轿车而设计制造的集装箱。其结构特点是无侧壁，仅设有框架和箱底，可装载一层或两层小轿车。由于集装箱在运输途中常受各种力的作用和环境的影响，因此集装箱的制造材料要有足够的刚度和强度，应尽量采用质量轻、强度高、耐用、维修保养费用低的材料，并且材料既要价格低廉，又要便于取得。

6. 通风集装箱(Ventilated Container)

通风集装箱一般在侧壁或端壁上设有通风孔，适于装载不需要冷冻而需通风、防止汗湿的货物，如水果、蔬菜等。如将通风孔关闭，可作为杂货集装箱使用。

7. 散货集装箱(Bulk Container)

散货集装箱除了有箱门外，在箱顶部还设有 2～3 个装货口，适用于装载粉状或粒状货物。使用时要注意保持箱内清洁干净，两侧保持光滑，便于货物从箱门卸货。

8. 动物集装箱(Pen Container)

这是一种专供装运牲畜的集装箱。为了实现良好的通风，箱壁用金属丝网制造，侧壁下方设有清扫口和排水口，并设有喂食装置。

9.罐式集装箱(Tank Container,TK)

这是一种专供装运液体货而设置的集装箱,如酒类、油类及液状化工品等货物。它由罐体和箱体框架两部分组成,装货时货物由罐顶部装货孔进入,卸货时则由排货孔流出或从顶部装货孔吸出。

例:20英尺罐式集装箱

10.其他。如:成衣柜

目前,世界上广泛使用的集装箱按其主体材料分类为:

(1)钢制集装箱,其框架和箱壁板皆用钢材制成。最大优点是强度高、结构牢、焊接性和水密性好、价格低、易修理、不易损坏,主要缺点是自重大、抗腐蚀性差。

(2)铝制集装箱。铝制集装箱有两种:一种为钢架铝板;另一种仅框架两端用钢材,其余用铝材。主要优点是自重轻、不生锈、外表美观、弹性好、不易变形,主要缺点是造价高,受碰撞时易损坏。

(3)不锈钢制集装箱。一般多用不锈钢制作罐式集装箱。不锈钢制集装箱主要优点是强度高、不生锈、耐腐性好,缺点是投资大。

(4)玻璃钢制集装箱。玻璃钢集装箱是在钢制框架上装上玻璃钢复合板制成的。主要优点是隔热性、防腐性和耐化学性均较好,强度大能承受较大应力,易清扫,修理简便,集装箱内容积较大等;主要缺点是自重较大,造价较高。

(二)必备标记和可选标记

为了便于对集装箱在流通和使用中识别和管理,便于单据编制和信息传输,所以国际标准化组织制定了集装箱标记,此标准即《集装箱的代号、识别和标记》(ISO6346-1981(E))。国际标准化组织规定的标记有必备标记和自选标记两类,每一类标记中又分识别标记和作业标记。

具体来说,集装箱上有箱主代号,箱号或顺序号、核对号,集装箱尺寸及类型代号。

1.必备标记

1)识别标记

它包括箱主代号、顺序号和核对数字。

(1)箱主代号。国际标准化组织规定,箱主代号由四个大写的拉丁字母表示,前三位由箱主自己规定,第四个字母一律用U表示。如:中远COSU。

(2)顺序号，又称箱号，由 6 位阿拉伯数字组成。如有效数字不是 6 位时，则在有效数字前用“0”补足 6 位。如“053842”。

(3)核对数字。核对数字是用来核对箱主代号和顺序号记录是否准确的依据。它位于箱号后，以一位阿拉伯数字加一方框表示。

核对数字计算步骤如下：

A. 核对号是由箱主代码的四位字母与顺序号的六位数字通过以下方式换算而得：

核对号计算中箱主代码字母的等效数字如下：

A	B	C	D	E	F	G	H	I	J	K	L	M
10	12	13	14	15	16	17	18	19	20	21	23	24
N	O	P	Q	R	S	T	U	V	W	X	Y	Z
25	26	27	28	29	30	31	32	34	35	36	37	38

表中去掉了 11 及其倍数的数字，这是因为后面的计算将把 11 作为模数。

B. 然后将前四位字母对应的等效数字和后面顺序号的数字（共 10 位），采用加权系数法进行计算。公式为：$S=\sum C_i \times 2^{i-1}, i=1,2,3,\cdots,10$。

C. 最后，以 S 除以模数 11，求取其余数，即得核对号。

如：求 COSCO 的集装箱 COSU800121 的核对号。

首先，箱号 COSU800121 对应的数字是 13—26—30—32—8—0—0—1—2—1；

然后求和，$S=13\times2^0+26\times2^1+30\times2^2+32\times2^3+8\times2^4+0\times2^5+0\times2^6+1\times2^7+2\times2^8+1\times2^9=1721$

最后，除以 11 取余数，既 1721÷11=156……5

余数为 5，所以核对号为 5。

如果除出余数是 10，则核对号为 0。其他情况则余数是多少，相应的核对号就是多少。

2)作业标记

它包括以下三个内容：

(1)额定重量和自定重量标记。额定重量即集装箱总重，自重即集装箱空箱质量(或空箱重量)，ISO688 规定应以公斤(kg)和磅(lb)同时表示。

(2)空陆水联运集装箱标记。由于该集装箱的强度仅能堆码两层，因而国际标准化组织对该集装箱规定了特殊的标志，该标记为黑色，位于侧壁和端壁的左上角，并规定标记的最小尺寸为：高 127mm，长 355mm，字母标记的字体高度至少为 76mm。

(3)登箱顶触电警告标记。该标记为黄色底各色三角形，一般设在罐式集装箱和位于登顶箱顶的扶梯处，以警告登体者有触电危险。

2. 自选标记

1)识别标记

它包括：

(1)国家和地区代号，如中国用 CN；美国用 US

(2)尺寸和类型代号(箱型代码)，如：

箱尺寸/类型说明	20英尺平柜	40英尺平柜	40英尺高柜
尺寸/类型代号	22G1	42G1	45G1

2)作业标记

它包括:

(1)超高标记。该标记为在黄色底上标出黑色数字和边框,此标记贴在集装箱每侧的左下角,距箱底约0.6m处,同时该贴在集装箱主要标记的下方。凡高度超过2.6m的集装箱应贴上此标记。

(2)国际铁路联盟标记。凡符合《国际铁路联盟条例》规定的集装箱,可以获得此标记。该标志是在欧洲铁路上运输集装箱的必要通行标志。

3.通行标记

集装箱在运输过程中能顺利地通过或进入他国国境,箱上必须贴有按规定要求的各种通行标志。否则,必须办理繁琐证明手续,延长了集装箱的周转时间。

集装箱上主要的通行标记有:安全合格牌照、集装箱批准牌照、防虫处理板、检验合格徽及国际铁路联盟标记等。

第二节 集装箱货物装载

本节情境导入

虽然应聘时说是兼职业务员,但小张他们基本就像"万金油",哪里需要就被派往哪里。这不,今天小张刚上完课,就接到公司电话,让他随集卡去附近一工业区监装。因为公司受买方委托,到卖方工厂装箱时检查货物外包装有无破损、数量有无短缺等。这差事小张还没做过,带着好奇就和集卡一起去了。到了工厂,才发觉要把像豆腐块一样的纸箱装进集装箱这铁盒子还是需要些技术的。

本节任务

1.明白集装箱船舶的分代标准。

2.熟记货物装箱的一般方法,并对冷藏货物和危险货物装箱方法有初步的认识。

一、集装箱船舶

传统班轮运输货物的船舶通常承运零散的或小批量的货物,使用船上的吊杆或起重机装卸货物,在船上由人工进行货物积载。后来发展到半集装箱船或半托盘船,这种类型的船舶承运散装货物及事先装好的集装箱或托盘上的货物,依靠叉车进行积载,也可在敞口的货舱或甲板上装载集装箱。

近年来的国际海运货物的主流船舶是全集装箱船,它是专为装载集装箱而建造的船舶。通常所说的集装箱船是指吊装式全集装箱船,或称集装箱专用船。吊装式集装箱船是指利用船上或岸上的起重机将集装箱进行垂直装卸的船舶。全集装箱船(full container ship)是一种专用于装载集装箱以便在海上运输时能安全、有效地大量运输集装箱而建造的专用船舶。全集装箱船的结构特点是:一般为大开口、单甲板船,且常为双船壳,以利于集装箱的装载和卸载。船舱内设置格栅结构，以固定集装箱，防止集装箱在运输送中发生前、后、左、右方向移动，从而保证航行安全和货运质量。舷侧设有边舱，可供载燃料或作压载用。甲板上设置了能装载多层集装箱的特殊结构。多采用尾机型。因为在舱内设有永久性的格栅结构，只能装运集装箱而无法装载杂货。全集装箱船上有的带有船用装卸桥，用于装卸集装箱。但目前大多数全集装箱船依靠港内的装卸桥装卸，故都不设装卸设备。

自 20 世纪 60 年代中期第一代集装箱船问世以来，经过 50 多年的发展，国际海上集装箱运输已日趋成熟，集装箱运输工具也完成了历史性的升级换代。国际上一般以集装箱船载箱量的千位数多少进行分"代"。

60 年代，横穿太平洋、大西洋的 17000～20000 总吨集装箱船可装载 700～1000TEU，这是第一代集装箱船。进入 70 年代，40000～50000 总吨集装箱船的集装箱装载数增加到 1800～2000TEU，航速也由第一代的 23 节提高到 26～27 节，这个时期的集装箱船被称为第二代。1973 年石油危机以来，第二代集装箱船被视为不经济船型的代表，故而被第三代集装箱船取代，这代船的航速降低至 20～22 节，但由于增大了船体尺寸，提高了运输效率，致使集装箱的装载数达到了 3000TEU，因此，第三代船是高效节能型船。

80 年代后期，集装箱船的航速进一步提高，集装箱船大型化的限度则以能通过巴拿马运河为准绳，这一时期的集装箱船被称为第四代。第四代集装箱船集装箱装载总数增加到 4400 个。由于采用了高强度钢，船舶重量减轻了 25%；大功率柴油机的研制，大大降低了燃料费，又由于船舶自动化程度的提高，减少了船员人数，集装箱船的经济性进一步提高。

作为第五代集装箱船的先锋，德国船厂建造的 5 艘 APLC-10 型集装箱可装载 4800TEU，这种集装箱船的船长/船宽比为 7/8，使船舶的复原力增大，被称为第五代集装箱船。

1996 年春季竣工的 Rehina Maersk 号集装箱船，最多可装载 8000TEU，该型船已建造了 6 艘，人们说这个级别的集装箱船拉开了第六代集装箱船的序幕。2007 年 6 月首航的"伊夫林·马士基"轮，是目前全球最大的集装箱船，船长 397.7 米，宽 56.4 米，高 76.5 米。长度比世界最大的航空母舰美国海军尼米兹级航空母舰还要长 60 多米，垂直竖起来比埃菲尔铁塔还高。该轮可载箱量为 1.1 万标准箱，这些集装箱若用火车运输，车厢的总长度将达到 71 公里。另外，"伊夫林·马士基"轮还是目前世界上最环保、设备最先进的集装箱船舶，高度自动化，用计算机系统全面监控，仅需 13 名船员操作。

总的来说，具有 600～1000TEU 载箱能力的船舶作为第一代集装箱船；具有 1100～1800TEU 载箱能力的船舶称为第二代集装箱船；能装载 2000～3000TEU 的为第三代集装箱船舶。第一代到第三代的集装箱船是宽度上能够通过巴拿马运河的巴拿马型船舶，船宽在巴拿马运河尺度 32.2 米限制范围内，称为巴拿马型船。第四代及有更多载箱能力的船舶，船宽大于 32.2 米，不适于通过巴拿马运河，被称为特超巴拿马型船。

二、集装箱货物装载方式

(一)集装箱的选择与检查

在进行集装箱货物装箱前，首先应根据所运输的货物种类、包装、性质及其运输要求，选择合适的集装箱。所选择集装箱应符合以下基本条件：①符合 ISO 标准；②四柱、六面、八角完好无损；③箱子各焊接部位牢固；④箱子内部清洁、干燥、无味、无尘；⑤不漏水、漏光;⑥具有检验合格证书。

1. 集装箱的选择

选用集装箱时,主要考虑的是根据货物的不同种类、性质、形状、包装、体积、重量,以及运输要求采用合适的箱子。首先要考虑货物是否装得下,其次考虑在经济上是否合理,与货物所要求的运输条件是否符合。

2. 集装箱的检查

集装箱在装载货物之前,都必须经过严格检查。一只有缺陷的集装箱,轻则导致货损,重则在运输、装卸过程中造成箱毁人亡事故。所以,对集装箱的检查是货物安全运输的基本条件之一。发货人、承运人、收货人以及其他关系人在相互交接时,除对箱子进行检查外,应以设备交接单等书面形式确认箱子交接时的状态。通常,对集装箱的检查应做到:

(1)外部检查:对箱子进行六面察看,外部是否有损伤、变形、破口等异样情况,如有,即做出修理部位标志。

(2)内部检查:对箱子的内侧进行六面察看,是否漏水、漏光,有无污点、水迹等。

(3)箱门检查:箱门是否完好,门的四周是否水密,门锁是否完整,箱门能否270°开启。

(4)清洁检查:箱子内有无残留物、污染、锈蚀异味、水湿。如不符合要求,应予以清扫,甚至更换。

(5)附属件的检查:对货物的加固环节状态,如板架式集装箱的支柱,平板集装箱和敞篷集装箱上部延伸用加强结构等状态的检查。

(二)货物装箱的一般方法

随着集装箱运输的不断发展,不同种类、不同性质、不同包装的货物都有可能装入集装箱内进行运输。同时,从事集装箱运输的管理人员以及操作人员不断增多,为确保货运质量的安全,做好箱内货物的积载工作是很重要的。

集装箱货物的现场装箱作业,通常有三种方法:全部用人力装箱、用叉式装卸车(铲车)搬进箱内再用人力堆装和全部用机械装箱,如货板(托盘)货用叉式装卸车在箱内堆装。这三种方式中,第三种方法最理想,装卸率最高,发生货损事故最少。但是即使全部采用机械装箱,装载时如果忽视了货物特性和包装状态,或由于操作不当等原因,也往往会发生货损事故,特别是在内陆地区装载的集装箱,由于装箱人不了解海上运输时集装箱的状态,其装载方法通常都不符合海上运输的要求,从而引起货损事故的发生。货物在箱内由于积载、装箱不当不仅会造成货损,还会给运输及装卸机械等设备造成损坏,甚至人身伤亡。

货物在装入集装箱内时应注意的事项有:

(1)在不同件杂货混装在同一个箱内时,应根据货物的性质、重量、外包装的强度、货物的特性等情况,将货区分开。将包装牢固、重件货装在箱子底部,包装不牢、轻货则装在箱子上部。

(2)在进行货物堆码时,则应根据货物的包装强度,决定货物的堆码层数。另外,为使箱内下层货物不致被压坏,应在货物堆码之间垫入缓冲材料。货物与货物之间,也应加隔板或隔垫材料,避免货物相互擦伤、沾湿、污损。货物的装载要严密整齐,货物之间不应留有空隙,这样不仅可充分利用箱内容积,也可防止货物相互碰撞而造成损坏。

在货物装箱时,任何情况下箱内所装货物的重量不能超过集装箱的最大装载量,集装箱的最大装货重量由集装箱的总重减去集装箱的自重求得。总重和自重一般都标在集装箱的箱门上。每个集装箱的单位容重是一定的，因此如箱内装载一种货物时，只要知道货物密度，就能断定是重货还是轻货。货物密度大于箱的单位容重的是重货，装载的货物以重量计算；反之货物密度小于箱的单位容重的是轻货，装载的货物以容积计算。及时区分这两种不同的情况，对提高装箱效率是很重要的。

(3)货物在箱子内的重量分布应均衡。装载时要使箱底上的负荷平衡，箱内负荷不得偏于一端或一侧，特别是要严格禁止负荷重心偏在一端的情况。如箱子某一部位装载的负荷过重，则有可能使箱子底部结构发生弯曲或脱开的危险。在吊机或其他机械作业时，箱子会发生倾斜，致使作业不能进行。

还要避免产生集中载荷，如装载机械设备等重货时，箱底应铺上木板等衬垫材料，尽量分散其负荷。标准集装箱底面平均单位面积的安全负荷大致如下：20 英尺集装箱为 $1330\times 9.8N/m^2$，40 英尺集装箱为 $980\times 9.8N/m^2$。

(4)用人力装货时要注意包装上有无“不可倒置”、“平放”、“竖放”等装卸指示标志。要正确使用装货工具，捆包货禁止使用手钩。箱内所装的货物要装载整齐、紧密堆装。容易散捆和包装脆弱的货物，要使用衬垫，防止货物在箱内移动。使用衬垫时应使用清洁、干燥的垫料（胶合板、草席、缓冲器材、隔垫板），如使用潮湿的垫料，就容易发生货损事故。

(5)装载货板货时要确切掌握集装箱的内部尺寸和货物包装的外部尺寸，以便计算装载件数，达到尽量减少弃位、多装货物的目的。

(6)用叉式装卸车装箱时，将受到机械的自由提升高度和门架高度的限制。在条件允许的情况下，叉车装箱可一次装载两层，但上下应留有一定的间隙。

如条件不允许一次装载两层，则在箱内装第二层时，要考虑到叉式装卸车的自由提升高度和叉式装卸车门架可能起升的高度。这时门架起升高度应为第一层货高减去自由提升高度，这时第二层货物才能装在第三层货物上层。

一般用普通起重量为 2 吨的叉式装卸车，其自由提升高度为 50 厘米左右，但还有一种是全自由提升高度的叉式装卸车，这种机械只要箱内高度允许，就不受门架起升高度的影响，就能很方便地堆装两层货物。此外，还应注意货物下面应铺有垫木，以便使货叉能顺利抽出。

延伸阅读

冷藏货和危险货物的装箱

一、冷藏货的装箱

冷藏集装箱所装载的货物可分为冷却货物(chilled cargo)和冷冻货物(frozen cargo)两种。前者是指一般选定不冻结的温度，或是货物表面有轻微结冻的温度，其温度范围在十一摄氏度至零下一摄氏度(11～－1℃)，冷却货物的目的是为了维持货物的呼吸和防止箱内出汗。后者是指将货物冷冻起来运输，其温度范围通常在零下十一摄氏度至零下二十摄氏度(－11～－20℃)。

对冷藏货物在运输途中应保持的温度，货主在托运时都应有指示，承运人则应严格遵照执行。双方都应保管好有关该票货物在运输途中所需要的文件，以便发生纠纷后解决就温度问题引起的争执时有据可依。

冷藏货在装箱前,对集装箱和货物都应进行检查:

1.冷冻装置的启动、运转、停止;

2.通风孔处于何种状态(开启或关闭);

3.泄水管是否堵塞;

4.集装箱本身的气塞性;

5.冷藏货是否达到规定的温度;

6.装箱时,应注意货物不要堵塞冷气通道,天棚部分留有一定间隙;

7.装载期间,冷冻装置应停止运转。

二、危险货物的装箱

危险货物的装箱方法和运输要求与非危险货物是完全不同的,这是因为考虑到该类货物的物理特性、化学特性,以及运输安全的要求。对危险货物的装箱要求是:

1.不符合要求的危险货物,或已有破损、渗漏情况的不得装入箱内。

2.危险货物的任何部分不得突出到箱外,装箱后即应关门封锁。

3.不应将危险货物与不相容的物质装载同一箱内,除特殊情况由主管当局同意除外。

4.危险货物只有按规定包装后才能装载集装箱运输;某些干燥的散装危险货,可装载由主管当局特准制作的用于该种货物运输的集装箱内。

5.液体货物和非冷藏的压缩气体的装载应得到主管部门的批准。

6.将装载在集装箱内的危险物质和其他任何物质的包件予以固定。

7.当一票危险货物只构成集装箱内所装货物的一部分时,最好将其装载在箱门附近。

8.对托运人来说,应在货物托运单上或单独的申报单上保证他所托运的货物已正确申报货名、加以包装、做出标志,并具有适运的条件。

9.负责将危险货物装入集装箱内的工作人员,应提交“集装箱装运危险货物装箱证明书”,以证实已正确装箱并符合以下规定:

(1)集装箱清洁、干燥,外观上适合装货;

(2)集装箱内未装入不相容的货物;

(3)所有包件都经过外部破损检查,装入箱内的包件是完好的;

(4)所有包件都已恰当地装入集装箱并加以牢固;

(5)集装箱及其包件都有正确的标记、标志;

(6)对集装箱内所装的每一票货物,已经收到其根据《国际海运危险货物规则》所要求的危险货物申报单。

10.装有危险货物的集装箱,应有规格不小于250mm×250mm的《国际海运危险货物规则》类别标志(标牌),应至少有4幅这种标志(标牌),并将其贴在外部明显的地方,每侧各一幅,前后端各一幅。

11.集装箱一经认为无危险性,所有危险标志应自箱上去掉或加以遮盖。

12.装载有危险货物的集装箱,应检查外部有无所装内容的破损、撒漏或渗漏迹象,一旦发现有破损、微调或渗漏的集装箱,在未加以修理和将容器移走前,都不予以承运。

13. 装载危险货物的集装箱卸空后，应采取措施保证集装箱没有污染，而使集装箱不具有危险性。

第三节　集装箱班轮运费及计算

本节情境导入

到公司有一段时间，小张有次在办公室听到老业务员在向船公司询价。小张听到除了些数字外，还有什么加O、加B、加C、加D，或者还要加T、加A、加D等。初次接触海运运价的小张往往被弄得一头雾水。等那位前辈忙完，小张虚心向其请教。那位大哥对这些字母所具体表达的内容解释不清，只知道这是附加费用，是船公司要收的，但却弄不清为什么要收。小张听他解释完，除了知道附加费这收费项目，其他还是茫茫然，一无所知。请你帮助小张揭开“加B”这些术语的面纱，明白它们的前世今生。

本节任务

1. 熟记常见集装箱班轮附加费中文名称、英文缩写及简称。

2. 理解并熟练掌握集装箱班轮运费计算步骤与方法。

3. 完成本章第五节的《项目二　集装箱海运费询价、报价实训》和《项目三　集装箱海运费计算实训》。

一、集装箱班轮运费构成

班轮运费包括基本运费和附加运费两部分。基本运费是对任何一种托运货物计收的运费；附加运费则是根据货物种类或不同的服务内容，视不同情况而加收的运费，可以说是由于在特殊情况下或者临时发生某些事件的情况下而加收的运费。附加运费可以按每一计费吨（或计费单位）加收，也可按基本运费（或其他规定）的一定比例计收。

（一）基本运费（basic freight）

指对运输每批货物所应收取的最基本的运费，是整个运费的主要构成部分：它根据基本运价（basic freight）和计费吨计算得出。基本运价按航线上基本港之间的运价给出，是计算班轮基本运费的基础。基本运价的确定主要反映了成本定价原则，确定费率的主要因素是各种成本支出，主要包括船舶的折旧或租金、燃油费、修理费、港口使费（如装卸费、吨税和靠泊等费用）、管理费、职工工资等。各种突发因素产生的额外费用通过附加费形式收取。集装箱运输的各种大量后期费用，如空箱的调拨、堆存等费用，也应该包括在基本运价中，但如何量化比较困难，所以基本成本较难准确控制。同时，市场供求关系也是影响费率的一大主要因素。

基本运价有多种形式，如普通货物运价、个别商品运价、等级运价、协议运价、集装箱运价等。而根据货物特性等所确定的特别运价有：军工物资运价、高价货运价、冷藏运价、危险品运价、甲板货运价、小包裹运价等。

（二）附加运费（surcharge or additional）

基本运费是构成全程运费中应收运费的主要部分，是根据航线上的各基本港之间进行运输的平均费用水平向普通货物收取的费用。而实际上，经常有一些需要特殊处理的货物、需要加靠非基本港或转船接运的货物(transit cargo)需要运输;即使是基本港之间的运输,也因为基本港的自然条件、管理规定、经营方式等情况的不同而导致货物运输成本的差异。这些都会使班轮公司在运营中支付相应的费用。为了使这些增加开支得到一定的补偿,需要在基本运费的基础上,在计算全程运费时计收一定的追加额。这一追加额就是构成班轮运费的另一组成部分——附加运费。

同时,航运市场的兴衰会永远受到世界经济形势和国际贸易情况的左右;航运市场的竞争会影响承运人的经营状况。为了在特定情况下保持一定水平的收益,应对各种不稳定因素引起的额外成本支出,承运人就需要通过附加费的形式,按照合理分担有关费用的定价原理确定附加运费。

常见集装箱运输附加运费的种类主要有:

1. 燃油附加费(bunker adjustment factor,BAF;or bunker surcharge,BS)

这是由于燃油价格上涨,使船舶的燃油费用支出超过原核定的运输成本中的燃油费用,承运人在不调整原定运价的前提下,为补偿燃油费用的增加而增收的附加费。实践中,英文还称其为 fuel adjustment factor,即 FAF。业内习惯称为“加 B”。

当燃油价格回落后,该项附加费亦会调整直至取消。燃油费用在船公司的经营成本中占有较大比重,燃油价格上涨直接增加了承运人的经营成本。燃油价格的长期上涨所带来的运输成本增加会在一定时期内的基本运价调整中得到反映。所以,燃油附加费一般是用来应对短期的燃油价格变动的。

实践中,有的承运人在燃油附加费以外还可能增收应急燃油附加费(emergency bunker surcharge, EBS)。这是在已经增收燃油附加费时,燃油价格又突然上涨,承运人不调整原燃油附加费而增收的附加费。应急燃油附加费,一般澳洲线使用 EBS;一般非洲、中南美洲航线使用 EBA。

2. 货币贬值附加费(currency adjustment factor, CAF)

这是由于国际金融市场汇率发生变动,计收运费的货币贬值,使承运人的实际收入减少,为了弥补货币兑换过程中的汇兑损失而加收的附加费。由于国际运输往往涉及多个国家和多种货币,而货币之间的兑换会带来一定的时间上的、手续上的损失,所以,承运人会通过增收货币贬值附加费来弥补这一收入损失。业内习惯称为“加 C”。

3. 旺季附加费(peak season surcharge)

也称高峰附加费,这是目前在集装箱班轮运输中出现的一种附加费。在每年运输旺季时,承运人根据运输供求关系状况而加收的附加费。业内习惯称为“加 P”。

另外,还有一些其他的附加费,如冰冻附加费、苏伊士运河附加费、熏蒸费等。在集装箱班轮运输中,还有一些关于运输费用的概念,如:“整体费率上调”(general rate increase, GRI),是指通常在每年的五月开始,承运人将所有的费率上调一定幅度;“目的地交货费”(destination delivery charge, DDC)。这是在北美地区的港口对到港的货物收取的费用,CIF 中的运费不含 DDC,如在提单上反映出 DDC 费用的话,其肯定是由托运人预付,如没有在提单上列明,在目的港自然由买方支付;“空箱调运费”(equipment reposition charge, ERC),也称设备调运费,是收货人没有按约定还空箱时,承运人为调运空箱而收取的费用。还有一些不尽合理的费用,如码头作业(操作)费(terminal handling charge,THC)、原产地接货费(original receiving charge,ORC)等。

一般来说，燃油附加费、旺季附加费和目的地交货费是比较常见的附加费。不过，如果不是从事货代工作，一般是接触不到这些附加费的。现在货代给外贸公司报价都是将基本运费和相关的各种附加费综合起来报给客户一个全包价，方便客户选择比较。

有些航线有时会出现一些特殊的费用，虽然严格来说，不能算是附加费，但由于属于该航线的固定费用，通常也把其列入附加费，以方便计收。比如自动舱单系统（Automated Manifest System，AMS），此系统为美国在 9·11 后为了其反恐需要而开发的一种发货人货物在上船 24 小时之前必须向美国海关申报的提前申报系统。美国海关收到发货人的申报资料后，觉得没有什么可疑问题，便会通过 AMS 申报系统反馈申报通过。反之，如果发货人由于申报资料不全，或有什么错误，美国海关就会反馈为申报失败，货物就无法上船。发货人（shipper）可以自己在线申报，也可以交货代或船公司申报。船公司收费标准为 USD25.00/票，资料更改 USD40.00/次；货代收费标准不一。

延伸阅读

其他附加费

1. 港口附加费（port additional）

由于港口装卸效率低，或港口使费过高，或存在特殊的使费（如，进出港要通过闸门等）都会增加承运人的运输经营成本，承运人为了弥补这方面的损失而加收的附加费称为港口附加费。

2. 港口拥挤附加费（port congestion surcharge）

由于港口拥挤，船舶抵港后需要长时间等泊而产生额外的费用，为补偿船期延误损失而增收的附加费称为港口拥挤附加费。港口拥挤附加费是一种临时性的附加费，其变动性较大。一旦港口拥挤情况得到改善，该项附加费即进行调整或取消。

3. 转船附加费（transshipment additional）

运输过程中货物需要在某个港口换装另一船舶运输时，承运人增收的附加费称为转船附加费。运往一些偏僻或较小的非基本港的货物，必须通过转船才能运达；而有时由于转运干线船，也需要换装船舶。转运一次就会产生相应的费用，如换装费、仓储费以及二程船（接运船舶）的运费等费用，一般这些费用均由负责第一程船运输的承运人承担，并包括在所增收的转船附加费内。不过，转船附加费不一定能全部抵偿上述各项费用的支出，其盈亏由收取转船附加费的第一程船运输的承运人自理。现在的运输服务范围已从海洋跨上陆地，由此产生的额外转运费用有时也称转船附加费。

4. 超长附加费（long length additional）

由于单件货物的外部尺寸超过规定的标准，运输时需要特别操作，从而产生额外费用，承运人为补偿这一费用所计收的附加费称为超长附加费。货物的长度超过规定后，会增加装卸和运输的难度，如需特别的捆绑、铺垫、增加亏舱等，影响船期，增加支出。货主需支付超长附加费。在运价本中，一般长度超过 9 米的件杂货就可能要有这一附加费。

超长附加费是按长度计收的，而且长度越长其附加费率越高。货物需要转船时，则每转船一次,加收一次。

5. 超重附加费(heavy lift additional)

超重附加费是指每件商品的毛重超过规定重量时所增收的附加运费。这种商品称为超重货。由于单件货物的重量超过规定标准时,在运输中同样需要特别的捆绑、铺垫以及影响装卸工作等,所以承运人对单件货物重量超过一定标准的货物要加收该附加费。通常承运人规定货物重量超过5吨时就要增收超重附加费。

超重附加费是按重量计收的,而且超重重量越大其附加费率越高。如果超重商品需要转船时,则每转船一次,加收一次。

如果单件货物既超长又超重,则两者应分别计算附加费,然后按其中收费高的一项收取附加费。

6. 直航附加费(direct additional)

这是托运人要求承运人将其托运的货物从装货港,不经过转船而直接运抵航线上某一非基本港时所增收的附加费。

通常,承运人在运价本中会做出规定,当托运人交运的一批货物超过某一数量时,就可以同意托运人提出的直航要求,并按规定增收直航附加费。船舶直接加挂某一非基本港口后,会增加港口费用支出,并延长船期。选择直航一般以直航后产生的额外费用小于原来的转运费用为原则。

7. 选港附加费(optional surcharge)

又称选卸附加费,即选择卸货港所增加的附加费。由于买卖双方贸易需要,有些货物直到装船时仍不能确定最后卸货港,要求在预先指定的两个或两个以上的卸货港中,待船舶开航后再作选定。这样,就会使整船货物的积载变得困难,甚至会造成舱容的浪费。另外,选择的卸货港所选定的港口必须是该航次挂靠的港口。在集装箱班轮运输中,选择卸货港已很少被船公司接受。

8. 洗舱附加费(cozening fee)

船舶装载了污染货物后,或因为有些货物外包装破裂、内容物外泄时,为不再污染以后装载的货物,必须在卸完污染物后对货舱进行清洗,承运人对由此而支出的费用所增收的附加费称为洗舱附加费。清洗费用一般根据污染程度、清洗难度而定。

9. 变更卸货港附加费(a1teration of discharging port additional)

由于收货人变更、交货地变更或清关问题等需要,有些货物在装船后需变更卸货港,而货物不在提单上原定的卸货港卸货而增收的附加费称为变更卸货港附加费。

变更卸货港的运费超过原卸货港的运费时,提出变更要求方应补交运费差额,反之,不予退还。同时由于因需要翻舱所引起的额外费用和损失,亦由提出变更要求的一方负担。

10. 绕航附加费(deviation surcharge)

是指因某一段正常航线受战争影响、运河关闭或航道阻塞等意外情况的发生迫使船舶绕道航行,延长运输距离而增收的附加运费。

绕航附加费是一种临时性的附加费,一旦意外情况消除,船舶恢复正常航线航行,该项附加费即行取消。

11. 超额责任附加费(additional for excess of libility)

这是托运人要求承运人承担超过提单上规定的赔偿责任限额时承运人增收的附加费。超额责任附加费按商品的FOB价格的一定百分比计收,因此托运人托运时应同时提供货物的FOB价格。

二、集装箱班轮运费计算

(一)集装箱班轮运费计费方法

运费的计算在航运实务中是一项重要的工作。准确无误的计算将会避免不必要的商务纠纷、赔偿,同时也会树立良好的企业形象。一般班轮运费的计收方法适用于,同时也被广泛应用于计算集装箱货物的运费和其他费用。即在费率表中规定了基本运费和附加运费,并给出了费率和计费方法。不过,由于在整个运输过程中,货物要装箱、拆箱,而这些作业既可以由承运人负责进行,也可以由托运人自行负责进行。随之,费用的负担责任也就确定。所以,不同情况下的运费计算办法也就有所不同。在集装箱运输中,通常按每一个集装箱计算收取运费的规定。实践中计算运费时,如果是整箱货则根据集装箱的箱型、尺寸规定不同的费率(box rate),如果是拼箱货则按一定的体积重量比来计算运费。

整箱货(full container load,FCL)为拼箱货的相对用语。由发货人负责装箱、计数、积载并加铅封的货运。整箱货的拆箱,一般由收货人办理。但也可以委托承运人在货运站拆箱。承运人对整箱货,以箱为交接单位。

拼箱货(less than container load,LCL),整箱货的相对用语,指装不满一整箱的小票货物。这种货物,通常是由承运人分别揽货并在集装箱货运站或内陆站集中,而后将两票或两票以上的货物拼装在一个集装箱内,同样要在目的地的集装箱货运站或内陆站拆箱分别交货。对于这种货物,承运人要负担装箱与拆箱作业,装拆箱费用仍向货方收取。

(二)集装箱班轮运费计算方法

1. 计算公式

集装箱班轮运费=基本运费×箱数+各类附加费之和×箱数

=全包价(ALL IN)×箱数

其中:

(1)基本运费和附加费由具体箱型确定,一般按20GP、40GP、40HQ三种箱型报价;

(2)报价习惯写法:$2634/$4104/$4215,分别代表20GP、40GP、40HQ三种箱型的运价;

(3)ALL IN RATE(ALL IN)全包价=基本运费+各类附加费之和

(4)20GP、40GP、40HQ分别代表20英尺普通柜、40英尺普通柜和40英尺加高柜,也称作小柜、大柜和高柜。

例题一

某票货物从张家港出口到欧洲费利克斯托(FELIXSTOWE),经上海转船。5×20GP,FCL,上海到费利克斯托的费率为$1850/20GP,张家港经上海转船,其费率在上海直达费利克斯托的费率基础上加$100/20GP,另有旺季附加费$185/20GP,燃油附加费$90/20GP。问:

(1)该票货物“ALL IN RATE”的报价是多少?

(2)托运人应支付多少运费?

判断对错

(1)ALL IN = \$1850/20+ \$100/20+ \$185/20+ \$90/20

　　　　　= \$112.5/20

因此“ALL IN RATE”的报价是\$112.5/20GP

(2)海运运费= \$112.5×5= \$562.5

因此托运人应支付运费USD562.5

该做法是典型的错误做法,错就错在没看明白\$1850/20GP指的是一个20英尺的普通柜海运费是1850美元,而习惯性地把“/”看成除号了。

例题讲解

(1)ALL IN =基本运费+各类附加费之和

　　　　　= \$1850+(\$100+ \$185+ \$90)

　　　　　= \$2225

因此“ALL IN RATE”的报价是\$2250/20GP

(2)海运运费=全包价(ALL IN) ×箱数

　　　　　= \$2225×5

　　　　　= \$11125

因此托运人应支付运费USD11125

例题二

由厦门运往新加坡,整箱装货物共2×20GP,3×40GP,4×40HQ。海运费报价为CIF新加坡\$350++/ \$650++/ \$650++,有++需加BAF与PSS,BAF与PSS分别为\$40/ \$70/ \$70, \$40/ \$70/ \$70。问共需要支付多少海运费?

例题讲解

箱型箱数:2×20GP,3×40GP,4×40HQ

基本运费:\$350 \$650 \$650

附加费:BAF \$40/ \$70/ \$70

　　　　PSS \$40/ \$70/ \$70

ALL IN运费: \$430 \$790 \$790

总运费= $\sum$ 各箱型箱数×各箱型对应运费

　　　=2× \$430+3× \$790+4× \$790

　　　= \$6390

(三)运费计算练习

1.某票货物从宁波港出口到欧洲伦敦(LONDON),FCL,5×40GP。宁波到伦敦的费率为\$3700/40GP,宁波港经新加坡转船,其费率在宁波直达伦敦的费率基础上加\$200/40GP,另有旺季附加费\$370/40GP,燃油附加费\$180/40GP。问:

(1)该票货物“ALL IN RATE”的报价是多少?

(2)托运人应支付多少运费?

2.假设某公司出口电缆100箱,装入一个20英尺的集装箱。每箱体积为40×20×30

立方厘米，每箱重 30 千克。查货物分级表得知该货属于 10 级货，按“W/M”计收运费；海运费的基本费率是 1000USD/TEU；查附加费率表，得知需收取燃油附加费 30%。试计算运费。

3. 由宁波运往吉达，FCL 货物共 10×40HQ。海运费报价为 CIF 吉达 1600＋＋/3000＋＋/3050＋＋，有＋＋需加 BAF 与 PSS，BAF 与 PSS 分别为 350/700/700，120/200/200。问共需要支付多少海运费？

4. 由宁波运往迪拜，货物共 5×20GP，5×40GP。海运费报价为 CIF 迪拜 1500＋＋/2900＋＋/2900＋＋，有＋＋需加 BAF 与 PSS，BAF 与 PSS 分别为 300/600/600，120/200/200。问共需要支付多少海运费？

5. 某公司出口一批货物，共 2640 件，总重量为 37.80 公吨，总体积为 124.486 立方米，由船公司装一个 20 英尺和两个 40 英尺集装箱，从上海装船，在香港转船至荷兰鹿特丹港。运费计算标准：M，等级 1～8 级，从上海至鹿特丹港口的直达费率和香港转船费率分别为 USD1850/20，USD3515/40 和 USD2050/20，USD3915/40。装箱费率为 USD120/20，USD240/40。

(1)试计算该批货物的总运费。

(2)该批货原报价为每件 USD24 FOB 上海，试求 CFR 鹿特丹价。

第四节　章节配套实训项目

项目一　船公司所属集装箱 LOGO 及类型辨识

一、实训说明

完成第一节教学即可开展本项目实训，也可在开展第一节教学前作为任务驱动。

进入经营国际海上货运的国际货运代理公司后，在外出揽货或从事其他海运业务前，国际海上货运代理人必须做到对常见集装箱类型缩写及参数耳熟能详。否则将无法正常开展工作。

本项目实训有两种方式可供选择。第一种方式是采用上机填制表格的形式，让学生在反复的填制过程中，掌握第一节知识；第二种方式是现场考核。可根据教学进度与教学条件选择其中一种，或结合以上两种的实训方式。

二、实训步骤

方式一：上机实训

首先，参见“附表 3-1　船公司所属集装箱 LOGO 及类型辨识作业示范”；

然后，教师示范完成一种国际标准集装箱的类型辨识；

接着，让学生下载“船公司所属集装箱 LOGO 及类型辨识作业模板”，参照“船公司所属集装箱 LOGO 及类型辨识作业示范”完成。每名学生在模板上完成任意五种不同类型的国际标准集装箱的图片，并注明所属船公司，以及集装箱型号缩写及俗称。

最后，学生提交模板的电子文档到教师指定的邮箱，或通过其他方式在线提交作业。

方式二:现场考核

方法一:到学校所在地的集装箱堆场,或集装箱货运站。教师任指若干集装箱让学生回答出集装箱的箱型、所属船公司;然后根据学生回答情况打分。

方法二:在实训教室。教师出示若干集装箱图片让学生回答出集装箱的箱型、所属船公司;然后根据学生回答情况打分。

三、实训要求

1. 每位同学根据老师要求认真完成实训项目,并撰写实训报告;
2. 完成过程中,教师全程回答学生提问,引导学生完成实训。

项目二 集装箱海运费询价、报价实训

一、实训说明

完成第二节教学即可开展本项目实训,也可在开展第一节教学前作为任务驱动。

(一)询价实训

询价通常就是向当地经营的船公司了解某条航线上某一港口海运费行情。至于其他各项费用(如报关费)等,公司都已经与合作伙伴谈好价钱了,是固定的,没必要问,公司老板或经理会告诉你。通常,若公司与船公司在某一航线上签有协议价,公司内部会有详细的价目表,这时就无须询价。但受到自身资源的限制,一家货代公司不可能与所有船公司就所有航线签订协议价。所以,当某一航线无协议价可用时,就需要向有经营该航线的船公司询价。

向船公司询价时,必须了解的项目有:

1. 相关航线业务员的姓氏;
2. 海运基本费是多少,有无附加费,若有的话有哪些;
3. 船期;
4. 直航还是中转,若中转,在哪中转。

(二)报价实训

一般说来,报价的方式有如下两种:

1. 打电话告诉客户,适用于长期有业务往来的客户。
2. 书面的报价单。手写传真给客户,一般适用于开发新客户。

虽说手写的报价单没有统一的格式,但大体上要分三块。具体如下:

格式参考范本:

To ×××

报 价 单

尊敬的×××：

您好！

第一部分：说明报价的原因，可以是应对方要求报的，也可以是自己主动报的。

第二部分：服务的价目表

服务的价目表书写的格式如下：

CIF ×××→×××

1. 海运费：船公司 运价 船期 直航/中转 全程

例：COSCO ＄2000/40'GP(ALL IN) 二装四开 直航 27

2. 拖车(集卡)费或场装 ¥×××

3. 报关费 ¥×××

4. 单证费 ¥×××

5. 其他货主要求服务的项目，比如代理报检等。

第三部分：结尾。主要注明报价单上的未尽事宜之类，可以随时和你联系。

复印的名片或署名

日期

报价单书写注意事项：

1. 各项费用要各列一行，切忌挤成一团。

2. 海运费项目要注明是否“全包价(ALL IN)”，一般要列明三家船公司到同一港口的运价供货主选择。

3. 人民币项目书写规范。拖车费按箱型逐个收，报关、单证和商检按票计，均为人民币费用。CNY 标在数字前。

4. 联系方式：不能写座机，必须写自己的手机号。

5. 复印名片也要署名，以示正式。

二、实训步骤

(一)询价实训

首先，情景导入：

假设你作为一名货代，公司所在地为宁波。你刚拜访完一家外贸公司回来，了解到对方走宁波→汉堡，做 CIF，出口 2×40'GP。你打电话到中海询价，其次，教师模拟实践可能的情况提出问题，让学生回答。

参考模拟问题：

1. 由于你不知道中海欧洲航线业务员的分机号，电话交换机将你转到总台，你需要总台帮你将电话转到欧洲航线业务员的分机上，这时你该怎么说？

2. 电话转到中海欧洲航线业务员分机，对方接起电话，你第一句话说什么？

3. 开始向中海欧洲航线业务员询价时应询问哪些项目，如何组织语言？

(二)报价实训

首先，情景导入：

你作为业务员，拜访完ABC进出口公司黄先生，对方做CIF:上海→汉堡，走COSCO，拖装，仅需代为报关，签提单。你询完价，开始书写报价单(具体价格用×××代替)。

其次，教师示范书写一份报价单，学生模拟完成。

最后教师点评。

三、实训要求

1. 每位同学根据老师要求认真完成实训项目，并撰写实训报告。
2. 完成过程中，教师全程回答学生提问，引导学生完成实训。
3. 认真撰写实训报告。

项目三　集装箱海运费计算实训

一、实训说明

完成第三节教学并做好第三节的练习题后即可开展本项目实训。

通过实际的价目表让学生计算海运费，加深对集装箱海运费的理解与掌握。

二、实训步骤

首先，参看"附表3-2　集装箱海运费计算实训——某货代公司部分航线协议运价表"；

然后，教师从各航线中随机挑选两个港口，让学生回答到对应港口的海运费；

最后，教师点评。

三、实训要求

1. 每位同学根据老师要求认真完成实训项目；
2. 完成过程中，教师全程回答学生提问，引导学生完成实训。

第三章配套实训项目附表：

附表3-1　船公司所属集装箱LOGO及类型辨识

一、船公司所属集装箱LOGO及类型辨识作业示范：

箱型图片	所属船公司	集装箱箱型缩写及俗称
	长荣	40GP

二、船公司所属集装箱 LOGO 及类型辨识作业模板

箱型图片	所属船公司	集装箱箱型缩写及俗称

附表 3-2 集装箱海运费计算实训

某货代公司部分航线协议运价表：

欧基港 六装日开	1375/2650/2800＋B＋C＋PSS 退佣 4.25
	(BAF:350/700 CAF:11.4% PSS:135/270)

南美运价

截关周四	20GP	40GP	40HQ	POD	航程
BUENAVENTURA	2380	4760	4860		直航 24 天
IQUIQUE	2300	4600	4700		直航 27 天
VALPARAISO	2300	4600	4700		直航 30 天
SANTIAGO ＋	400	800	800		
SAN ANTONIO ＋	400	800	800		
SAN VINCENTE	2300	4600	4700		直航 32 天
CALLAO	2300	4600	4700	BUENAVENTURA	
ARICA	2300	4600	4700	BUENAVENTURA	
GUQYAQUIL	2300	4600	4700	BUENAVENTURA	

印度线

截关周日	20GP	40GP	40HQ		
CHENNAI	1350	2400	2400		14 天免
BANGALORE ＋	300	580	580	(小柜 12 吨以下)	
＋	365	580	580	(小柜 13－15 吨)	
MULUND	1250	2300	2300		10 天免
COCHIN	1625	3050	3050		
TUTICORIN	1625	3050	3050		

注 1：以上印度线重量限制 14 吨/20 吨(货重)，小柜 14 吨到 18 吨加 USD150，18 吨以上另算

注 2：港口名称后面有“＋”的，意思是在前一行的基础上加本行的运价。

例如：“SANTIAGO ＋”的 20GP 运费为是 2300(前一行运价)＋400(本行运价)。

第四章

集装箱海运出口货代操作流程

本章学习任务

一、能概要说出港口城市货代出口操作流程；

二、掌握货代出口操作流程中的关键步骤；

三、能说出港口城市与内陆城市货代出口操作上的不同点；

四、明白港口城市与内陆城市货代出口操作上的分工与合作。

章节情境设定

不知不觉小张在公司一个月了，小张觉得和在学校差不多，每周都是完成经理布置的学习任务，虽然时间要求紧，但还是比较轻松和愉快的。这周一部门例会后，部门经理照例将他们新人留下单独布置任务。小张他们很好奇这周经理会布置什么任务，因为大家都觉得学得差不多了。出人意料的是，经理说："公司给你们印的名片都收到了吧，这周开始你们就可以去揽货了。每周至少见25个客户。今天算起，三个月内没有业务，就算我不赶你，你自己也会离开。"说完，经理拿出市区的地图，给小张他们每人指定了一块活动区域，然后告诉他们一月后区域轮换。

第一节　港口城市的货代出口操作流程

本节情境导入

经过一个多月的辛苦，小张终于收到了一份出口代理委托书。回想起第一次去别人公司，腿软连门都不敢进，到现在进门就像回自己家一样，不禁感慨自己的变化。小张很兴奋地向经理汇报自己出单了，经理问明情况后，告诉小张，收到委托书并不代表货主的货就一定让你走，也可能是忽悠你的。收到委托书后要审核下看是否有效，同时要与客户确认货物装箱事宜等"跟货"事宜。

本节任务

以本节内嵌在各流程步骤前的项目为导向，掌握港口城市货代出口操作流程中各关键点：

1. 委托书审核；

2. 订舱操作；

3. 货物装箱；

4. 提单签发与交接。

集装箱货运出口中的核心单据是“场站收据”联单，不同口岸使用的联单有些许小的差异，主要有“九联单”和“十联单”。

“九联单”的各联介绍如下，做简单了解：

第一联：货主留底联，集装箱货物托运单，B/N

第二联：船代留底

第三联：运费通知(1)

第四联：运费通知(2)

第五联：提箱申请书，即提箱联，也叫拖车联

第六联附页：缴纳出口货物港务申请书，即拖车堆场留底联

第六联：装货单，即报关后，船东留底联

第七联：大副收据(场站收据副本)即大副联

第八联：场站收据，D/R 即提单联

第九联：货代留底，即船代申报留底联

“十联单”是上海口岸使用的，其各联用途也是本章重点介绍的，各联名称介绍如下：

第一联：货主留底(早先托运单由货主缮制后将此联留存，故列第一联)

第二联：船公司或其代理留底

第三联：运费通知(1)

第四联：运费通知(2)

第五联：装货单

第五联附页：缴纳出口货物港务申请书

第六联(浅红色)：场站收据副本大副联

第七联(黄色)：场站收据正本

第八联：货运代理留底

第九联：配舱回单(1)

第十联：配舱回单(2)

国际货代出口操作流程通常为：揽货、订舱、货物装箱、报检报关、提单签发和交接。

一、揽货、接受委托

开展本小节教学前导入“项目一　委托书的审核项目”，在该项目导向下掌握本小节知识。

(一)揽货

揽货实际上就是寻找客户，并推销国际货运代理服务的过程。通常揽货过程必须要获取这些信息：出口货物品名及运输方式、交货地、装箱方式和地点、箱型箱量、贸易双方采用的贸易术语。

国际贸易中最常见的贸易术语是 FOB、CIF 和 CFR，这三个术语一般只适用于海运和内河运输，即水运。

1. 装运港船上交货价(FOB, FREE ON BOARD, …named port of shipment)

简称船上交货价，习惯上又称离岸价，是指卖方在合同规定的装船港、装运期限内，按

港口习惯将货装上买方指定的船舶。这一价格术语在国际贸易中被广泛使用。在采用船上交货价时，卖方必须做到：

(1)在合同规定的装运港和规定的期限内，将货装上买方指定的船舶，并及时通知买方；

(2)负责货物过船舷前的风险和费用；

(3)负责办理货物出口手续，并提供出口国政府或有关方面的证书、文件；

(4)负责提供有关装运单据。

买方必须做到：

(1)负责租船订舱，支付运费；

(2)将船名、船期通知卖方；

(3)负责货物过船舷后的风险和费用；

(4)负责投保，并支付保险费；

(5)办理在目的港的进口和收货手续；

(6)接受卖方提供的有关装运单据，并按合同规定支付货款。

2. 运费、保险费在内价……指定目的港(CIF, COST, INSURANCE, AND FREIGHT, …named port of destination)

运费、保险费在内价，又称成本加保险费、运费价，习惯上又称到岸价。这一价格术语是指卖方负责租船订舱，按合同规定将货物运至目的港，并负责办理保险手续，支付运费和保险费，并凭单据收取货款。双方的风险划分与FOB相同。以装运港船舷为界。该价格术语中(cost)是指货价，即为FOB价格，所以，CIF价格实际等于FOB价格加上保险费和运费。根据国际贸易惯例的一般解释，在CIF价格条件下，买卖双方的责任范围划分如下：

卖方必须做到：

(1)负责租船订舱，在合同规定的装船港和规定的期限内，将货物装上船舶，并及时通知买方；

(2)支付运费；

(3)负责投保，并支付保险费；

(4)负责货过船舷前的风险和费用；

(5)负责办理货物出口手续，并提供出口国政府和有关方面签发的证件；

(6)负责提供有关装运单据。

买方必须做到：

(1)负责货物过船舷后的费用和风险；

(2)接受卖方提供的有关装运单据，并按合同规定支付货款；

(3)办理在目的港的进口和收货手续。

3. 运费在内价……指定目的港(CFR, COST AND FREIGHT, …named port of destination)

运费在内价，又称成本加运费价，习惯上又称"离岸加运费价"。这一价格术语中，除了由买方买保，并支付保险费外，买卖双方的责任、风险的划分，以及货物所有权的转移，与CIF价格术语完全相同。

在按C&F价格术语成交时，根据国际贸易和有关国家的法律解释，卖方在装船后必须及时发出装船通知。这是因为,在C&F价格术语下,由卖方负责租船订舱,而由买方自办保险,如卖方不及时发出装船通知,买方则有可能无法办理保险手续,甚至发生漏保的可能性。对此,买卖双方应在合同中做出明确规定,如卖方不及时发出装船通知,致使买方未能投保,卖方要承担运输合同中的货物风险。

上述三个价格术语的基本特点是:

(1)买卖双方的风险都是以装船港船舷为界,船舷前由卖方负责,船舷后则由买方负责;

(2)交货都是"象征性"的,也就是说,卖方并不是实际将货先交由买方,而是通过"交单据"来体现交货的责任;

(3)卖方以交出装船单证证明完成交货责任,并据以取得货款,买方则以支付出货款,取得装船单据,从而享有提货的权利。

(4)上述三种价格术语的解释是指海运而言,但在陆运、空运的情况下也可以使用。如对香港地区供应的货方,除海运外,还有不少是通过陆上运输方式,并按CIF香港地区计价的。我国对欧洲等地区空运出口,也有使用FOB上海机场,或CIF巴黎机场。这时,卖方的交货地点是在装运地的车站或机场。然而,上述三种价格主要还是适用于传统国际贸易和运输中的"港至港"交接,不适应集装箱多种运输方式下的"门到门"运输和交接。

使用国际贸易价格术语时,特别要注意到是买卖双方约定用哪个版本的国际通则解释。因为世界上有些国家(如美国,加拿大拉丁美洲等国家),通常使用《1941年美国对外贸易定义修正本》或《1941年美国对外贸易定义修订本》的解释为准,按其规定FOB有6种类别,仅有一种指定船上交货价"FOB vessel"同上述一般的FOB含义相似。在中国进出口贸易业务中,采用国际商会的规定和解释的居多,如按CIF条件成交还可同时采用《华沙—牛津规则》的规定和解释。更为广泛使用的是《国际贸易术语解释通则》(International Rules for the Interpretation of Trade Terms,缩写INCOTERMS)是国际商会为统一各种贸易术语的不同解释于1936年制定的,随后,为适应国际贸易实践发展的需要,国际商会先后于1953年、1967年、1976年、1980年、1990年、2000年和2010年进行过多次修订和补充。有关贸易贸易术语的现行国际贸易惯例,是建立在当事人"意思自治"的基础上,具有任意法的性质。因此,买卖双方商订合同时,可以规定适用某些惯例,也可以变更、修改规则中的任何条款或增添其他条款,即是否采用上述惯例,悉凭自愿。

FOB、CIF、CFR对货代业务的影响:

(1)FOB一般为卸货地订舱,即常说的指定货。指定货的意思是由收货人指定发货人必须走其指定船公司或由其指定的货代操作,或两者都指定。收货人通过收到的提单确认发货人是否遵守约定。

对于这类客户,正常情况下是很难在短时间内揽到的。习惯上的做法是:与工厂负责人混熟,以便了解其买家信息,进而向其买家揽货——这就要求货代业务员能用英语撰写商务信函。

(2)费用收取地点。FOB通常是做到付海运费,就是到了目的港后由收货人支付给船公司。如果货代在当地没有代理,那么海运费的差价(理论上称佣金)就没有了,收入就少了一块;如果货代在当地有代理,那么海运费的差价可以让对方收取后汇回,不过需要给对方一些"辛苦费"。CIF或CFR是预付海运费,就是在起运港由发货人通过货代支付给船公司，这里货代可以赚取海运费的差价。

(3)虽然FOB是买方负责租船订舱，但是通常买方会委托卖方代为办理，订舱操作和做CIF或CFR差不多。如果买方是卸货地订舱，只是确定船公司舱位，对于卖方货从仓库到装运港装船前这一段还是需要当地货代帮其操作。

(二)接受委托

在货主委托货运代理代办货物出口时，会有一份货运代理委托书。在订有长期货运代理合同时，可能会用货物明细表等单证代替委托书。

出口货物货运代理委托书没有统一的格式，不同公司出具给国际货代的委托书在内容上也会有所差别，但是以下内容是不可或缺的：

(1)装运港、卸货港、目的地；

(2)海运费及支付方式：预付？到付？

(3)装船期、结汇期。分批？转船？

(4)对船公司要求及箱型箱量，拟装箱地点。

(5)货物描述：唛头(Mark，即是货物包装上的文字或图案，主要作用是区分货物)、件数、品名、毛重、尺码等。

(6)托运人(发货人)SHIPPER，收货人CONSIGNEEE，通知人NOTIFY PARTY。

(7)有效印鉴。

上述七条货物委托出口最基本的信息，只要有一条缺失或者错误，就会给货代在进行后面的操作时带来很大的麻烦。有时发货人有特殊要求，比如，要出具特定的船龄证、船籍证、显示运费、显示FOB值等。这些要求这时一定要提出，否则将来会很麻烦，尤其是提单方面。

特别注意的是，在这一环节，货主必须明确指示货代出具的提单类型。即是能接受货代公司签发的货代单，还是班轮公司(船公司)签发的班轮提单。如果到了签发提单环节再说明，双方会有不必要的争执。因为做信用证(L/C)结算的，通常都要求出海运提单(Ocean B/L)。而海运提单大多数情况下都默认为班轮提单(船公司提单)，有的时候银行可能会接受注明"ON BOARD"(已装船)的货代单，但为了能顺利付费赎单，拿回货款，遇到要出具海运提单的情况，基本都要求签发班轮提单。

班轮提单和货代单最直观的区别就在于"发货人(SHIPPER)"一栏的填写上，货代单填的是委托人的名称，而班轮提单通常填的都是货代公司的名称。之所以这么做是不让货主与船公司发生直接联系，保障货代的生存空间。两者具体的区别在随后的"签发提单"环节再进一步阐述。

二、订舱

开展本小节教学前导入"项目二　根据委托书订舱"，在该项目导向下掌握本小节知识。

1. 概念

货运代理接受委托后，应根据货主提供的有关贸易合同或信用证条款的规定，向船公司或其代理在其所营运或代理的船只的截单期前预订舱位即订舱(Space Booking)。

所谓截单期，是指该船接受订舱的最后期限，超过截单期如舱位尚有多余或船期因故延误等,船公司同意再次接受订舱,称为"加载"。截单期一般在预订装船日期前几天,以便报关、报检、装箱、集港、制单等项工作的进行。船期表及船公司所公布的各种航运信息是订舱配载的重要参考资料,货运代理必须按照委托书内容要求的船期、船公司、箱型、装货交货方式等办理。在订舱时货运代理会填制"场站收据"联单等单据。

2. 订舱操作

订舱一般要提前一周(7天)到10天。比如,要订下周二的船,这周二货代就得向船公司申请舱位。航运旺季时,舱位紧张,提前10天也难订到舱位;相反,淡季时,最迟开船前4天还可以申请到舱位。

(1)订舱申请

一般是填制好"场站收据"联单的第一联,传真给船公司或其代理。对方接受会回传二份船东确认(booking confirmation,CFM),KHL、OOCL除外,EG不需要书面确认。收到船东确认后这步结束。有的地方采用电子订舱系统,就是货代处安装客户端,通过网络向船公司或其代理订舱,有的船公司也可以直接在其网站上订舱。

a. 订舱申请书与委托书不同的是少了装船期和结汇期,有效印鉴。订舱时SHIPPER必须填写货代公司名称,和对方业务员的称谓,如:黄'S。

特别注意的是,在提交订舱申请前,一定要与船公司负责相应航线的业务员或经理联系好再提交,否则对方很可能没法及时反馈你的申请,导致舱位申请未被批准,最终无法走货。

b. 船东确认的主要信息有:

船名、航次、编号(俗称关单号)、停靠码头、海运费

备注:关单号基本与提单号保持一致,所以也叫做唯一的提单号(B/L No.)

(2)排载

至少提前三天,美欧线提前四天。排这一航次的船要等上一航次的船驶离码头。

普通货物集装箱排载所需单据:盖有"一代订舱章",打印上提单号(关单号)、货代和货主代码的"场站收据"联单其他各联,船东确认1份,船东装箱单1份。

排载是货代去船公司代理(以下简称船代)处办理的,船代首先审核的是船公司是否是其代理的船公司,如果不是则不予办理。其次,审核货代提供的上述单据是否齐全,"场站收据"联单与船东装箱单内容是否正确一致。审核完毕后,船代收走船东确认、船东装箱单和"场站收据"联单的第二联及第八联,并在"场站收据"联单的第五联"装货单"(白联)上盖"排载章",然后退还给货代,让其办理其他手续用。

排载手续办好,订舱环节才算完成。订舱是船公司初步确认愿意承运发货人的货物,而船代办理的排载手续则是表示正式确认船公司同意接受该货物的运输。

出口订舱委托书

日期：2011 年 3 月 20 日

发货人（SHIPPER）：	HONGYUAN INTERNATIONAL CO.,LTD ROOM 201 NO.77BUILDING, YONGSHENG AREA YIWU CHINA, TEL:0579—8521■■■■　FAX：0579—8521■■■■
收货人（CONSIGNEE）：	AL DANGFRI TRADING ENTERPRISE KHARTOUM SUDAN 00249 91■■■■8 OM■■■■N ALWADI STREET,NEAR ALNILE PETROLUM STATION
通知人（NOTIFY PARTY）：	SAME AS CONSIGNEE

运费方式	FREIGHT PREPAID	提单份数	THREE （3）	可否转船	NO	可否分批	NO

启运港	NINGBO	目的港	PORT SUDAN
集装箱预配数	40HQ×1	结汇方式	T/T

唛头	中英文品名	件数与包装	毛重（公斤）	尺码（体积）
N/M	SHOES	5000CTNS	24000KGS	58CBM

公司要求		
	1	箱型：1×40HQ，请配 PIL 的船，船期：2011-04（4 截 5 开）
	2	预计取箱单日：2011-03-28
	3	合作方式：委托贵公司订舱，自拉自报
	4	请及时确认舱位，THS！
	5	费用：
	6	我司联系方式及联系人
		联系人：徐华威，QQ：3601625821
		联系方式：TEL：0579—8538■■■■，MOB:150■■■■■■■■
		FAX:0579—8538■■■■

图 4-1　客户委托书示例

宁波■■国际货运代理有限公司

Shipper(发货人)
EL SHRAEA INTERNATION CO .,LTD

B/L No.(编号)
NBPX11030381

(箱属公司) PACIFIC INTERNATIONAL LINES CO.,LTD

Consignee(收货人)
AL DANGFRI TRADING
ENTERPRISE KHARTOUM SUDAN
00249 9■■■■8

(托运编号) NRMB1103041
TO:梁■■ 278■005
[开航日期:2012-12-31]
[装船日期:2012-12-31]

Notify Party(通知人)
SAME AS CONSIGNEE

敬请确认!
本传真件最晚确认日期:
1999-12-31
FROM:你们好!
请尽快核对提单并回传。
我公司传真:0574
校对人:XXX 0574

Ocean vessel(船名)	Voy.No.(航次)	Port of Loading(装货港)
*临时船名	薛山	NINGBO

Port of Discharge(卸货港)	Place of Delivery(交货地点)	Final Destination for the Merchant's Reference(目的地)
PORT SUDAN	PORT SUDAN	PORT SUDAN

Marks(唛头)	No. of Containers or P'kgs.(箱数或件数)	Kind of Packages:Description of Goods(包装类型与货名)	Gross Weight毛重(公斤)	Measurement 尺码(立方米)
N/M	5000	RUBBER SHEET	24000KGS	68CBM

TO 孟
订4/5的4.1开的PIL
$■■退佣

宁波■■国际货运代理有限公司 订舱专用章

45G1

ON BOARD

FREIGHT PREPAID
SHIPPER LOAD, COUNT & SEAL
CY-CY CONTAINER

Total Number of Containers or Packages (In Words)集装箱或件数合计(大写)
SAY FIVE THOUSAND ONLY

No. of Original B(s)/L(正本提单份数)
THREE

cai■

打印人:柴■■■ 时间:2012-12-19 11:49:19

图 4-2 书面订舱申请示例

CONTAINER LOAD PLAN

进港流水号：CCLNG810114470*1

装　箱　单

截关日：01/26/2011

客服：
操作：

ENS截单日：01/26/2011

新 华 物 流

CCL LOGISTICS

④

Shipper' s Copy
发货人联

Reefer Temperature Required. 冷藏温度			
℃.		°F.	
Class 等级	IMDG Page 危规页码	UN NO. 联合国编号	Flashpoint 闪点

Ship's Name. / Voy No. 船名 / 航次	Port of Loading 装港	Port of Discharge 卸港	Place of Delivery 交货地
STX PATRAIKOS V. 008W	NINGBO	IRBND	BANDAR ABBA

SHIPPER'S / PACKER'S DECLARATIONS: We hereby declare that the container ha?s been thoroughly cleaned without any evidence of cargoes ofprevious shipment prior to vanning and cargoes has been properly stuffed and secured. C969012

Container No. 箱号	Bill of Lading No. 提单号	Packages & Packing 件数与包装	Gross Weight 毛 重	Measurements 尺码	Description of Goods 货名	Marks & Numbers 唛 头
FCIU 8959012	NJEA06195400	Front 前 1100 CARTONS 100844	13091	68.000	CLASS CUP CARGO INTRANSIT TO AZEBBA JAN VIA: IR-SH. RAJAEE PORT/ PEENIAN GULF THRO SPEED CARGO INT INANSTORE AND DWAKDING CO., LTD	N/M
Seal No. 封号 CH 7059263						
Cont.Size 箱型 20' 40 45' 40' HQ Cont.Type. 箱类 GP＝普通箱 TK＝油罐箱 RF＝冷藏箱 PF＝平板箱 OT＝开顶箱 HC＝高箱 FR＝框架箱 HT＝挂衣箱						
ISO Code For Container Size / Type 箱型 / 箱类ISO标准代码						
Packer's Name/ Address. 装箱人名称/ 地址 TEL NO. 电话号码		Door 门 卸港：IRBND				

Packing Date. 装箱日期	Received By Drayman 驾驶员签收及车号	Total Packages 总件数	Total Cargo Wt 总货重	Total Meas. 总尺码	Remarks:备注 我司订舱编号：CCLNG810114 外运编号：JY
Packed BY: 装箱人签名	Received By Terminals/Date Of Receipt 码头收箱签收和收箱日期		Cont. Tare Wt 集装箱皮重	Cgo/cont Total Wt 货/箱 总重量	

图 4-3　船东装箱单

双休节假日预配等如有问题，值班电话请查网站 http://www.sinotrans-mingzhou.com

Shipper（发货人）
ATLANTIC FORWARDING (CHINA) LTD.
ROOM A,6/F,NEW GARDEN HOTEL
188 SOUTH JIEFANG ROAD
NINGBO,315000,CHINA
TEL:0574-8█████0
FAX:0574-8█████2

D/R No.（编号）
177LVANZN60907

明州

US0047382ATL

装货单

场站收据副本 第五联

Consignee（收货人）
ATLANTIC FORWARDING LTD.
RUTISTRASSE 28,
SCHLIEREN,SWITZERLAND
TEL:4█████1 FAX:4█████1

Notify Party（通知人）
SAME AS CONSIGNEE

Received by the Carrier the total number of containers or other Packages or units stated below to be transported subject to the terms and conditions of the Carrier's regular form of Bill of Lading (for Combined Transport or Port to Port Shipment) which be deemed to be incorporated herein

Date（日期）：

Pre-carriage by（前程运输）	Place of Receipt（收货地点）	
Ocean Vessel（船名） Voy. No.（航次）	Port of Loading（装货港）	场站章
MSC EMANUELA V.L1038R	NINGBO	
Port of Discharge（卸货港）	Place of Delivery（交货地点）	Final Destination for the Merchant's Reference（目的地）
DEBRV	NORRKOPING	

Particulars Furnished by Merchants（托运人提供详细情况）

Container No.（集装箱号）	Seal No.（封志号） Marks & Nos.（标记与号码）	No. of containers or p'kgs（箱数或件数）	Kind of Packages, Description of Goods（包装种类与货名）	Gross Weight 毛重（公斤）	Measurement 尺码（立方米）
N/M		330CTNS	TOOL BAG FREIGHT PAYABLE AT BASEL VIP CODE:50058	4950.000KGS	29.0110CBM

TOTAL NUMBER OF CONTAINERS OR PACKAGES (IN WORDS) 集装箱数或件数合计（大写）
SHIPPER'S LOAD, COUNT & SEAL.
CY-CY 20'GP*1; CONTAINER
~~SAY THREE HUNDRED AND THIRTY CTNS ONLY~~

Container No.（箱号）	Seal No.（封志号）	Pkgs.（件数）	Container No.（箱号）	Seal No.（封志号）	Pkgs.（件数）

FREIGHT PAYABLE AT BASEL
SHIPPER LOAD, COUNT & SEAL.

Received（实收） By Terminal clerk（场站员签字）

FREIGHT & CHARGES	Prepaid at（预付地点）	Payable at（到付地点）	Place of Issue（签发地点）
	Total Prepaid（预付总额）	No. of Original B(s)/L（正本提单份数）	

图 4-4 装货单(十联单第五联)

三、货物装箱进场

(一)场装、拖装的概念

集装箱运输中，整箱货和拼箱货在船货双方之间的交接方式有以下几种：

(1)门到门(Door to Door)：由托运人负责装载的集装箱，在其货仓或厂库交承运人验收后，负责全程运输，直到收货人的货仓或工厂仓库交箱为止。这种全程联机运输，称为“门到门”运输；

(2)门到场(Door to CY)：由发货人货仓或工厂仓库至目的地或卸箱港的集装箱装卸区堆场；

(3)门到站(door to CFS)：由发货人货仓或工厂仓库至目的地或卸箱港的集装箱货运站；

(4)场到门(CY to door)：由起运地或装箱港的集装箱装卸区堆场至收货人的货仓或工厂仓库；

(5)场到场(CY to CY)：由起运地或装箱港的集装箱装卸区堆场至目的地或卸箱港的集装箱装卸区堆场；

(6)场到站(CY to CFS)：由起运地或装箱港的集装箱装卸区堆场至目的地或卸箱港的集装箱货运站；

(7)站到门(CFS to door)：由起运地或装箱港的集装箱货运站至收货人的货仓或工厂仓库；

(8)站到场(CFS to CY)：由起运地或装箱港的集装箱货运站至目的地或卸箱港的集装箱装卸区堆场；

(9)站到站(CFS to CFS)：由起运地或装箱港的集装箱货运站至目的地或卸箱港的集装箱货运站。

在这九种交接方式下，外贸货物装箱出口有两种装箱方式：一种是场装，一种是拖装。

(1)场装：是指客户自行安排载货车辆将货物送到指定堆场装箱。一般拼箱货都是场装，就是将货送到货运站拼箱。整箱货用场装方式，通常是工厂无法在装箱前将产品生产好，只有分批将货运到码头附近的堆场进行场装。简单说，就是如果采用拖装的方式装箱，货物将无法按时装船时，或者拖装整体运输成本高于场装，整箱货会采用场装的方式。场装适用于场到门、场到场、场到站、站到门、站到场和站到站六种交接方式。

(2)拖装：是指集装箱卡车(以下简称集卡)公司将空集装箱拖到客户指定地点装货。拖装是最常见的一种装箱方式，通常集卡从码头堆场将空集装箱运到客户仓库或工厂，由客户组织人员装箱。相对于场装，拖装由于客户在现场组织装货，对于货物的积载客户要自行规划好。拖装适用于货运出口中门到门、门到场、门到站、场到门、场到场和场到站六种交接方式。如果在内陆货运站拼箱，再运抵码头，也会采用拖装的方式。但这种方式对于货主来说，是场装；对内陆专营拼箱货代来说，是拖装。

(二)拖装操作要点

(1)单证方面：

货代在船代处办完排载手续后，就可以将一张船东确认、一张船东装箱单(冷藏箱要两张装箱单，要标明温度及冷藏箱标记，如“4℃ RF”)、集卡联(九联单是第六联的附页、第五联共两张，十联单是第五联的附页。附页应写明时间、地点、联系人、电话)给集卡公司，集卡公司打印“提箱申请书”，将申请书及上述单据送到船公司或其代理的箱管科打印设备交接单。若是临时计划或拖车紧张时，应先与车队确认能否安排，若无具体计划，先给单证，具体计划待补，若发货人(SHIPPER)要求如转关、箱检应注明。

(2)特别注意的是，不是一从箱管科打印设备交接单出来后，就马上可以提空箱。集卡公司还要将设备交接单交到空箱堆放的堆场，由堆场操作人员按交单的先后顺序排计划提空箱。一般上午交单，下午就可以提空箱。旺季时时间会延长，淡季时基本可以一交单就提箱。

(3)若来不及排载需借箱的，先与船东联系借箱，由拖车出保函。提不到箱及时与船东联系更改交接单上的提箱点，若空车头回来，应主动与货主联系装货情况，如装好货及时通知拖车公司回箱进码头。

(4)提到箱后把箱号、封铅号报给货代。然后报于客户核对。特别是一家货主同时出好几票货，要认真核对，必要时传真明细。把箱号封铅打进排载联。有的货代公司会要求集卡公司连同司机手机号及集卡车牌和箱号、封铅号一同传真，以方便掌握集卡动向。

(5)提空箱之所以如此繁琐，是因为船公司都要求由其承运的货物，必须使用对应船公司的集装箱。甲船公司承运的货物，如果使用乙公司的集装箱，那么集装箱货物发生损坏时，甲公司可以不对货损负责。

(6)“甩柜”运输。如果是到港口城市市区或周边工业区拖装货物时，经常会遇到这种运作方式。所谓“甩柜”运输，就是集卡运空箱到货主指定地点，将车架和空箱留下供货主装箱，等装箱完毕后再调集卡车头来运输。而集卡车头要么驶回公司重新装载车架和空箱，前往新的地点装箱;要么前往另一处将已装箱完毕的重箱和车架运进码头。这么操作可以节省司机等待时间，最大效率地利用集卡。一般集卡公司，一部集卡车头至少配有 2 个车架。

(三)场装

场装必须在海关监管堆场进行，装箱时必须有海关人员在场，装箱完毕后，海关人员要在海关监装的装箱记录上签名并写上时间。货代，或货主如果有派人现场监装，则堆场方面也会要求监装人员在堆场的装箱记录上签名。

(1)确定要走货，及时安排吊箱。若箱吊好而货未走会产生空吊费。由于场装的货是分批运到堆场，所以必须事先与堆场方面沟通好，告知货物分批运抵的时间。否则箱子未装满，而被施封铅。

(2)轻抛货的场装，务必要先吊箱，否则要进仓，产生费用。

(3)货主将货物运至堆场应先将箱子吊好，箱号应与船东确认，在货运到的堆场盖“进场章”，并在十联单的五六七联上打上箱号及封铅号。拖一票货有几个箱应记录各个箱之货名、件数、唛头。

(4)若货主在没有订舱时将货物运至堆场。首先将货进库，待排载完再装箱(如做 SGS 都是入库择时再装)，或者能确定装货，借箱。

SGS 是 Societe Generale de Surveillance S. A. 的简称，译为“通用公证行”。

(四)设备交接单的概念

设备交接单是集装箱进出港区、场站时，用箱人、运箱人与管箱人或其代理人之间交接集装箱及其他机械设备的凭证，并兼管箱人发放集装箱的凭证的功能。当集装箱或机械设备在集装箱码头堆场或货运站借出或回收时，由码头堆场或货运站制作设备交接单，经双方签字后，作为两者之间设备交接的凭证。

制单要求：一箱一单、箱单相符、箱单同行。

集装箱设备交接单分进场(IN)和出场(OUT)两种一式六联：上三联用于出场OUT；下三联用于进场IN，交接手续均在码头堆场大门口办理。

出码头堆场时，码头堆场工作人员与用箱人、运箱人就设备交接单上的以下主要内容共同进行审核：

(1)用箱人名称和地址；

(2)出堆场时间与目的。目的要么是空箱去装货，要么是运送进口重箱；

(3)集装箱号、规格、封志号及空箱还是重箱；

(4)有关机械设备的情况，正常还是异常等。

进码头堆场时，码头堆场的工作人员与用箱人、运箱人就设备交接单上的下列内容共同进行审核：

(1)集装箱、机械设备归还日期、具体时间及归还时的外表状况；

(2)集装箱、机械设备归还人的名称与地址；

(3)进堆场的目的；

(4)整箱货交箱货主的名称和地址；

(5)拟装船的船次、航线、卸箱港等。

根据装货方式的不同，由堆场或集卡公司派人到船公司或船代箱管科打印设备交接单。

(1)场装：由堆场派人办理；

(2)拖装：由集卡公司派人办理；

(3)单证：十联单第5联附页(九联单是第6联附页与第5联)、提箱申请书、船东确认。

司机根据设备交接单、提箱申请书及5联附页提柜，提不到箱及时与船东联系更改交接单上的提单点。提到箱后把箱号、封铅号报给货代。

(五)进场

货物装入空箱后，空箱即称为重箱。拖装的重箱直接运进船舶停靠的码头作业区，场装的则在离作业区最近的海关监管堆场。

重箱凭设备交接单“进场IN”三联和船东装箱单，通过闸头运抵作业区。如果重箱超重了，将不允许运进去。每辆集卡和对应的装集装箱的车架的核定重量都有记录，通过闸头时，地磅将重箱及车辆的总重称出，减去记录里的空车重量，即得重箱重量。重箱总重没有超过国际标准规定的则可入内，否则不行。

每个码头都会有一个专门的网页供货代查询重箱进场的信息，所有进场的重箱的箱号都会输入网页数据库。货代只要打开相应网页，输入其操作的箱号，如果无查询记录，则没有进场；有查询记录，就表明进场了。货代也可以通过与司机或货主联系，估计重箱进场的时间。

重箱进场后，货代持打上箱号及封铅号的十联单五六七联去相应码头办理进场手续。码头工作人员先根据联单上的箱号，打开箱号查询网页，确认箱子进场后，在第五联上盖“进场章”，并签名和注明时间，这里的时间精确到秒。因为重箱进场必须在码头截箱期前运抵该航次船舶预计停靠的码头，否则不能进场，晚一秒也不行。码头截箱期其实就是重箱进码头截止时间，通常在该航次船舶开航前两天，具体时间货代从码头方面获取后提前通知货主备货待装。这步骤是最容易出问题的，主要就是货主未及时备好货发运，导致重箱不能在码头截箱期前进场,致使箱子无法装船,迫使货代向船公司或其代理退载,接受船公司的罚金,损失货代公司的信用。

"进场章"盖上后,代表出口货物已经由海关监管,未经允许不能挪动。

(六)重箱出场

重箱办完进场手续后,有时会因为货主想换船公司承运,或者担心海关不放行,或者其他原因导致该票货出口操作终止,要办理退关出场手续。货运代理人代委托单位定妥舱位并办妥通关手续或者货已集港,但在装运过程中因故中止装运叫做退关(shut out)。

退关的因素多种多样,有的是由于委托单位货未备齐或信用证没有如期开到,有的是单证误差不能及时更正或补齐。例如,集装箱装箱单与场站收据对不上号,或内容歧义港区无法配装,有的是船公司超载配舱或船只漏装造成退关。

重箱出场相当的麻烦,首先报关行向海关提交申请,海关允许后,才可运出。同时,由海关决定是否要对重箱进行翻箱验货(彻底查验)。通常,要运回货主仓库或工厂的,一定会要求翻箱验货。

如果是换船公司换集装箱出运,也必须在海关监管堆场,由海关人员全程监装。换箱前要重新订舱排载提空箱;换完箱后,要重新办理进场手续。

四、报检报关

(一)报检

1. 概念及单据

检验检疫程序是指:出入境货物、运输工具、集装箱、人员从其捎带物,从报检/申报、采样/抽样、检验检疫、卫生除害处理、计/收费到签证放行的全过程。

报检是指:申请人按照法律、法规或规章的规定向检验检疫机构报请检验检疫工作的手续。检验检疫机构接受申请人报检,是检验检疫工作的开始。

出境报检时,应填写出境货物报检单并提供对外贸易合同(售货确认书或函电)、信用证、发票、装箱单等必要的单证。

下列情况报检时应按要求提供有关文件:

(1)凡实施质量许可、卫生注册或须经审批的货物,应提供有关证明。

(2)出境货物须经生产者或经营者检验合格并加附检验合格证或检测报告的,应加附重量明细单或磅码单。

(3)凭样成交的货物,应提供经买卖双方确认的样品。

(4)报检出境运输工具、集装箱时,还应提供检疫证明,并申报有关人员健康状况。

(5)生产出境危险货物包装容器的企业,必须向检验检疫机构申请包装容器的性能鉴定。生产出境危险货物的企业,必须向检验检疫机构申请危险货物包装容器的使用鉴定。

(6)报检出境危险货物时,必须提供危险货物包装的性能鉴定结果单和使用鉴定结果。

(7)申请原产地证明书和普惠制原产地证明书的,应提供商业发票等资料。

(8)出境特殊物品的,根据法律法规规定应提供有关的审批文件。

2. 报检时限和地点

报检一般在货物发运前7～10天,鲜货则应在发运前3～10天提出。如申请单位不在商检部门所在地,应在发运前10～15天报检。出境货物最迟应于报关或装运10日前报检,对个别检验检疫周期较长的货物，应留有相应的实验室工作时间。出境活动物，应在动物计划离境 60 日前向出境口岸检验检疫机构预报，并提交相关资料，在出境口岸隔离检疫一周前报检。

3. 证单的更改

(1)检验检疫机构签发的各种证单，报检人有正当理由需要更改或者增减内容时，必须向原签证的检验检疫机构申请，并随附原签发的全部证单，经审核同意后，由原检验检疫机构予以更改或者换发有关证单。

(2)内地检验检疫机构签发的证书，如发现问题，属于检验检疫项目内容的更正和补充，应由报检人与原签证机构联系处理。

(3)已报检的出境货物，如国外开来信用证修改函时，凡涉及与检验检疫有关的条款，报检单位须及时将修改函送检验检疫机构，办理更改手续。

4. 重新报检

凡具有下列情况之一的，应重新报检，并交还原签发的证书或证单，并按规定交纳检验检疫费。

(1)超过检验检疫有效期限或逾期报运出境的。

(2)更改不同输入国或地区而有不同检疫要求的。

(3)出境改换包装或又重新拼装的货物需重新检验检疫的。

(4)报检后在 30 日内未联系检验检疫事宜或自动撤销报检的。

(二)申报

这里说的申报，指的是货代在办完重箱进场手续后，到船代处办理的，意思是船代以独立的第三方的身份证明货方确已为出口货物安排运输。申报必须在申报截止时间前完成，简称船代截申报。

需要单据一般为打上箱号及封铅号并盖有进场章和经办人员签名的十联单五六七联，货主托运单，以及 5 张船东装箱单。装箱单数量拼箱和个别码头的会有特殊要求，具体操作时对方会告知，无统一标准。

船代办理申报手续时，首先审核船东装箱单是否其代理船公司的装箱单，份数够不够，其次核对 5 张装箱单的数据是否一样，再核对装箱单与十联单的数据是否一样。若都对，就在第五联上盖申报章，将五六七联退回，其他单据收走。

特别注意的是，在航运旺季时，如遇船舶超载，应提前办理申报手续。船公司通常都会超额接受一些货主的订舱，届时肯定有个别货主的货无法在这个航次装船，而被隔在码头。像这种船公司接受订舱，在装船环节箱子被落下，俗称为被船公司“甩柜”。

(三)报关

出口货物的发货人或其代理应当在货物的出境地向海关申报，出口货物的申报期限为货物运抵海关监管区后、装船的 24 小时前。货代操作的报关其实很简单，就是将报关资料和十联单的排载联(五六七联)交给报关行就好了。其他具体的报关事项，报关行会处理好。只要没有被海关查验，货代报关操作到将资料交给报关行就终止了。

1. 报关资料

(1)已盖好“订舱章”、“进场章”、“申报章”的排载联。报关行会在上面再加盖报关行的章，与其他报关行办理的排载联区别开来，方便随后的查验工作和取回提单联。

(2)所有出口货物都需要的基本单据：货主的代理报关委托书(见图4-5)、商业发票(见图4-6)、装箱清单(见图4-7)和出口收汇核销单(见图4-8)。通常说的报关资料指的就是这四张单据。

代理报关委托书

编号：0000■■■01

我单位现　　(A逐票、B长期)委托贵公司代理　　等通关事宜。(A、填单申报B、辅助查验C、垫缴税款 D、办理海关证明联 E、审批手册 F、核销手册 G、申办减免税手续 H、其他)详见《委托报关协议》。

我单位保证遵守《海关法》和国家有关法规，保证所提供的情况真实、完整、单货相符。否则，愿承担相关法律责任。

本委托书有效期自签字之日起至　　年　　月　　日止。

委托方(盖章)

法定代表人或其授权签署《代理报关委托书》的人(签字)

年　　月　　日

委托报关协议

为明确委托报关具体事项和各自责任，双方经平等协商签定协议如下：

委托方		被委托方		
主要货物名称		*报关单编码	No.	
HS编码	□□□□□□□□□□	收到单证日期	年　月　日	
货物总价		收到单证情况	合同□	发票□
进出口日期	年　月　日		装箱清单□	提(运)单□
提单号			加工贸易手册□	许可证件□
贸易方式			其他	
原产地/货源地		报关收费	人民币：	元
其他要求：		承诺说明：		
背面所列通用条款是本协议不可分割的一部分，对本协议的签署构成了对背面通用条款的同意。		背面所列通用条款是本协议不可分割的一部分，对本协议的签署构成了对背面通用条款的同意。		
委托方业务签章： 经办人签章： 联系电话：　年　月　日		被委托方业务签章： 经办报关员签章： 联系电话：　年　月　日		

CCBA　(白联：海关留存、黄联：被委托方留存、红联：委托方留存)　中国报关协会监制

图4-5　代理报关委托书

发　票 COMMERCIAL INVOICE						
致					发票编号	
To:	DIMATOP S.A.R.L				Invoice No:	10MK-DM25
	N 8 RUE DE LIBOURNE				日期	
	CASABLANCA-MOROCCO				Date:	Feb.02.2009
					合同号	
					Contract No.	
装由		从	至		信用证号	PAGE:1/1
Shipped Per S.S		From NINGBO	To CASABLANCA		L/C NO.	BY D/P AT SIGHT
唛头及号码 Marks&Nos	数量、包装及品名 Quantity, Packing and Description				单　价 Unit Price	总价 Amount
N/M	GENERAL MERCHANDISE CLOTHES HANGER, PLASTIC FRAME ,PLASTIC TOOTHBRUSH ,FLOWER				AS PER PC/ DOZ /CARD C&F CASABLANCA	
	DM4238	FLOWER	48	DOZ	US$0.45	US$21.60
	DM5010	CLOTHES HANGER	2500	CARD	US$0.11	US$275.00
	DM5016	HOUSEWARE	625	DOZ	US$0.65	US$406.25
	DM5077	TOOTHPICK	400	DOZ	US$0.60	US$240.00
	DM5078	TOOTHPICK	800	DOZ	US$0.60	US$480.00
	DM5079	HOUSEWARE	4000	PCS	US$0.05	US$200.00
	DM5167	HOUSEWARE	330	DOZ	US$0.60	US$198.00
	DM5190	DECORATION GLASS	90	DOZ	US$1.39	US$125.10
	DM5218	MIRROR	500	DOZ	US$0.60	US$300.00
	DM5228D	TOOTHBRUSH	840	DOZ	US$0.74	US$621.60
	DM5229A	KITCHENWARE	700	DOZ	US$0.62	US$434.00
	DM5229B	PLASTIC BOTTLE	6900	PCS	US$0.08	US$552.00
	DM5239D	KITCHENWARE	5000	PCS	US$0.08	US$400.00
	DM5239H	KITCHENWARE	360	DOZ	US$0.72	US$259.20
	DM5239I	KITCHENWARE	360	DOZ	US$0.72	US$259.20
	DM5253K	MARK PEN	500	DOZ	US$0.48	US$240.00
	DM5262B	CLOTHES-HOOK	5000	PCS	US$0.10	US$500.00
	DM5289A	HOUSEWARE	400	DOZ	US$0.72	US$288.00
	DM5289B	HOUSEWARE	400	DOZ	US$0.40	US$160.00
	DM5294A	PLASTIC FRAME	400	DOZ	US$0.31	US$124.00
	DM5294B	PLASTIC FRAME	400	DOZ	US$0.31	US$124.00
	DM5294C	PLASTIC FRAME	6400	PCS	US$0.08	US$512.00
	DM5294D	PLASTIC FRAME	6400	PCS	US$0.08	US$512.00
	DM5295D	KITCHENWARE	500	DOZ	US$0.60	US$300.00
	DM5301C	FLOWER	480	DOZ	US$0.47	US$225.60
TOTAL	8133DOZ+33700PCS+2500CARD					US$7,757.55
	TOTAL CONTAINERS: 1X40'HQ					
	TOTAL QTTY:8133DOZ+33700PCS+2500CARD					
	TOTAL CTNS: 675 CTNS					

图 4-6　商业发票示例

(3)国家规定的其他单证,如:普惠制原产地证、出口许可证等。这些根据需要而定,不是所有外贸货物都需要的。

2. 报关注意事项

(1)报关单据必须在报关截单时间(海关截单期)之前投递到海关,晚一秒海关也不收。通常,海关截单期只比码头截箱期晚 2 小时,而 2 小时的时间内要完成进场、申报、报关是很紧张的,所以一般货代告诉货主码头截箱期会提前几小时。而具体提前几小时视货代为其后面的操作预估、预留时间而定,无统一标准。

义乌市 进出口有限公司

YIWU IMP&EXP. CO., LTD

Add:ROOM NO A PLACE WEALTH BUILDING, CHOUZHOU NORTH ROAD YIWU CHEJIANG CHINA

TEL:0579-8 9 FAX:0579-8 0

PACKING LIST

TO:TSANG
ADD:12 BP ABIDJAN 12
TEL:0 3

INV.NO WZ862
DATE NOV.11. 2010
BY SEA
PAYMENT T/T

FROM:NINGBO PORT TO:ABIDJAN COTE D'LVOIRE

唛头 Mark NO	货品名称 Descriptions	件数 CTNS	毛重 (KGS)	净重 (KGS)	体积 (CBM)
N/M	HEADLAMP	336	4736	4400	12.1
	BRAKE PAD	115	2905	2790	13
	BUMPER	108	2556	2448	16.9
	C.V.JOINT	242	2330	2088	5.6
	TROUSERS	85	5216	5131	20.4
	TOTAL	886	17743	16857	68

图 4-7 装箱清单示例

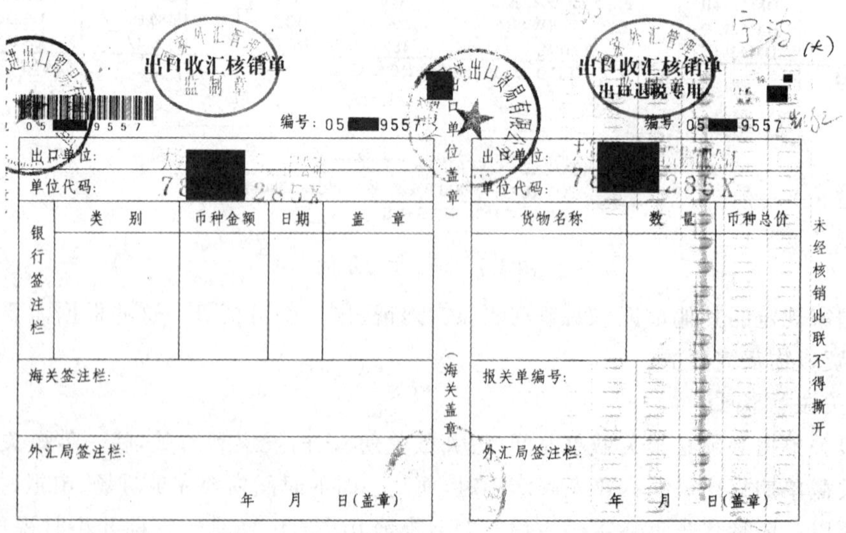

出口收汇核销单

编号：05 9557

出口单位：

单位代码：78 285X

银行签注栏	类别	币种金额	日期	盖章

海关签注栏：

外汇局签注栏：

年 月 日（盖章）

（出口单位盖章）

（海关盖章）

出口收汇核销单 出口退税专用

编号：05 9557

出口单位：

单位代码：78 285X

货物名称	数量	币种总价

报关单编号：

外汇局签注栏：

年 月 日（盖章）

未经核销此联不得撕开

图 4-8 核销单

(2)排载联、报关资料和报关单三者必须相符。特别注意的是这些单据都不能有任何的字迹不清、涂改、残缺,否则海关不会放行。尤其是排载联,如果在操作过程中,无意造成损坏,则必须重新打印一份排载联,将旧的排载联附在新的后面,然后将旧排载联盖过的章重新在新的排载联上盖一遍。最后,新旧两份排载联要一起交给海关。

(3)一票多箱时,装箱清单必须注明每箱装货明细。装箱清单与前面出现的船东装箱单是完全不一样的两种单据。装箱清单是发货人出具的,盖有其公章;而船东装箱单由承运的船公司印制并提供。早先和封铅一样是船公司免费提供,现在船公司都要求货代向其购买,无形中增加了货代的经营成本和货主的运输成本。

(4)核销单必须有电子数据(由客户输入)。外贸公司进行核销业务必须持证上岗。各地外汇管理局每月都会组织一次外贸核销员资格考试,只有通过考试才能在外贸公司从事核销录入等核销业务。核销员证与其他职业资格证书不一样,它具有专属性质。比如,甲外贸公司有核销员证的核销员小王跳槽到乙外贸公司,如果还是从事核销业务,其必须再去参加并通过一次考试,才能继续上岗。也就是说,核销员证只在现工作公司有效,离职后就失效了。

(5)专利产品必须有授权书。没有授权书的产品即使通过非常手段出去,到了国外被海关查出来肯定会被扣留,直接销毁,不可能运回来。

(6)注明货源地。若是转关货物还需将司机手册、海关关封、报关委托书送报关行,并要求重箱及时送码头,以便报关行及时办理转关手续。

3.海关查验

海关对货物进行实际检查以确定进出境货物的性质、价格、数量、原产地、货物状况等是否与报关单上已申报的内容相符。通过查验,海关可以核实进出口货物收发货人及其代理有无伪报、瞒报、申报不实等走私、违规行为。

海关查验地点一般在海关监管区内,在进出境口岸码头、车站、机场、邮局或海关的其他监管场所进行。查验开始前,被查验的货物将通过海关查验绿色通道,全程由武警从堆场押运到海关查验区;查验完成后,再由武警押运回原处。海关在进出口货物收发货人或其代理不在场的情况下,自行拆开货物进行查验称为径行查验。这是海关查验的一种特殊方式。海关行使“径行查验”的权利时,应当通知货物存放场所的管理人员或其他见证人到场,并由其在海关的查验记录上签字。

不是所有的箱子都进行查验,因为对于日均吞吐量在一万标箱以上的港口,海关没有那么多的人力物力来进行查验。通常,海关工作人员会从电脑上随机抽一个号码段的箱号进行查验,没有被抽到的箱子,由货主自查放行。

查验的方法大体分为机检查验和人工查验两种。机检查验不开箱,人工查验要开箱。机检查验就是指利用技术检查设备对货物进行透视扫描,根据扫描形成的图像来分析验核货物的实际状况是否与申报内容相符。使用机检查验的方式,如果没有发现异常情况,海关一般不再开箱检查。这种查验方式速度比较快,对货主和海关的工作都有好处,是目前海关倡导的“非侵入式查验”的发展方向。但这种查验方式也有其局限性,并非所有的货物都可适用。一般来讲,这种查验方式对集装箱装载的大宗单一商品、不宜直接拆开的商品、有夹藏嫌疑的商品和危险品等货物较为适宜。如果货物属以上范围,货主可以向海关提出机检查验的要求。如果机检查验时,发现有违规物品,或者箱内有部分物品经扫描无法识别,就要转人工开箱查验。

如果被抽中查验的货物,不符合机检查验的要求,就必须人工查验了。集装箱货物人工查验按查验过程中的详细程度来分类,可以分为彻底查验和抽查两种方式。

抽查是指按一定比例对货物有选择地开箱验核货物状况,属一般等级的查验方式,适用于普通情况的货物。抽查开箱后,由海关查验人员随机指定抽取箱内部分货物验核,货主或其代理必须予以配合。

彻底查验是指对货物开箱逐件打开包装查验,详细验核货物的品种、规格、数(重)量等方面的状况是否与申报相符,属最高等级要求的查验方式,一般适用于有走私违规嫌疑的货物。通常集装箱货物若经机检查验,或抽查无法通过海关验核,则一定会转彻底查验。集装箱货物如果被彻底查验,货代通常称为“翻箱”或“倒柜”。总之,货物具体适用哪种查验方式,视风险程度而定,高风险的货物细细查验,低风险的货物简单查验。

根据海关相关法规规定,货主在查验过程中享有以下权利:

(1)申请复验。海关相关法规规定,货主对海关查验结论有异议,可以提出复验的要求。海关批准同意后,将对已查验的货物进行复验。复验时海关将另外安排人员进行,原来的查验人员不参加。

(2)损坏赔偿。海关相关法规规定,海关在查验进出口货物时,损坏被查验货物的,应当赔偿实际损失。这是一条对海关具有很强约束力、充分维护货主权利的规定。也就是说,海关在查验货物时,不管海关在主观上有无过错,只要在客观上给被查验货物造成损坏,就必须赔偿货物的实际损失。

(3)特殊情况申请免验。海关相关法规规定,进出口货物因特殊情况需要免验的,由货主直接向海关总署申请,经海关总署批准可以免验。

(4)申请区外查验。海关相关法规规定,因货物易受温度、静电、粉尘等自然因素影响,或者其他特殊情况,需要在海关监管区外查验的,经货主或其代理人书面申请,海关可以派员到海关监管区外实施查验。

(5)申请优先查验。海关相关法规规定,对于危险品或者鲜活、易腐、易烂、易失效、易变质等不宜长期保存的货物,以及因其他特殊情况需要紧急验放的货物,经货主或其代理人申请,海关可以优先安排查验。

(6)申请担保放行。海关相关法规规定,在确定货物归类、估价或者办结其他海关手续前,货主要求放行货物的,海关应当在其提供与其依法应当履行的法律义务相适应的担保后放行。这是一条有助于货主加快通关速度的规定。如果在查验过程中,海关要求对货物取样送检、而货物的交货时间很紧,货主可以向海关申请担保放行。在符合有关担保规定的前提下,海关将允许办理担保后放行。

(7)要求保密。海关相关法规规定,在取样送检过程中,如果所提供技术资料涉及商业秘密,货主或其代理人应事先声明,海关应对其保密。如果海关工作人员泄露企业的商业秘密,有相关的纪律处分。因此,协助海关送检,不必担心泄密的问题。

4.报关结果

查验完毕并通过后,海关实施查验的有关人员应当填写《海关进出境货物查验记录》一式二份。配合海关查验的报关员审阅查验记录准确无误后签字确认。最后将海关已放行的排载单在码头截单期前送码头,如果未按时送达,一样会导致货物因无法装船而退载。

特别注意：总是有个别报关员、代理人利用货主对海关查验不了解的机会，在查验收费、“好处费”等方面诈骗货主。其实，海关在监管区内实施查验是不收费的，货主需要承担的是查验过程中货物的搬移、开拆和重封包装等费用，而在场站经营的搬运公司收取这些费用都会开出正式的发票。至于个别不法报关员、代理人以海关的名义向货主索要“好处费”，货主更要警惕，不能上当。海关作为准军事化建设的队伍，在廉政建设方面一直是严格管理，同时也有完善的投诉处理机制。因此，如果遇到这种情况，可以向海关相关负责部门投诉，不可受骗上当。

5.“送放行”的流程：

(1)根据要求配上“边检单”(或盖边检申报章)，一般直航船要求提供报检单；

(2)将已盖海关“放行章”的排载联和相应的“边检单”一起交给码头客户服务部；

(3)取回盖好码头“业务章”的提单联，作为向船东(或船代)领取提单的凭证。

五、提单签发

(一)提单概述

1.提单概念

提单(Bill of Lading，简称 B/L)是货物的承运人或其代理人收到货物后，签发给托运人的一种证件。提单说明了货物运输有关当事人，如承运人、托运人和收货人之间的权利与义务。提单的合法持有人就是货物的主人，因此提单是各项货运单据中最重要的单据。

提单的作用主要有三个方面：

(1)提单是承运人或其代理人签发的货物收据(Receipt for the Goods)，证明承运人已按提单所列内容收到货物。

(2)提单是一种货物所有权的凭证(Documents of Title)，即物权凭证。

(3)提单是托运人与承运人之间所订立的运输契约的证明(Evidence of Contract of Carrier)。

2.提单的种类

(1)根据货物是否装船分类

a.已装船提单(On Board B/L or Shipping B/L)，是指承运人已将货物装上指定的船只后签发的提单。这种提单的特点是提单上面有载货船舶名称和装船日期。

b.备运提单(Received for Shipment B/L，也叫待装船提单)，是指承运人收到托运人的货物待装船期间，签发给托运人的提单。这种提单上面没有装船日期，也无载货的具体船名。备运提单在船开后，到船公司处补上开航日和船名，即变为已装船提单。

在国际贸易中，一般都必须是已装船提单。《跟单信用证统一惯例》规定，在信用证无特殊规定的情况下，要求卖方必须提供已装船提单，银行一般不接受备运提单。

(2)根据货物表面状况有无不良批注分类

a.清洁提单(Clean B/L)，是指货物装船时，表面状况良好，承运人在签发提单时未加上任何货损、包装不良或其他有碍结汇批注的提单。

b.不清洁提单(Unclean B/L or Foul B/L)，是指承运人收到货物之后，在提单上加注了货物外表状况不良或货物存在缺陷或包装破损的提单。例如在提单上批注“铁条松失”“包装不固”“×件损坏”等。

特别说明：不是所有经批注的提单即为不清洁提单。国际航运公会于1951年规定下列三种内容的批注不能视为不清洁：

第一，没有说明货物或包装不能令人满意，只是批注“旧包装”“旧箱”“旧桶”等等；

第二，强调承运人对于货物或包装性质所引起的风险不负责任；

第三，否认承运人知悉货物内容、重量、容积、质量或技术规格(不知条款)。

这三项内容已被大多数国家和船运组织所接受。

在使用信用证支付方式时，银行通常不接受不清洁提单。当装船发生货损或包装不良时，托运人经常要求承运人不在提单上加批注，而由托运人向承运人出具保函，也称“赔偿保证书”(Letter of Indemnity)，向承运人保证如因货物破残短损以及承运人因签发清洁提单而引起的一切损失，由托运人负责。承运人则给予签发提单，以便卖方在信用证下顺利结汇。

对于这种保函，有些国家法律和判例并未承认，如美国法律认为这是一种欺骗行为，所以使用保函时要视具体情况而定。

(3)根据收货人抬头分类

a. 记名提单(Straight B/L)，又称收货人抬头提单，它是指在提单的收货人栏内，具体写明了收货人的名称。

b. 不记名提单(Open B/L)，又称空白提单，是指在提单收货人栏内不填写任何内容或注明(to the bearer 或 to the holder)的提单；

c. 指示提单(Order B/L)，是在提单收货人栏中填“凭指示”(To Order)或“凭某人指示(To The Order Of...)”字样的提单。

To Order 称为托运人指示提单，就是由托运人为第一背书人转让的提单；

To The Order Of ABC 称为记名指示提单，就是由 ABC 为第一背书人转让的提单。

指示提单(指示 ORDER 或 凭指示 TO ORDER)如需在提单上列明指示人，则可根据不同要求做成：

凭托运人指示 TO ORDER OF SHIPPER；

凭收货人指示 TO ORDER OF CONSIGNEE；

凭银行指示 TO ORDER OF ×× BANK。

提单的背书转让，依照下列规定执行：

a. 记名提单：不得转让；

b. 指示提单：可记名或者空白背书转让；

c. 不记名提单：无需背书，即可转让。

指示提单的背书转让方式有以下三种：

a. 不记名背书：仅签上背书人单位名称及负责人签章，但不注明被背书人的名称。

b. 记名背书：背书 TO DELIVER TO XYZ Co. ,LTD。

c. 指示背书：背书 TO DELIVER TO THE ORDER OF XYZ Co. ,LTD。

记名背书和指示背书都是签上背书人单位名称及负责人签章，同时注明被背书人的名称。

(4)以提单签发人不同为标准分类

a. 班轮提单 Liner B/L：也叫船东单，Master B/L(M B/L)，只为整箱货(FCL)签发。

b. 无船承运人提单 NVOCC B/L：也叫货代单，House B/L(H B/L)。整箱货和拼箱货都可签发，但拼箱货只能出货代单。

船东单与货代单的区别：

其一，实际操作不一样。国际通行做法：船公司对货代，货代对客户。客户流转在货代间，货代流转在船公司间。体现在提单的“SHIPPER(发货人)”一栏的填制上就是货代单直接填客户名称，而船东单一般填的是“ON BEHALF OF＋货代公司名称”，如果客户要求其名称显示在“SHIPPER(发货人)”一栏则填的是“客户名称＋ON BEHALF OF＋货代公司名称”。

MAERSK LINE

BILL OF LADING FOR OCEAN TRANSPORT OR MULTIMODAL TRANSPORT

SCAC MAEU

B/L No. 552648321

Shipper
YIWU ███ IMP&EXP.CO.,LTD
ON BEHALF OF ZHEJIANG ZHONGDA
GROUP CO.,LTD

Booking No.
552648321

Export references

Svc Contract
100756

Onward inland routing (Not part of Carriage as defined in clause 1. For account and risk of Merchant)

Consignee (negotiable only if consigned "to order", "to order of" a named Person or "to order of bearer")
TSANG ███L
12 BP 1934 ABIDJAN 12
TEL:0███3

Notify Party (see clause 22)
SAME AS CONSIGNEE

Vessel (see clause 1 + 19)	Voyage No.	Place of Receipt. Applicable only when document used as Multimodal Transport B/L. (see clause 1)
EBBA MAERSK	1010	
Port of Loading	**Port of Discharge**	**Place of Delivery. Applicable only when document used as Multimodal Transport B/L. (see clause 1)**
NINGBO	ABIDJAN	

PARTICULARS FURNISHED BY SHIPPER

Kind of Packages; Description of goods; Marks and Numbers; Container No./Seal No.	Weight	Measurement
1 Container Said to Contain 886 CARTONS HEADLAMP BRAKE PAD BUMPER C.V.JOINT TROUSERS N/M MSKU1550898 ML-CN8446616 40 DRY 9'6 886 CARTONS, 16907.000 KGS, 68.0000 CBM SHIPPER'S LOAD, STOW, WEIGHT AND COUNT FREIGHT PREPAID CY/CY	16907.000 KGS	68.0000 CBM

ORIGINAL

Above particulars as declared by Shipper, but without responsibility of or representation by Carrier (see clause 14)

Freight & Charges	Rate	Unit	Currency	Prepaid	Collect

Carrier's Receipt (see clause 1 and 14). Total number of containers or packages received by Carrier.	Place of Issue of B/L
1 container	Xiamen
Number & Sequence of Original B(s)/L	**Date of Issue of B/L**
1/THREE	2010-11-16
Declared Value (see clause 7.3)	**Shipped on Board Date (Local Time)**
	2010-11-16

SHIPPED, as far as ascertained by reasonable means of checking, in apparent good order and condition unless otherwise stated herein, the total number or quantity of Containers or other packages or units indicated in the box entitled "Carrier's Receipt" for carriage from the Port of Loading (or the Place of Receipt, if mentioned above) to the Port of Discharge (or the Place of Delivery, if mentioned above), such carriage being always subject to the terms, rights, defences, provisions, conditions, exceptions, limitations, and liberties hereof (INCLUDING ALL THOSE TERMS AND CONDITIONS ON THE REVERSE HEREOF NUMBERED 1-26 AND THOSE TERMS AND CONDITIONS CONTAINED IN THE CARRIER'S APPLICABLE TARIFF) and the Merchant's attention is drawn in particular to the Carrier's liberties in respect of on deck stowage (see clause 18) and the carrying vessel (see clause 19). Where the bill of lading is non-negotiable the Carrier may give delivery of the Goods to the named consignee upon reasonable proof of identity and without requiring surrender of an original bill of lading. Where the bill of lading is negotiable, the Merchant is obliged to surrender one original, duly endorsed, in exchange for the Goods. The Carrier accepts a duty of reasonable care to check that any such document which the Merchant surrenders as a bill of lading is genuine and original. If the Carrier complies with this duty, it will be entitled to deliver the Goods against what it reasonably believes to be a genuine and original bill of lading, such delivery discharging the Carrier's delivery obligations. In accepting this bill of lading, any local customs or privileges to the contrary notwithstanding, the Merchant agrees to be bound by all Terms and Conditions stated herein whether written, printed, stamped or incorporated on the face or reverse side hereof, as fully as if they were all signed by the Merchant.
IN WITNESS WHEREOF the number of original Bills of Lading stated on this side have been signed and wherever one original Bill of Lading has been surrendered any others shall be void.

Signed for the Carrier A.P. Moller - Maersk A/S trading as Maersk Line

As Agent(s) for the Carrier

图 4-9 船东单示例

1. Shipper Insert Name, Address and Phone
HONGKONG ███ TRADING LIMITED
RM ███, JYW███, WING TUCK COMMERCIAL.
CENTRE ███ WING LOCK STREET. HONGKONG

B/L NO. NLBAM038081

浙江中道国际物流有限公司
ZHEJIANG FLUENT-WAY LOGISTICS CO., LTD

2. Consignee Insert Name, Address and Phone
AL-SHAREEF ███ MOHAAMED AL-JOUDI EST.
███ BUILDING, JAFARIA ST. AL-JUMEZA
MAKKAH AL-MUKARRAMAH, KINGDOM OF SAUDI
ARABIA P. O. BOX 01043 MAKKAH 21955
ATTN: MR IBRAHIM
TEL: 009662- 5███ FAX: 009662- 5███

3. Notify Party Insert Name, Address and Phone
SAME AS CONSIGNEE

我司运编号：FWSEP1███
TO: 马先生
FROM: █娟娟
请尽快核对提单，并回传，TKS!
本单确认不得晚于
电话：05798███
传真：05798███
如不回传视为默认，如有更改产生费用由贵公司承担！

4. Ocean vessel Voy. No	5. Port pf loading
E. R. PUSAN 1038S	NINGBO
6. Port of Discharge	7. Combined Transport Place of Delivery
JEDDAH	JEDDAH

Marks & Nos.	No of Container Packages	Kind of Packages: Description of Goods	Gross Weight Kgs	Measurement
AL-JOUDI/ MAKKAH VIA JEDDAH TEL:5███5 FAX:5███4 GLDU3366669/P417793	844CARTONS	GENERAL ITEMS (NECKLACE. WALLET. ROSARY) (7117. 4202. 3926) 20100915 03 C/NO:1X20GP FCL CY-CY FREIGHT PREPAID	15545KGS	27.58CBM

Description of Contents for Shipper's Use Only (Not part of This B/L Contract)

8. Total Number containers and/or packages (in words) Subject to Clause 7 Limitation: SAY EIGHT HUNDRED AND FORTY-FOUR CARTONS ONLY

9. Freight & Charges	Revenue Tons	Rate	Per	Prepaid	Collect
Declared Value Charge					

Ex. Rate	Prepaid at	Payable at	Place and date of Issue: SEP 20, 2010
	Total Prepaid	NO. of Original B(s)/L: THREE	Signed for the Carrier: NCL

图 4-10 货代单示例

其二，目的港换单与否。船东单到目的港可直接换提货单(D/O)，而货代单需先换成船东单，方可换提货单。货代单换船东单会产生一笔换单费。

其三，货代单风险比船东单大。在国内，对签货代单只有规定没有监管，导致容易无单放货。即目的港代理在没见到正本提单情况下，将货物交给收货人。

船东单与货代单的联系：

其一，货代单出单快。船东单的出单流程为：船公司开发票给货代，然后货代付款给船公司，船公司才签单给货代，货代再将账单给客户，等客户付款给货代后，货代将单给客户。而货代单，只要客户付清费用，即可出单。至于船公司给货代的船东单可以晚些出，不影响货主付费赎单。

其二，货代单有利于保密货代客户资料。签货代单，船公司给货代的船东单的"发货人"一栏填的是"××国际货运代理有限公司"，收货人(CONSIGNEE)则填"To Order"。如果货主强烈要求货代交付给他船东单，那么货代交给货主的船东单也是这么填写的。货代单的"发货人"一栏则可以填写实际发货人。

其三，货代单有利于开展门到门的多式联运业务。DDU、DDP 业务，船公司只负责运到目的港，门到门的一条龙服务则只有货代单能满足。

其四，货代单有利于开展拼箱货(LCL)业务。

(5)其他分类

a. 过期提单，是指卖方向当地银行交单结汇的日期与装船开航的日期相距太久，以致银行按正常邮程寄单预计收货人不能在船到达目的港前收到的提单。此外，根据《跟单信用证统一惯例》规定，在提单签发日期后 21 天才向银行提交的提单也属过期提单。

b. 倒签提单，是指承运人应托运人的要求，签发提单的日期早于实际装船日期提单，以符合信用证对装船日期的规定，便于在该信用证下结汇。

在出口业务中，有时在信用证即将到期或不能按期装船时，为了不影响结汇，托运人只好采用倒签提单。当然，根据国际贸易惯例和资本主义国家的法律实践，错填提单是一种欺骗行为，是违法的。因此，应尽量避免使用倒签提单。

c. 预借提单，又称无货提单，是指因信用证规定装运日期和议付日期已到，货物因故而未能及时装船，但已被承运人接管，或已经开装而未装毕，由托运人出具保函，要求承运人签发已装船提单。

预借提单和倒签提单同属一种性质，一般都是出口公司出于无奈和应急时而采用的办法。为了防止意外，最好避免使用这两种提单。

3. 提单的正面内容

通常，提单正面都记载了有关货物和货物运输的事项。这些事项有的是有关提单的国内立法或国际公约规定的，作为运输合同必须记载的事项，如果漏记或错记，就可能影响提单的证明效力；有的则属于为了满足运输业务需要而由承运人自行决定，或经承运人与托运人协议，认定应该在提单正面记载的事项。前者称为必要记载事项，后者称为任意记载事项。本节主要介绍必要记载事项，提单条款将在本书第十章作具体阐述。

各国关于提单的法规都对提单的必要记载事项做出规定，虽然有简有繁，但是从提单的法律效力和业务需要考虑，各国对提单的必要记载事项规定是基本相同的。我国《海商法》第 73 条第 1 款规定，提单内容包括下列各项：

(1)关于货物的描述:货物的品名、标志、包数或者件数、重量或者体积,以及运输危险货物时对危险性质的说明;

(2)关于当事人:托运人和收货人的名称、承运人的名称和主营业务;

(3)关于运输事项:船舶名称和国籍、装货港和在装货港接受货物的日期、卸货港和运输路线、多式联运提单增列接收货物地点和交付货物地点;

(4)关于提单的签发:提单的签发日期、地点和份数;承运人、船长或者其代理人的签字;

(5)关于运费和其他应付给承运人的费用的记载。

在以上各项中,除了在内陆签发多式联运提单时的船舶名称、签发海运提单时的接收货物地点和交付货物地点,以及关于运费的支付等三项可以缺少外,其他都是不可缺少的。一般地,关于提单的签发和其他应付给承运人的费用等几项记载由承运人填写,其他都由托运人提供。除上述各必要记载的事项外,如承运人与托运人协议,同意将货物装于舱面,或约定承运人在目的港交付货物的日期,或同意提高承运人的责任限额,或同意扩大承运人的责任,或同意放弃承运人的某些免责,或其他有关法律规定的事项等,都应在提单正面载明。

提单的正面内容还可有一些以打印、手写或印章形式记载的事项。一些是属于承运人因业务需要而记载于提单正面的事项,如航次顺号,船长姓名,运费支付的时间、地点、汇率、提单编号及通知人等。一些是属于区分承运人与托运人之间的责任而记载的事项,如关于数量争议的批注;一些是属于为减轻或免除承运人责任而加注的内容,如为了扩大或强调提单上已印妥的免责事项,对于一些易于受损的特种货物,承运人在提单上加盖的以对此种损坏免责为内容的印章等。

(二)领取提单的流程

(1)货物海关放行后,确定货物已装船且船已驶离码头。

(2)由报关行外勤人员到码头配载室寻找排载单提单联(黄联),并将该报关行代理的黄联取回报关行,然后货代派外勤前来将自己公司操作的黄联领回。

(3)与货主落实提单是否更改。如无更改,核对提单内容;如有更改,必须准备正本保函。保函是类似保证书一样的东西,大体意思是货主保证托运的货物就是更改后的货物,因更改造成的一切后果由货主自行承担,与船公司无关。有的船公司只需要提供货主出具的正本保函即可,有的需要货主和货代各出具一份正本保函。

(4)到指定地点的指定银行的分行缴交人民币费用,如 THC 等。并取回"水单"。水单就是银行汇款单,当货代将垫付的人民币费用汇入船公司指定账户,银行在汇款单上盖上"现金收讫"的戳记后,汇款单就变成水单。

(5)缴交海运费。如果是做预付海运费的,要求在装运港用美元缴纳海运费;如果是做到付海运费的,则货代只需代货主缴纳人民币费用。

(6)根据客户要求领取正本提单(或电放)。

(三)签单

1.签正本提单

货代持以下单证去船公司或其代理处签发纸质正本提单:

(1)盖有船代申报章、报关行章、海关放行章以及码头配载室签收章的提单联,即黄联。不管九联单还是十联单,这联都是黄色的。正式的名称是场站收据正本(Dock Receipt,D/R)。

(2)货主保函和货代保函。更改提单时才需要,否则不用。

(3)水单及海运费发票("场站收据"联单的第四联)。这些是为了证明货方已为托运货物付清了一切费用。

通常,签发出来的是已装船、指示、清洁的正本提单一套三份。货代单则货代在收到货主付清的货款后,即可自行签发。有权签发船东提单(通常说到海运提单)的人为承运人本人、载货船船长或经承运人授权的代理。船长签发提单不必经承运人特别授权,代理无权代签提单,所以必须经承运人特别授权才能签发提单。

不同签发人签发提单签发显示:

承运人(ABC)本人签发提单显示:ABC AS CARRIER

代理(XYZ)代签提单显示:XYZ AS AGENT FOR ABC AS CARRIER

载货船船长(OPQ)签发提单显示:CAPTAIN OPQ AS MASTER

货代到船公司或其代理处签单时,要特别注意审核一下对方签发的提单上各栏目是否正确。主要是发货人、船名、装船日期、签发人与日期等信息。如果提单上有盖"校正章",得清点一下,超过三处,则必须要求船公司或其代理重新签发一套正本提单。因为,提单上的"校正章"超过3处,则该份提单无效。

2.电放

(1)概念

应签发或已签发正本提单(B/L)的货代或船公司,根据托运人或货代的要求,在装运港(POL)不签发正本提单或收回已签发之正本提单,以E-MAIL、或传真,或电报等方式通知目的地代理将货放给正本提单上的收货人,或发货人背书之人(指示提单)。使用电放通常是因为发货人无法在货运抵目的地前,将纸质正本提单寄抵收货人,所以采用电放这种方便快捷的方式。

(2)电放流程

a.发货人申请电放,通常要其出具公司正本保函,或在有关提单副本上背书。保函的内容通常有:发货人名字、航次、提单号、开航日及货代无条件免责条款。

b.若签正本提单给发货人后,发货人才提出电放申请,须收回全套正本提单。

c.原则上不允许做电放的四种情况:以信用证为付款条件;提单为指示提单(只要于"收货人"一栏见有"order"字样者不得做电放);不记名提单;付款条件为托收。

d.电放申请书上常有此句:Please kindly release cargo to Consignee here-below without presentation of the original ××× Bill of Lading.(××× 代表Carrier's Name或货代名)(在不提交×××公司的正本B/L下请将此票货放给以下载明之收货人)

e.使用电放放货,并非不出提单。只是不出正本提单(若已出,则一定要全套收回),而出副本提单。为了能详尽反映货物相关情况,使用副本提单是最好之方式。

(3)电放单据

货代持以下单证,到船公司处办理电放,通常是用小纸片抄回一个电放码。

a.盖有船代申报章、报关行章、海关放行章以及码头配载室签收章的提单联,即黄联。

b.电放保函。

c.船东运费通知。

d.水单及海运费发票(第四联)。

六、提单交接

开展本小节教学前导入“项目三 提单核对与交接”,在该项目导向下掌握本小节知识。

在出口业务中,货代签出提单后,就是与发货人的提单交接环节。这是货代出口操作流程的最后一步,这时应注意以下问题:

(1)熟悉公司的财务制度。公司使用外拖车、外堆场的结算原则;选择转账支票或现金结算的原则。通常,货代都是在一票货物的所有费用收清后,才将提单交给发货人。若发货人在市区内,则派人送上门;市区外的一般用快递寄给对方,若正好有集卡前往拖装,也可委托司机代为转交。

(2)提单交接时要特别注意,千万不能将提单遗失。提单签发后遗失,托运人提出补发提单,承运人会根据不同情况进行处理。一般要求提供担保或保证金,还要依照一定的法定程序将原提单声明作废,并检查目的港收货人是否已提货。保证金通常为提单记载货物的等价货款,交船公司账户保管至少 1 年,在船公司确认在目的港不会有人持遗失提单提货后,方予退回。因为按国际惯例,只要提单持有人持有的提单是合法有效的,作为承运人就必须要么让其提取提单记载货物,要么支付提单记载货物的等价货款给对方。

避免提单遗失的最好方法是将提单自签发后,可以复印正面内容一份。在交给发货人,或委托他人转交发货人时,让接手人在复印件上签名,然后复印件带回货代公司存档,原件交给签收人。这样提单一出公司,就知道交到谁手中,万一丢了,可以很容易就分清责任,避免推诿。

七、拼箱货出口流程

拼箱货的出口流程大体和整箱货差不多,主要是以下几个环节存在差异:

1. 订舱

货代向专营拼箱航线货代公司拼箱货订舱,专营拼箱航线货代向船公司整箱货订舱。通常,一家船公司一条航线的班轮挂靠一个港口时,都会预留一些舱位,并和当地的一家货代签署协议,将预留舱位给合作货代拼箱用。该船公司就不接受其他货代拼箱货订舱,其他货代若代理到该航线的拼箱货出口,必须找船公司与合作的货代公司进行拼箱货订舱。

2. 一主挂多分

拼箱货提单签发上,习惯称为“一主挂多分”。即:

集拼的每票货物各缮制一套托运单(场站收据),附于一套汇总的托运单(场站收据)上,例如有五票货物拼成一个整箱,这五票货须分别按其货名、数量、包装、重量、尺码等各自缮制托运单(场站收据),另外缮制一套总的托运单(场站收据),货名可做成“集拼货物”(consolidated cargo),数量是总的件数(packages),重量、尺码都是五票货的汇总数,目的港是统一的,关单(提单)号也是统一的编号。但五票分单的关单(提单)号则在这个统一编号之尾缀以 A、B、C、D、E,以资区分,货物出运后船公司或其代理人按总单签一份海运提单(ocean B/L),托运人是货代公司,收货人是货代公司的卸货港代理人,然后,货代公司根据海运提单,按五票货的托运单(场站收据)内容签发五份仓至仓提单(House B/L),House B/L 编号按海运提单号,尾部分别缀以 A、B、C、D、E,其内容则与各该托运单(场站收据)相一致,分发给各托运单位银行结汇之用。

另一方面,货代公司须将船公司或其代理人签发给他的海运提单正本连同自签的各 House B/L 副本快邮寄其卸货港代理人,代理人在船到时向船方提供海运提单正本,提取该集装箱到自己的货运站(CFS)拆箱,通知 House B/L 中各个收货人持正本 House B/L 前来提货。

特别注意:出口拼箱货只能出具货代单(House B/L),不可能出具船东单(Ocean B/L)。

3.计费

拼箱货的计费符号为"RT",类似"W/M",就是体积和重量选大的计收。

一般货物重量体积换算标准:800lb≈363kg ≈ $1m^3$。而拼箱货一般装 40GP,40GP 的有效载重为 19500kg,有效容积为 $59m^3$,拼箱货的重量体积换算标准就为 19500kg/$59m^3$。不过,这个不是统一的标准,不同专营拼箱的货代会有自己的标准。要事先问清楚,避免将来收费时产生纠纷。拼箱货的理想货物重量/体积=1t/$3m^3$。

拼箱货通常有最低运费标准,即不足两个计费吨的货物,按两个计费吨收取运费。这点订舱前也要咨询清楚。

4.装箱

拼箱货统一在货运站装箱,具体在哪个货运站,要咨询接受订舱的货代。不同拼箱航线的货代装箱地点不一定一样。货主只需按货代要求将货物运抵货运站,或货代指定的仓库即可。

第二节 内陆城市的货代出口操作流程

本节情境导入

这天小张回到公司,发现多了个新面孔,以为是新来的。寒暄完,才明白原来是公司在内陆的合作伙伴派来的代表。闲聊下,发觉双方的操作流程有些差别,比如订舱上。基于对货代整个流程很熟,小张想找出内陆城市出口操作与港口城市的不同。

本节任务

1.内陆订舱操作与港口的不同。

2.货物装箱的特别之处。

3.完成本章第三节的《项目四 模拟货代出口业务流程》。

一般来说,港口城市的货代都会到内陆去揽货,揽到货后的操作流程与在当地无异。内陆城市外贸货物如果没有很大量,是不会有国际货运代理在当地设点开展营业的。对于这些城市只要货代业务员出差前去揽货就够了。但对于像浙江义乌日均出口 1000 标箱的地方来说,足够吸引众多的国际货运代理公司在当地设立子公司,或者在当地注册。对于沿海内陆城市的这些国际货运代理来说,其出口操作流程有其自身的特点。整个流程相比于港口城市,有些环节会委托在港口城市的合作伙伴操作,其只操作第一节中介绍的部分环节。

一、揽货、接受委托

揽货和接受委托环节,沿海内陆城市与港口城市大体一样。不过,沿海内陆城市的国际货运代理企业大多就此一家,别无分号。因此,对于客户国际贸易术语的应用,更偏好于海运费预付。如果客户做的是海运费到付,由于没有在国外的代理,将无法赚取海运费的佣金或差价收入。只有客户在当地支付海运费给货代,货代才可能获得海运费一块的利润。

二、订舱

(一)订舱

沿海内陆城市在订舱操作时主要是订舱的对象与港口城市不同。内陆城市的国际货运代理企业(一代)如果与船公司签有运价协议的,在收到客户委托书时,可以直接向船公司订舱;没有协议运价,也可以向船公司订舱,但订舱时舱位没保证。美国线则一定要签有运价协议的国际货运代理企业才能向船公司订舱。如果是港口城市在内地的代理或分公司,其收到客户委托后,上报在港口的总公司,由总公司负责向所在港口的船公司订舱。内陆城市的货运代理企业是所谓“二代”的,即不具备国际货运代理的订舱权力。这些企业在揽到货时,会委托“一代”代为订舱。而具备国际货运代理订舱权力的货代企业由于在港口城市没有分公司,无法完成出口流程的跑单操作,只有委托港口城市的合作伙伴代为订舱。由于货代企业普遍认为只有订舱才能体现一代与二代的区别,因此,内陆城市(比如义乌)不少国际货代认为自己是“一代”的身份但做着“二代”的活。

延伸阅读

义乌公共订舱平台

义乌2000多家国际货代物流企业零散地在向中海、马士基、太平、以星、达飞等大名鼎鼎的全球海运巨头订舱时,基本没有价格上的话语权。为了改变这一现状,2012年6月6日,义乌10家国家3A、4A级物流企业成立了浙江义联物流股份公司,打造一个“公共订舱”平台,让义乌出口的小商品变成一个大集合。比如义乌小商品出口到迪拜港口,甲物流公司每个航次出口量有30个集装箱,乙公司20个,其他市场上的散客加起来有30个集装箱。义乌货代企业可以利用“公共订舱”平台,以每航次80个集装箱的出口量申请海运价。2012年6月14日,浙江义联物流股份公司打造的“公共订舱”平台向一家大型船公司预定了数十个集装箱,标志着义乌首个“公共订舱”平台正式投入运行,也标志着义乌的国际货代企业逐渐开始行使自身拥有订舱权,为义乌小商品出口提供更加完善的服务。

货 运 委 托 书

TO：小梅　　　　　　　　　　　　　　编号：FWSEP103020

委托单位（托运人）	浙江[redacted]物流			受托单位（承运人）	[redacted]			
提单项目及要求	发货人：Shipper	HONGKONG [redacted] TRADING LIMITED RM [redacted], JYW[redacted], WING TUCK COMMERCIAL. CENTRE [redacted] WING LOCK STREET. HONGKONG						
	收货人：Consignee:	FIVE CIRCLE MARKETS TRADING KHASIKIYA MARKET ALBALAD JEDDAH SAUDI ARABIA ATTN: MOHAMMAD SHABBIR TEL:6[redacted] MOMBILE:0[redacted]						
	通知人：Notify Party	SAME AS CONSIGNEE						
海运 by sea	预付 或 到付 FREIGHT PREPAID	船公司	NCL北欧亚	可否分批	否	可否转船	否	
起运港 Port of loading	NINGBO	目的港 Port of destinition	JEDDAH	开航日	SEP 13 (20) 2010	装船日期		
集装箱预配数	1X20GP	装箱时间及地点						
标记唛码 Marks & Numbers	件数及包装式样 No & kind of packages	中英文货号 Description of goods (In Chinese & English)	毛重（公斤）G.W.(KGS)	体积（立方数）Measurement (CBM)	成交条件（总价）			
FIVE MARKETS JEDDAH C/NO.:MAD	523	GENERAL ITEMS(CUP.VASE.CLOC	10312.000	28.000	$[redacted]/20GP [redacted]+[redacted]+[redacted]+[redacted]+[redacted]			
声明事项	请订6/1. ETD09-13 (20)-2010 提单上显示目的港代理信息！			托运人签单 电话：05798[redacted] 传真：0579-8[redacted] 手机：0579-8[redacted] 签名：[redacted] 地址：义乌丹溪[redacted]号 受托日期：2010年9月13日14时12分				

图 4-11 内陆货代委托港口城市货代订舱委托书示例

(二)排载

位于沿海内陆城市的国际货运代理企业不办理排载手续，这步骤统一由在港口城市的合作伙伴或母公司办理。比如，义乌国际货运代理企业这环节的操作由宁波的国际货运代理企业代办。之所以这样是因为在内陆城市没有船舶代理人(即船代)在此开展业务，船代通常在港口城市的联检大楼或其附近办理对国际货运代理相关业务。

船舶代理人是指接受船舶所有人、船舶经营人或者船舶承租人的委托，为船舶所有人、船舶经营人或者船舶承租人的船舶及其所载货物或集装箱提供办理船舶进出港口手续、安排港口作业、接受订舱、代签提单、代收运费等服务，并依据法律规定设立的船舶运输辅助性企业。由于国际船舶代理行业具有一定独特的性质，所以各国在国际船舶代理行业大多制定有比较特别的规定。

中国最大的国际船舶代理公司是成立于1953年的中国外轮代理公司。上世纪80年代末中外运船务代理公司成立，成为第二家从事国际船舶代理业务的国际船舶代理公司。现在，在我国对外开放的港口都有多家国际船舶代理公司。实践中，国际货运代理人经常会与船舶代理人有业务联系。有些船舶代理公司旗下也有自己的国际货运代理企业，并在各处设点，比如中国外轮代理公司和中外运，但只从事货代业务。

三、货物装箱进场

内陆外贸货物装箱出口也是场装和拖装两种装箱方式。不管采用哪种装箱方式，重箱运进装运港码头后，货代持打上箱号及封铅号的十联单之五六七联去相应码头办理进场手续。码头工作人员先根据联单上的箱号，打开箱号查询网页，确认箱子进场后，在第五联上盖“进场章”，并签名和写上时间，这里的时间精确到秒。因为重箱进场必须在码头截箱期前运抵该航次船舶预计停靠的码头，否则不能进场，晚一秒也不行。

如果内陆没有专门的集装箱堆场，通常会根据出口商品所在地与装运港间的距离计算出来的内陆运输成本和运输时间来决定采用哪种方式。拖装使用得较为普遍，因为对于货主来说，一是在自己仓库或厂区组织装货较为放心，二是长途用集装箱运输有利于减少货损。但有些货物，比如石材，有的货主会将其运到装运港堆场进行装箱。一般在堆场，临时堆存货物是免费，超过7天才收取费用。

如果内陆设有专门的集装箱堆场，比如义乌国际物流中心，这时的装箱方式可以分为拖装和拖场装结合的模式。拖装就是直接到货主仓库装箱，而不在内陆堆场装箱。

以义乌为例，拖场装结合则是集卡将空箱从装运港运抵义乌国际物流中心仓库，在义乌海关人员监督下装箱、查验、施关封后，再由集卡将重箱运回装运港码头，同时集卡司机将相关单证捎带给装运港货代。

延伸阅读

义乌国际物流中心集装箱施封量屡创新高

2008年以来，金融危机对世界经济产生了巨大的冲击，义乌市场也受到了一定的影响。金融危机之前，雪峰路上的车龙几乎每天都排了足足“几百节”长，国际物流中心工作人员时常要加班验放集装箱、输通车辆秩序到晚上12点左右。受金融危机影响,08 年曾经一段时间车龙缩短了,但现在又恢复了往日的情景。2012 年 9 月份义乌国际物流中心集装箱施封量创历年新高,达到 50682TEU,环比增加 12.77%,同比增加 49.7%。

在国内外贸出口市场普遍偏冷的情况下,义乌 2012 年集装箱施封量屡创新高,出口淡季逆势增长,与义乌市委市政府高度重视物流业发展、深化贸易改革息息相关。市物流办、市商务局相继出台外贸出口补助政策,每年对达到出口补助标准的外贸进出口企业给予奖励。2012 年 8 月,义乌市委市政府推行市场采购贸易方式,海关、检验检疫、税务、工商等各部门紧紧围绕围绕小商品贸易出台配套政策,助推外贸出口。如,义乌海关开通"义乌——舟山"区域直通车便捷通关模式,使得小商品"管得住、流得快"。

四、报检报关

内陆报检操作大体与港口城市相同,只是有时出口方在属地报检,在装运港商检换单。

内陆货物出口报关分两种:一种是直接在装运港报关,具体操作同本章第一节;另一种是大通关模式。

所谓大通关,指的是口岸各部门、单位、企业等,采取有效的手段,使口岸物流、单证流、资金流、信息流高效、顺畅地运转,同时实现口岸管理部门有效监管和高效服务相结合。它是涉及海关、外经贸主管部门、运输、仓储、海事、银行、保险等各个国家执法机关和商业机构的系统。实施大通关,最直接的目的就是提高效率,减少审批程序和办事环节,口岸各方建立快捷有效的协调机制,实现资源共享,通过实施科学、高效的监管,以达到口岸通关效率的大幅度提高,真正实现"快进快出"。

大通关具体流程是进出口企业通过自身与海关联网的计算机,或通过预录入单位(报关企业)将报关数据向海关业务数据处理中心传输。海关业务数据处理中心收到数据后,对报关数据进行逻辑校验,对监管条件进行审核,并自动做出判别。对符合要求的,发出回执,通知企业海关已接受申报;对不符合要求的,则退回不接受申报,企业根据计算机提示进行修改和补充。对符合申报要求的,海关业务数据处理中心的计算机自动进行货证统一的审核,而后通过网络向现场海关进行复核、查证。企业根据反馈信息,将书面报关单及随附单证递交现场海关,现场海关审核单证,并与计算机报关数据核对。如情况正常,则办理具体验放手续。

以浙江义乌为例,义乌小商品出口的主要渠道是内陆口岸,主要实行"异地申报,口岸验放"的跨关监管模式。义乌出口的商品在义乌国际物流中心装箱、查验并加关封后,在义乌报关,宁波口岸验放。但是,按照这一监管模式和海关现行的作业模式,小商品出口品名不实、单证不齐、单货不符等现象时有发生,极易受到口岸海关的查验和处罚。2005 年,为适应义乌小商品出口的特殊性,海关系统允许义乌小商品通过"旅游购物商品"的监管方式(0139)出口,最终又因缺乏明确的法律依据而停止。2007 年 5 月,海关总署下发《关于支持浙江义乌小商品出口市场发展的若干意见》,明确指出要完善小商品出口"属地申报、仓库监装、集中验放"等相关制度。2007 年 9 月,海关总署专门下发《义乌小商品货运出口监管操作规程》,实施小商品出口申报的简化归类办法,创新小商品出口监管模式,将小商品的出口税则号从 8000 多个简化到 98 个。于是,杭州海关正式推出"义乌小商品简化归类系统”,使得小商品申报在简化的基础上实现了智能化,小商品出口再次提速。2007 年,金华海关义乌办事处共办理报关单 10.81 万份,货运量达 142.83 万吨,进出口标准集装箱 20.57 万个、火车车皮 398 车。

五、提单签发

内陆城市的提单签发分为当地签单和装运港签单两种情形。

1. 当地签单

当地签单其实是异地签单的一种形式。为了满足货主贸易上的需要,为货主提供更快捷、更优质的服务,异地签单已是业务中越来越普遍的一种操作方式。

当地签发的为货代单,以义乌为例。在订舱环节,义乌货代向宁波的代理订舱。在落实委托人运费、港杂费及其他费用结清后,义乌货代在得到货物已装船的确认后,即可在义乌签发货代单给货主,同时通知宁波代理货代单已在义乌签发,避免重复签发提单。签单时间应以实际装船时间为准,不得预借或倒签提单。

特别注意的是,在当地签发货代单的货代公司还需船公司在装运港签发船东单,然后将船东单寄给其目的港代理,再由收货人换单提货。虽然,货代也可以要求船公司电放给其目的港代理,但风险极大,需谨慎采用。

2. 装运港签单

以义乌为例,如果在义乌开展经营活动国际货运代理公司无法签发提单,或者货主要求出具船东提单,或者货主要求出具海运提单时,则需到宁波或上海签发。义乌货代与宁波货代合作更紧密些。在装运港进行签发提单操作的国际货运代理公司,要么是内陆货运代理公司的母公司,要么就是长期合作的伙伴。

若委托人要求义乌货代出具船东单,则需装运港船公司或其代理签发,义乌货代无法在当地签发。具体操作为:事先告知委托人,按行业惯例,签发船东单(海运提单)的发货人必须要填义乌货代公司名称。委托人接受后,义乌货代与宁波代理联系并委托其签单。

义乌货代在义乌将货物装箱后,相关单据随集卡运往宁波,由集卡公司转交给其母公司,或其长期合作的伙伴,以便其报关、缮制提单。相关单据一般指的是排载联(十联单的五六七三联,即白联、红联和黄联)、已校订过的提单样本、舱单。

六、提单交接

内陆货代公司提单交接环节,除了要注意沿海城市那些事项外,还有其自身的特点。

以义乌为例,提单在宁波签发出来后,是先寄给义乌货代,然后交给义乌的货主;而不是直接从宁波寄到货主手里。这样可以将客户的资料保密,避免客户被抢。

第三节 章节配套实训项目

项目一 委托书的审核项目

(一)项目说明

建议在开展第一节中"一、揽货、接受委托"小节教学前,作为项目导入教学。

通过对附表 4-1、附表 4-2、附表 4-3 三份委托书的审核,来掌握委托书审核要点。

完成该小节知识教学后,完成本项目。

(二)操作步骤

1.学生审核 3 份委托书,找出其不足之处;其中,附表 4-1 为正确委托书样本,学生可通过对比找出其他两份的不足之处。

2.课堂提问。

3.教师讲解。

项目二 根据委托书订舱

(一)项目说明

建议在开展第一节中"二、订舱"小节教学前,作为项目导入教学。导入本项目前,必须完成项目一。实践中,订舱申请通常是根据委托书填制"场站收据联单的第一联"。虽然目前可以通过船代的在线订舱软件,简化该步骤,但通过本项目导入也可以达到掌握订舱操作这一教学目的。

完成该小节知识教学后,完成本项目。

(二)操作步骤

1.根据审核并修改过的三份委托书(附表 4-1、4-2、4-3),老师要求任选一份或多份委托书,填制"附表 4-4 集装箱货物托运单(场站收据第一联)"。

2.学生填制。

3.教师讲解。

项目三 提单核对与交接

(一)项目说明

建议在开展第一节中"六、提单交接"小节教学前,作为项目导入教学。

货代到船公司或其代理处签单时,要特别注意审核一下对方签发的提单上各栏目是否正确。主要是发货人、船名、装船日期、签发人与日期等信息。如果提单上有盖"校正章",得清点一下,超过三处,则必须要求船公司或其代理重新签发一套正本提单。因为,提单上的"校正章"超过 3 处,则该份提单无效。

(二)操作步骤

1.两人一组,甲核对"附表 4-5",乙核对"附表 4-6"。两人独立核对好后,互相交接。交接时,甲核对"附表 4-6",乙核对"附表 4-5"。

2. 根据下列给出的资料核对“附表 4-5”内容是否相符。

发货人 YIWU FORGIGN TRADE IMP. AND EXP. CORP. 向英国 EAST AGENT COMPANY,126Rome street, anterweip, Belgium 出口 LADIES LYCRA LONG PANT 共 24000 件,每件 20 美元 CIF 伦敦,纸箱包装,每箱 12 件,共 2000 箱,装入一个 40 英尺平柜。运费预付。箱件尺寸为 50 厘米×20 厘米 ×30 厘米,毛重为 10 千克/箱,运输标志(唛头)为:CBD/LONDON/NOS1-200。提单号为:NBPZU9140953;箱号:BMOU4082668;封号:L286552。该货物于 2009 年 10 月 20 日在宁波装 E002 航次“DONGFANG”号轮运往伦敦。发货人要求货代出具“清洁、已装船、凭发货人指示”的一式三份正本海运提单,通知人为 EAST AGENT COMPANY,交接方式为场到场。

3. 根据下列给出的资料核对“附表 4-6”内容是否相符。

发货人 ABC COMPANY, NINGBO 向日本 XYZ COMPANY,6-2 OHTEMACHI,1-CHOME, CHIYADA-KU,TOKYO 出口 5250 PCS HOSPITAL UNIFORM,毛重 1232 公斤,尺寸 4.2 立方米,装入一个 20 英尺平柜,箱号:APLU1234567;封号:006789,运费预付。该货物于 2009 年 1 月 18 日在宁波装 “VICTORY V. 666”号轮运往日本东京。支付方式为信用证,开证行(UFJ BANK,TOKYO)要求发货人出具由开证行指示的清洁、已装船全套三份正本提单。海运提单由承运人的代理人 PERFECT LOGISTICS COMPANY 签发,签发人为陈伟。签发地点:宁波。

项目四　模拟货代出口业务流程

(一)项目说明

建议完成章节教学后,结合所在地货代出口操作特点,采用分组角色模拟的形式完成本项目。

(二)操作步骤

1. 准备好货代出口流程中的单据。单据可以用纸条写上单证名称代替,本项目目的在于熟悉流程,不在于填制单据。

2. 将学生分组并指定各组角色。角色主要有货代、船公司、船代、报关行、集卡公司和集装箱场站经营人。

3. 由扮演货代的小组,手持单据到各个小组跑单。一趟流程操作完后,各小组角色互换,每个小组每个角色都模拟一遍。

4. 教师点评。

5. 撰写实训报告。

第四章配套实训项目附表：

附表 4-1 出口货物订舱委托书(一)

.p 13 2010 10:47AM 0579-8[redacted] P.1

海运出口委托书

外运编号

SHIPPER(发货人)：
HONGKONG [redacted] TRADING LIMITED
RM [redacted],JYW [redacted],WING TUCK COMMERCIAL.
CENTRE [redacted] WING LOK STREET.HONGKONG

公司编号: GCNB3912

TO:刘[redacted]
联系人：马[redacted]
TEL:15[redacted]9

FAX:0579-8[redacted]

CONSIGNEE(收货人)：
AL-SHAREEF IBRAHIM MOHAAMED AL-JOUDI EST.
ASHRAF BUILDING, JAFARIA ST. AL-JUMEZA,
MAKKAH AL-MUKARRAMAH.
KINGDOM OF SAUDI ARABIA.
Attn: MR .IBRAHIM
Tel: 009662-5[redacted] Fax: 009662-5[redacted]

SAME AS THE CONSIGNEE

起运港:	目的港:	预配船:	预配箱量:	L/C装期:	L/C效期:
NINGBO	JEDDAH	NCL	20'		
MARKS&NUMBERS 标记 号码	NO.OF PACKAGEING 件数 包装	DESCRI OF GOODS 货名		TOTAL G.W 总重量	MEASURMENT 总体积
AL-JOUDI/MAKKAH VIA JEDDAH TEL:5[redacted] FAX:5[redacted]					
TOTAL B/L份数	正3	副 3	运费方式 预付	不准分批	不准转船
L/C要求 特别条款	18吨				
实配船名		船次:		提单号:	
备注:	1.请配9月20日的船期FROM NINGBO TO JEDDAH 2.请让货柜9月17日到达 3.装箱地址:义乌市荷叶塘[redacted]				

王S 135[redacted]

附表 4-2 出口货物订舱委托书(二)

出口货物订舱委托书

日期:3 月 8 日

1)发货人	4)信用证号码	5092390		
JIQING INDUSTRIAL PRODUCTS I/E CORP. A12, YUEYANG STREET, CHANGCHUN, CHINA	5)开证银行	Bank of Bahrain and Kuwait B. S. C. P. O. BOX 597, Manama, State of Bahrain		
	6)合同号码	03DO7OASB0701	7)成交金额	USD106896.00
	8)装运口岸	BAHRAIN	9)目的港	NINGBO
2)收货人	10)转船运输	ALLOWED	11)分批装运	ALLOWED
TO OPENING BANK'S ORDER	12)信用证有效期	2009-04-10	13)装船期限	2009-03-25
	14)运费	PREPAID	15)成交条件	CIF
	16)公司联系人	唐明生	16)电话/传真	025-58818844
3)通知人	18)公司开户行	中国银行	19)银行账号	58625935148
Hassan Ebrahim Bukamal&Sons W. L. L; P. O. Box 5682 Manama Bahrain	20)特别要求			

21)标记唛码	22)货号规格	23)包装件数	24)毛重	25)净重	26)数量	27)单价	28)总价
N/M	Safety Boots 安全靴	45 CARTONS	27 KGS	21.6 KGS	6624 PCS	USD 17.80	USD 106896.00

29)总件数	30)总毛重	31)总净重	32)总尺码	33)总金额
45 CARTONS	27 KGS	21.6 KGS	75.348 CBM	USD106896.00

34)备注

1×FCL

附表 4-3 出口货物订舱委托书(三)

出口货物订舱委托书

日期:3 月 11 日

<table>
<tr><td>1)发货人</td><td>4)信用证号码</td><td colspan="3">63211020049</td></tr>
<tr><td rowspan="3">YIWU TANG TEXTILE GARMENT CO., LTD.
HUARONG MANSION RM2901 NO. 85 HUANGYUANLU, YIWU 210005, CHINA</td><td>5)开证银行</td><td colspan="3">BNP PARIBAS (CANADA)</td></tr>
<tr><td>6)合同号码</td><td>F01LCB05127</td><td>7)成交金额</td><td>USD32640.00</td></tr>
<tr><td>8)装运口岸</td><td>YIWU</td><td>9)目的地</td><td>NINGBO</td></tr>
<tr><td>2)收货人</td><td>10)转船运输</td><td>ALLOWED</td><td>11)分批装运</td><td>NOT ALLOWED</td></tr>
<tr><td>TO ORDER</td><td colspan="4"></td></tr>
<tr><td rowspan="3">TO OPENING BANK'S ORDER</td><td>12)信用证有效期</td><td>2009-04-10</td><td>13)装船期限</td><td></td></tr>
<tr><td>14)运费</td><td>USD5600</td><td>15)成交条件</td><td>T/T</td></tr>
<tr><td>16)公司联系人</td><td>唐明生</td><td>16)电话/传真</td><td>025-58818844</td></tr>
<tr><td>3)通知人</td><td>18)公司开户行</td><td>中国银行</td><td>19)银行账号</td><td>58625935148</td></tr>
<tr><td>FASHION FORCE CO., LTD
P. O. BOX 8935 NEW TERMINAL, ALTA, VISTA OTTAWA, CANADA</td><td colspan="4">20)特别要求</td></tr>
</table>

21)标记唛码	22)货号规格	23)包装件数	24)毛重	25)净重	26)数量	27)单价	28)总价
FASHION FORCE F01LCB05127 CTN NO. MONTREAL MADE IN CHINA	LADIES COTTON BLAZER (100% COTTON, 40S×20/140×60)	85 CARTONS	19 KGS	17 KGS	2550 PCS	USD 12.80	USD 32640.00

29)总件数	30)总毛重	31)总净重	32)总尺码	33)总金额
85 CARTONS	19 KGS	17 KGS	21.583 CBM	USD32640.00

34)备注

装载 20 英尺集装箱

附表 4-4 集装箱货物托运单(场站收据第一联)

Shipper (发货人)

D/R No.(编号)

Consignee (收货人)

集装箱货物托运单

货主留底

第一联

Notify Party (通知人)

Pre-Carriege By (前程运输)	Place of Receipl (收货地点)	
Oean Vessel(船名) Voy.No(航次)	port of loading(装货港)	
port of Discharge (卸货港)	Place of Delivery (交货地点)	Final Destination for the Merchant'sReference (目的地)

Partioutars Fumished by Merchants (托运人提供详细情况)

Container No (集装箱号)	Seal No.(封志号) Marks&Nos. (标记与号码)	No.ofcontaibers or Pkgs 指数与科技	King of Packages: Dscription of Goods (包装种类与货名)	Gross Weight 毛重(公斤)	Measuement 尺码(立方米)
TOTAL NUMBER OF CONTAINERS OR PACKAGES(IN WORDS) 集装箱数或件数合计(大写)					

FREIGHT&CHARGES (运费与附加费)	Revenue Tons(运费吨)	Rate(运费率)	Per(每)	Prepaid (运费预付)	Collect(到付)

Em Rate(兑换率)	Prepaid at (预付地点)	Payable at (到付地点)	Place of tssue(签发地点)
	Total Prapaid(预付总额)	No.of Original B(s)/L (正本提单份数)	

Servce Type on Hecerving	Servlce Type on Delnery	Reeler Temperabre ReaQuired	
□-CY, □-CFS, □-DOOR	□-CY, □-CFS, □-DOOR	F	C

TYPE OF GOODS (种类)	□Ordinary (普通) □Reefer. (冷藏) □Dangerous. (危险品) □Auto. (集装车辆)	危险品	Class Praperty IMDG Code Page UN NO
	□Liquld. (液体) □Live Animal (活动物) □Bulk (散货) □		

可否转船:	可否分批:	金额:	
装期:	效期:		

附表 4-5　集装箱海运提单(一)

<table>
<tr><td colspan="2">Shipper
YIWU FORGIGN TRADE IMP. AND EXP. CORP.</td><td colspan="3" rowspan="3">B/L NO.
PACIFIC INTERNATION LINES (PTE) LTD
(Incorporated in Singapore)
COMBINED TRANSPORT BILL OF LADING
Received in apparent good order and condition except as otherwise noted the total number of container or other packages or units enumerated below for transportation from the place of receipt to the place of delivery subject to the terms hereof. One of the signed Bills of Lading must be surrendered duly endorsed in exchange for the Goods or delivery order. On presentation of this document (duly) Endorsed to the Carrier by or on behalf of the Holder, the rights and liabilities arising in accordance with the terms hereof shall (without prejudice to any rule of common law or statute rendering them binding on the Merchant) become binding in all respects between the Carrier and the Holder as though the contract evidenced hereby had been made between them.
SEE TERMS ON ORIGINAL B/L</td></tr>
<tr><td colspan="2">Consignee
TO ORDER</td></tr>
<tr><td colspan="2">Notify Party
EAST AGENT COMPANY
126ROOM STREET, ANTERWEIP, BELGIUM</td></tr>
<tr><td>Vessel and Voyage Number
E002</td><td colspan="2">Port of Loading
NINGBO</td><td colspan="2">Port of Discharge</td></tr>
<tr><td>Place of Receipt</td><td colspan="2">Place of Delivery
LONDON</td><td colspan="2">Number of Original Bs/L
THREE</td></tr>
<tr><td colspan="5">PARTICULARS AS DECLARED BY SHIPPER - CARRIER NOT RESPONSIBLE</td></tr>
<tr><td>Container Nos
/Seal Nos.
Marks and/Numbers</td><td colspan="2">No. of Container/Packages/
Description of Goods</td><td>Gross Weight
(Kilos)</td><td>Measurement
(cu-metres)</td></tr>
<tr><td>CBD
LONDON
NOS1-200</td><td colspan="2">LADIES LYCRA LONG PANT</td><td>10KGS</td><td>6CBM</td></tr>
<tr><td colspan="2" rowspan="4">FREIGHT & CHARGES
FREIGHT PREPAID
SHIPPED ON BOARD</td><td colspan="3">Number of Containers/Packages (in words)
SAY TWO THOUSAND CARTONS ONLY</td></tr>
<tr><td colspan="3">Shipped on Board Date:</td></tr>
<tr><td colspan="3">Place and Date of Issue:</td></tr>
<tr><td colspan="3">In Witness Whereof this number of Original Bills of Lading stated Above all of the tenor and date one of which being accomplished the others to stand void.

for PACIFIC INTERNATIONAL LINES (PTE) LTD as Carrier</td></tr>
</table>

附表 4-6 集装箱海运提单(二)

<table>
<tr><td colspan="2">Shipper</td><td colspan="2"></td><td>B/L No.</td><td></td></tr>
<tr><td colspan="2">ABC COMPANY
NO. 128 ZHOUGSHAN XILU, NINGBO</td><td colspan="4" rowspan="11">OCEAN BILL OF LADING
SHIPPED on board in apparent good order and condition (unless otherwise indicated) the goods or packages specified herein and to be discharged at the mentioned port of discharge or as near thereto as the vessel may safely get and be always afloat.
The weight, measure, marks and numbers, quality, contents and value, being particulars furnished by the Shipper, are not checked by the Carrier on loading.
The Shipper, Consignee and the Holder of this Bill of Lading hereby expressly accept and agree to all printed, written or stamped provisions, exceptions and conditions of this Bill of Lading, including those on the back hereof.
IN WITNESS whereof the number of original Bills of Lading stated below have been signed, one of which being accomplished the other(s) to be void.</td></tr>
<tr><td colspan="2">Consignee or order</td></tr>
<tr><td colspan="2">TO ORDER OF UFJ BANK, TOKYO</td></tr>
<tr><td colspan="2">Notify address</td></tr>
<tr><td colspan="2">XYZ COMPANY,
6-2 OHTEMACHI, 1-CHOME,
CHIYADA-KU,
TOKYO</td></tr>
<tr><td>Pre-carriage by</td><td>Port of loading</td></tr>
<tr><td></td><td>NINGBO</td></tr>
<tr><td>Vessel</td><td>Port of transshipment</td></tr>
<tr><td>VICOTRY V. 666</td><td></td></tr>
<tr><td>Port of discharge</td><td>Final destination</td></tr>
<tr><td>TOKYO, JAPAN</td><td></td></tr>
<tr><td>Container. seal No. or marks and Nos.</td><td>Number and kind of package</td><td>Description of goods</td><td>Gross weight (kgs.)</td><td colspan="2">Measurement (m^3)</td></tr>
<tr><td>XYZ
TOKYO
04GD002
1-88 CTNS

CONTAINER
No. PLU1234567

1×20' CY/CY</td><td>PACKED IN 88 CARTONS. SHIPPEND IN ONE CONTAINER.

CLEAN ON BOARD
JAN. 18, 2009
NAME OF VESSEL: VICTORY V. 666
PORT OF LOADING: NINGBO</td><td>HOSPITAL UNIFORM
5250PCS</td><td>1232. 00 公斤</td><td colspan="2">4. 20 立方米</td></tr>
<tr><td colspan="3">Freight and charges</td><td colspan="3" rowspan="2">REGARDING TRANSHIPMENT INFORMATION PLEASE CONTACT</td></tr>
<tr><td colspan="3">FREIGHT COLLECT</td></tr>
<tr><td>Ex. rate</td><td>Prepaid at</td><td>Freight payable at</td><td colspan="3">Place and date of issue</td></tr>
<tr><td></td><td></td><td></td><td colspan="3">NINGBO JAN. 17, 2009</td></tr>
<tr><td></td><td>Total prepaid</td><td>Number of original Bs/L</td><td colspan="3">Signed for or on behalf of the Master</td></tr>
<tr><td></td><td></td><td>3/3</td><td colspan="3">陈伟

As Agent</td></tr>
</table>

第五章

集装箱海运进口货代操作流程

本章学习任务

一、掌握卸货地订舱、进口清关操作要点；

二、熟悉“交货记录”联单流转程序；

三、对货物进出保税仓库有初步的认识；

四、熟悉集装箱海运进口货代操作流程。

章节情境设定

小张已经开始兼职揽货一个多月了，看着一起来的同事有的已经开始出单了，公司里的人对他们明显热情多了。小张感觉到有压力了。天道酬勤。这天小张跟了一个月的客户终于给了他一份委托书，不过是货物进口的。经理对小张说：“进口业务公司除了老客户一般不接，但这是你的第一单，可以做做。”

第一节　港口城市的货代进口操作流程

本节情境导入

接到客户委托书后，经过与客户多次沟通，小张终于明白了进口业务客户需要他代为清关、提货，还要卸货地订舱。一直以来，小张在公司跟着学出口操作，乍听到“卸货地订舱”这词还挺新鲜，不过在客户面前不能表露出来。小张向公司前辈认真讨教进口的相关事宜，毕竟是自己的第一票货，千万不能搞砸了。

本节任务

1. 掌握卸货地订舱、进口清关操作要点。

2. 按本节内嵌提示导入本章第三节的《项目一　换提货单》和《项目二　“交货记录”流转》。

海运进口的货运代理业务一般国际货运代理企业较少经手，因为相比出口代理要麻烦、复杂许多。完整的海运进口业务，从国外接货开始，包括安排装船、安排运输、代办保险，直至货物运到我国港口后的卸货，接运报关报验，转运等业务。

一、接受委托

货运代理人与货主双方建立的委托关系可以是长期的，也可以是就某一批货物而签订的。在建立了长期代理关系的情况下,委托人往往会把代理人写在合同的一些条款中。这样,国外发货人在履行合约有关运输部分时会直接与代理人联系,有助于提高工作效率和避免联系脱节的现象发生。在货代与货主双方之间订立的协议中,通常应明确以下项目:

(1)委托人和代理人的全称,注册地址。

(2)代办事项的范围,如是否包括海洋运输,是否包括装运前的拆卸工作、集港运输,到港后是提单交货还是送货上门等。明确了代办事项范围,则一旦发生意外,就能判明双方责任,也可避免因双方职责不明而造成的损失。

(3)委托方应该提供的单证及提供的时间,提供的时间应根据该单证需用的时间而定。

(4)服务费收取标准及支付时间、支付方法。

(5)委托方和代理人的特别约定。

(6)违约责任条款。

(7)有关费用如海洋运费、杂费及关税等支付时间。

(8)发生纠纷后,协商不成的解决途径及地点,通常解决争议的途径有仲裁或诉讼等,地点可以在双方同意的地点,仲裁一般在契约地,诉讼则可以在契约地,也可以在被告所在地。

(9)协议必须加盖双方公章并经法定代表人签字,这是协议成立的要件。

二、卸货地订舱

如果货物以FOB价格条件成交,货代接受收货人委托后,就负有订舱或租船的责任,并有将船名、装船期通知发货人的义务。特别是在采用特殊集装箱运输时,更应尽早预订舱位。

货运代理人从事的卸货地订舱(Home Booking)业务应该是进口货物运输工作的第一步,委托人需提供有关托运物品的一切细节,通常要求委托人在交货期一个月前填写《进口订舱联系单》。除卸货地订舱外,还可以根据具体情况有类似的"卸货地租船",因此,有人统称其为卸货地租船、订舱。本书主要介绍订舱,租船不作具体阐述。

由于订舱联系单是货运代理人安排运输的重要依据,所列项目必须完整、正确地填写。

1. 订舱联系单中的内容及填写时应注意的问题

(1)联系单中"货名"一栏必须使用中、英文填写;化工物品如使用商业名称,还必须填写化学名称。

(2)"重量"(weight)栏要填写毛重(如有含水分的货,应注明"水量"),以便根据货物的重量准确安排。尺码要按外包装尺寸填写。

(3)"合同号"栏,外贸专业公司进口成交的合同有统一的规范编号。

(4)"包装"栏要列明货物包装形式和种类,以便准确计算所需舱容。

(5)"装卸港"要列明具体的港口名称,若在同一地区选择装港,必须规定由买方选择。

(6)"买卖条款"栏,要将交货的具体条件填写清楚,如FOB、FOBS、FOBST等。如果合同中对此有专门文字叙述,也必须详细填写在订舱联系单内,如有装货率,或滞速条款也要说明,以便接受委托后根据实际情况通知国外代理安排并划分费用。

(7)危险品订舱时,要注明危规号(IMDG CODE等级及联合国危险品编号)和危险品性质(如有毒、易燃、易爆、放射性)。

(8)贵重物品要加注货价,以便选配适当船只,保证货物安全。

(9)对按货价区分运价等级的五金、钢材,要列明 FOB 单价以作为支付和审核运费的依据。

(10)对于超长、超重货物,为了便于积载和做好装卸船的准备工作,对每件长度超过 9 米,重量超过 5 吨的,应在进口订舱联系单上注明;成套设备和机械设备重大件(包括裸装设备及大型箱装机器)凡毛重超过 20 吨,长度超过 12 米,宽度超过 3.4 米,高度超过 2.35 米者均需在订舱联系单上逐件注明。各种车辆不论是否超长超宽均需注明长、宽、高,以便计算积载费用。

(11)特殊货物如散油、冷藏货及鲜货、活货的订舱,应在进口订舱联系单上列明具体货运温度等要求。

订舱单所需份数根据具体情况而定。

货运代理人接到订舱单后就承担了安排运输的责任,在进口货物的运杂费中,海洋运费是最大的项目,而且随着市场变化其变动幅度也是很大的。

2. 订舱本身就是选择权的行使,它可以包括多种选择

(1)运输形式的选择

如前所述,海洋运输的形式可以是班轮运输,也可以是租船(主要是程租)。程租可以是单航次程租,也可以是多航次程租或者航次期租,根据货物的具体情况来选择。一般而言,货量较小的货物,只能使用班轮,可以信赖船公司去照料,但是其运费必然较高;而货量较大(一次出货万吨以上)的就适宜于使用程租船的形式。

(2)承运人的选择

对于托运人而言,选择哪种运输方式有几方面考虑。作为货运代理人,应非常仔细地检查有关承运人的情况。归纳起来,主要有以下几个方面的因素:

第一,运输服务的定期性。若货物需要以固定的间隔时间运输出去,则选择挂靠固定港口、固定费率、严格按船期表航行的班轮。

第二,运输速度。当托运人为了满足某种货物在规定日期内运到的需求,会更加注重考虑运输速度的问题。只要能满足其要求,不会考虑费用的高低。

第三,运输费用。当运输的定期性和速度不是托运人考虑的主要因素时,运输费用就成为最重要的了。

第四,运输的可靠性。这是选择承运人时所考虑的又一重要因素。在选择一家船公司之前,独立地考察一下它的实力和信誉是可取的做法。这会减少海事欺诈。

第五,经营状况和责任。应该调查一下托运人所使用的船舶所有人或经营人的经营状况及所负担的责任。表面看来,某一船舶所有人对船舶享有所有权,而事实上,他将船舶抵押给银行并通过与银行的经营合同而成为船舶经营人。船舶经营人可能是定期租船人,按照租约,船东对于未付的租金,可以留置经营人运输的货物。

3. 订舱是一种契约行为

班轮由托运人提出订舱,其订舱单经船公司或其代理人注上船名航次,退还托运人,契约即告成立,双方就有义务承担各自的责任,船方有义务准时派船来受载,货方也有义务准时把货送去装船。违约方将赔偿对方损失。

4. 订舱的途径和方法

班轮运输当然直接寄给所选中的班轮公司,具体做法是制作"货单"(Cargo list),其内容都来自"进口货物订舱联系单",应按照装货港口或地区分别制作,并分寄各有关船公司,船公司即据此配载,以后确认订妥的船只及装期或者解决存在的问题均以"货单"上该批货物的编号为依据进行直接联系。

三、接运工作

接运工作要做到及时、迅速。主要工作包括:

(一)加强内部管理,做好接货准备,及时告知收货人,汇集单证

1. 做好接货准备。及时与有关各方联系以下事项:

1)提前与船公司或船舶代理部门联系,确定船到港时间、地点,如需转船应确认二程船名。船代应在远洋船舶抵港前7天,近洋航线抵港后36小时内,向收货人或通知人或其代理发出到货通知书。如进口舱单或其他有关资料无法查明确切的收货人或提单通知人时,应立即向发货港船舶代理查询,接复电后立即发出通知。

2)提前与船公司或船舶代理部门确认换单费、押箱费及换单的时间。

3)提前联系好场站,确认好提箱费、掏箱费、装车费、回空费。

2. 货代将获取的到货信息及时告知委托方——提单上记载的收货人或通知人。

3. 汇集单证。接到客户的全套单据后,要查清该进口货物的承运船公司和对应的船舶代理公司,以明确换取供通关用的提货单地点。货代接收的全套单据一般包括:正确背书的正本提单或电放副本、装箱单、发票、合同。

(二)谨慎接卸、换单

开展本小节教学前导入"项目一　换提货单",在该项目导向下掌握本小节知识。

这里进口换单指的是换取提货单和设备交接单,一般有以下几种方式。

1. 正确背书的正本提单换单。如收货人不出具正本提单,或者未付清到付运费,或未付清其他相关费用,则船公司或其代理原则上不放货,也不会换单。如果船公司或其代理对收货人出具的正本提单有异议时,将通过核对提单签署和背书连贯性,来审核提单持有人是否合法。船公司或其代理在确认提单持有人是合法持有该提单后,方会办理换单手续。现在提单多为指示提单,即收货人一栏内有"To Order"或"To Order of a Shipper/or a Bank"字样,则提单背面必须有托运人背书或与收货人一栏内容相对应的那一方或银行的背书。

2. 副本提单/无正本提单换单。原则上不接受副本提单和无正本提单换单,但实际业务中出现这种副本提单和无正本提单换单时应做到:

1)必须得到由公司或部门领导的书面确认;

2)通知承运该批或该票货物的船公司代理;

3)提货人出具保函,并由出具单位盖章;

4)由提货人提供150%的货价担保。

3. 电放。电报放货简称电放,是指正本提单未到收货人手中,或根据托运人要求在装船港收回正本提单,或不签发正本提单,以电传、传真形式通知卸货港代理将货交给提单收货人或托运人指定的收货人。带电报放货的传真件与保函,去船公司或船舶代理部门换取

提货单和设备交接单的须满足以下条件：

1)实行“电放”的双方代理需要事先达成协议或默契，就“电放”业务的经办人，通知方式、电放格式订立备忘录。

2)“电放”应由托运人提出书面申请，在已签发正本提单情况下则应收回全套正本提单。

3)如托运人不能交回全套正本提单，则应至少交回一份经正确背书的正本提单，同时应签署保函(格式见附件 5-1)。

4)电放通知应签署协议(格式见附件 5-2)。

4.凭银行保函换单。在指示提单下，卸货港代理在接到提货方由于提单晚到或提单丢失而不凭正本提单提货的请求后，应要求提货方出示提单正本/副本影印件、商业发票和装箱单等单据，以审核提货方是否为合法收货人。如果提货方委托代理提货，还须检验其是否有授权委托。

卸货港代理向提货方提供提货保函的标准格式(见附件 5-1)，要求提货方按此格式出具保函并要求一流银行(国内为中国银行及其市级分行、中国人民银行下属各商业银行及其市级分行；国外为当地信誉良好的银行)在此保函上有效签字盖章(法人章、担保专用章和进出口业务专用章)。同时，卸货港代理应请装货港代理联系提单上的发货人，取得发货人同意，在此情况下将货放给提货人。

如提货方不能要求上述银行在标准格式保函上签字盖章，卸货港代理应严格审核提货方提供的银行保函是否包括以下要件：

(1)致：×××公司；

(2)船名、航次、提单号、件数、品名、唛头；

(3)赔偿并承担×××公司及其雇员和代理因此承担的一切责任和遭受的一切损失；

(4)如×××公司及其雇员和代理因此被起诉，保证提供足够的法律费用。

如果担保银行或其保函格式不符合上述要求，卸货港代理应请示，由提单签发人根据货物情况、提货方和担保银行的资信及保函的有效性进行审核。

卸货港代理审核提货方身份和保函的有效性后，凭提货方提供的经背书的×××公司提单正本/副本影印件和保函正本签发提货单，并将有关文件登记存档。

在提单晚到的情况下，提货方在收到正本提单 30 天内，将全套正本提单交回，可将保函退还给收货人，即所谓的“销保”。逾期不办造成后果的，船代或船公司有权向法院起诉。

如在提单丢失的情况下，原则上无限期保留保函。如提货方提出返还要求，各代理应根据所在国法律规定一个最低年限。国内进口至少需要保留一年半。

凭银行保函提货的方式在很大程度上解决了收货人在未收到正本提单的情况下及时提货的问题，但一票一做，仍需花费一定的时间、精力和费用。因此，针对那些与×××公司有良好合作关系且实力雄厚、信誉良好的大货主，原则上同意接受×××公司出具的保函并签署相关的协议。协议标准格式(见附件 5-2)，其中就包括专门的提货保函。协议签署后，提货人只要按票出具提货保函，便可及时提货。

协议必须由公司或部门同意签署，个人不得自行签署。

5.特殊。如按船公司指示

此外，如收货人要求更改提单上原指定的交货地点，船公司或其代理人应收回全套正本提单后,才能签发小提单。

换单注意事项:

1. 换单时应仔细核对提单或电放副本与提货单上的集装箱箱号及封号是否一致。

2. 换单时应催促船舶代理部门及时给海关传舱单,如有问题应与海关舱单室取得联系,确认舱单是否转到海关。

舱单是由船公司或船代缮制,如果是货代单(H B/L),发货人(SHIPPER)可以不一样,简单地讲,它有两个功能:

1)当一条船截载或开船后,船公司根据客户最后确认的提单内容制作舱单,最重要的是有关货物的描述(件数、重量、品名等),然后以 EDI 形式传给海关,发货人最后退税时,货物报关内容必须与舱单一致,否则无法退税。如出现这种情况,要么改报关单,按舱单内容退税,这种情况简单一些;要么改舱单,很麻烦,需要一大堆单据并交纳一定费用,再经过发货人、报关行、船公司、船代层层盖章,最后以书面形式提交到海关更改。

2)船公司随船的货物数据,可以理解为船公司内部的一份提单,在船到目的港时需要据此向目的港海关申报货物情况,它的货物描述必须与提货人持有的提单一致,否则收货人在目的港难以清关、提货。

所以,舱单的内容是非常重要的,发货人委载时一定要及时准确地确认提单,才能让船公司减少舱单的错误,对大家都有好处。

如果在处理进口业务时,发现提单中货物重量和实际货物重量不符,就需要在进口清关前改舱单。更改舱单信息要事先与船公司联系,船公司会告知改单需要的单据和费用。一般需要以下单据:国外代理给的更改通知、正确的箱单发票和提单,并向海关交纳 RMB 1000.00 的罚金,将以上的这些全部交给船公司后,用一天时间舱单就可以更改完毕。此时用原来错误的 D/O(Delivery Order 提货单、小提单)换取船公司新的 D/O,船公司会把旧的 D/O 收回,如果货物已经报检了,也就是说 D/O 的第一联有商检的章,那么船公司会把这个旧的第一联还给收货人,其他四联收回。收货人就可以拿着这个新的 D/O 继续报关。

为了避免类似这种舱单信息错误引发延迟清关时间的问题,货代公司应尽可能多地向国外要取该进出口业务的相关单据,要把所有相关单据随着主分单一同发送给国外代理,如箱单、发票、包装证明等。通过这些单据可以检查到单据之间是否一致,发现问题后及时与代理取得联系,做到尽早发现问题、解决问题,不要等到船到了目的港后清关时才发现,这时再解决就会有额外的费用产生,也会耽误收货人办理清关的时间。

船舶代理应在国际航行船舶进境抵港前 24 小时内、出境离港后 72 小时内,按通关电子数据传输规范将电子舱单传送到海关,并将相应的书面舱单交靠泊地海关备案。

纸质、电子传输舱单应包括以下数据项:船舶名称、呼号、国籍、装货港、指运港、提单号、收货人或发货人、货物名称、货物包装、货物体积、货物件数和重量、集装箱号、集装箱尺寸等。电子舱单数据应真实、规范、准确,并与书面舱单内容完全一致。如船舶代理未按规定向海关提交书面舱单和传输电子舱单,或者提交的书面舱单和传输电子舱单不真实的,海关得以按国家法规进行处理。

通过联网方式向海关传输电子舱单的,应事先经海关注册。联网传输电子舱单发生差错需更改的,应由船舶代理报经海关审核。更改项目包括舱单数据项的更改,以及舱单的补输、删除。

舱单录入、传输企业对其提交用于更改舱单数据单证的真实性和有效性负有完全的法律责任。

三、报检报关

根据国家有关法律法规的规定，进口货物必须办理验放手续后，收货人才能提取货物。因此，必须及时办理有关报检、报关等手续。

(一)报检

报检所需单据：报检申请单、正本箱单发票、合同、进口报关单两份。法检商品应办理验货手续。法检即法定检验，就是指报关单上面的监管条件是A(进口)或B(出口)的货物，在报关的时候必须向海关提供商检局的通关单。

如果没有A或B，就不算是法定检验货物，报关时候不需要提供通关单。

1)只有满足以下条件的货物才需要做法检(法定检验)：

(1)《法检目录》内规定要求做法检的货物；

(2)美、日、韩及欧盟的货物；

(3)特定减免税证明的货物；

(4)其他需要法检的货物。

如需商检，则要在报关前，拿进口商检申请单(带公章)和两份报关单办理登记手续，并在报关单上盖商检登记在案章以便通关。商检人员对所提供的书面材料进行审核，根据书面资料对货物描述，来判定是否需要对货物进行场地查验。

2)场地查验

场地查验的项目通常为动植检疫、商品检验、卫生检疫等，就是所谓的"三检"(也叫"动卫检")。并出具入境通关单，凭此通关单向海关报关。

如果商检人员对货物开出"场地商检"的话，那么在海关放行之后，还需要将货物托运到商检局指定的场地做场地商检，即"三检"。之后货物才被允许运到目的地。

(二)报关

用换来的提货单并附上报关单据前去报关。报关单据一般有正本箱单、正本发票、合同、进口报关单一式两份、正本报关委托协议书、海关监管条件所涉及的各类证件。

接到客户全套单据后，应确认货物的商品编码，然后查阅海关税则，确认进口税率、确认货物的监管条件，如需做各种检验，则应在报关前向有关机构报检。

当海关要求开箱查验货物时，应提前与场站取得联系，调配机力将所查箱子调至海关指定的场站。事先应与场站确认好调箱费、掏箱费。

提货单海关放行后，在白联上加盖放行章，发还给进口方作为提货的凭证。

海关通关放行后应去三检大厅办理"三检"。向大厅内的代理报检机构提供箱单、发票、合同报关单，由他们代理报检。报检后，可在大厅内统一窗口交费。并在白色交货记录上盖"三检"放行章。

"三检"手续办理后，结清港杂费用，港方将提货联退给提货人供提货用。

四、提取货物

货运代理人向货主交货有两种情况：一是象征性交货，即以单证交接，货物到港经海关验放,并在提货单上加盖海关放行章,将该提货单交给货主,即为交货完毕;二是实际性交货,即除完成报关放行外,货运代理人负责向港口装卸区办理提货,并负责将货物运至货主指定地点,交给货主,集装箱运输中的整箱货通常还需要负责空箱的还箱工作。以上两种交货,都应做好交货工作的记录。

所有提货手续办妥后,可通知事先联系好的堆场提货。

(1)首先应与港池调度室取得联系安排计划。

(2)根据提箱的多少与堆场联系足够的车辆尽可能按港方要求时间内提清,以免产生转栈堆存费用。

(3)提箱过程中应与堆场有关人员共同检查箱体是否有重大残破,如有,要求港方在设备交接单上签残。集装箱整箱货(FCL)交接是以铅封完整交付的,即只要承运人接收和交付的是外表状态完好、铅封完整的集装箱,就可以认为承运人完成货物运输,并解除一切责任。所以提箱时一定要检查箱体有无残破,以及铅封号是否与提单记载一致。

(4)重箱由堆场提到场地后,应在免费期内及时掏箱以免产生滞箱费。集装箱班轮运输中的滞期费是指在集装箱货物运输中,货主未在规定的免费堆存时间内前往指定的集装箱堆场或集装箱货运站提取货物及交还集装箱,而由承运人向货主收取的费用,实践中也称其为滞箱费。滞箱费按天计算,目前国内无统一收取标准,由各公司自行制定。某班轮公司滞箱费收取标准如下表:

Detention	20' Dry Container	40' Dry / HC Container
Free time	10 calendar days	
1st 10days	USD5/day	USD10/day
2ND 20days	USD10/day	USD20/day
Thereafter	USD20/day	USD40/day

(5)货物提清后,从场站取回设备交接单证明箱体无残损,去船公司或船舶代理部门取回押箱费。押箱费实际操作中不是具体的费用,而是货代公司出具的一张"空白支票",如果有费用产生,船公司或其代理在上面填上金额即可收取,如果没有费用产生,则原件退还给货代。

五、"交货记录"联单流转程序

开展本小节教学前导入"项目二 '交货记录'流转",在该项目导向下掌握本小节知识。

交货记录标准格式一套共五联:

第一联:到货通知书。除进库场日期外,所有栏目由船代填制。

第二联:提货单。除进库场日期外,所有栏目由船代填制;盖章位置则由责任单位盖章。

第三联:费用账单(1)。剩余栏目由场站、港区填制。

第四联:费用账单(2)。剩余栏目由场站、港区填制。

第五联:交货记录。剩余栏目由场站、港区填制;提货人签名。

(1)船舶代理人在收到进口货物单证资料后,在规定的时间内向收货人、或通知人、或其代理人发出到货通知书(第一联)。同时,船代在收到船舶资料后24小时内将其代理的船舶舱单送达口岸海关及卸货港区。

(2)收货人或其代理人在收到到货通知书后,凭海运正本提单(背书)和到货通知书向船舶代理人换取提货单及场站、港区的费用账单联、交货记录联等四联。船代收到正本提单并核对无误后,方可签发提货单等四联,并在提货单上加盖专用章,以示确认。在特殊情况下,收货人或其代理无正本提单提取货物,船代可凭收货人或其代理的银行担保或其他可接受的有效保函签发提货单。但受货人或其代理必须在30天内办理销保手续。

提货单经船代盖章方始有效。船代签发提货单时,要仔细确认船舶货物是否属于自己代理的职责。不属于自己代理的船舶,任何船代无权签发提货单及其他有关证明。船代仅对其代理的海运承运人(船公司)负责。

(3)收货人或其代理人持提货单在海关规定的期限内备妥报关资料,向海关申报。海关验放后在提货单的规定栏目内盖放行章。收货人或其代理人还要办理其他有关手续的,亦应办妥手续,取得有关单位盖章放行。

(4)收货人及其代理人凭已盖章放行的提货单及费用账单和交货记录联向场站或港区的营业所办理申请提货作业计划,港区或场站营业所核对船代"提货单"是否有效及有关放行章后,将提货单、费用账单联留下,作放货、结算费用及收取费用收据。在第五联"交货记录"联上盖章,以示确认手续完备,受理作业申请,安排提货作业计划,并同意放货。

(5)收货人及其代理人凭港区或场站已盖章的交货记录联到港区仓库,或场站仓库、堆场提取货物。提货完毕后,提货人应在规定的栏目内签名,以示确认提取的货物无误。交货记录上所列货物数量全部提完后,场站或港区应收回交货记录联。

(6)场站或港区凭收回的交货记录联核算有关费用。填制费用账单一式两联,结算费用。将第三联(蓝色)"费用账单"联留存场站、港区制单部门,第四联(红色)"费用账单"联作为向收货人收取费用的凭证。

(7)港区或场站将第二联"提货单"联及第四联"费用账单"联、第五联"交货记录"联留存归档备查。

第二节　内陆城市的货代进口操作流程

本节情境导入

有一就有二,在紧张与兴奋中做完了第一票货物后,小张又做了几个客户。这天小张接到一个在内陆城市的客户电话,希望小张为他进口的一批货物办理监管转运,他在内陆海关报关。刚接完电话,又一个内陆客户打电话给小张,说上次委托进口的那批高科技设备的减免税证明还没办下来,货物又要抵港了。如果现在报关,就要多交很多税款,但不报关,又要缴纳高额的滞报金。他让小张帮忙想个两全其美的方案,既能争取时间办下减免税证明,又能在办证期间不违反海关规定,避免缴纳滞报金。监管转运还简单,这个要求可真是难倒小张了,但客户就是上帝,必须按客户指示做好,不然客户就被别人抢走了。

本节任务

1.掌握监管转运的程序。

2.帮助小张提出两全其美的方案。

并不是所有进口货物的目的地都是沿海进境地港口城市,许多进口货物的目的地是内陆。对于内陆城市的进口商来说,对卸货港的货代公司不熟悉,通常偏好委托当地的,或由当地人在港口城市设立的国际货运代理公司代为办理在卸货港的清关手续。如果内陆城市的货代在港口没有子公司,通常会委托出口时在港口城市的合作伙伴代为办理。内陆城市货代进口操作与港口城市大同小异,流程也是接受委托、卸货地订舱(做FOB货物进口才有)、接运工作、报检报关和提取货物这些步骤。双方在卸货港的清关操作是一样的,主要不同之处在接运放货环节的海关监管转运和内陆保税仓库的使用上。

一、监管转运

进口货物入境后,一般在港口报关放行后再内运,但经收货人要求,经海关核准也可运往另一设关地点办理海关手续,称为转关运输货物,属于海关监管货物。

办理转关运输的进境地申报人必须持有海关颁发的《转关登记手册》,承运转关运输货物的承运单位必须是经海关核准的运输企业,持有《转关运输准载证》,监管货物在到达地申报时,必须递交进境地海关转关关封,《转关登记手册》和《转关运输准载证》,申报必须及时,并由海关签发回执,交进境地海关。其他操作同大通关。

二、内陆保税仓库

在世界各国的经济实践中,对自由贸易区(Free Trade Zone)的表述很多。在我国,Free Trade Zone 被定义为保税区。这是我国在对外开放大背景下创造出来的对自由贸易区的特殊称谓。随着我国经济的发展,原有的保税区已不能满足需要。2005 年 6 月 22 日经国务院批准设立了国内首个保税港区——洋山保税港区。该港区实行出口加工区、保税区和港区的"三区合一",更凸现区位优势和政策优势。

保税港区是指经国务院批准,设立在国家对外开放的口岸港区和与之相连的特定区域内,具有口岸、物流、加工等功能的海关特殊监管区域。其功能具体包括仓储物流,对外贸易,国际采购、分销和配送,国际中转,检测和售后服务维修,商品展示,研发、加工、制造,港口作业等 9 项功能。

保税港区享受保税区、出口加工区、保税物流园区相关的税收和外汇管理政策。主要为:国外货物入港区保税;货物出港区进入国内销售按货物进口的有关规定办理报关,并按货物实际状态征税;国内货物入港区视同出口,实行退税;港区内企业之间的货物交易不征增值税和消费税。保税港区叠加了保税区和出口加工区税收和外汇政策,在区位、功能和政策上优势更明显。但对于内陆城市来说,想就近享受保税港区在国际贸易中的政策便利,最佳方式就是建立保税仓库。

(一)保税仓库概述

保税仓库是储存经海关批准、在海关监管下的尚未办理海关进口手续或只是过境的进出口货物的仓库。根据国际上通行的保税制度,进境存入保税仓库的货物可暂时免纳进口税款,免领进口许可证或批件,在海关规定的储存期内复运出境或办理正式进口手续。但对国家实行加工贸易项下进口须事先申领配额许可证的货物,在存入保税仓库时,应事先申领进口许可证。

海关允许存放保税仓库的货物有五类:一是供加工贸易(进料、来料加工)、来件装配、加工成品复出口的进口料件；二是商务主管部门批准开展外国商品寄售业务、外国产品维修业务、外汇免税商品业务及保税生产资料市场的进口货物；三是转口贸易货物，包括外商寄存货物以及国际航行船舶所需的燃料、物料和零配件等；四是未办结海关手续的一般贸易货物；五是经海关批准的其他未办结海关手续的货物。上述货物类型中第四类较常见，常有进口货物因进口许可证，或进口高科技设备的减免税证明未办好等原因，需要暂存保税仓库，以争取办证时间，避免缴纳滞报金。出口货物只要进入保税仓库，即可视为出口，可以办理退税核销等业务，方便企业资金周转。

(二)保税仓库类型

根据国际上通行做法及我国保税仓库允许存放货物的范围，目前我国保税仓库的类型主要有以下三类：

1. 海关监管仓库

主要存放已进境而无人提取的货物，或者无证到货、单证不齐、手续不全以及违反海关规定等海关不予放行，需要暂存海关监管仓库等候海关处理的货物。这种仓库由海关自行管理或在海关监管下指定仓储企业经营管理。

暂存货物有两个限期：自海关填发税款缴款书次日起 15 日内缴纳税款，逾期需缴纳由海关征收的滞纳金；超过 3 个月仍未缴纳滞纳金并不提取者，经批准，海关采取强制措施。

2. 专用保税仓库

是指有对外经济贸易经营权的国际贸易商，经海关批准而建立的自管自用性质的保税仓库。仓库内只存储该国际贸易商经营的保税货物，大多设立在其所属的区域内，除海关有监管权外，该类保税仓库是根据生产和贸易的需要设立的，受地点限制。

3. 公用保税仓库

是指具有法人资格的经济实体，可向海关申请建立、专营仓储业务，其本身一般不经营进出口商品，而是面向社会和国内外保税货物持有者，不论谁的货物，只要符合海关的法令规定，而仓库又有条件储存的都可接受。这类保税仓库属于“公用型保税仓库”，物流经营人、仓储人或国际货运代理经营的保税仓库即属于这一类型。

延伸阅读

义乌公共保税仓库

2008 年 11 月 26 日，经杭州海关批准同意在义乌国际物流中心 B 区二期第 9 幢仓库设立公用型保税仓库，这是义乌设立的首家公用型保税仓库，实现了义乌市公用保税业务零的突破。自此，义乌保税物流开启了从无到有、由小到大、逐步做强的发展轨迹。该保税仓库面积 5184 平方米，配套装卸场地 650.5 平方米。2010 年 1 月 19 日，公用型保税仓库正式运营，当年完成出入库货物 89 票，入库货值折合成美元为 1966 多万美元，共有 360 个标箱的货物曾存放于保税仓库。2011 年 1 至 6 月份完成出入库货物 49 票，入库货值折合成美元为 1059 万美元，累计存放 172 个标箱货物。

义乌市保税仓库保税商品主要有三类：第一类是葡萄酒、橄榄油、椰子汁等消费品；第二类是化纤原料等中间产品；第三类是定型机、五金工具、发电机等资本品。例如，义乌华鼎锦纶股份有限公司从法国进口的尼龙切片(粒子)，入库共计 512 个标准集装箱，货值折合成美元为2531万美元；浙江中高动力科技股份有限公司从德国、英国、新加坡进口的柴油发电机，入库共计22个标准集装箱，货值折合成美元为518万美元；还有9家公司从法国、西班亚、意大利、罗马尼亚等国家进口的葡萄酒入库共计44个标准集装箱，货值折合成美元为131万美元。保税货物的来源主要有法国、英国、新加坡、西班牙、泰国、罗马尼亚、德国等10多个国家，这些国家也是义乌主要的贸易伙伴。

(三)海关对保税仓库的监管

1.存储期限

保税仓库所存货物存储期限为1年。确有正当理由需要延长的，应向主管海关申请延期，经海关核准后可予以延期。除特殊情况外，延期不得超过1年。存储期满仍未转为进口或复运出境的货物，海关依法将其变卖处理。

2.对货物的监管

1)货物的存放。保税仓库必须独立设置，专库专用。保税仓库里存放的货物，应有专人负责，并在规定的时间将上月所存货物的情况报送当地海关核查。

2)货物的管理。保税仓库有专人管理所存货物。海关认为必要时，可以会同保税仓库的经营方共同加锁，以便加强监管力度。

3)货物的检查。海关可以随时派员进入仓库检查货物的储存情况和有关账册，必要时派员驻库监督。

4)货物的加工。保税仓库不得对所存货物进行加工，如需改变包装、加刷条码等整理工作，应向海关申请核准并必须在海关监督下进行。

5)货物的使用。保税仓库内货物，未经海关核准并未按规定办理有关手续，任何人不得出售、提取、交付、调换、抵押、转让或移作他用。

6)货物的处理。货物在保税仓库储存期间发生短少或灭失，除不可抗力原因外，短少或灭失部分由保税仓库经营人承担缴纳税款责任，并由海关依法处理。

7)货物的提取。公用保税仓库的保税货物，只能由所在关区内的加工生产企业按规定提取使用。对批准设立的专门存储不宜混放的保税原料，如必须跨关区提取的，加工企业应事先向海关办理加工贸易合同登记备案，领取《加工贸易登记手册》，并在规定期限内，分别向加工贸易企业主管海关、保税仓库主管海关办理分批提取货物的手续。

3.保税仓库货物入库

1)在保税仓库所在地海关入境。进口货物在保税仓库所在地海关入境时，货主或其代理人填写《进口货物报关单》一式三份，加盖“保税仓库货物”印章，并注明此货物系存入某保税仓库，向海关申报。经海关查验放行后，一份海关留存，另两份随货交保税仓库。保税仓库经营人于货物入库后即可与报关单进行核对，并在报关单上签收，其中一份留存保税仓库，作为入库的主要凭证，一份交回海关存查。

2)在非保税仓库所在地海关入境。进口货物在保税仓库所在地以外其他口岸入境时，货主或其代理应按海关有关规定办理转关运输手续。货主或其代理应先向保税仓库所在地主管海关提出将进口货物运至保税仓库的申请，主管海关核实后，签发《进口货物转关运输联系单》，并注明货物转运存入某保税仓库，货主或其代理凭此联系单到入境地海关办理转关运输手续，经入境地海关核准，货物运抵某保税仓库所在地后再按“1)”规定办理入库手续。

4.保税仓库货物出库

1)原货物复运出口。存入保税仓库的货物在规定期限内复运出境时,货主或其代理人应向保税仓库所在地主管海关申报,填写《出口货物报关单》一式三份,并提交货物进口时经海关签章的《进口货物报关单》,经主管海关核实后验放出境,或按转关运输管理办法验收出境。复运出境手续办妥后,海关在一份出口报关单上加盖放行章退还货主或其代理,作为保税货物核销依据。

2)用于加工贸易的货物。用于加工贸易的货物,经营加工贸易的单位首先按照进料加工或来料加工的程度向商务主管部门申请加工贸易审批。经合同审批、合同登记备案、开设加工贸易银行保证金台账后,由主管海关核发《加工装配和中小型补偿贸易进出口货物登记手册》(以下简称"登记手册")。经营加工贸易单位持"登记手册",向保税仓库所在地主管海关办理保税仓库提货手续。由于保税仓库进货时,所填写的进口货物报关单并未确定何类贸易性质,故在提取使用时,需补填进料加工或来料加工专用《进口货物报关单》和《保税仓库领料核准单》。经海关核实后,在《保税仓库领料核准单》上加盖放行章,其中一份交经营加工贸易单位并凭此向保税仓库提取货物,另一份由保税仓库留存作为核销依据。

3)国内销售的货物。存放在保税仓库的货物要转为国内市场销售时,货主或其代理人必须先报主管海关核准并办理正式进口手续,填写《进口货物报关单》,其贸易性质由"保税仓库货物"转为"一般贸易进口"。按一般贸易办妥货物相关手续后,海关在报关单上加盖放行章,其中一份用于向保税仓库提取货物,另一份由保税仓库留存作为核销依据。

第三节 章节配套实训项目

项目一 换提货单

(一)项目说明

建议在开展第一节中"三、接运工作(二)谨慎接卸、换单"小节教学前,作为项目导入教学。亦可在完成教学后开展。

(二)操作步骤

操作一:凭正本提单换单

1.全班分两组,一组为提货人或其代理,持正本提单前来换单;另一组为船公司或其代理,为提货人或其代理办理换单手续;

2.提货组从第四章附表 4-5 与 4-6 指示提单中任选一张,然后自行背书转让给自己;

3.提货组持背书好的提单去另一组换单;

4.另一组审核提单背书正确有效后,办理换单手续。

操作二:凭银行保函换单

1.操作一中各组角色互换;

2.提货组规范准备保函;

3.提货组持填写完整、手续齐全的保函(见附件 5-1)前来换单,代理审核完提货方身份与保函后,办理换单手续;

4.提货组持正本提单前来"销保"。

项目二 “交货记录”流转

(一)项目说明

建议在开展第一节中“五、‘交货记录’联单流转程序”小节教学前,作为项目导入教学。

(二)操作步骤

1.准备好“交货记录”联单。单据可以用纸条写上单证名称代替。本项目目的在于熟悉流程,不在于填制单据。

2.将学生分组并指定各组角色。角色主要有货代、船公司、船代和集装箱场站经营人。

3.由扮演货代的小组,手持单据到各个小组跑单。一趟流程操作完后,各小组角色互换,每个小组每个角色都模拟一遍。

4.教师点评。

5.撰写实训报告。

第五章配套实训项目附件:

附件 5-1 提货保函

致:×××有限公司

关于:船名(航次)________________

抵港日期________________

货物一提单号________________

件数________________

品名________________

唛头________________

发货人____________________(全称)已安排上述货物由上述船舶持有人发往我司,但正本提单尚未到达。

我司____________________(全称)现请求不凭正本提单提取货物。

考虑到贵司接受我司上述请求,我司同意如下:

1.赔偿并承担贵司以及贵司雇员和代理因此承担的一切责任和遭受的一切损失;

2.若贵司或贵司雇员或代理因此被起诉,我司将随时提供足够的法律费用;

3.若贵司船舶或财产因此被扣押、或羁留,我司将提供所需的保释金,或其他担保以解除或阻止前述扣押或羁留,并赔偿贵司由此所受一切损失、损害或费用;

4.一旦收到全套正本提单,我司将立即将其呈递贵司,我司在本保函中的保证随即终止;

5.本保函适用中国法律并接受________海事法院管辖。

____________________ ____________________

(法人代表签字并盖法人章) (担保银行授权人签字并盖公章)

年 月 日 年 月 日

附件 5-2 协议

×××有限公司(下称甲方)与________________________________公司(下称乙方)共同达成协议如下:

一、考虑到近洋航线距离短,提单不能及时抵达收货人手中,为方便收货人提货,甲方应乙方要求,同意乙方在受提单收货人委托安排进口代运或乙方作为提单通知方的情况下,乙方可以向甲方及其代理要求凭借副本提单,按票出具提货保函和货主的进口货物临时委托书提取上述正本提单项下货物。乙方同时向甲方保证,乙方委托人或乙方即为该正本提单的真正收货人,与上述正本提单项下货物有关的国际贸易合同履行顺利,与该合同利益方不会产生任何争议和纠纷。

二、乙方在受货主委托向甲方要求无正本提单放货时,应以谨慎的态度审查收货人的资信程度,贸易履行等有关情况,并按照本协议第一项中的保证及上述保函的承诺,承担甲方及其代理应乙方要求,未凭正本提单放货所导致的一切损失及费用,包括甲方支付的赔款和发生的诉前及诉后的法律费用。

三、乙方保证在提取货物后一个月内将正本提单交给甲方以换回上述保函。

四、本保函仅适用于甲方的__________________航线在__________________的放货。

五、本协议自双方签字之日起生效,有效期至____________________________。

六、如在执行中发生严重违反本协议的事件,甲方及其代理有权在任何时间终止本协议。

七、本协议及因此引起的争议适用中国法律并接受________海事法院管辖。

××××有限公司(盖章)　　　　　　　　　　　　　　　　　　　　公司(盖章)

______________________　　　　　　　　　　　　　　　　______________________

年　月　日　　　　　　　　　　　　　　　　　　　　　　　　年　月　日

第六章

国际海运事故纠纷处理与案例

本章学习任务

一、掌握货运事故及纠纷的处理程序及要点;

二、能说出主要的国际海运公约名称;

三、明白国际海运公约与提单条款的联系;

四、明白承运人、托运人的责任期间、免责与责任限额;

五、学会运用国际公约与提单条款来判断海运事故的责任方;

六、能说出海运主要的索赔单证。

章节情境设定

随着时间的推移,小张完全适应了公司的环境,业务做得蒸蒸日上。还没走出校门经济上就已经独立,偶尔还能给家里汇些款。这天小张跟集卡到一个外地客户处装箱,顺便联络一下感情,带去已签发的提单。路途无聊,小张顺手拿起提单,看着提单背面密密麻麻地印着的英文小字阅读起来。平常没留意,仔细看看发现里面的条条框框还真不少。记得刚到公司不久,经理介绍提单时说,提单背面这些都是大律师根据法律编的,要在这些条款下打赢官司基本是不可能的。再联系最近公司遇到的一些货运纠纷,小张觉得很有必要了解下到底有哪些法律可以解决这些问题。将来说不定自己无奈遇到时,可以有个主意,不用像经理那样无头苍蝇般到处打电话求助了。

第一节 国际海运公约与提单条款

本节情境导入

回到公司后,小张找来公司空白的提单,仔细阅读。当看到提单纠纷应适用"Hague Rules"及"Visbly Rules"处理纠纷时,小张想起在集卡上看的那份提单也提到过它们。小张不由得好奇这两个"Rules"究竟是什么,这么有影响力,为什么提单上都要提到它们。

本节任务

1. 解答小张疑惑,并了解约束提单的国际货运公约。

2. 掌握常见的集装箱条款。

3. 完成本章第二节的案例讨论。

一、海牙规则

《海牙规则》(Hague Rules)是《统一提单的若干法律规定的国际公约》的简称。它是1924年8月25日在比利时布鲁塞尔由26个国家代表出席的外交会议签署的，于1931年6月2日起生效，截至1997年2月，加入该规则的国家和地区共有88个。

(一)《海牙规则》产生的历史背景

提单的使用由来已久。早期的提单，无论是内容还是格式，都比较简单，而且其作用也较为单一，仅作为货物的交接凭证，只是表明货物已经装船的收据。随着国际贸易和海上货物运输的逐步发展，提单的性质、作用和内容特别是其中的背面条款都发生了巨大变化。

在提单产生的早期，即自货物托运形式出现后的很长一个时期，在海上航运最为发达的英国，一方面，从事提单运输的承运人，即英国习惯上视为"公共承运人"(Common Carrier)必须按照英国普通法(Common law)对所承运的货物负绝对责任，即负有在目的港将货物以装货港收到货物时的相同状态交给收货人的义务，对所运货物的灭失或损坏，除因天灾(Act of God)、公敌行为(Queen's Enemies)、货物的潜在缺陷、托运人的过错行为所造成，或属于共同海损损失之外，不论承运人本人、船长、船员或其他受雇人、代理人有无过错，承运人均应负赔偿责任。但另一方面，法律对私人合同却采取"契约自由"原则，这就为承运人逃避普通法上的法律责任打开了方便之门，承运人在提单上列入对货物灭失或损失免责的条款，强加给货主的各种不公平的条件和不应承担的风险越来越多。这种免责条款从18世纪开始出现，到19世纪中叶的后半期，便发展到不可收拾的地步。有的提单上的免责事项甚至多达六七十项，以至有人说，承运人只有收取运费的权利，无责任可言。承运人滥用契约自由，无限扩大免责范围的做法使当时的国际贸易和运输秩序陷入极度的混乱，其直接结果不但使货方正当权益失去了起码的保障，而且还出现了保险公司不敢承保，银行不肯汇兑，提单在市场上难以转让流通的不良局面。这不仅损害了货主、保险商和银行的利益，而且也严重阻碍了航运业自身的发展。

在以英国为代表的船东国在提单上滥用免责条款的时期，以美国为代表的货主国利益受到了极大的损害。为了保护本国商人的利益，美国于1893年制定了著名的《哈特法》(Harter Act)，即《关于船舶航行、提单，以及财产运输有关的某些义务、职责和权利的法案》。该法规定，在美国国内港口之间以及美国港口与外国港口之间进行货物运输的承运人，不得在提单上加入由于自己的过失而造成货物灭失或损害而不负责任的条款，同时还规定承运人应谨慎处理使船舶适航，船长船员对货物应谨慎装载、管理和交付。该法规定，凡违反这些规定的提单条款，将以违反美国"公共秩序"为由宣告无效。

《哈特法》的产生，对以后的国际航运立法产生了巨大的影响。澳大利亚1904年制定了《海上货物运输法》；新西兰于1908年制定了《航运及海员法》；加拿大于1910年制定了《水上货物运输法》。这些立法都采纳了《哈特法》确定的基本原则，根据《哈特法》的有关规定对提单的内容进行了调整。但是，少数国家的努力是难以解决承运人无边际免责的实质问题。而且各国立法不一，各轮船公司制定的提单条款也不相同，极大地妨碍了海上货物运输合同的签订，不利于国际贸易的发展。国际海上货物运输不可能按某一国的法律处理，因此，制定统一的国际海上货物运输公约来制约提单已势在必行。

第一次世界大战的爆发虽然延缓了制定国际统一规则的进程，但同时又给制定国际统一规则带来了生机。战后由于全球性的经济危机,货主、银行、保险界与船东的矛盾更加激化。在这种情况下,以往对限制合同自由,修正不合理免责条款问题一直不感兴趣的英国,为了和其殖民地在经济上、政治上采取妥协态度,也主动与其他航运国家和组织一起寻求对上述问题的有效解决方法,也主张制定国际公约,以维护英国航运业的竞争能力,保持英国世界航运大国的地位。为此,国际法协会所属海洋法委员会(Maritime law Committee)于1921年5月17日至20日在荷兰首都海牙召开会议,制定了一个提单规则,定名为《海牙规则》,供合同当事人自愿采纳。以此为基础,在1922年10月9日至11日在英国伦敦召开会议,对海牙规则进行若干修改,同年10月17日至26日,于比利时布鲁塞尔举行的讨论海事法律的外交会议上,与会代表作出决议,建议各国政府采纳这个规则,在稍作修改后使之国内法化。1923年10月,又在布鲁塞尔召开海商法国际会议,由海商法国际会议指派委员会对这个规则继续作了一些修改,完成海牙规则的制定工作。随后,1923年11月英国帝国经济会议通过决议,一方面建议各成员国政府和议会采纳这个修订后的规则使之国内法化;另一方面率先通过国内立法,使之国内法化,由此而产生了《1924年英国海上货物运输法》(Carriage of Goods by Sea Act 1924-COGSA)。这个法律在1924年8月获英王批准。1924年8月25日,各国政府的代表也在布鲁塞尔通过了简称《海牙规则》的《1924年统一提单若干法律规定的国际公约》。

《海牙规则》于1931年6月2日正式生效。欧美许多国家加入了这个公约。有的国家仿效英国的做法,通过国内立法使之国内法化;有的国家根据这一公约的基本精神,另行制定相应的国内法;还有些国家虽然没有加入这一公约,但他们的一些船公司的提单条款也采用了这一公约的精神。所以,这一公约是海上货物运输中有关提单的最重要的和目前仍普遍被采用的国际公约。我国虽然没有加入该公约,但却把它作为制定我国《海商法》的重要参考依据;我国不少船公司的提单条款也采纳了这一公约的精神。所以,《海牙规则》堪称现今海上货物运输方面最重要的国际公约。

(二)《海牙规则》的主要内容

《海牙规则》共十六条,其中第一至第十条是实质性条款,第十一至第十六条是程序性条款,主要是有关公约的批准、加入和修改程序性条款。实质性条款主要包括以下内容:

1. 承运人最低限度的义务

所谓承运人最低限度义务,就是承运人必须履行的基本义务。对此,《海牙规则》第三条第一款规定:“承运人必须在开航前和开航当时,谨慎处理,使航船处于适航状态,妥善配备合格船员,装备船舶和配备供应品;使货舱、冷藏舱和该船其他载货处所能适当而安全地接受、载运和保管货物。”该条第二款规定:“承运人应妥善地和谨慎地装载、操作、积载、运送、保管、照料与卸载。”即提供适航船舶,妥善管理货物,否则将承担赔偿责任。

2. 承运人运输货物的责任期间

所谓承运人的责任期间,是指承运人对货物运送负责的期限。按照《海牙规则》第一条“货物运输”的定义,货物运输的期间为从货物装上船至卸完船为止的时间。所谓“装上船起至卸完船止”可分为两种情况:一是在使用船上吊杆装卸货物时,装货时货物挂上船舶吊杆的吊钩时起至卸货时货物脱离吊钩时为止,即“钩至钩”期间。二是使用岸上起重机装卸,则以货物越过船舷为界,即“舷至舷”期间承运人应对货物负责。至于货物装船以前,即承运人在码头仓库接管货物至装上船这一段时间,以及货物卸船后到向收货人交付货物这一段时间，按《海牙规则》第七条规定，可由承运人与托运人就承运人在上述两段发生的货物灭失或损坏所应承担的责任和义务订立任何协议、规定、条件、保留或免责条款。

3.承运人的赔偿责任限额

承运人的赔偿责任限额，是指对承运人不能免责的原因造成的货物灭失或损坏，通过规定单位最高赔偿额的方式，将其赔偿责任限制在一定的范围内。这一制度实际上是对承运人造成货物灭失或损害的赔偿责任的部分免除，充分体现了对承运人利益的维护。《海牙规则》第四条第五款规定："不论承运人或船舶，在任何情况下，对货物或与货物有关的灭失或损坏，每件或每单位超过100英镑或与其等值的其他货币时，任意情况下都不负责；但托运人于装货前已就该项货物的性质和价值提出声明，并已在提单中注明的，不在此限。"

承运人单位最高赔偿额为100英镑，按照该规则第九条的规定应为100金英镑。一是按英国起初的英国航运业习惯按100英镑纸币支付，后来英国各方虽通过协议把它提高到200英镑，但还是不能适应实际情况。几十年来，由于英镑不断贬值，据估计1924年的100英镑的价值，到1968年已相当于当时的800英镑的价值。在这样英镑严重贬值的情况下，如果再以100英镑为赔偿责任限额，显然是不合理的，也违反了《海牙规则》第九条的规定。二是在《海牙规则》制定后，不少非英镑国家纷纷把100英镑折算为本国货币，而且不受黄金计算价值的限制和约束，由于金融市场的变幻莫测，以致和现今各国规定的不同赔偿限额的实际价格相距甚远。

4.承运人的免责

《海牙规则》第四条第二款对承运人的免责作了十七项具体规定，分为两类：一类是过失免责；另一类是无过失免责。国际海上货物运输中争论最大的问题是《海牙规则》的过失免责条款。《海牙规则》第四条第二款第一项规定："由于船长、船员、引航员或承运人的雇用人在航行或管理船舶中的行为、疏忽或过失所引起的货物灭失或损坏，承运人可以免除赔偿责任。"这种过失免责条款是其他运输方式责任制度中所没有的。很明显，《海牙规则》偏袒了船方的利益。

另一类是承运人无过失免责，主要有以下几种：

(1)不可抗力或承运人无法控制的免责有八项：海上或其他通航水域的灾难、危险或意外事故；天灾；战争行为；公敌行为；君主、当权者或人民的扣留或拘禁，或依法扣押；检疫限制；不论由于任何原因所引起的局部或全面罢工、关厂、停工或劳动力受到限制；暴力和骚乱。

(2)货方的行为或过失免责有四项：货物托运人或货主、其代理人或代表的行为；由于货物的固有缺点、质量或缺陷所造成的容积或重量的损失，或任何其他灭失或损害；包装不固；标志不清或不当。

(3)特殊免责条款有三项：一是火灾，即使是承运人和雇用人的过失，承运人也不负责，只有承运人本人的实际过失或私谋所造成者才不能免责；二是在海上救助人命或财产，这一点是对船舶的特殊要求；三是谨慎处理，恪尽职责所不能发现的潜在缺陷。

(4)承运人免责条款的第十六项："不是由于承运人的实际过失或私谋，或是承运人的代理人或雇用人员的过失或疏忽所引起的其他任何原因。"这是一项概括性条款，既不是像前述十六项那样具体，又不是对它们的衬托，而是对它们之外的其他原因规定一般条件。

这里所谓"没有过失和私谋"不仅指承运人本人，而且也包括承运人的代理人或雇用人没有过失和私谋。援引这一条款要求享有此项免责利益的人应当负举证义务,即要求证明货物的灭失或损坏既非由于自己的实际过失或私谋,也非他的代理人或受雇人的过失或私谋所导致。

5.索赔与诉讼时效

索赔通知是收货人在接收货物时,就货物的短少或残损状况向承运人提出的通知,它是索赔的程序之一。收货人向承运人提交索赔通知,意味着收货人有可能就货物短损向承运人索赔。《海牙规则》第三条第六款规定:承运人将货物交付给收货人时,如果收货人未将索赔通知用书面形式提交承运人或其代理人,则这种交付应视为承运人已按提单规定交付货物的初步证据。如果货物的灭失和损坏不明显,则收货人应在收到货物之日起3日内将索赔通知提交承运人。

《海牙规则》有关诉讼时效的规定是:"除非从货物交付之日或应交付之日起一年内提起诉讼,承运人和船舶,在任何情况下,都应免除对灭失或损坏所负的一切责任。"

6.托运人的义务和责任

(1)保证货物说明正确的义务。《海牙规则》第三条第五款规定:"托运人应向承运人保证他在货物装船时所提供的标志、号码、数量和重量的正确性,并在对由于这种资料不正确所引起或造成的一切灭失、损害和费用,给予承运人赔偿。"

(2)不得擅自装运危险品的义务。《海牙规则》第四条第六款规定:如托运人未经承运人同意而托运属于易燃、易爆或其他危险性货物,应对因此直接或间接地引起的一切损害和费用负责。

(3)损害赔偿责任。根据《海牙规则》第四条第三款规定:托运人对他本人或其代理人或受雇人因过错给承运人或船舶造成的损害,承担赔偿责任。可见,托运人承担赔偿责任是完全过错责任原则。

7.运输合同无效条款

根据《海牙规则》第三条第八款规定:运输合同中的任何条款或协议,凡是解除承运人按该规则规定的责任或义务,或以不同于该规则的规定减轻这种责任或义务的,一律无效。有利于承运人的保险利益或类似的条款,应视为属于免除承运人责任的条款。

8.适用范围

《海牙规则》第五条第二款规定:"本公约的规定,不适用于租船合同,但如果提单是根据租船合同签发的,则它们应符合公约的规定。"同时该规则第十条规定:"本公约的各项规定,应适用于在任何缔约国内所签发的一切提单。"

结合本规则"运输契约"定义的规定,可以看出:①根据租船合同或在船舶出租情况下签发的提单,如果提单在非承运人的第三者手中,即该提单用来调整承运人与提单持有人的关系时,《海牙规则》仍然适用。②不在《海牙规则》缔约国签发的提单,虽然不属于《海牙规则》的强制适用范围,但如果提单上订有适用《海牙规则》的首要条款,则《海牙规则》作为当事人协议适用法律,亦适用于该提单。

(三)《海牙规则》存在的主要问题

(1)较多地维护了承运人的利益,在免责条款和最高赔偿责任限额上表现尤为明显,造成在风险分担上的不均衡。

(2)未考虑集装箱运输形式的需要。

(3)责任期间的规定欠周密，出现装船前和卸货后两个实际无人负责的空白期间，不利于维护货方的合法权益。

(4)单位赔偿限额太低，诉讼时效期间过短，适用范围过窄。

(5)对某些条款的解释至今仍未统一："管理船舶"与"管理货物"的差异；与货物有关的灭失或损坏的含义；作为赔偿责任限制的计算单位的解释等，因没有统一解释而容易引起争议。

二、维斯比规则

《维斯比规则》(Visby Rules)是《修改统一提单若干法律规定的国际公约议定书》(Protocol to Amend the International Convention for the Unification of Certain Rules of Law Relating to Bills of lading)的简称，因该议定书的准备工作在瑞典的维斯比完成而得名。《维斯比规则》是《海牙规则》的修改和补充，单独无法使用，必须与《海牙规则》一起方可使用，习惯称为《海牙－维斯比规则》。

自《海牙规则》实施以后，随着国际政治、经济形势的不断变化和海运技术的迅速发展，其中的某些规定已明显过时。在多数国家普遍要求修改的情况下，国际海事委员会从20世纪60年代开始着手进行修改，并在维斯比完成了《修改统一提单若干法律规则的国际公约的议定书(草案)》。国际海事委员会于1963年在斯德哥尔摩开会批准了这项草案，并将其提交有关国家的外交会议审议。1968年2月23日，英、法等国政府的代表在布鲁塞尔正式签订了《修改统一提单若干法律规则的国际公约的议定书》(即《维斯比规则》)，1977年6月起生效。

《维斯比规则》虽然对《海牙规则》中的某些条款作了若干修改和补充，但其修改很不彻底，特别是对承运人的主要责任与义务并未作实质性的修改，对承运人的不合理免责条款仍毫无触动。所以，《维斯比规则》尽管较《海牙规则》有所改进，但只限一些枝节性的修改，基本原则并未改变，其主要弊病也依然存在。

《维斯比规则》对《海牙规则》的修改的主要内容有：

1. 承运人的赔偿限额

《维斯比规则》规定凡属未申报价值的货物，其灭失或损害的最高赔偿限额为每件或每单位666.67特别提款权，或按货物毛重每公斤2特别提款权，两者中以较高者为准。

2. 集装箱条款

《维斯比规则》规定，如果货物是用集装箱、托盘或类似运输工具集装时，提单中所载明装在这种运输工具中货物件数或单位，应视为本款所指的件数或单位数；除上述情况外，此种运输工具应视为件或单位。

3. 提单的最终证据效力

当提单转移给善意的第三方时，与此相反的证据不予采用。即此时承运人必须交付提单上记载的货物。

4. 合同之诉或侵权之诉的规定

在货物运输中，即便受害人是以侵权行为提起诉讼时，也要适应运输合同所提起的诉讼。

5. 船方的雇佣人员的法律地位

船方的雇佣人员在受雇期间，由于其过失造成人身或货物的损失，与船方一样享有免责和限制的规定。

6.适用范围

《维斯比规则》规定公约各项规定应适用于两个不同国家和地区港口之间有关货物运输的每一提单。

参加和实施《维斯比规则》的国家和地区,主要有英国、法国、挪威、丹麦、瑞典、芬兰、比利时、瑞士、叙利亚、黎巴嫩、新加坡、厄瓜多尔、汤加、百慕大群岛、埃及、直布罗陀、波兰、斯里兰卡、阿根廷、荷兰、利比里亚、南斯拉夫和中国香港地区等。其中阿根廷、荷兰、利比里亚和南斯拉夫等国,已将该规则引入本国国内法中。

三、汉堡规则

汉堡规则即《1978年联合国海上货物运输公约》(United Nations Convention of the Carriage of Goods by Sea,1978),1976年由联合国贸易法律委员会草拟。

自海牙规则、维斯比规则实施以来,国际贸易、运输又有了新的发展,特别是第三世界。第三世界作为新的货主国家,为发展自己的经济强烈要求修改海牙规则。于是,联合国贸易发展会议在1968年3月成立了国际航运立法工作组。该工作组的任务是讨论国际海商法给发展中国家的经济带来的障碍,并对需要修改的意见,向联合国国际贸易法委员会提出了建议。

1971年2月,国际航运立法工作组决定重点修改海牙规则,并进行新公约的准备工作,并建议由联合国国际贸易法委员会继续接办这项工作,修改提单的法律和惯例,并制定新的条文草案。

国际贸易法委员会接受工作组的建议,于1971年4月建立了另一个国际航运立法工作组,该工作组前后召开了6次会议,于1978年3月由联合国主持在汉堡召开海上货物运输会议,通过了《1978年联合国海上货物运输公约》,简称"汉堡规则"。1978年经联合国在汉堡主持召开有71个国家参加的全权代表会议上审议通过。汉堡规则可以说是在第三世界国家的反复斗争下,经过各国代表多次磋商,并在某些方面做出妥协后通过的。汉堡规则全面修改了海牙规则,其内容在较大程度上加重了承运人的责任,保护了货方的利益,代表了第三世界发展中国家意愿,这个公约已于1992年生效。但因签字国为埃及、尼日利亚等非主要航运货运国,因此目前汉堡规则对国际海运业影响不是很大。该规则于1992年生效。

四、鹿特丹规则

2008年12月11日,联合国第63届大会第67次会议于纽约审议通过了联合国国际贸易法委员会提交的《联合国全程或部分海上国际货物运输合同公约》,并决定于2009年9月23日在荷兰鹿特丹开放签署,公约定名为《鹿特丹规则》。《鹿特丹规则》用于取代1968年制订的《海牙—维斯比规则》和1978年确定的《汉堡规则》两大国际海运公约,并首次把港口码头营运商纳入涵盖范围之内,亦提升承运人的责任条款和赔偿规限。如果《鹿特丹规则》获得主要航运国家的认可并使之生效(即获得二十个国家的加入,从第二十份批准书、接受书、核准书或者加入书交存之日起一年期满后的下一个月第一日生效),预示着调整国际货物运输的国际立法,将结束"海牙时代",开启一个"鹿特丹时代"。《鹿特丹规则》与我国《海商法》及现在国际上普遍采用的《海牙规则》、《海牙一维斯比规则》相比较,对承运人责任制度的规定有很大的变化，扩大了承运人责任期间，改变了承运人的责任基础，取消了传统的承运人免责事项，提高了承运人责任限额，如果该规则生效，将大大加重承运人的责任，可以预见其对航运业及保险业将会带来重大影响，尤其是对一些经营船龄较大、管理水平不高的中小航运企业带来的冲击。

虽然国际社会对《鹿特丹规则》前景，即是否能够生效，主要航运和贸易国家是否能够批准加入，是否能够在国际上发挥重要作用，存在不同看法，但毋庸置疑的是，《鹿特丹规则》必将引发国际海上货物运输立法的一场革命。该公约一旦生效，将会对船东、港口营运商、货主等各个国际海上货物运输相关方带来重大影响；也将会对船舶和货物保险、共同海损制度等带来影响。该公约即使未能生效，因其代表最新的国际立法趋势，其有关规定也将通过渗透进国内法等途径，对国际海上货物运输产生一定的影响。

延伸阅读

《鹿特丹规则》

《鹿特丹规则》共有18章96条，主要是围绕船货双方的权利义务、争议解决及公约的加入与退出等作出一系列规定。

《鹿特丹规则》主要的内容和变革有：

1. 调整范围。与《海牙规则》“钩至钩”或“舷至舷”及《汉堡规则》“港至港”的调整范围不同，为适应国际集装箱货物“门到门”运输方式的变革，《鹿特丹规则》调整范围扩大到“门至门”运输，国际海运或包括海运在内的国际多式联运货物运输合同均在公约的规范范围之内，公约排除了国内法的适用，使公约成为最小限度的网状责任制，拓宽了公约的适用范围，有利于法律适用的统一。

2. 电子运输记录。与前述三个公约不同，《鹿特丹规则》明确规定了电子运输记录，确认其法律效力，并将电子运输记录分为可转让与不可转让电子运输记录。该规定适应了电子商务的发展，具有一定的超前性，势必加速运输单证的流转速度并提高安全性。

3. 承运人的责任。承运人必须在开航前、开航当时和海上航程中恪尽职守使船舶处于且保持适航状态，适航义务扩展到贯穿航程的始终。承运人根据公约对货物的责任期间，自承运人或履约方为运输而接收货物时开始，至货物交付时终止。承运人责任基础采用了完全过错责任原则，废除了现行的“航海过失”免责和“火灾过失”免责。公约规定，未在约定时间内在运输合同规定的目的地交付货物，为迟延交付，承运人承担迟延交付的责任限于合同有约定时间，未采纳《汉堡规则》规定的合理时间标准。公约对船货双方的举证责任和顺序做了较为具体的规定，这是以前立法所没有的。承运人的单位责任限制有较大幅度的提高。总的来说，承运人的责任比以前加重了。

4. 托运人的义务。托运人应交付备妥待运的货物，及时向承运人提供承运人无法以其他合理方式获取，而合理需要的有关货物的信息、指示和文件。托运人应在货物交付给承运人或履约方之前，及时将货物的危险性质或特性通知承运人，并按规定对危险货物加标志或标签。托运人对承运人承担赔偿责任的责任基础是过错原则，对于承运人遭受的灭失或损坏，如果承运人证明，此种灭失或损坏是由于托运人违反其义务而造成的,托运人应负赔偿责任。增设单证托运人,单证托运人是指托运人以外的同意在运输单证或电子运输记录中记名为“托运人”的人,单证托运人享有托运人的权利并承担其义务。

5.海运履约方。《鹿特丹规则》下没有实际承运人的概念,但创设了海运履约方制度,是指凡在货物到达船舶装货港至货物离开船舶卸货港期间履行或承诺履行承运人任何义务的履约方。内陆承运人仅在履行或承诺履行其完全在港区范围内的服务时方为海运履约方。海运履约方与托运人之间不存在直接的合同关系,而是在承运人直接或间接的要求、监督或者控制下,实际履行或承诺履行承运人在“港至港”运输区段义务的人,突破了合同相对性原则。海运履约方承担公约规定的承运人的义务和赔偿责任,并有权享有相应的抗辩和赔偿责任限制。班轮运输条件下的港口经营人作为海运履约方将因此受益。

6.批量合同。批量合同是指在约定期间内分批装运特定数量货物的运输合同,其常见的类型是远洋班轮运输中的服务合同。公约适用于班轮运输中使用的批量合同,除承诺的货物数量外每次运输项下承托双方关于货物运输的权利、义务或责任等方面适用公约的规定。公约赋予批量合同当事人双方较大的合同自由,允许在符合一定条件时背离公约的规定自行协商合同条款,这是合同自由在一定程度上的回归。自美国《哈特法》以来,立法无不对承运人规定最低责任限度,以防止承运人滥用合同自由和自身优势逃脱责任,而公约考虑到某些货主力量和地位的增长,具有平等谈判的能力,为扩大公约的适用范围对批量合同作出规范。

7.货物交付。公约赋予收货人收取货物的强制性义务,当货物到达目的地时,要求交付货物的收货人应在运输合同约定的时间或期限内,在运输合同约定的地点接受交货,无此种约定的,应在考虑到合同条款和行业习惯、惯例或做法以及运输情形,能够合理预期的交货时间和地点接受交货。公约还对无单放货作出规定,将航运实践中承运人凭收货人的保函和提单副本交货的习惯做法,改变为承运人凭托运人或单证托运人发出的指示交付货物,且只有在单证持有人对无单放货事先知情的情况下,才免除承运人无单放货的责任。如果单证持有人事先对无单放货不知情,承运人对无单放货仍然要承担责任,此时承运人有权向上述发出指示的人索要担保。公约为承运人实施上述无单放货设定了条件,即可转让运输单证必须载明可不凭单放货。

8、控制权。公约首次在海上货物运输领域规定货物的控制权。货物控制权是指根据公约规定按运输合同向承运人发出有关货物的指示的权利,具体包括就货物发出指示或修改指示的权利,此种指示不构成对运输合同的变更;在计划挂靠港或在内陆运输情况下在运输途中的任何地点提取货物的权利;由包括控制方在内的其他任何人取代收货人的权利。在符合一定条件下,承运人有执行控制方指示的义务;在无人提货的情况下,承运人有通知托运人或单证托运人请其发出交付货物指示的义务。

9.权利转让。签发可转让运输单证的,其持有人可以通过向其他人转让该运输单证而转让其中包含的各项权利,主要是请求提货权、控制权。权利转让的同时,义务并不当然同步转让。作为运输单证的受让人,即非托运人的持有人,只有其行使运输合同下的权利,才承担运输合同下的责任,并且这种责任以载入可转让运输单证或可转让电子运输记录为限或者可以从中查明。

10. 诉讼与仲裁。公约专章规定了诉讼和仲裁，除批量合同外，索赔方有权在公约规定的范围内，选择诉讼地和仲裁地，且运输合同中的诉讼或仲裁地点，仅作为索赔方选择诉讼或仲裁地点之一。各国对这两章的内容分歧更大些，为了不致影响到公约的生效，允许缔约国对这两章做出保留。

五、常见提单条款

(一)提单正面的条款

提单正面条款是指以印刷的形式，将以承运人免责和托运人做出的承诺为内容的契约文句，列记于提单的正面。常见的有以下条款：

1. 装船(或收货)条款

如："Shipped in board the vessel named above in apparent good order and condition (unless otherwise indicated) the goods or packages specified herein and to be discharged at the above mentioned port of discharge or as near thereto as the vessel may safely get and be always afloat."[上列外表状况良好的货物或包装(除另有说明者外)已装在上述指名船只，并应在上列卸货港或该船能安全到达并保持浮泊的附近地点卸货]。

2. 不知条款

如："The weight, measure, marks, numbers, quality, contents and value, being particulars furnished by the Shipper, are not checked by the Carrier on loading."(重量、尺码、标志、号数、品质、内容和价值是托运人所提供的，承运人在装船时并未核对)。在集装箱运输下，要求承运人每个集装箱都检查装有哪些货物是不可能。因而，承运人在根据货主提供的内容如实记载于提单同时，又保留"发货人装箱、计数"或"不知条款"，以最大限度达到免除责任的目的。在提单中订有不知条款，从表面上看能起到保护承运人的利益，但其保护范围也有一定的限度，如货主能举证说明承运人明知货物详细情况，且又订上不知条款，承运人仍不能免责。

3. 承认接受条款

如："The Shipper, Consignee and the Holder of this Bill of Lading hereby expressly accept and agree to all printed, written or stamped provisions, exceptions and conditions of this Bill of Lading, including those on the back hereof."(托运人、收货人和本提单持有人兹明白表示接受并同意本提单和它背面所载一切印刷、书写或打印的规定、免责事项条件)。按国际惯例，接受一份提单时，自动接受提单背面条款。

4. 签署条款

如："In witness whereof, the Carrier or his Agents has signed Bills of Lading all of this tenor and date, one of which being accomplished, the others to stand void. Shippers are requested to note particularly the exceptions and conditions of this Bill of Lading with reference to the validity of the insurance upon their goods."(为证明以上各项，承运人或其代理人已签署各份内容和日期一样的正本提单，其中一份如果已完成提货手续，其余各份均告失效。要求发货人特别注意本提单中关于该货保险效力的免责事项和条件)。通常，承运人都会签发一套三份的正本提单，收货人提货时只需交回一份正本提单。承运人为防止收货人持同一套提单多次提货，特别作此规定，以保障自身权益。

(二)提单的背面条款

提单的背面印有各种条款,一般分为两类:一类属于强制性条款,其内容不能违背有关国家的海商法规、国际公约或港口惯例的规定,违反或不符合这些规定的条款是无效的。一类是任意性条款,即上述法规、公约和惯例没有明确规定,允许承运人自行拟订的条款。所有这些条款都是表明承运人与托运人以及其他关系人之间承运货物的权利、义务、责任与免责的条款,是解决他们之间争议的依据。各船公司的提单背面条款繁简不一,有些竟达三四十条,但内容大同小异。现将主要条款内容介绍如下:

1. 定义(Definition)

各船公司的提单中,一般都订有定义条款,对作为运输合同当事人一方的“货方”(merchant)的含义和范围做出规定,将“货方”定义为“包括托运人、受货人、收货人、提单持有人和货物所有人”。

2. 首要条款(Paramount clause)

说明提单所适用的法律依据,即如果发生纠纷时,应按哪一国家的法律和法庭裁决。这一条款一般印刷在提单条款的上方,通常列为第一条。内容表述为:

凡提单中所涉及的海上或内陆水路运输的货物而言,提单内容受制于海牙规则或海牙维斯比规则,即使海牙规则或海牙维斯比规则的其他任何法规被强制适用本提单,事实上将受制于海牙规则或海牙维斯比规则内容的管辖。如提单中已有的条款在任何程度上被认为与其他任何法规内容相抵触,或其他任何法律、法令或法规强制性适用于提单所证明的合同,提单条款内容将被视为无效。

提单所证明的或包含的合同将受提单签发地法律、法令或法规的管辖,如当地法律另有规定时则除外。但提单并不限制或剥夺任何国家的现行法律、法令或法规对承运人所认可的任何法定保护、有关事项的免责或责任限制。

3. 承运人责任条款(Carrier's responsibility clause)

说明签发本提单的承运人对货物运输应承担的责任和义务。由于提单的首要条款都规定了提单所适用的法规,而不论有关提单的国际公约或各国的海商法都规定了承运人的责任,凡是列有首要条款或类似首要条款的提单都不再以明示条款将承运人的责任列记于提单条款中。如果首要条款规定海牙规则适用于本提单,那么,海牙规则所规定的承运人责任,也就是签发本提单的承运人对货物运输应承担的责任和义务。

一些国家的海商法,包括我国的海商法以及海牙规则都规定,对船长、船员、引航员或承运人的其他受雇人在驾驶船舶或管理船舶中的航行过失所引起的,或承运人的非故意行为所引起的火灾而带来的货损,承运人可以免责;且还规定了其他因海上固有危险所造成损害的免责事项。根据有关法规和提单上通常记载的免责条款,承运人只对以下原因造成的货损事故承担赔偿责任。

(1)船舶不适航造成的损害

船舶的适航包括两个要件。其一是,船舶的技术状态符合其确定的等级航区;这些技术状态既指船体、船机、属具等设备的状态,也包括船员、航行资料、船舶备品和必要消耗品等的配备状态。其二是,船舶处于适于收受、载运和保管货物的状态。要使货舱、及其他载货处所适合积载货物,并使其处于良好的保管状态.保证货物安全运达目的港。

保证船舶适航是承运人对货物及托运人应承担的义务。不过,海牙规则和一些国家的海商法中，规定了"谨慎处理"的条款。条款规定，承运人对船舶的适航已尽了"谨慎处理"，对仍不能发现的潜在缺陷所引起货物的损坏或灭失可以免责。中国梅商法第五十条对此做了相应的规定。但是，在由于没有对适航给予"谨慎处理"，从而未使船舶保持能承受航次中"通常海上危险"的适航能力，而造成货损的情况下，承运人要承担其赔偿责任。在货损发生后，如果不能举证证明已经对船舶的适航性给予了"谨慎处理"，也要承担赔偿责任。

(2)对货物的故意或过失所造成的损害

在货物处于承运人监管期间，包括货物在装船、积载、运输、保管、卸货等各个环节都应尽"谨慎处理"义务，并承担相应的责任。有关法规中或提单条款中的"疏忽条款"(negligence clause)，仅指承运人对船长、船员、引航员或承运人的受雇人员在驾驶或管理船舶上的行为或疏忽等航行过失所造成的货损，可以免责。而对于商业过失，即有关货物的接受、装船、积载、运送、保管、照料、卸货和交付等方面的过失不能免责。因船员或承运人的受雇人员的故意行为所造成的货损，无论什么情况. 承运人都负有赔偿责任。

4. 承运人责任期间条款(Carrier's period of responsibility clause)

各船公司的提单条款中都列有承运人对货物运输承担责任的开始和终止时间的条款。根据海牙规则，承运人从装船开始到卸船为止的期间对货物负责，也即通常所称的"钩至钩"(Tackle to Tackle)责任，具体指货物从挂上船上吊机的吊钩到卸货时下吊钩为止。但这种规定与普通班轮运输现行的"仓库收货、集中装船"和"集中卸货、仓库交付"的货物交接做法不相适应，一些船公司为了争揽货载，也常将责任期间向两端延伸，并将延伸了的责任期间列记于提单条款之中。因此，针对这种情况以及集装箱运输出现之后的实际情况，汉堡规则将承运人的责任期间扩大至"包括在装货港、在运输途中以及在卸货港、货物在承运人掌管下的全部时间"。这与海牙规则比较起来，无疑是延长了承运人的责任期间，加重了承运人的责任。

货物在承运人监管过程中所发生的货损、货差事故，除由于托运人的原因和不可抗力的原因外，原则上都由承运人承担负责。承运人的责任期间是指承运人对货物应负责任的期间。承运人在这段期间内，由于他不能免责的原因使货物受到灭失或者损坏，应当负赔偿责任。

在国际海上货物运输中，根据中国《海商法》第 46 条的规定，承运人对集装箱装运的货物的责任期间，是指从装运港接收货物时起至卸货港交付货物为止，货物处于承运人掌管之下的全部期间；但是，承运人与托运人可以就非集装箱货物运输下承运人的责任期间另作约定。在承运人的责任期间，货物发生灭失或者损坏，除另有规定外，承运人应当负赔偿责任。这与有关国际公约的规定是相似的。这里，承运人对货物的监管过程不仅仅指货物在船积载阶段，也包括待装船和待提货阶段。这要由运输合同的条款约定来决定。例如，在集装箱运输中，如果约定在 CFS 交付货物，则在拼箱作业过程中，或拆箱过程中出现的货损也应由承运人负责。而货物在船运输阶段，承运人则既有保证船舶适航的义务，还有对货物给予充分保管的义务。即承运人及其雇佣人员在货物的接受、装船、积载、运送、保管、卸船、交付等环节中，对因其疏忽而造成的货损、灭失等，负有损害赔偿责任。

承运人或者代其签发提单的人、知道或者有合理的根据怀疑提单记载的货物品名、标志、包数或者件数、重量或者体积与实际接受的货物不符，在签发已装船提单的情况下怀疑与已装船的货物不符，或者没有适当的方法核对提单记载的，可以在提单上批注，说明不符之处、怀疑的根据或者说明无法核对。经过批注的提单称为不清洁提单。对于不清洁提单,承运人可以在批注的范围内对收货人免除责任。承运人或者代其签发提单的人未在提单上批注货物表面状况的,该提单为清洁提单,表示货物的表面状况良好。对于清洁提单,承运人须向收货人或提单持有人交付与提单记载相符的、表面状况良好的货物,否则,应承担赔偿责任。

在集装箱运输下,承运人的责任期限从接受货物开始到交付货物为止,具体期间完全根据集装箱货物的交接方式或运输条款来决定。集装箱整箱货(FCL)交接是以铅封完整交付的,即只要承运人接收和交付的是外表状态完好、铅封完整的集装箱,就可以认为承运人完成货物运输,并解除一切责任。因此,从某种程度上说,集装箱运输下的整箱货交接是以铅封完整与否来确定承运人责任的。如货物受损人欲提出赔偿要求,不仅需举证说明,还应根据集装箱提单中承运人的责任形式来确定。

5. 免责条款(Exception clause):

承运人对于货物在其责任期间发生灭失或者损坏应该承担责任。但是,国际公约和各国法律又都规定了一系列承运人对于货物在其责任期间发生的灭失或者损坏可以免于承担责任的事项。这些事项是法定的,承运人可以通过合同减少或者放弃,但不能增加。

由于提单的首要条款都规定了提单所适用的法规,而不论有关提单的国际公约或各国的海商法都规定了承运人的免责事项,所以不论提单条款中是否列有免责事项条款的规定,承运人都能按照提单适用法规享受免责权利。譬如海牙规则有17项免责事项,如地震、海啸、雷击等天灾、战争、武装冲突和海盗袭击,检疫或司法扣押、罢工停工、触礁搁浅、在海上救助或者企图救助人命或者财产,因托运人过失如包装不良、货物的自然特性或者固有缺陷如容积或重量的"正常损耗"等免责事项。免责条款具体的除前面提到的"不知条款",还有海关检查权条款和发货人对货物内容准确性负责条款。

海关检查权条款是指根据《国际集装箱海关公约》的规定,海关有权检查集装箱,因此,集装箱提单中都规定:"如果集装箱的启封是由海关当局认为检查箱内货物内容打开而重新封印,由此而造成的任何货物灭失、损害,以及其他后果,本公司概不负责。"在实际业务中,尽管提单条款作了这样的规定,承运人对这种情况还应做好记录,并保留证据,以使其免除责任。

承运人制定发货人对货物内容准确性负责条款,是由于集装箱提单中所记载的内容,通常由发货人填写,或由负责集装箱运输的承运人或其代表根据发货人所提供的有关托运文件制成。在集装箱运输经营人接受货物时,发货人应视为他已向承运人保证,他在集装箱提单中所提供的货物种类、标志、件数、重量、数量等概为准确无误,或系危险货物,还应说明其危险特性。如货物的损害系发货人提供的内容不准确或不当所致,发货人应对承运人负责,即使发货人已将提单转让他人也不例外。

集装箱运输时,拼箱货交至CFS前,或整箱货交至CY前,所发生的货物损坏或灭失,也属托运人的责任。集装箱货物在由货主自行负责装卸时,货主对承运人造成的损害负责赔偿:

(1)由于货主自己装载不当;

(2)箱内的货物不适合装载集装箱运输;

(3)箱内货物包装不牢、标志不清;

(4)装箱前未对箱子作合理检验;

(5)运输途中占有人非能控制的原因;

(6)应保证货物内容的准确、完整；

(7)对第三者生命、财产负责；

(8)对由于自己搬运、运输造成的损害负责等。

6. 索赔条款(Claim clause)

包括损失赔偿责任限制(Limit of liability)，即指已明确承运人对货物的灭失和损坏负有赔偿责任应支付赔偿金时，承运人对每件或每单位货物支付的最高赔偿金额；索赔通知(Notice of claim)，亦称为货物灭失或损害通知(Notice of loss damage)；诉讼时效(time bar)，即指对索赔案件提起诉讼的最终期限；等等。

7. 包装与唛头(标志)条款(Packing and mark clause)

要求在起运之前，托运人对货物加以妥善包装、货物唛头必须确定明显，并将目的港清楚地标明在货物外表，在交货时仍要保持清楚。

8. 运费条款(Freight clause)

预付运费应在起运时连同其他费用一并支付。如装运易腐货物、低值货物、动植物、舱面货等，其运费和其他费用必须在起运时全部付清。到付费用在目的港连同其他费用一起支付。另外，承运人有权对货物的数量、重量、体积和内容等进行查对，如发现实际情况与提单所列情况不符，而且所付运费低于应付运费，承运人有权收取罚金，由此而引起的一切费用和损失应由托运人负担。

9. 留置权条款(Lien clause)

如果货方未交付运费、空仓费、滞期费、共同海损分摊的费用及其他一切与货物有关的费用，承运人有权扣押或出售货物以抵付欠款，如仍不足以抵付全部欠款，承运人仍有权向货方收回差额。

10. 转运或转船条款(Transshipment clause)

如果需要，承运人有权将货物转船或改用其他运输方式或间接运至目的地。由此引起的费用由承运人负担，但风险由货方负担。承运人的责任只限于其本身经营船舶所完成的运输。

11. 卸货和交货条款(Discharging and delivery clause)

船到卸货港后，收货人应及时提货，否则承运人有权将货物卸到岸上或卸在其他适当场所，一切费用和风险应由货方承担。

12. 动植物和舱面货条款(Animals, plants and on deck cargo clause)

根据海牙规则，这些货物不包括在“货物”的范围之内，因此承运人对这些货物的灭失或损坏不负赔偿责任。但是只有对运输合同载明并且实际装舱面(甲板上)的“舱面货”，承运人才可免责。在集装箱运输情况下，由于集装箱船满载时，有约30%的集装箱装载甲板进行运输。而且在集装箱运输情况下，要决定哪个集装箱放舱内，哪个放置甲板上，具有不可操作性。所以，通常集装箱提单上都注明装载甲板的集装箱同装载舱内的集装箱享受同等权益，等同装载舱内运输。

13. 危险品条款(Dangerous cargo clause)

危险品的装运必须由托运人在装船时声明，如不声明可标明，承运人有权将该货卸下、抛弃或消灭而不予赔偿。运输集装箱危险品时，对货物托运人来说，必须在货物外表刷上清晰的、永久性的货物标志，并能提供任何适用的法律、规章，以及承运人所要求的文件证明。集装箱提单条款规定：

(1)承运人在接受具有爆炸性、易燃性、放射性、腐蚀性、有害性、有毒性等危险货物时,只有在接受货主为运输此种货物而提出书面申请时方能进行;

(2)承运人或其代理人对于事先不知其性质而装载的具有易燃、爆炸,以及其他危险性的货物,可在卸货前任何时候、任何地点将其卸上岸,或将其销毁,或消除其危害性而不予赔偿。该货物所有人对于该项货物所引起的直接或间接的一切损害和费用负责;

(3)若承运人了解货物性质并同意装船,但在运输过程中对船舶或其他货物造成危害可能时,也同样可在任何地点将货物卸上岸,或将其销毁,消除危害性而不负任何责任。

除了以上介绍的提单正背面的内容外,需要时承运人还可以在提单上加注一些内容,也就是批注。

六、第三者的责任

严格讲,在货物的运输过程中,货物仅处于承运人或托运人的监管之下。因此,对于货损事故,尽管确定了是第三者的责任,承运人或托运人都不能免予承担责任。只不过是承运人与托运人在解决完了货损、货差的赔偿问题之后,再根据事故的责任,来确定追究第三方的责任。

第三方责任人一般是港口装卸企业、陆路及水路运输企业、第三方船舶以及仓储企业等。在装卸作业过程中会由于装卸工人操作不当或疏忽致使货物遭受损害;水路运输中会由于驳船方面的原因导致货物受损;陆路运输中也会由于交通事故、管理不善的原因而发生货物灭失。仓储过程中,不良的保管条件、储存环境会使货物变质、失窃,与他船的碰撞事故也是导致货损的现象之一。理货失误等也会造成货差事故的出现。对于这些损害,承运人和托运人如何分担负责,如何向第三者索赔等事务处理,要根据货损、货差发生的时间和地点而定。

为了确定货损事故的责任方,重要的一点是要首先明确货损发生的阶段。收货单、理货计数单、积载计划、积载检验报告、过驳清单或卸货报告、货物残损单和货物溢短单、检验证书等都是划分船方、托运方、其他第三方责任的必要证据。要根据事故的直接或间接原因确定责任。

根据海牙规则以及我国《海商法》或提单条款中的“疏忽条款”,承运人对船舶在航行中发生船舶碰撞事故所造成的货损赔偿责任,是可以免责的。对于船舶碰撞事故所造成的货物损害,只能由碰撞的对方船舶按其在碰撞事故中的过失责任大小比例承担损害赔偿。

总而言之,事故的责任划分,应以货物在谁的有效控制下为基准。而且,对于任何货损、货差事故,首先是托运人与承运人之间的赔偿问题的解决,然后才是承运人或托运人与第三方之间的追偿问题。

第二节　海上货运事故产生的原因与索赔

本节情境导入

这天小张和同事们在一起泡茶聊天,交流各自从业心得。聊着聊着就聊到了货运事故,海上货运由于其运输特点和行业特点,要遵循一定的理赔程序。掌握了基本的海运公约后,还需要学会运作相应的索赔程序,才能维护好权益方的权益。畅谈之下,小张觉得应该把这些东西整理出来，一人一份，以备不时之需。

本节任务

帮助小张总结归纳出海上货运事故产生的原因以及索赔程序。

货运事故在国际海上货物运输中，主要指运输中造成的货物灭失或损坏，即货损货差事故。因此，狭义上的货运事故是指运输中发生的货损货差事故，广义上的货运事故还可以包括运输单证差错、延迟交付货物、海运中的“无单放货”等情况。

一、海上货运事故产生的原因

国际海上货物运输的时间、空间跨度都比较大，涉及的部门、作业环节众多；使用的文件、单证繁杂，运输过程中的环境条件复杂多变。因此，在国际海上货物运输过程中，就可能会造成货物的灭失或损坏，即发生货损货差事故。

货损、货差均属货运事故。货运事故可根据其产生的原因、性质、损失程度等划分。

按照货物损失的程度划分有：全部损失(total loss)和部分损失(Partial loss)；

按照事故的性质划分有：货差和货损。

按照货运事故性质和损失程度划分的货运事故种类及其主要原因见下表：

事故种类			主要原因
货　差			标志不清，误装、误卸，理货错误等
货毁	全部损失		本船沉没，触礁，火灾，抛货，政府法令禁运和没收，盗窃，海盗行为，船舶被拘捕、扣留，货物被扣留，战争行为等
	部分损失	灭失	盗窃，抛海，遗失，落海等
		内容缺失(shortage)	包括不良或破损，盗窃，泄漏，蒸发等
		破损(breakage)	积载不当(超高或积载地点不当等)导致航行中发生货动、倒垛，包装脆弱，装卸操作不当造成货物碰撞及附毁，使用手钩等
		水湿(rain & fresh water darnage)	雨、雪中装卸，驱运过程中河水浸湿，消防救火过程中的水湿，舱内管系故障导致淡水浸湿等
		海水湿(sea water darnage)	海上风暴、驱载过程中舱内管系故障、船体破损等导致海水浸入，消防救火过程中的海水水湿等
		汗湿(sweat)	通风不良，衬垫、隔离不当，积载不当等
		污染(stain)	不适当的混载，衬垫、隔离不充分等
		虫蛀、鼠咬(rates)	驱虫、灭鼠不充分，舱内清扫、消毒不充分，对货物检查不严致使虫、鼠被带入舱内等
		锈蚀(rust)	潮湿，海水溅湿，不适当的混载等
		腐烂、变质(mould & mildew)	易腐货物未按要求积载的位置装载，未按要求控制舱内温度，温、湿度过高，换气通风不充分，冷藏装置故障等
		混票(mixture)	标志不清，隔票不充分，倒垛，积载不当等
		焦损(smoked)	自燃，火灾，漏电等
		烧损(lost caused)	温度过高，换气通风过度，货物本身的性质等

资料来源：王义源：《远洋运输业务》，人民交通出版社 1997 年版。

表中给出的主要是物理性质的原因,尽管这些原因可能是管理上的,或操作上的原因引起的。除此之外,还有:

(1)原装货物数量不足;

(2)货物品质与合同不符;

(3)货物包装不够而造成的损失;

(4)水尺计量不准;

(5)海上欺诈等。

按照货物损失程度的划分方法主要适用于保险业务;这是由保险、保赔的方式决定的。按照事故性质的划分方法则适用于海运货物纠纷的处理,如作为索赔、理赔的计算依据等。货差,顾名思义是指所运输的货物在不同的交接环节上出现了数量的不一致,主要是交接的货物数量少于贸易合同或提单上注明的数量。而货损是指被运输的货物在运输过程中受到了某种程度的损害,以至于不能保持其原状、或其失去某些功能乃至不能被利用,即货物失去了部分或全部价值。

在集装箱运输方式中,尽管集装箱起到了保护货物的作用,但在整个运输过程中,由于不适当的保管和堆存,陆路运输过程中的震动、温度、湿度控制不当等原因的存在,也会产生箱内货物损坏等。

货物运输中发生了货损、货差后,受到损害的一方向责任方索赔和责任方处理受损方提出的赔偿要求是货运事故处理的主要工作。货主对因货运事故造成的损失向承运人等责任人提出赔偿要求的行为称为索赔。承运人等处理货主提出赔偿要求的行为称为理赔。

二、索赔提出的原则与条件

任何一件诉讼都是从索赔开始的。索赔时,索赔方应坚持实事求是、有根有据、合情合理、注重实效的原则。索赔方应该明白货运事故的索赔是根据运输合同的规定,其索赔对象是运输合同中的承运人。索赔人还应该清楚一项合理的索赔必须具备的条件。

(一)提出索赔的原则

导致货运事故发生的原因很多,货运事故的规模和损失因事故不同而异。在客观上,认定损失的大小和原因往往比较困难;而在主观上,由于托运人或收货人与承运人分别考虑各自的利益,对货运事故原因归结和损失大小更是认知不同,从而难以界定事故的责任,这也是法律诉讼的起因。所以,坚持索赔原则更加重要。

1.实事求是的原则

实事求是是沟通双方的基础,也是解决纠纷的关键。实事求是就是根据所发生的实际情况,分析其原因,确定责任人及其责任范围。

2.有根有据的原则

在提出索赔时,应掌握造成货运事故的有力证据,并依据合同有关条款、国际惯例,有根有据地提出索赔。

3.合情合理的原则

合情合理就是根据事故发生的事实,准确地确定损失程度和金额,合理地确定责任方应承担的责任。根据不同情况,采用不同的解决方式、方法,使事故合理、尽早得以处理。

4.注重实效的原则

注重实效就是要在货损、货差索赔中注重实际效益。如果已不可能得到赔偿,但仍然长期纠缠在法律诉讼中,则只能是浪费时间和财力。如果能收回一部分损失,切不可因等待全额赔偿而放弃。

(二)确定索赔对象

发生货损、货差等货运事故后,通常应根据货物运输合同,由受损方向承运人提出赔偿损失的要求,即索赔对象是承运人。但是,在国际贸易实践中,货物到达收货人手里时,可能发生数量、质量等各种问题。

买方通常应根据货物买卖合同的规定,向卖方提出索赔的情况主要有:

(1)原装货物数量不足;

(2)货物的品质与合同规定不符;

(3)包装不牢致使货物受损;

(4)未在合同规定的装运期内交货等原因。

以上情况下,“收货人”(通常他是买卖合同中的买方,并根据货物买卖合同的规定)凭有关机构出具的鉴定证书向托运人(通常他是货物买卖合同中的卖方)提出索赔(根据货物买卖合同条款的规定)。

收货人通常应该根据货物运输合同的规定,向承运人提出索赔的情况主要有:

(1)在卸货港交付的货物数量少于提单中所记载的货物数量;

(2)承运人在运输单证上未对所运输的货物做出保留批注,收货人持正本清洁提单提取货物时,发现货物发生残损、缺少,且系承运人的过失;

(3)货物的灭失或损害是由于承运人免责范围以外的责任所致等原因。

以上情况下,收货人或其他有权提出索赔的人凭有关机构出具的鉴定资料,并根据货物运输合同条款的规定向承运人提出索赔。

被保险人通常应该根据货物保险合同的规定,向保险人提出索赔的情况主要有:

(1)承保责任范围内,保险人应予赔偿的损失;

(2)承保责任范围内,由于自然灾害,或意外原因等事故使货物遭受损害等原因。

此时,受损方收货人作为保险合同中的被保险人,凭有关证书、文件向保险公司(这时应根据货物保险合同条款的规定)提出索赔。之后,保险公司可根据实际情况,在取得代位求偿权后,向有关责任人追偿。

除上述根据货物买卖合同、运输合同及保险合同可以向不同的责任方索赔外,货主还可能根据其他合同,如仓储合同等,要求责任方承担损失的赔偿责任。

(三)索赔必须具备的条件

一项合理的索赔必须具备下列条件:

1.索赔人要有索赔权

提出货物索赔的人原则上是货物所有人,或提单上记载的收货人或合法的提单持有人。但是,根据收货人提出的“权益转让证书”(letter of subrogation),也可以由有代位求偿权的货运代理人或其他有关当事人提出索赔。货物的保险人也可以是货运事故的索赔人。

在实践中,我国的某些部门和单位还通过委托关系,作为索赔人的代理人进行索赔。如在CIF和CFR价格条件下,港口的外轮代理公司就可以是受货主委托成为向国外航运公司提出货运事故赔偿的索赔人。

2. 责任方必须负有实际赔偿责任

收货人作为索赔方提出的索赔应是属于承运人免责范围之外的,或属保险人承保责任内的,或买卖合同规定由卖方承担的货损、货差。

3. 索赔的金额必须是合理的

合理的索赔金额应以货损实际程度为基础,受到赔偿责任限额的保护。

4. 在规定的期限内提出索赔

索赔必须在规定的期限,即"索赔时效"内提出。在时效过后就很难得到赔偿。

三、索赔的一般程序

1. 发出索赔通知

根据规则、法律、国际公约、提单条款以及航运习惯,一般都把交付货物当时是否提出货损书面通知视为按提单记载事项将货物交付给收货人的初步证据。也就是说,即使收货人在接受货物时未提出货损书面通知,以后,在许可的期限内仍可根据货运单证(过驳清单、卸货记录、货物溢短单或残损单等)的批注,或检验人的检验证书,作为证据提出索赔。同样,即使收货人在收货时提出了书面通知,在提出具体索赔时,也必须出具原始凭证,证明其所收到的货物不是清洁提单上所记载的外表良好的货物。因而,索赔方在提出书面索赔通知后,应尽快地备妥各种有关证明文件,在期限内向责任人或其代理人正式提出索赔要求。

另外,在某种条件下,索赔人在接受货物时可以不提出货损书面通知。这种情况是,货物交付时,收货人已经会同承运人对货物进行了联合检查或检验的,无需就所查明的灭失或者损坏的情况提交书面通知。我国的海商法、国际公约和某些提单就有这样的规定。

2. 提交索赔申请书或索赔清单

索赔申请书、索赔函或索赔清单(statement of claims)是索赔人向承运人正式要求赔偿的书面文件。索赔函提交意味着正式提出了索赔要求。因此,如果索赔方仅仅提出货损通知、而没有递交索赔申请书或索赔清单,或出具有关的货运单证,则可解释为没有提出正式索赔要求,承运人就不会受理货损、货差的索赔,即承运人不会进行理赔。索赔申请书或索赔清单没有统一的格式和内容要求,主要内容应包括:

(1)文件的名称和日期;

(2)承运人名称和地址;

(3)运输工具名称(如船名、航次、航班号)、装/卸货地点(如港口、机场),抵达日期,接货地点名称;

(4)货物名称、提单号(海运)、运单号(空运)等有关情况;

(5)短卸或残损情况、数量;

(6)索赔日期、索赔金额、索赔理由;

(7)索赔人的名称和地址。

对于正式索赔,有一个时效问题。如果提出索赔超过了法律或合同规定的时效,则就丧失了索赔的权利。确定时效时,应当考虑:

(1)检查提单、运单背面的条款,确定适用的法律或公约;

(2)根据适用的法律,确定时效的期间;

(3)索赔接近时效届满时,是否要求事故责任人以书面形式延长时效;

(4)注意协商延长的时效,是否为适用法律所承认。

3.提起诉讼或仲裁

从法律的角度讲,因发生货运事故而产生的索赔可以通过当事人双方之间的协调、协商,或通过非法律机关的第三人的调停予以解决。但是,这种协商、调停工作并不能保证出现结果,这时,最终的手段是通过法律手段解决。也就是要提起诉讼。

法律对涉及索赔的诉讼案件规定了诉讼时效。因此,无论向货损事故的责任人提出索赔与否,在解决问题没有希望的前提下,索赔人应在规定的诉讼时效届满之前提起诉讼。否则,就失去了起诉的权利,往往也失去了索赔的权利和经济利益。

四、索赔权利的保全措施

为了保证索赔得以实现,需要通过一定的法律程序来采取措施,使得货损事故责任人对仲裁机构的裁决或法院的判决的执行履行责任,这种措施就称为索赔权利的保全措施。

实践中,货方作为索赔人采取的保全措施主要是留置承运人的运输工具,如扣船,以及要求承运人提供担保等两种形式。

1.提供担保

提供担保是指使货损事故责任人对执行仲裁机构的裁决或法院的判决提供的担保。主要有现金担保和保函担保两种形式。

(1)现金担保

由货损事故责任人提供一定数额的现金,并以这笔现金作为保证支付赔偿金的担保。现金担保在一定期间内影响着责任人的资金使用,因此较少采用。

在实际业务中通常采用保函担保的形式。

(2)保函担保

保函担保是使用书面文件的担保形式。保函可由银行出具,也可由事故责任人的保赔协会等出具。银行担保的保函比较安全可靠。保函中一般应包括:受益人、担保金额、造成损失事故的船名及国籍、有效期、付款条件(应写明根据什么条件付款,如规定根据商检证书、仲裁机关裁定或法院判决书等)、付款时间和地点。

2.留置运输工具

在货损事故的责任比较明确地判定属于承运人,又不能得到可靠的担保时,索赔人或对货物保险的保险公司,可以按照法律程序,向法院提出留置运输工具的请求,如扣船请求,并由法院核准执行扣船。

扣留运输工具,如船舶,其目的是通过对船舶的临时扣押,保证获得承运人对承运人责任的货损赔偿的担保。这样可避免货损赔偿得不到执行的风险。在承运人按照要求提供保证承担赔偿责任的担保后,应立即释放被扣船舶。

同样,扣船也会带来风险。如果法院判决货损责任不在承运人,则因不正确的扣船而给承运人带来的经济损失,要由提出扣船要求的索赔人承担。同时也会产生其他不必要的纠纷和负面影响。因此,一些国家,如欧洲大陆国家及日本,规定索赔人提出扣船要求时,必须提供一定的担保作为批准扣船的条件。我国《海事诉讼特别程序法》中也对此做出了相应规定。

五、海运中主要索赔单证

货物运输事故的发生可能在货物运输过程中任何环节上。而发现货损、货差，则往往是在最终目的地收货人收货时或收货后。当然，有时货物在船发生货损事故时，也会被及时发现。

货运事故发生后，第一发现人具有报告的责任。如在船舶运输途中发生时，船长有责任发表海事声明(note of sea protest)。而当收货人提货时、发现了所提取的货物数量不足，或货物外表状况、或其品质与提单上记载的情况、或贸易合同的记载不符，则应根据提单条款的规定，将货损或货差的事实，以书面的形式通知承运人或承运人在卸货港的代理人。即使货损或货差不明显，也必须在提取货物后的规定时间内，向承运人或其代理人通报事故情况，作为以后理赔、索赔的依据。无论日后如何索赔、理赔，记录和保留有关事故的原始记录十分重要。提单、收货单、过驳清单、卸货报告、货物溢短单、货物残损单、装箱单、积载图等货运单证均是货损事故处理和明确责任方的依据。货运单证上的批注是区分或确定货运事故责任方的原始依据。单证上的批注既证明了承运人对货物的负责程度，也直接影响着货主的利益，如能否持提单结汇，能否提出索赔等。各方关系人为保护自己的利益和划清责任，应妥善保管这些书面文件。

索赔人在提出索赔时，应首先承担证明其收到的货物并不是在提单上所记载的货物状态下接受的举证责任。作为举证的手段，索赔人要出具货运单证、检验证书、商业票据和有关记录等，以便证明货损的原因、种类、损失规模及程度，以及货损的责任。海运货损索赔中使用的主要单证有：

1. 提单正本

提单既是承运人接受货物的收据，也是交付货物给收货人时的凭证，还是确定承运人与收货人之间责任的证明，是收货人提出索赔依据的主要单证。提单的货物收据作用，表明了承运人所收货物的外表状况和数量，交付货物时不能按其提交这一事实本身就说明了货损或货差的存在；提单条款规定了承运人的权利、义务、赔偿责任和免责项目，是处理承运人和货主之间争议的主要依据。

2. 卸货港理货单或货物溢短单、残损单等卸货单证

这些单证是证明货损或货差发生在船舶运输过程中的重要单证。如果这些卸货单证上批注了货损或货差情况，并经船舶大副签认，而在收货单上又未做出同样的批注，就证明了这些货损或货差是发生在运输途中的。

3. 重理单

船方对所卸货物件数或数量有疑问时，一般要求复查或重新理货，并在证明货物溢短的单证上做出“复查”或“重理”的批注。这种情况下，索赔时，必须同时提供复查结果的证明文件或理货人签发的重理单，并以此为依据证明货物有否短缺。

4. 货物残损检验报告

在货物受损的原因不明显或不易区别，或无法判定货物的受损程度时，可以申请具有公证资格的检验人对货物进行检验。在这种情况下，索赔时必须提供检验人检验后出具的“货物残损检验证书”(inspection certificate for damage & shortage)。

5. 商业发票

商业发票(invoice)是贸易中由卖方开出的一种商业票据。它是计算索赔金额的主要依据。

6. 装箱单

装箱单(Packing list)也是一种商业票据,列明了每一箱内所装货物的名称、件数、规格等,用以确定损失程度。

7. 修理单

用来表明被损坏的仪器设备、机械等货物的修理所花费的费用。

8. 有关的文件

用来证明索赔的起因和索赔数目的计算依据。

9. 权益转让证书

所谓的权益转让,就是收货人根据货物保险合同从保险公司得到赔偿后,将自己的索赔权益转让给保险公司,由保险公司出面向事故责任人或其代理人提出索赔的行为。

权益转让的证明文件就是"权益转让证书(letter of subrogation)"。它表明收货人已将索赔权转让给保险公司。保险公司根据"权益转让证书"取得向事故责任人提出索赔的索赔权,和以收货人名义向法院提出索赔诉讼的权利。在权益转让的情况下,通常正本由收货人将"权益转让证书"交给保险公司,同时,必须将其副本交给事故责任人或其代理人备查。

"权益转让书"的内容包括:收货人将有关其对该项货物的权利和利益转让给保险人;授权保险人可以以收货人的名义向有关政府、企业、公司或个人提出认为合理的赔偿要求或法律诉讼;保证随时提供进行索赔和诉讼所需要的单证和文件。这也约定被保险人保证向保险人提供索赔中所需的各种单证、文件的保证书的义务。

除了以上所述单证外,其他能够证明货运事故的原因、损失程度、索赔金额、责任所在的单证都应提供。如有其他能够进一步说明责任人责任的证明,如船长或大副出具的货损报告,或其他书面资料也应提交。索赔案件的性质、内容不同,所需要的索赔单证和资料也就不同。至于提供何种索赔单证没有统一规定。总之,索赔单证必须齐全、准确,内容衔接、一致,不能自相矛盾。

第三节 章节配套案例讨论

案例一 货代投保责任险

(一)案例介绍

小张公司受一客户的委托,将6000箱水晶桌链分别装入集装箱运往日本的横滨和意大利的热那亚。由于公司装箱人员的疏忽,错将发往日本横滨的货装入发往意大利热那亚的货中,造成横滨日本客户急需的货物不能按时收到,要求以空运形式速将货物运至横滨,否则整批货无法出售,其影响更为严重。为了减少日本客户的损失,该客户通知有关代理将货物空运到横滨,另外将误运到横滨的货运到意大利热那亚去。这样便产生两票货物的重复运输费用,共计14724.04港元。上述损失是小张公司的装箱员失职,导致货物错运造成的,因此,其责任全部应由小张公司承担。

幸好小张公司投保了责任险，且保单附加条款 A 明确规定：本保单承保包围延伸至由于错运货物所产生的重复运输的费用及开支，只要不是被保险人及其雇员的故意或明知造成的。根据保单条款的上述规定，在货运代理赔付了委托人后，保险公司赔偿货运代理所承担的全部损失。同时，又因该保单规定了免赔共为 3500 港元，故保险公司从应赔付的 14724.04 港元中扣除 3500 港元的免赔额，货运代理实际获得赔偿金额为 11224.04 港元。

(二)知识点补充

国际货运代理所承担的责任风险主要产生于以下三种情况：

一种是国际货运代理本身的过失。国际货运代理未能履行代理义务，或在使用自有运输工具进行运输出现事故的情况下，无权向任何人追索。

另一种是分包人的过失。在"背对背"签约的情况下，责任的产生往往是由于分包人的行为或遗漏，而国际货运代理没有任何过错。此时，从理论上讲国际货运代理有充分的追索权，但复杂的实际情况却使其无法全部甚至部分地从责任人处得到补偿，如：海运(或陆运)承运人破产。

还有一种是保险责任不合理。在"不同情况的保险"责任下，单证不是"背对背"的，而是规定了不同的责任限制，从而使分包人或责任小于国际货运代理或免责。

上述三种情况所涉及的风险，国际货运代理都可以通过投保责任险，从不同的渠道得到保险的赔偿。

国际货运代理投保责任险的内容，取决于因其过失或疏忽所导致的风险损失。一般包括以下几个方面：

1.错误与遗漏

虽有指示但未能投保或投保类别有误；迟延报关或报关单内容缮制有误；发运到错误的目的地；选择运输工具有误；选择承运人有误；再次出口未办理退还关税和其他税务的必要手续保留向船方、港方、国内储运部门、承运单位及有关部门追偿权的遗漏；不顾保单有关说明而产生的遗漏；所交货物违反保单说明。

2.仓库保管中的疏忽

在港口或外地中转库(包括货运代理自己拥有的仓库或租用、委托暂存其他单位的仓库、场地)监卸、监装和储存保管工作中代运的疏忽过失。

3.货损货差责任不清

在与港口储运部门或内地收货单位各方接交货物时，数量短少、残损责任不清，最后由国际货运代理承担的责任。

4.迟延或未授权发货

如：部分货物未发运；港口提货不及时；未及时通知收货人提货；违反指示交货或未经授权发货；交货但未收取货款(以交货付款条件成交时)。

(三)案例讨论

参考讨论题：

1.投保责任险后，货代一切过失责任造成的损失，是否都可以从保险公司处获得全额赔偿？

2.货运代理出现过失导致货物错运后，应如何补救才能既挽回客户损失，又得到保险公司认可并理赔？

3. 货运代理如何进行风险防范？

(四)实训要求

1. 同学积极参与，踊跃发言；

2. 教师从旁引导。

案例二　持正本提单败诉

(一)案例介绍

某进出口公司将货物交于小张公司代理出运，由宁波运至墨尔本。小张公司代其到船公司签发了提单，载明托运人为进出口公司，收货人"凭指示"。提单同时注明正本份数为3份。一月后，货物在目的港清关、拆箱。两个月后，该进出口公司通过小张公司向船公司目的港的代理询问货物下落，被告知货物已被甲公司提走。由于该进出口公司的买家甲公司始终没有支付货款，该进出口公司遂以无单放货为由，诉请判令承运船公司赔偿货物损失及相关退税损失，但该进出口公司仅向法院提供了一份正本提单。法院判决对进出口公司的诉讼请求不予支持。

(二)案例讨论

参考讨论题：

1. 什么是无单放货？

2. 为什么法院不支持进出口公司的请求？

(三)实训要求

1. 同学积极参与，踊跃发言；

2. 教师从旁引导。

案例三　谎报货物名称

(一)案例介绍

甲贸易公司委托同一城市的小张所在的货运代理公司海运部(以下简称小张公司)办理一批从宁波港运至韩国釜山港的危险品货物。甲贸易公司向小张公司提供了正确的货物名称和危险品货物的性质，小张公司为此签发其公司的 HOUSE B/L 给甲公司。随后，小张公司以托运人的身份向船公司办理该批货物的订舱和出运手续。经手该业务的 Sales 为了节省运费，多赚差价，同时因为小张公司已投保责任险，因此该名 Sales 向船公司谎报货物的名称，亦未告知船公司该批货物为危险品货物。船公司按通常货物处理并装载于船舱内，结果在海上运输中，因为货物的危险性质导致火灾，造成船舶受损，该批货物全部灭失并给其他货主造成巨大损失。

(二)案例讨论

参考讨论题：

1. 甲贸易公司、小张公司、船公司在这次事故中的责任如何？

2. 承运人是否应对其他货主的损失承担赔偿责任？

3. 责任保险人是否承担赔偿责任？

4.货运代理公司如何规范内部人员操作?

(三)实训要求

1.同学积极参与,踊跃发言;

2.教师从旁引导。

案例四　货代从事第三方物流

(一)案例介绍

一客户委托小张公司出运一批干木耳。委托书中指示:由小张公司安排订舱、装船出运,并代为客户出口报关、检验;小张公司安排卡车将干木耳运抵小张公司仓库装箱。为确定集装箱能否装载干木耳,装箱前小张公司向商检提出验箱,商检报告证明可装载。但由于该批货物未能在信用证装运期内出运,因而客户要求船公司出具倒签提单。但船公司不接受倒签提单的请求,于是小张公司出具了自己的提单给客户办理结汇,再由船公司出具提单给小张公司。小张公司出具的提单签发日期是信用证规定的装运期,而船公司签发的提单是货物实际装船日期。信用证规定的运输条款是CY－CY,因而两份提单上均记载CY－CY。小张公司将干木耳装箱后由厦门港出运,集装箱进CY大门时,集装箱设备交接单对进CY的集装箱外表状况未作任何批注。装船时,外轮理货也未对装船的集装箱外表状况做出异议。到进口国卸船时,国外公证机构也未对集装箱外表状况做出异议。收货人在进口国CY提取集装箱时也未对集装箱外表状况提出异议。根据集装箱整箱货CY－CY运输条款规定,承运人与收货人责任以集装箱出大门作为划分点。既然收货人在提取集装箱时对集装箱外表状况、关封状况未提出异议,则表明承运人已完整交货。然而,收货人在将集装箱运回自己仓库拆箱时,发现箱内有一部分干木耳受潮,即申请公证行到拆箱现场检验,检验报告证明干木耳受潮系箱子顶部漏水,而且是淡水所致。

(二)案例讨论

参考讨论题:

1.若收货人根据买卖双方合同中的品质条款向发货人提出赔偿要求,理由是发货人未按合同规定的品质交货。假设你作为发货人,你要如何答复?

2.若收货人以承运人未按提单记载状况交货为理由向承运人提出赔偿要求。假设你作为承运人,你要如何答复?

3.若该批货成交价是FOB,由买方投保,收货人因此向保险公司索赔。作为保险公司遇到这案例会赔付吗?请说明判断的理由。

4.整箱货运输下的"隐藏损害"由哪一方负责其损失?

5.当国际货运代理具有多重身份(无船承运人、国际货运代理人和第三方物流经营人等)时,客户在与其发生业务往来时,应该如何确定其身份?

(三)实训要求

1.同学积极参与,踊跃发言;

2.教师从旁引导。

案例五 拼箱货运事故

(一)案例介绍

小张所在的国际货运代理公司海运部新增国际集装箱拼箱业务,承办集拼业务者国际上称为Consolidator,由于公司签发自己的提单,所以又是无船承运人。9月15日,小张公司在宁波港自己的货运站(CFS)将分别属于六个不同发货人的拼箱货装入一个20英尺的集装箱,然后向甲班轮公司托运。该集装箱于9月18日装船,班轮公司签发给小张公司场至场(CY/CY)交接的整箱货(FCL)条款下的主运单(MASTER B/L)一套;小张公司然后向不同的发货人分别签发了站至站(CFS/CFS)交接的拼箱货(LCL)条款下的仓至仓提单(HOUSE B/L)共六套,所有的提单都是清洁提单。9月23日载货船舶抵达提单上记载的卸货港。第二天,小张公司在卸货港的分公司从班轮公司的堆场(CY)提取了外表状况良好和铅封完整的集装箱(货物),并在卸货港自己的货运站(CFS)拆箱,拆箱时发现两件货物损坏。9月25日收货人凭小张公司签发的提单前来提货,发现货物损坏。

(二)案例讨论

参考讨论题:

1.小张公司对于收货人提出货物损坏赔偿的请求,是否要承担责任?

2.如果收货人向班轮公司提出集装箱货物损坏的赔偿请求,班轮公司是否要承担责任?

3.如果小张公司向班轮公司提出集装箱货物损坏的赔偿请求,班轮公司是否要承担责任?

4.作为Consolidator或无船承运人应如何防范这种风险?

5.确定货运事故的责任方后,受损方首先要做的是什么?

6.受损方向责任方索赔时,应该提供哪些单证以支持自己的索赔请求?这些单证从哪些渠道获得?

(三)实训要求

1.同学积极参与,踊跃发言;

2.教师从旁引导。

案例六 货损索赔遭拒

(一)索赔案例

小张代理了一票货物进口,该票货提单上记载的运输条款为CY—CY,清洁提单。货物在汉堡港装箱后出运,集装箱进CY大门时,集装箱设备交接单对进CY的集装箱外表状况未作任何批注。装船时,外轮理货也未对装船的集装箱外表状况做出异议。到进口国卸船时,国外公证机构也未对集装箱外表状况做出异议。小张在卸货港宁波CY提取集装箱时对集装箱外表状况未提出异议。然而,小张在将集装箱运回收货人仓库拆箱时,发现箱左侧板破损,导致箱内一部分货物受损,即申请公证行到拆箱现场检验,检验报告证明货损系箱体破损造成。收货人持“货物残损检验报告”向承运人索赔。

(二)案例讨论题

根据给出的案例讨论：

1. 受损方提出索赔的程序合乎规范吗？

2. 受损方向责任方索赔时，提供单证可以支持自己的索赔请求吗？

3. 面对受损方的索赔，承运人会理赔吗？

4. 若案例中的受损方为了保证索赔得以实现，向法院提请索赔权利的保全措施，法院会支持吗？

(三)实训要求

1. 同学积极参与，踊跃发言；

2. 教师从旁引导。

第三篇

空　　运

第七章

国际航空货物运输概述

本章学习任务

一、能说出主要国际航空货运组织；

二、明白IATA划分的国际航空业务各区大体区域；

三、能简单计算国际航空飞行时间；

四、能说出九大航权的名称并画草图示意。

章节情境设定

小张打工的公司逐渐发展壮大，业务也蒸蒸日上。这天公司空运部经理找到小张，鉴于小张在海运部的优秀表现，希望他能推荐同学前来空运部兼职。小张就推荐了同寝室的好友小五。小五顺利通过面试，开始了自己的兼职生涯。

第一节　国际航空货运组织

本节情境导入

小五到空运部上班后，名片很快印好了。小五发现自己名片上方中间印了个"IATA"，就好奇地问经理："这是什么？不像公司的LOGO啊？"经理笑道："这是一个空运组织，有实力的公司才能加入的。"显然，经理简单的介绍不能让小五满意，但经理也没时间具体给小五讲解。于是，小五只有去了解国际航空运输方面有哪些货运组织，IATA到底是什么。

本节任务

能说出主要国际航空货运组织的名称及英文缩写，会辨识其LOGO。

一、国际民用航空组织

国际民用航空组织（International Civil Aviation Organization—ICAO）是各国政府之间组成的国际航空运输机构。

1944 年 11 月 1 日至 12 月 7 日,52 个国家在美国芝加哥举行国际民用航空会议,签订了《国际民用航空公约》(简称芝加哥公约),并决定成立过渡性的临时国际民用航空组织,作为 1947 年正式成立有权威的国际民用航空机构的先驱。1947 年 4 月 4 日芝加哥公约生效,国际民用航空组织正式成立,同年 5 月 13 日成为联合国的一个专门机构。

国际民用航空组织宗旨

(1)制定国际空中航行原则,发展国际空中航行技术,促进国际航行运输的发展,以保证国际民航的安全和增长;

(2)促进和平用途的航行器的设计和操作艺术;

(3)鼓励用于国际民航的航路、航站和航行设备的发展;

(4)保证缔约各国的权利受到尊重和拥有国际航线的均等机会等。

国际民用航空组织现有 161 个成员国,总部设在加拿大的蒙特利尔,成员大会为该组织最高权力机构,每 3 年开会一次,理事会为常设机构,由成员大会选出的 33 名会员国代表组成。第一类理事国为民航大国,占 10 席;第二类理事国是向国际民航提供便利方面做出较大贡献的国家,占 11 席;第三类理事国是具有区域代表性的国家,占 12 席。理事会每年开会 3 次,下设航行技术、航空运输、法律、经营导航设备、财务和关于非法干扰国际民用航空及其设施委员会,另有常设的法律委员会协调工作。秘书处为处理日常工作的机构。我国 1974 年正式加入该组织,也是理事国之一。

理事会有权就条约和公约的解释问题,请求设在海牙的国际法院发表咨询意见,凡成员国卷入争端而不能协商解决时,可要求理事会做出裁决。其具体任务有:

(1)确保全世界民航事业安全而有秩序地发展壮大;

(2)满足全世界人民从航空事业中获取安全与经济的效用;

(3)鼓励各国为发展国际民航事业的航路、航站及助航设备而努力;

(4)鼓励各国为和平用途改进航空器的使用技术;

(5)确保各缔约国的权利获得完全的尊重,并在国际民航方面获得平等的机会;

(6)避免各缔约国间的差别待遇;

(7)促进国际民用航空器的飞行安全;

(8)促进各国和平交换空中通过权;

(9)促进各国民航业务的全面发展。

ICAO 是负责国际航空运输的技术、航行及法规方面的机构。它所通过的文件具有法律效应,各成员国必须严格遵守。

二、国际航空运输协会

国际航空运输协会(International Air Transport Association—IATA,简称国际航协),是各国航空运输企业之间的联合组织,会员必须是有国际民用航空组织的成员国颁发的定期航班运输许可证的航空公司。其前身是 1919 年在海牙成立并在第二次世界大战时解体

的，当时由六家航空公司参加的国际航空交通协会(INTERNATIONAL AIR TRAFIC ASSOCIATION)，负责处理航空公司之间的业务以及航空公司与其他方面的关系问题。

1944 年，当各国政府筹建国际民航组织之时，出席芝加哥国际民航会议的一些政府代表和顾问以及空运企业的代表聚会，商定成立一个委员会为新的组织起草章程。1945 年 4 月 16 日在哈瓦那会议上修改并通过了草案章程后，58 家航空公司签署了文件，国际航空运输协会成立。1945 年 12 月 18 日，加拿大议会通过特别法令，同意给予法人地位。总部设在加拿大蒙特利尔，执行机构设在日内瓦。同时在内瓦设有清算所，为各会员公司统一财务上的结算。该协会在全球有 7 个地区办事处：比利时的布鲁塞尔(负责欧洲事务)、智利的圣地亚哥(负责拉丁美洲事务)、约旦的安曼(负责中东事务)、肯尼亚的内罗毕(负责非洲事务)、中国的北京、新加坡(负责亚洲事务)、美国的华盛顿(负责美国事务)。

国际航协的宗旨为：

(1)为了世界人民的利益，促进安全、正常和经济的航空运输，扶植航空交通，并研究与此有关的问题；

(2)对于直接或间接从事国际航空运输工作的各空运企业提供合作的途径；

(3)与国际民航组织及其他国际组织协力合作。

国际航协的目标是调解有关商业飞行上的一些法律问题，简化和加速国际航线的客货运输，促进国际航空运输的安全和世界范围内航空运输事业的发展。国际航协的具体任务是：

(1)设定实施分级联运，使一张票据可通行全世界；

(2)协议议定客货运段，防止彼此间的恶性竞争；

(3)协议制定各文书的标准格式，以节省人力和物力；

(4)协议规定运送人承运时在法律上应负的责任和义务；

(5)协议建立各种业务一定的作业程序；

(6)协议会员间相互利用装备，并提供新的技术知识；

(7)设置督察人员，以确保决议的切实执行；

(8)允许树立竞争，以保护会员公司的利益。

国际航空运输协会会员分为正式会员与准会员两种。

申请加入国际航空运输协会的航空公司如果想成为正式会员，必须符合下列条件：

(1)批准它的申请的政府是有资格成为国际民航组织成员的国家政府；

(2)在两个或两个以上国家间从事航空服务。

其他航空公司可以申请成为准会员。凡国际民航组织成员国的任何空运企业，经其政府许可都可成为会员。从事国际飞行的空运企业为正式会员，只经营国内航班业务的为准会员。国际航空运输协会的执委会负责审议航空公司的申请并有权决定接纳该航空公司为哪一类的会员。

国际航协有全体会议。并设立有执行委员会和专门委员会等机构。

全体会议是国际航空运输协会的最高权力机构，每年举行一次，经执委会召集，也可随时召开特别会议。每一正式会员拥有一票表决权，如它不能参加，它也可以授权另一正式会员代表它出席并表决。全体会议的决定以多数票通过。在全体会议上，审议的问题只限于那些涉及国际航空运输协会本身的重大问题，如选举协会的主席和执委会委员、成立有关的委员会以及审议本组织的财政问题等。

执行委员会是全会的代表机构,对外全权代表国际航空运输协会。它的成员必须是正式会员的代表,任期分别为一年、二年和三年。执委会的职责,包括管理协会的财产、设置分支机构、制定协会的政策等。执委会的理事长是协会的最高行政和执行官员,在执委会的监督和授权之下行使职责并对执委会负责。在一般情况下,执委会应在年会即全体会议之前召开,其他会议时间由执委会规定。

执委会下设秘书长、司库及一些专门委员会和内部办事机构,维持协会的日常工作。目前执委会有 30 名成员。

专门委员会有运输、财务、法律和技术委员会。每一委员会由专家、地域代表及其他人员组成并报执委会和大会批准。目前运输委员会有 30 名成员,财务委员会有 25 名成员,技术委员会有 30 名成员,法律委员会有 30 名成员。

经 1978 年国际航空运输特别大会决定,国际航空运输协会的活动主要分为两大类,即行业协会活动和运价协调活动。1988 年,又增加了行业服务的内容。

1. 运价协调

国际航空运输协会通过召开运输会议确定运价,监督世界性的销售代表系统,建立经营标准和程序,协调国际航空运价,经有关国家批准后即可生效。第二次世界大战以后,确立了通过双边航空运输协定经营国际航空运输业务的框架。在此框架内,由哪一家航空公司经营哪一条航线以及运量的大小,由政府通过谈判确定,同时,在旅客票价和货物运费方面也采用一致的标准,而这个标准的运价规则是由国际航空运输协会制定的。在遇有争议的情况下,有关国家政府有最后决定的权利。为便于工作,协会将全球划分为三个区域,即一区——北美洲、中美洲和南美洲;二区——欧洲、中东地区和非洲;三区——亚洲、澳大利亚和太平洋地区。

2. 运输服务

国际航空运输协会制定了一整套完整的标准和措施以便在客票、货运单和其他有关凭证以及对旅客、行李和货物的管理方面建立统一的程序,这也就是所谓的"运输服务",它主要包括旅客、货运、机场服务三个方面,也包括多边联运协议(MITA)。

多边联运协议(MITA)的主要职能是为成员航空公司进行旅客、行李、货物的接收、中转、更改航程及其他相关程序提供统一的标准,成员航空公司间可互相销售而不必再签双边联运协议。这一协议使成员公司相互接受运输凭证,使用标准的国际航空运输协会客票和货单,将世界各航空公司各自独立的航线,结合成为有机的全球性航空运输网络。全球共有 300 家航空公司加入该协议。

3. 代理人事务

国际航空运输协会在 1952 年就制定了代理标准协议,为航空公司与代理人之间的关系设置了模式。协会举行一系列培训代理人的课程,为航空销售业造就合格人员。协会近年来随自动化技术的应用发展制定了适用于客、货销售的航空公司与代理人结算的"开账与结算系统(BSP)"和"货运账目结算系统(CASS)"

4. 法律工作

国际航空运输协会的法律工作主要表现在为世界航空的平稳运作而设立出文件和程序的标准,如合同等;同时,也为会员提供民用航空法律方面的咨询和诉讼服务;另外,在国际航空立法中，表达航空运输承运人的观点。设立出文件和程序的标准，如合同等。

5. 技术工作

国际航空运输协会对《芝加哥公约》技术附件的制定起到了重要的作用。协会目前在技术领域仍然进行着大量的工作，主要包括：航空电子和电信、工程环境、机场、航行、医学、简化手续以及航空安保工作。

延伸阅读

国际航协在中国的发展情况

1993 年 8 月，中国国际航空公司、中国东方航空公司和中国南方航空公司正式加入该组织。

1994 年 4 月 15 日，该协会在北京设立了中国代理人事务办事处。

1995 年 7 月 21 日，中国国际旅行社总社正式加入该组织，成为该协会在中国大陆的首家代理人会员。

1998 年厦门航空公司，2000 年海南航空公司，2001 年山东航空公司，2002 年深圳航空公司，2003 年新疆航空公司，云南航空公司，上海航空公司分别成为 IATA 的准会员。

三、国际电讯协会

国际电讯协会(SITA)是联合国民航组织认可的一个非营利性组织，是世界上航空运输业领先的电信和信息技术解决方案的集成供应商。SITA 成立于 1949 年，在全球拥有 4300 名雇员，1997 年总产值超过 10 亿美元。目前在全世界拥有 650 家航空公司会员，其网络覆盖全球 180 个国家，SITA 的发展目标就是带动全球航空业使用信息技术的能力，并提高全球航空公司的竞争能力，SITA 不仅为航空公司提供网络通讯服务，还可为其提供共享系统，如机场系统、行李查询系统、货运系统、国际票价系统等。

SITA 适应航空运输的快速发展，其发展策略由原来的网络提供者转变为一个整体方案的提供者，未来 SITA 将为航空业提供因特网与公司内部网络(INTRANET)之间完整的整合性解决方案、委派服务、工作站整合、机场系统以及各种解决方案。届时 SITA 将成为业界公认的整合式 LAN/WAN 环境及工作站整合服务的提供者，并成为端对端服务的领导者。

SITA 从 20 世纪 80 年代初在中国成立办事处，中国会员已达 11 家。SITA 货运系统已在中国国际航空公司(简称国航)、中国货运航空有限公司(简称中货航)使用。系统开通后，与外地营业部、驻外办事处联网，货运工作人员可及时地将航班信息、运单信息、入库信息、装载信息、货物到达信息及中转信息等数据输进网络，系统在航班关闭后自动给本站拍发舱单报、运单报等货运电报。本站只要打开网络，就能全程追踪货物的情况，从而为货主查联程货物和进口货物提供极大方便。

SITA 的优势是明显的,但也存在着某些劣势:

(1)SITA 系统本身是一个大系统,主要有机场系统、行李查询系统、货运系统、国际票价系统等。货运系统仅仅是其中的一个系统,因此功能设计上有缺陷。一些重要功能,它并没有提供。更重要的是,它主要是货运交易系统,在货运收益问题方面的功能比较弱。

(2)SITA 系统的界面不友好,操作太复杂。SITA 系统的界面不是 Windows 界面,导致普通工作人员难以操作。

(3)数据无法共享,导致信息无法与其他系统交流。

(4)SITA 系统的稳定性比较差,一旦出现差错,对全企业将产生很大影响。

(5)SITA 系统成本太高。

第二节 航空区划和时差计算

本节情境导入

小五在空运部工作之余,发现公司书柜有本 IATA 的运价手册,就拿来翻看。发现原来五大洲四大洋被 IATA 划分为三个区,不同区适用的运价标准不同。对于国际空运代理来说,了解不同国家属于哪个区,对运价使用有一定意义。

小五外出拜访客户,一客户问小五,"一批货物杭州于北京时间 15 时 35 分起飞,约飞 19 小时,那到美国洛杉矶为当地时间几时?"小五想那还不简单,直接加上去就好了,就答道:"第二天上午 10 点 35 分到。"客户笑道:"回去问问你经理吧,你业务还不行。"小五只好尴尬地告辞。

本节任务

1. 明白各大洲分属于国际航协划分的哪个航空运输业务区。

2. 掌握国际航空飞行时间计算技能,避免小五遭遇的尴尬,并完成第五节的《项目一 飞行时间计算实训》。

由于国际航空运输方式的国际性,航空货物从一个城市运往世界上另外一个城市,如果不知道这个城市在世界什么地方,不清楚世界的航空运输地理概况,则很难想象能把业务做好。因此,对于航空国际货运代理人而言,有必要了解航空运输地理知识。

一、航空运输业务区划

随着全球经济一体化进程的深入,国际贸易日趋频繁,由此国际间的航空运输也愈加繁忙。为保证国际航行的安全,各国运输企业在技术规范、航行程序、操作规则上必须统一,同时为了便于航空公司间的合作和业务联系,国际航协(IATA)将世界划分为三个航空运输业务区:ARETC1、ARETC2、ARETC3,简称 TC1 区、TC2 区、TC3 区(TC:TRAFFIC CONFERENCE AREA)。

(一)TC1 区

该区东临 TC2 区、西接 TC3 区,北起格陵兰岛,南至南极洲。主要包括北美洲、拉丁美洲以及附近岛屿和海洋。TC1 区与 TC2 区的分界线:北起 0°经线,向南约至 74°N 处折向西南，穿过格陵兰岛与冰岛之间的丹麦海峡，在60°N处沿40°W经线至20°N处，再折向东南，到赤道处再沿20°W经线向南止于南极洲。

TC1区有两个相连的大陆：南、北美大陆及附近岛屿，格陵兰岛、百慕大群岛、西印度群岛和加勒比岛屿以及夏威夷群岛（含中途岛和巴尔拉环礁）。按自然地理划分，以巴拿马运河为界，分为南、北美洲。按政治经济地理划分，则以美、墨边境为界，分为北美洲及拉丁美洲。美洲大陆东临大西洋、西濒太平洋。太平洋、大西洋天堑阻碍了美洲和其他大洲之间的陆路交通，它与其他各洲之间的交通联系只有通过海洋运输和航空运输来实现。

TC1主要分为四个次区：

1.加勒比次区

(1)美国(除波多黎各和美属维尔京群岛之外)与巴哈马群岛、加勒比群岛、圭亚那、苏里南、法属圭亚那之间的地区。

(2)加拿大思西哥与巴哈马群岛、百慕大、加勒比群岛(含波多黎各和美属维尔京群岛)、圭亚那、苏里南、法属圭亚那之间的地区。

(3)由巴哈马群岛、百慕大、加勒比群岛(含波多黎各和美属维尔京群岛)构成的区域。

由上述为一端与圭亚那、苏里南、法属圭亚那为另一端围成的区域。

2.墨西哥次区

加拿大/美国(除波多黎各和美属维尔京群岛)与墨西哥之间的地区。

3.远程次区

以加拿大、墨西哥、美国为一端与中美洲和南美洲为另一端的地区；

以巴哈马群岛、百慕大、加勒比群岛、圭亚那、苏里南、法属圭亚那为一端与中美洲和南美洲为另一端的地区；

中美洲和南美洲之间的地区；

中美洲区域内。

4.南美次区

由以下区域构成：阿根廷、玻利维亚、巴西、智利、哥伦比亚、厄瓜多尔、法属圭亚那、圭亚那、巴拿马、巴拉圭、秘鲁、苏里南、乌拉圭、委内瑞拉。

对“加勒比”和“远程”区域的定义如下：

加勒比群岛：安圭拉岛、安提瓜和巴布达、阿鲁巴、巴巴多斯、博亲尔、英属维尔京群岛、开曼群岛、古巴、库拉索、多米尼克国、多米尼加共和国、格林纳达(卡里亚库岛、马斯蒂克岛、帕姆岛)、瓜德罗普、海地、牙买加、马提尼克、蒙塞拉特、圣基茨(尼维斯、安圭拉)、圣卢西亚、圣马丁、圣文森特和格林纳丁斯、特立尼达和多巴哥、特克斯和凯科斯群岛。

中美洲：伯利兹、哥斯达黎加、萨尔瓦多、危地马拉、洪都拉斯、尼加拉瓜。

南美洲：同南美次区。

北美洲主要是美国、加拿大。这两个国家受英国殖民的影响极大，它是现代世界资本主义的主要中心之一，是世界经济发展水平最高的地区，它向世界市场提供了大量的工农业产品。北美洲也是世界上有巨大潜力的地区，自然资源十分丰富，但人口密度不高，在历史上，它虽然已经从“旧大陆”吸收了大量“过剩”人口，但直到今天，它仍然是世界上最大的人口净移入区，北美洲是现代航空运输的发达地区，多年来，在人员、机群、业务量、营运收入等方面名列世界前茅。

拉丁美洲毗连北美，不论在古代、近代与现代，两者都有密切的联系。拉丁美洲自15世纪末被欧洲殖民者发现后，这一地区的绝大部分沦为西班牙、葡萄牙的殖民地，因此拉丁美洲各国的社会制度、生产方式、宗教信仰、风俗习惯都受到西、葡的深刻影响。

当使用一区和二/三区间经大西洋航线的运价时，一区还可以划分为以下三个次区。

(1)北大西洋次区：包括加拿大、格陵兰、墨西哥、圣皮埃尔和密克隆、美国(包含阿拉斯加、夏威夷、波多黎各、美属维尔京群岛)。

(2)中大西洋次区。

(3)南大西洋次区：包括阿根廷、巴西、智利、巴拉圭、乌拉圭(Argentina，Brazil，Chile，Paraguay，and Uruguay 简称 ABCPU)。

(二)TC2 区

该区东临 TC3 区，西接 TC1 区，北起北冰洋诸岛，南至南极洲，包括欧洲、非洲、中东及附近岛屿。TC2 区与 TC3 区分界线：北起 80°E 经线，在 75°N 处向南弯折，沿乌拉尔山南下，绕经里海西岸、南岸、伊朗北界、东界 60°E 经线向南止于南极洲。

TC2 区主要分为三个次区：

1.欧洲次区

阿尔巴尼亚、阿尔及利亚、安道尔、亚美尼亚、奥地利、阿塞拜疆、亚速尔群岛、比利时、白俄罗斯、保加利亚、加拿利群岛、克罗地亚、捷克共和国、丹麦、爱沙尼亚、芬兰、法国、格鲁吉亚、德国、直布罗陀、匈牙利、冰岛、爱尔兰、意大利、拉脱维亚、列支敦士登、立陶宛、卢森堡、马其顿、马德拉岛、马耳他、摩尔多瓦、摩纳哥、摩洛哥、荷兰、挪威、波兰、葡萄牙、罗马尼亚、俄罗斯联邦(乌拉尔山以西)、圣马力诺、斯洛伐克共和国、斯洛文尼亚、西班牙、瑞典、瑞士、突尼斯、土耳其、乌克兰、英国、南斯拉夫。

2.中东次区

巴林、塞浦路斯、埃及、伊朗(伊斯兰共和国)、伊拉克、以色列、约旦、科威特、黎巴嫩、阿曼、沙特阿拉伯、苏丹、叙利亚(阿拉伯共和国)、阿拉伯联合酋长国(由阿布扎比、阿治曼、迪拜、富查伊拉、哈伊马南、沙迦和乌姆盖万组成)、也门。

3.非洲次区

由中非、东非、印度洋岛屿、利比亚、南非、西非组成。

中非：马拉维、赞比亚、津巴布韦。

东非：布隆迪、吉布提、厄利特里亚、埃塞俄比亚、肯尼亚、卢旺达、索马里、坦桑尼亚和乌干达。

印度洋岛屿：科摩罗、马达加斯加、毛里求斯、马约特岛、留尼汪岛和塞古尔群岛。

南非：博茨瓦纳、莱索托、莫桑比克、南非、纳米比亚、斯威士兰和乌姆塔塔。

西非：安哥拉、贝宁、布基纳法索、喀麦隆、佛得角、中非共和国、乍得、刚果人民共和国、科特迪瓦、赤道几内亚、加蓬、冈比亚、加纳、几内亚、几内亚比绍、利比里亚、马里、毛里塔尼亚、尼日尔、尼日利亚、圣多美和普林西比、塞内加尔、塞拉利昂、多哥和扎伊尔。

欧洲是世界资本主义的发源地，也是近代科学文化与技术发展最早的地区。进入资本主义以后，欧洲的地位开始发生变化，由于美国的后来居上和广大亚非拉国家的独立，欧洲已不再是世界唯一的中心。但是，目前欧洲仍不失为世界上一个关键地区，约占世界工业产值的近1/2，农业产值的40%，对外贸易额的1/2。欧洲在银行、保险业务以及旅游业等方面，都长期保持绝对优势，科学技术居世界前列。欧洲一直是航空运输的发达地区，自 20 世纪 50 年代以来，定期航班完成的运输周转量仅次于北美。

中东地区处亚、欧、非三大洲的连接地带，南、西、北三面分别临阿拉伯海、红海、地中海、黑海和里海，故常有“三洲五海之地”之称。按经济特点，中东各国明显分为两类，即石油输出国和非石油输出国，它们在经济水平发展速度以及部门结构上都存在着很大的差异。中东地区虽然面积狭小，但航线分布密集，空运业务量较大。

非洲与欧洲有着密切的经济与文化联系，虽然非洲土地辽阔，自然资源十分丰富，有着发展生产的良好条件，但长期的殖民统治，却使它成为世界上经济水平最低的一个洲。集中表现在：生产水平低下，发展速度缓慢，工业基础薄弱，经济结构畸形，生产力分布极不平衡，从航空运输方面来说，也是世界上发展水平最低的地区。

注意：地理上的非洲比 IATA 区域定义的要广，还包括阿尔及利亚、加拿利群岛、埃及、马德拉群岛、摩洛哥、突尼斯、苏丹；但上述国家在 IATA 区域的划分中分属于欧洲和中东次区。

（三）TC3 区

该区东临 TC1 区，西接 TC2 区，北起北冰洋，南至南极洲，包括亚洲（除中东包括的亚洲部分国家）、大洋洲及太平洋岛屿的广大地区。TC3 区与 TC1 区分界线：北起 170°W 经线，向南穿过白令海峡后，向西南折至（50°N，165°E），再折经（7°N，180°W）、（7°N，140°W）、（20°S，120°W）等处，最后沿 120°W 经线向南止于南极洲。

TC3 共分为四个次区：

1.南亚次大陆次区

阿富汗、孟加拉国、不丹、印度（包括安达曼群岛）、马尔代夫、尼泊尔、斯里兰卡。

2.东南亚次区

文莱达鲁萨兰国、柬埔寨、中华人民共和国、关岛、中国香港特区、印度尼西亚、哈萨克斯坦、吉尔吉斯斯坦、老挝（人民民主共和国）、马来西亚、马绍尔群岛、密克罗尼西亚（含除帕劳群岛之外的加罗林群岛）、蒙古、缅甸、北马里亚那群岛（含除关岛之外的马里亚那群岛）、帕劳、菲律宾、俄罗斯联邦（乌拉尔东部地区）、新加坡、台湾地区、塔吉克斯坦、泰国、土库曼斯坦、乌兹别克斯坦、越南。

3.西太平洋次区

美属萨摩亚、澳大利亚、库克群岛、斐济群岛、法属波利尼西亚、基里巴所、瑙鲁、新喀里多尼亚、新西兰（含洛亚蒂群岛）、纽埃、巴布亚新几内亚、萨摩亚、所罗门群岛、汤加、图瓦卢、瓦努阿图、瓦利斯和富图纳群岛。

4.日本/朝鲜地区

日本/朝鲜为单独的一个次区，包括日本、朝鲜、韩国。

亚洲开发历史悠久，黄河流域、印度河流域、幼发拉底和底格里斯两河流域，都是人类文明的发祥地。从 20 世纪 60 年代开始，亚洲的经济发展就引人注目，进入 70 年代后经济得到持续发展，特别是亚太地区更为突出，如“亚洲四小龙”（新加坡，中国的台湾、香港和韩国）已发展成为新兴的工业化国家和地区，亚太地区的崛起和发展，将对世界经济格局产生重大影响，亚洲在世界上的地位愈加重要。从航空运输来说，70 年代，东盟五国和韩国的航空运输高速发展，1972—1982 年，世界航空运输业务的年均增长率为 9.6%，而马来西亚高达57.2%;韩国为34.5%;新加坡为34.3%;印度尼西亚为24.6%。近20年来,亚太地区航空运输总周转量的年平均增长率居各区之首,占世界的比重不断增大。

大洋洲是世界上最小的一个洲,地处亚洲、北美洲、拉丁美洲和南极洲之间,东西沟通太平洋和印度洋,又是联系各大洲的海空航线和海底电缆通过之地,因此,在世界交通和战略上具有极其重要的地位,同时,它又有着丰富的热带经济作物,森林和矿产资源。因此,从16世纪起,这里就成为西方殖民主义者掠夺和侵占的对象,大洋洲的人民为了争取独立,曾先后进行了长期不懈的斗争,各个国家先后独立。

二、法定时区与区时

由于地球自转造成了经度不同的地区时刻不同。当飞机跨越经度时,就产生时刻上的不统一。正确地掌握时差换算,对于安排航班和更好地进行航空运输都是非常重要的。

1. 理论时区和区时

1884年在华盛顿举行的国际经度会议上,确定了以平太阳时为基础的标准时刻度。平太阳时就是日常用的手表时间。这种标准时刻度规定,按经度线把全球划分为24个标准时区。每个时区跨15°经度,以=15×n(n=0、±1、±2、±3、±4…±11、±12)的经线为该时区的中央经线,它是所在时区的标准经线。中央经线的地方平太阳时,就是该时区的标准时间,也称为区时。本初子午线所在的时区,叫做零时区,也叫做中央时区,简称中时区。中央时区的中央经线,是通过格林威治天文台原址的0°经线,0°经线向东、向西各7.5°构成中央时区。中时区的区时被称为世界标准时(Greenwich Mean Time,GMT);再以180°经线为中央经线,各划出7.5°,称为东西十二时区。

标准时刻度的确立,是时间计量上的一大飞跃。它给现代社会生产、科学研究和国际间大范围频繁交往,带来了很大的方便。不过,上述区时制只是一种理论上的标准时刻度。这种理论区时制的时区,既不考虑海陆分布状况,也不考虑国家政区界线,完全是根据经线划分的。实际上,时区的划分并不完全遵照理论区时制度的规定,各国所使用的标准时制度,同理论上的标准时制度是有区别的。

2. 法定时区和法定时

法定时区是各国根据本国具体情况自行规定的适用于本国的标准时区。法定时区的界线,一般不是依据经线,而是依据实际的政治疆界和社会经济发展状况来确定的。根据法定时区确定的标准时,成为法定时。法定时是目前世界各国实际使用的标准时。为了充分利用太阳光照,世界各国法定时区的标准经度,往往不是其适中经度,而是普遍向东偏离。从世界范围看,法定时区系统几乎比理论上的时区系统向东偏离一个时区。例如,法国和西班牙都位于中时区,它们所使用的法定时却是东一区的标准时。

在《OAG-CARGO》航班时刻表中的各个城市的时间都是当地标准时间。为了更方便于查阅与时差换算,OAG公布了国际时间换算表(International time calculator)(见表7-1),列出了各个国家当地的标准时间与世界标准时的时间差距。

表 7-1　国际时间换算表

国家和地区	标准时差	夏令时差
中国 China	+8	
美国 U. S. A		
东部时间 Eastern Time	−5	
印第安纳州东部时间 Indiana(East)	−5	−4
中央标准时间(用于美国和加拿大中部)Central Time	−6	−5
山区时间 Mountain Time	−7	−6
亚利桑那州时间(美国西南部的州)Arizona	−7	−7
西部标准时间 Pacific Time	−8	−8
阿拉斯加时间 Alaska-except Aleutian Islands	−9	−9
阿拉斯加岛屿时间 Alaska-Aleutian Islands	−10	
夏威夷时间 Hawaiian Islands	−10	

注：各地的标准时用格林尼治时间(GMT)加上或减去表内所示的小时和分钟数。许多国家采用夏令时(DST)。夏令时的使用时段也在表中一并表示。有的国家采用多时区，有的则是单一时区，本表各列出一个。若想了解更多国家和地区的标准时，可参见网站(http://time.123cha.com/)。

3. 飞行时间的计算

计算步骤：

(1)从 International Time Calculator 中找出始发站和目的站的标准时间。

(2)将起飞和到达的当地时间换算成世界标准时(GMT)。

(3)用到达时间减去起飞时间，即是飞行时间。

例：

某一票货物用飞机从北京直接运往华盛顿。1 月 28 日班机从北京启程，北京时间是 9:44。到达华盛顿时，当地时间为 1 月 28 日 15:30。计算该票货物在运输过程中的飞行时间？

解：

第一步：从 International Time Calculator(国际时间换算表)中找出始发站和目的站的标准时间

PEK＝GMT＋0800(standard time)

WAS＝GMT－0500(standard time)

第二步：将起飞和到达的当地时间换算成世界标准时(GMT)

因为北京提前 GMT8 个小时，把北京当地时间减去 8 换算成 GMT

PEK 9:44－0800(GMT)＝GMT 1:44

因为华盛顿落后 GMT5 个小时，把华盛顿当地时间加上 5 换算成 GMT

WAS 15:30＋0500(GMT)＝GMT 20:30

第三步：用到达时间减去起飞时间，即是飞行时间

20:30－1:44＝18:46(18 小时 46 分钟)

第三节　民用航空运输飞机

本节情境导入

在做空运前，小五只听说过飞机的名字，具体飞机的装载能力等性能参数都不了解。

一天工作空余与老业务员闲聊时，老业务员告诉小五，公司负责装箱(板)的人工资很高。他们装了五六年了，什么货物都装过，货物积载非常好，既不超重也没间隙。小五奇怪，“不就是把货装到箱子里有啥难的。”前辈笑道，“你以为是装汽车啊，可以随意超载。不同飞机的载重和载货箱(板)都不一样，有尺寸和重量的限制，超载就飞不起来了。”被前辈嘲笑了，小五觉得要在这行生存下来，自己还有很多东西要了解和掌握。

本节任务

1. 和小五一起了解常见飞机的装载限制。

2. 完成第五节的《项目二　民航飞机参数实训》。

一、民航飞机分类

(一)按机身的宽窄分类

民用航空运输飞机按机身的宽窄可以分为宽体飞机和窄体飞机两种。

1. 窄体飞机(Narrow-body Aircraft)：窄体飞机的机身宽约 3 米，旅客座位之间有一个走廊，这类飞机往往只在其下货舱装运散货，如下图。

常见的窄体飞机：

Airbus Industries	A318, A319, A320, A321
Boeing	B707, B717, B727, B737, B757
Fokker	F100
McDonnell Douglas	DC-8, DC-9, MD-80series, MD90

注：A320 飞机有一种特制的集装器，高 117 厘米，宽体飞机集装器 163 厘米。

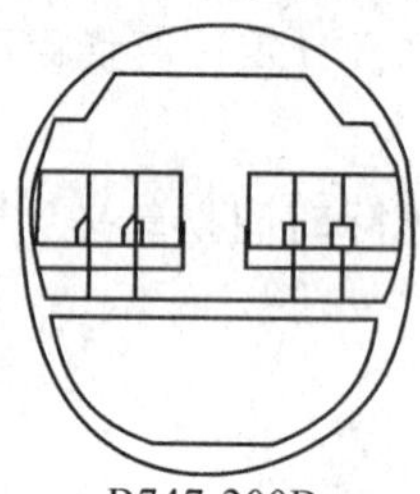
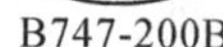
B747-200B

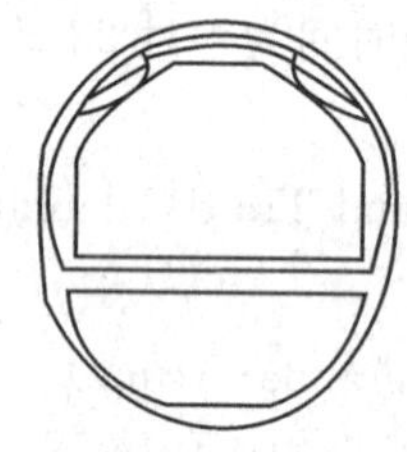
B737-200F

2. 宽体飞机(Wide-body Aircraft)：宽体飞机的机身较宽，客舱内有两条走廊，三排座椅，机身宽一般在 4.72 米以上，这类飞机可以装运集装货物和散货，见下图。

常见的宽体飞机：

Airbus Industries	A300-B, A310, A330, A340
Boeing	B747, B767, B777
Ilyushin	IL-86, IL-96
Lockheed	L1011Tristar
McDonnell Douglas	DC-10MD-11
Antonov	AN-124

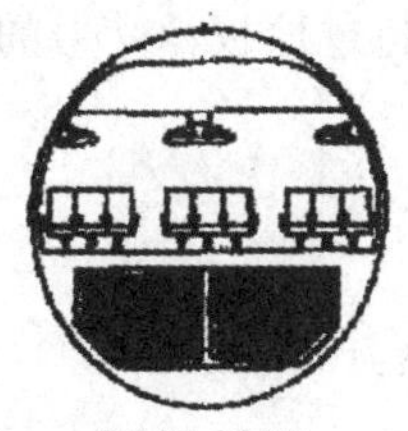
B747-200B

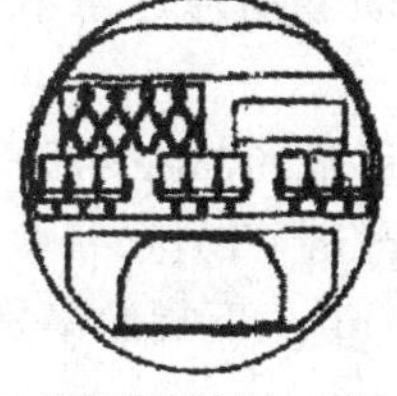
B747-200B/combi

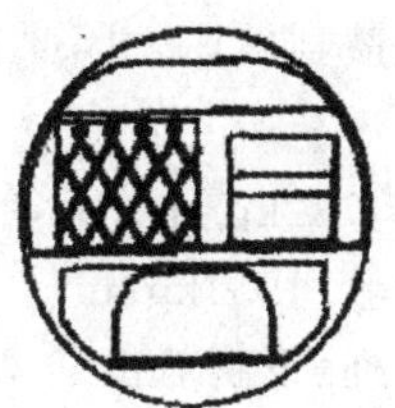
B747-200F

3.飞机舱位结构

一般飞机主要分为两种舱位：主舱(Main deck)和下舱(Lower deck)。但波音747分为三种舱位：上舱(Upper deck)、主舱和下舱。见下图：

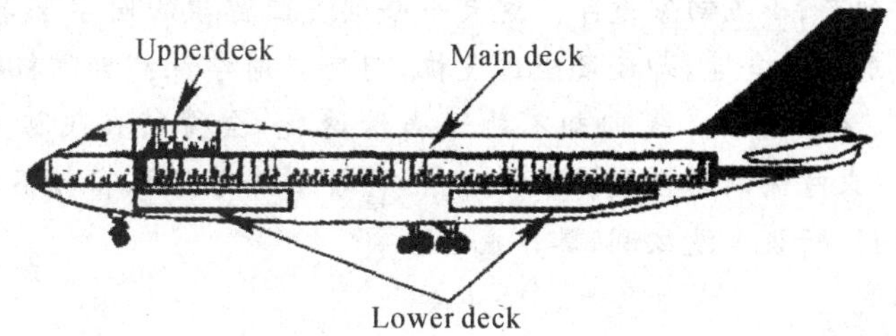

(二)按飞机使用用途分类

民用航空运输飞机按使用用途不同可以分为全货机、全客机和客货混用机。

1.全货机：主舱及下舱全部载货。

2.全客机：只在下舱载货。

3.客货混用机：在主舱前部设有旅客座椅装载货物。

二、飞机的装载限制

(一)重量限制

由于飞机结构的限制，飞机制造商规定了每一货舱可装载货物的最大重量限额。任何情况下，所装载的货物重量都不可以超过此限额。否则，飞机的结构很有可能遭到破坏，飞行安全会受到威胁。

(二)容积限制

由于货舱内可利用的空间有限，因此，这也成为运输货物的限定条件之一。轻泡货物已占满了货舱内的所有空间，而未达到重量限额。相反，高密度货物的重量已达到限额而货舱内仍会有很多的剩余空间无法利用。将轻泡货物和高密度货物混运装载，是比较经济的解决方法。承运人有时提供一些货物的密度参数作为混运装载的依据。例如：每立方米的服装类货物约为120千克。

(三)舱门限制

由于货物只能通过舱门装入货舱内，货物的尺寸必然会受到舱门的限制。为了便于确定一件货物是否可以装入散舱，飞机制造商提供了散舱舱门尺寸表。表内数据以厘米和寸两种计量单位公布。例：一件货物的尺寸为240厘米×70厘米×60厘米装载在B737散舱内，B737散舱舱门尺寸表显示货物的长度限额：241厘米。

(四)地板承受力

飞机货舱内每一平方米的地板可承受一定的重量，如果超过它的承受能力，地板和飞机结构很有可能遭到破坏。因此,装载货物时应注意不能超过地板承受力的限额。

波音系列:

下货舱散舱:$732kg/m^2$;下货舱集货舱:$976kg/m^2$

主货舱集货舱:$1952kg/m^2$ $488kg/m^2$(T)区

空中客车系列:下货舱散舱 $732kg/m^2$ 下货舱集货舱:$1050kg/m^2$

第四节 航权概述

本节情境导入

转眼春节到了,小五回家过年。这天一个到美国留学的同学来串门,闲谈间,小五与他开玩笑道:"我现在做空运,却还没坐过飞机,呵呵。"同学说:"坐飞机很辛苦的,像我这趟回来在日本降落,飞机加油。我们却不能下来透透气,全得待在飞机上,太闷了。还不如火车,中途可以下来呼吸新鲜空气。"小五奇怪,为什么降落了旅客却不能下来,等油加好了再上去呢? 同学说,听说是没权利,具体也不懂。

本节任务

运用本节航权的知识解答小五和他同学的疑惑。

航空权是指国际航空运输中的过境权利和运输业务权利,也称国际航空运输的业务或空中自由权。它是国家重要的航空权益,必须加以维护,在国际航空运输中交换这些权益时,一般采取对等原则,有时候某一方也会提出较高的交换条件或收取补偿费以适当保护本国航空企业的权益。

第二次世界大战后,西方国家认为战争爆发时,天空的控制权非常重要。1944 年西方国家在芝加哥就有关天空控制权问题签署了著名的《芝加哥协定》,该协定草拟出两国间协商航空运输条款的蓝本,而有关条款仍沿用至今。

各航权介绍(从本国权利角度说明):

第一航权:领空飞越权

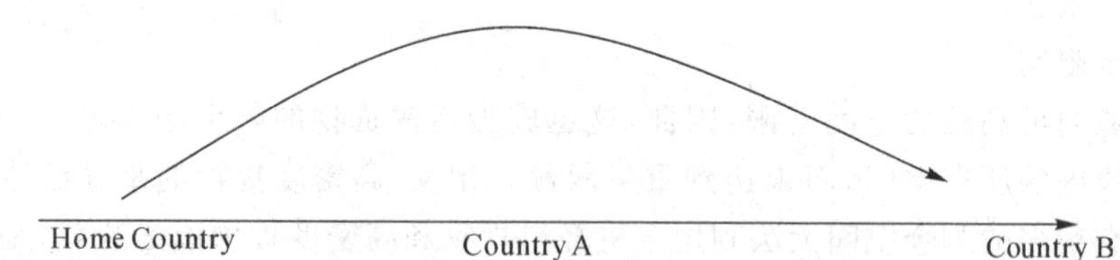

飞出国界的第一个问题就是要飞入或飞越其他国家的领空,允许不允许,就形成了第一种权利——领空飞越权。在不着陆的情况下,本国航机可以在协议国领空上飞过,前往其他国家目的地。例:北京—旧金山,中途飞越日本领空,那就要和日本签订领空飞越权,获取第一航权,否则只能绕道飞行,增加燃料消耗和飞行时间。

第二航权:技术经停权

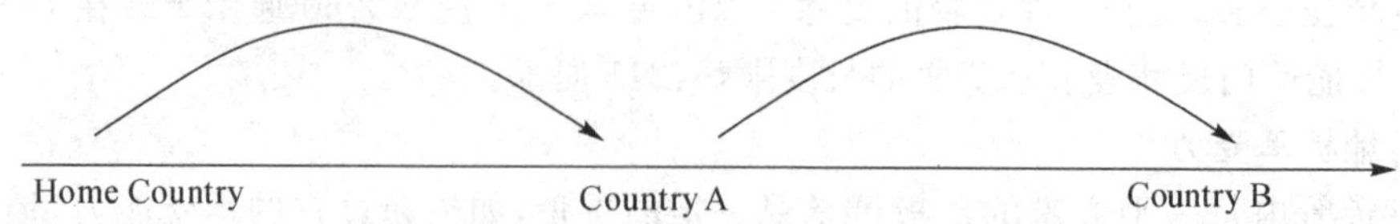

航空公司飞远程航线，由于距离太远无法从始发地直接地飞到目的地，需要选择一个地方中途加油或者清洁客舱等技术工作，那么在这个地方的起降就叫做技术经停。技术经停权，仅允许用于作非商业的技术处理，也就是不允许在当地上下客货。比如中国飞美国的航班，曾经在美国安克雷奇作技术经停。

本国航机可以因技术需要（如添加燃料、飞机故障或气象原因备降）在协议国降落、经停，但不得作任何业务性工作，如上下客、货、邮。例如：北京一纽约，如果由于某飞机机型的原因，不能直接飞抵，中间需要在日本降落并加油，但不允许在该机场上下旅客和装卸货物。此时就要和日本签订技术经停权。

第三航权：目的地下客权

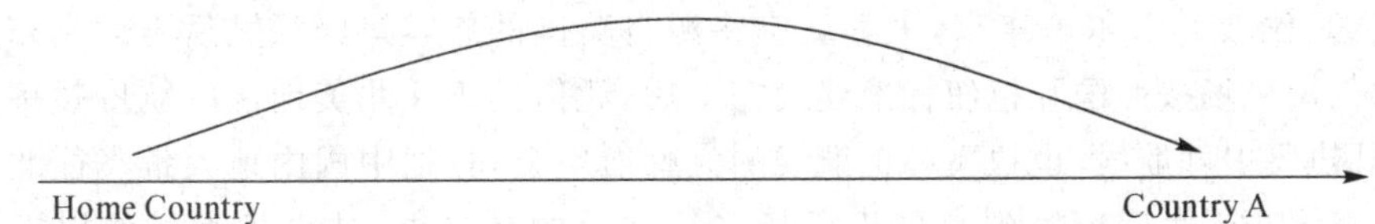

本国航机可以在协议国境内卸下乘客、邮件或货物。例如：北京一东京，如获得第三航权，中国民航飞机承运的旅客、货物可在东京进港，但只能空机返回。

第四航权：目的地上客权

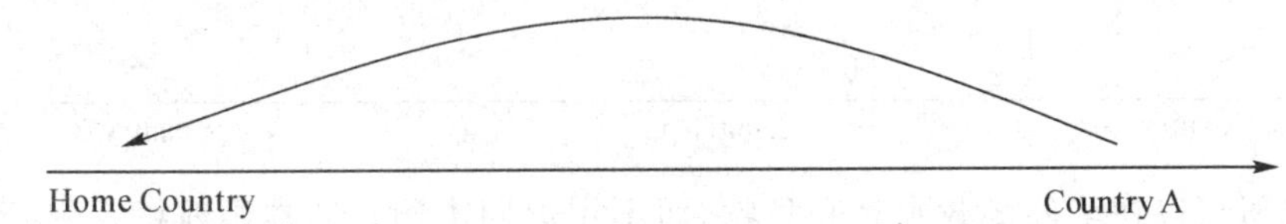

本国航机可以在协议国境内载运乘客、邮件或货物返回。例如：北京一东京，如获得第四航权，中国民航飞机能载运旅客、邮件或货物搭乘原机返回北京。

第五航权：中间点权或延远权

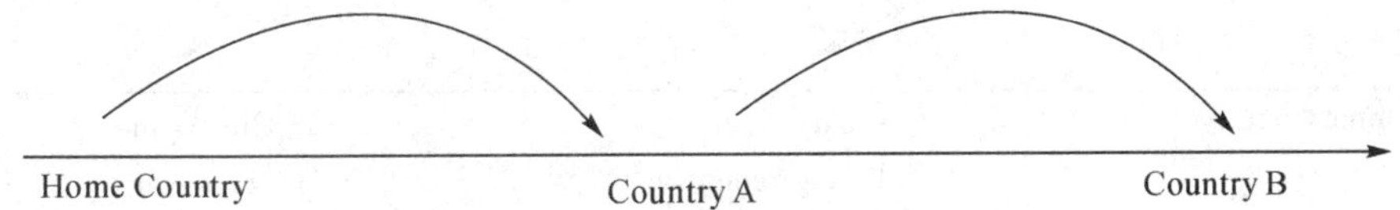

指某国的航空公司在其登记国以外的两国区间载运客货，但其航班的起点与终点必须是其登记国。可以先在第三国的地点作为中转站上下客货，第五航权是要和两个或两个以上的国家进行谈判。例如：目前我国政府已经向新加坡航空公司有选择地开放第五航权。新加坡航空公司的货机可以直飞新加坡经我国厦门、南京到美国芝加哥的航线，并在厦门、南京拥有装卸国际货物的权利。第五航权需要在相关的两个以上国家之间进行谈判。第五航权又分三种：前站权、中停权（中间点权）和延远权。

第五种权利（第三国运输权）：承运人前往获得准许的国家，并将从第三国载运的客货卸到该国，或者从该国载运客货前往第三国。

1）承运人本国（第一国始发地）——中途经停第三国——目的地国（第二国）

承运人从本国运输客货到另一国家时中途经过第三国（也就是始发地国家和目的地国家以外的其他国家），并被允许将途经第三国拉的客货卸到目的地国。这种权利是第五航权的一种。

2)承运人本国(第一国始发地)——目的地国(第二国)——延远点第三国

第五航权的第二种是延远点国家的运输,承运人将自己国家始发的客货运到目的地国家,同时又被允许从目的地国家上客货,并被允许运到另一国家。

第六航权:桥梁权

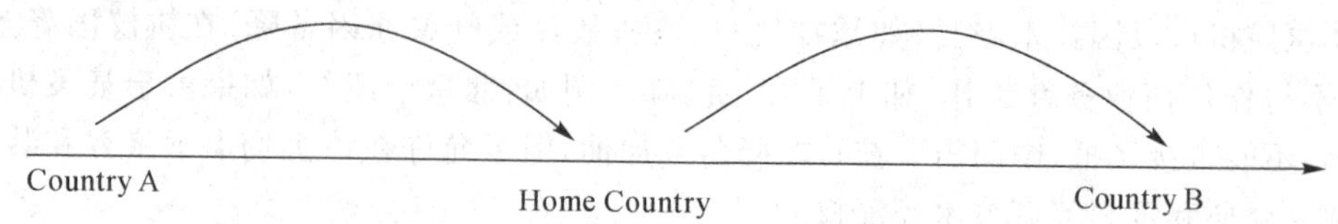

本国航机可以用两条航线的名义,接载甲国和乙国乘客及货物往返,但途中必须经过本国。例如:伦敦一首尔一东京,大韩航空将源自英国的旅客运经汉城后再运到东京。韩国首尔的仁川机场按照国际枢纽标准建设完工后,凭借其飞往北美地区的航班频率高的优势,通过既执飞中韩航线,也执飞韩美航线的大韩航空公司,把中国内地大量飞往北美的旅客运到仁川机场,然后衔接到由仁川机场飞往北美的航班上,从而扩大了仁川机场的业务量。

第七航权:完全第三国运输权

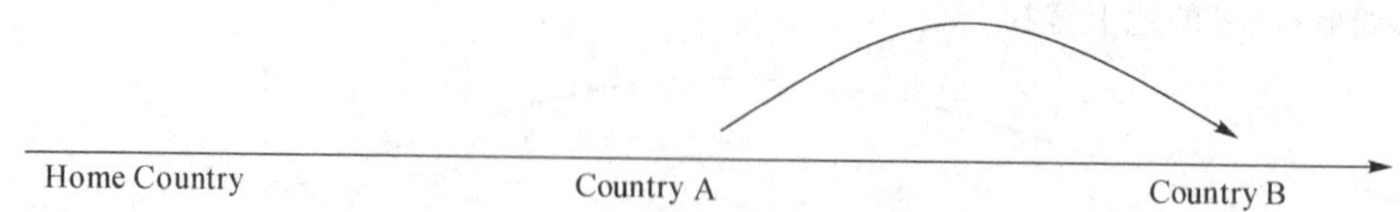

本国航机可以在境外接载乘客和货物,而不用返回本国。即本国航机在甲、乙两国间接载乘客和运载货物。例如:伦敦一巴黎,由德国汉莎航空公司承运。

第八航权:国内运输权(连续)

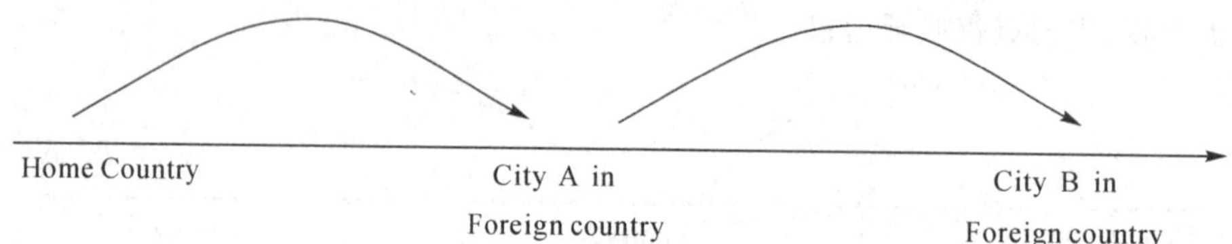

本国航机可以在协议国国境内两个不同的地方接载乘客、货物往返,但航机以本国为起点站。

第九航权:国内运输权(非连续)

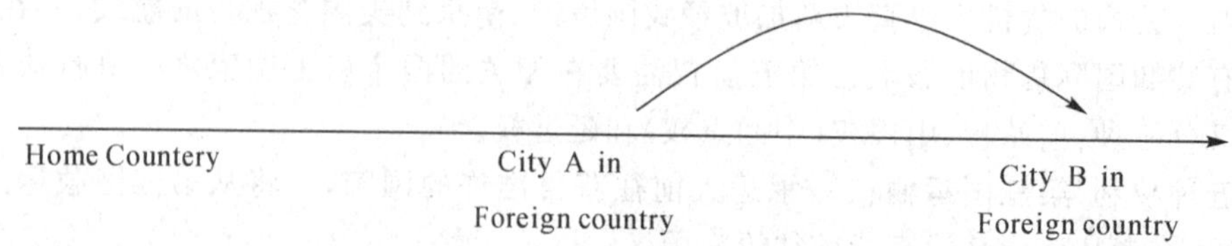

本国航机可以到协议国作国内航线运营,但航机不需要以本国为起点站。

所谓第九航权是指上述第八航权分为连续的和非连续的两种,如果是"非连续的国内载运权"即为第九航权。

值得注意的是第八航权和第九航权的区别。虽然两者都是关于在另外一个国家内运输客货，但是第八航权所谓"国内航空运输"，只能是从自己国家的一条航线在别国的延长。但是第九航权，所谓的"完全国内航空运输"，可以是完全在另外一个国家开设的航线。

第一、二、三、四种航权需要相关两国政府就有关问题进行双边谈判，如开放哪些点、允许进入的航空公司和航班数量等，达成协议后实施。从各种航权的概念可以看出，如果不开放第三、第四航权，机场就不能成为门户机场；如果不适度开放第五、第六航权，门户枢纽机场就不能争取到更多的国际业务量，不能迅速地发展壮大。对于门户枢纽机场来讲，驻机场的海关、边检等部门应适度简化检查程序，使旅客、货物能够迅速通关，"一票到底"。

第五节　章节配套实训项目与练习

项目一　飞行时间计算实训

（一）实训说明

完成第二节教学即可开展本项目实训，也可在开展第二节教学前。

通过计算飞行时间有利于学生熟悉不同国家或地区不同的标准时，便于把握货物在途时间，特别对于鲜活易腐商品来说，具有更重要的意义。

本项目实训采用填制表格的形式，让学生在反复的计算填制过程中，熟悉国际飞行时间计算方法。

（二）实训步骤

根据第六章配套实训项目附表 6-1 提供的始发站、目的站资料，将表格内容填写完整。

（三）实训要求

1. 熟悉国际时差换算；

2. 每位同学根据老师要求选择附表 6-1 的部分或全部内容完成。

项目二　民航飞机参数实训

（一）实训说明

完成第三节教学即可开展本项目实训，也可在开展第三节教学前。

本项目实训采用表格与文字对比的形式，让学生在反复的比对研究过程中，熟悉主要民航飞机与对应集装器装载参数。

（二）实训步骤

根据第七章配套实训项目附表 7-2 提供的民航飞机与集装器资料，结合本章第三节的教学内容撰写 500 字的短文来阐述对不同机型飞机装载限制的理解。

（三）实训要求

1. 熟悉民航飞机与集装器参数，特别是集装箱板的参数；

2. 将附表 7-2 全部内容补充完整。

第七章配套实训项目附表:

附表 7-1 航空区划与飞行时间计算

始发站	起飞时间	标准时差	目的站	到达时间	标准时差	全程飞行时间
例:北京	09:44	GMT+8	华盛顿,美国	15:30	GMT-5	18:46 18 小时 46 分钟
1. 杭州	15:35	GMT+8	洛杉矶,美国	19:00	GMT-7	
2. 香港	15:30	GMT+8	奥克兰,新西兰	06:20	GMT+12	
3. 香港	23:35	GMT+8	巴黎,法国	07:00	GMT+1	
4. 香港	07:30	GMT+8	大阪,日本	11:40	GMT+9	
5. 北京	20:35	GMT+8	曼谷,泰国		GMT+7	04:45
6. 北京		GMT+8	哥本哈根,丹麦	18:30	GMT+1	09:55
7. 北京	13:00	GMT+8	纽约,美国		GMT-5	13:30
8. 北京	11:10	GMT+8	伦敦,英国	15:00	GMT	
9. 北京	08:10	GMT+8	釜山,韩国	11:25		
10. 广州	00:50	GMT+8	巴黎,法国	06:40		
11. 广州	19:15	GMT+8	墨尔本,澳大利亚	7:15		
12. 维也纳,奥地利	14:55		伯明翰,英国	16:25		
13. 维也纳,奥地利	07:20		巴黎,法国	09:30		
14. 维也纳,奥地利	10:10		新德里,印度	22:00		
15. 台北	22:00	GMT+8	奥克兰,新西兰	14:00		
16. 台北	23:55	GMT+8	巴黎,法国	07:25		
17. 台北	23:10	GMT+8	法兰克福,德国	06:50		

"国际时差换算表"可参见网站(http://www.time.ac.cn/serve/timezone/o.htm)

附表 7-2 常见飞机装载集装器数据

飞机的装载参数			
机　型	舱门尺寸 cm(高×宽)	最大装载量(散舱容积 M³)	动物舱位
B747-400 COMBI	主货舱:305×340	7 块 P6P 集装板 或 5 块 P6P 板加 1 块 20 英尺板	可以
	前货舱:168×264	5 块 P1P 板/P6P 集装板	
	后下货舱:168×264	16 个 AVE 箱或 4 块 P6P 板 或 4 块 P1P 板加 4 块 AVE 箱	
	散装舱:119×112	12.3m³(4408kg)	
B767-300	前货舱:175×340	4 块 P1P 板/P6P 集装板	可以 (无气味)
	后货舱:175×187	14 个 DPE 箱或 7 块 PLA 板	
	散装舱:119×97	12.0m³(2925kg)	

续表

飞机的装载参数			
机　型	舱门尺寸 cm(高×宽)	最大装载量(散舱容积 M^3)	动物舱位
B777－200	前货舱:170×270	6 块 P1P 板/P6P 集装板或 18 个 AVE 箱	可以(无气味)
	后货舱:170×180	14 个 AVE 箱	可以(限板)
	散装舱:114×91	$17m^3$(4082kg)	可以
A340－300	前货舱:169×270	6 块 P1P 板/P6P 集装板或 18 个 AVE 箱	可以
	后货舱:169×270	4 块 P1P 板/P6P 集装板或 14 个 AVE 箱	不可以
B737－300	散装舱:95×95	19.6 m^3(3468kg)	可以
	前货舱:88×121	10.4m^3(2269kg)	
	后货舱:88×117	19.6m^3(3462kg)	
B737－800	前货舱:89×122	19.6m^3(3558kg)	可以
	后货舱:84×122	25.4m^3(4850kg)	

常见集装器数据				
IATA 识别代码	地板尺寸(cm)	高度(cm)	最大毛重(kgs)	使用机型
AVE/AKE	153×156	163	1588	通用
PAG/P1P	224×318	163	6804	宽体飞机货机
PMC/P6P	224×318	163	6804	宽体飞机货机
P6P	119×153	163	1250	B767 专用

第八章

国际航空运费计算

本章学习任务

一、明白航空运费计费重量的确定原则;

二、了解国际航空运价体系;

三、重点掌握普通货物与集中托运货物的运费计算方法;

四、学会指定商品运费计算方法。

章节情境设定

要认真做好一件事是非常不容易的。小五开始学习运费计算后逐渐就有体会了,主要还是航空运价及运费计算较为复杂,一不小心就会算错。算多了,做不到客户;算少了,给公司带来的损失得自己补上。相对而言,流程算是简单的了,运费的计收才真是考验人。要做一名合格的航空货运代理人,必须熟练掌握国际航空货物运价与运费计算。

第一节　航空运费计算基础知识

本节情境导入

航空运费计算的准确性直接关系到货运代理公司的利润,要想算得又快又准,就需要有扎实的基本功。公司里的前辈告诉小五,其实运费计算只要掌握好两件事就基本不会错了:一是计费重量的确定;二是适用运价的确定。简单说,一个就是商品的价格,一个就是商品的数量。前辈说得简单,但对于小五这个新手来说,却是复杂难懂。看来,经理布置的简单任务一点也不简单。

本节任务

和小五一起掌握航空运费计费重量的确定。

货物的航空运费是指将一票货物自始发地机场运输到目的地机场所应收取的航空运输费用。一般地说,货物的航空运费主要由两个因素组成,即货物适用的运价与货物的计费重量。由于航空运输货物的种类繁多,货物运输的起讫地点所在航空区域不同,每种货物所适用的运价亦不同。换言之,运输的货物种类和运输起讫地点的IATA区域使航空货物运价乃至运费计算分门别类。同时,由于飞机业务载运能力受飞机最大起飞全重和货舱本身体积的限制,因此,货物的计费重量需要同时考虑其体积重量和实际重量两个因素。又因为航空货物运价的“递远递减”的原则,产生了一系列重量等级运价,而重量等级运价的起码重量也影响着货物运费的计算。由此可见,货物航空运费的计算受多种因素的影响。

在从事航空运输经营活动过程中,每一个经营者(航空公司)既要维护企业自身的利益,又要保护消费者(货物托运人)的利益,这是企业的生存和发展之本。在组织货物运输的全过程中,销售是一个重要环节,它直接关系到航空运输企业的销售收入,从而影响到企业运输收入的实现。尤其是在组织国际联运货物的销售阶段,正确计算航空货物运费是企业最终实现运输收入、提高经济效益的重要保证。

一、基本概念

1. 运价(Rate)

运价,又称费率,是指承运人对所运输的每一重量单位货物(公斤或磅)(kg or lb)所收取的自始发地机场至目的地机场的航空费用。

(1)航空货物运价所使用的货币

用以公布航空货物运价的货币称为运输始发地货币。

货物的航空运价一般以运输始发地的本国货币公布,有的国家以美元代替其本国货币公布。以美元公布货物运价的国家视美元为当地货币。运输始发地销售的航空货运单的任何运价、运费值均应为运输始发地货币,即当地货币。以美元公布货物运价的国家的当地货币为美元。

(2)货物运价的有效期

销售航空货运单所使用的运价应为填制货运单之日的有效运价。即在航空货物运价有效期内适用的运价。

2. 航空运费(Weight Charge)

货物的航空运费是指航空公司将一票货物自始发地机场运至目的地机场所应收取的航空运输费用。该费用根据每票货物所适用的运价和货物的计费重量计算而得。

每票货物是指使用同一份航空货运单的货物。

由于货物的运价是指货物运输起讫地点间的航空运价,航空运费就是指运输始发地机场至目的地机场间的运输货物的航空费用,不包括其他费用。

3. 其他费用(Other Charges)

其他费用是指由承运人、代理人或其他部门收取的与航空货物运输有关的费用。

在组织一票货物自始发地至目的地运输的全过程中,除了航空运输外,还包括地面运输、仓储、制单、国际货物的清关等环节,提供这些服务的部门所收取的费用即为其他费用。

二、计费重量

计费重量是指用以计算货物航空运费的重量。货物的计费重量或者是货物的实际毛重,或者是货物的体积重量,或者是较高重量分界点的重量。

1. 实际毛重(Actual Gross Weigh)

包括货物包装在内的货物重量,称为货物的实际毛重。

由于飞机最大起飞全重及货舱可用业载的限制,一般情况下,对于高密度货物(High Density Cargo),应考虑其货物实际毛重可能会成为计费重量。

2. 体积重量(Volume Weight)

(1)定义

按照国际航协规则,将货物的体积按一定的比例折合成的重量,称为体积重量。

由于货舱空间体积的限制,一般对于低密度的货物(Low density cargo),即轻泡货物,考虑其体积重量可能会成为计费重量。

(2)计算规则

不论货物的形状是否为规则的长方体或正方体,计算货物体积时,均应以最长、最宽、最高的三边的厘米长度计算。长、宽、高的小数部分按四舍五入取整,体积重量的折算,换算标准为每6000立方厘米折合1公斤。

$$体积重量(公斤,kgs)=\frac{货物体积}{6000\ 厘米^3/千克}$$

3. 计费重量(Chargeable weight)

一般地,采用货物的实际毛重与货物的体积重量两者比较取高者;但当货物按较高重量分界点的较低运价计算的航空运费较低时,则此较高重量分界点的货物起始重量作为货物的计费重量。

国际航协规定,国际货物的计费重量以0.5公斤为最小单位,重量尾数不足0.5公斤的,按0.5公斤计算;0.5公斤以上不足1公斤的,按1公斤计算。

例如:

103.001kgs → 103.5kgs

103.501kgs → 104.0kgs

当使用同一份运单,收运两件或两件以上可以采用同样种类运价计算运费的货物时,其计费重量规定如下:

计费重量为货物总的实际毛重与总的体积重量两者较高者。

同上所述,较高重量分界点重量也可能成为货物的计费重量。

三、最低运费

最低运费(Minimum Charge)是指一票货物自始发地机场至目的地机场航空运费的最低限额。也叫起码运费,是航空公司办理一票货物所能接受的最低运费,不论货物的重量或体积大小,在两点之间运输一批货物应收取的最低金额。不同地区有不同的起码运费。货物按其适用的航空运价与其计费重量计算所得的航空运费,应与货物最低运费相比,取高者。

四、货物航空运价、运费的货币进整

货物航空运价及运费的货币进整,因货币的币种不同而不同。IATA将各国货币的进整单位的规则公布在TACT Rules中。详细规则可参考TACT Rules5.7.1中"CURRENCY TABLE"。

运费进整时,需将航空运价或运费计算到进整单位的下一位,然后按半数进位法进位,计算所得的航空运价或运费,达到进位单位一半则入,否则舍去。对于以"0.1"、"0.01"、"1"、"10"等为进位单位的货币,其货币进位就是我们常说的四舍五入。

我国货币人民币(CNY)的进位规定为：最低航空运费进位单位为“5”，除此之外的运价及航空运费等的进位单位均为“0.01”。

对于以“0.05”、“0.5”、“5”等为进整单位的货币，计算中应特别注意其进整问题。由于世界很多国家采用此类进位单位，在实际运输工作中，在处理境外运至我国的到付货物时.对航空货运单的审核及费用的收取，需注意此项规则。

采用进整单位的规定，主要用于填制航空货运单(AWB)。销售AWB时，所使用的运输始发地货币，按照进整单位的规定计算航空运价及运费。

第二节　航空运价体系

本节情境导入

经过几天的努力，小五总算弄清了货物计费重量的确定规则，工作算是完成了一半。还有另一半就是确定计费重量适用的运价。这个看似比较简单，公司都有与航空公司的协议价。小五觉得可以直接对照就好了，但接下来却发现，到一个地方去，可以有直达的运价，也有分段相加的运价。遇到这种情况，是用直达的来算还是分段的呢？小五觉得很纠结。

本节任务

和小五一起了解航空运价体系，掌握运价使用规则和计费规则。

航空货物运价是调节航空货物运输市场的重要经济杠杆，并进而影响着国民经济的各个方面。如果运价过高，可能造成下列不良后果：①运输市场供给增加，需求减少，运力过剩，从而使现有运输设备得不到充分利用，导致资源浪费。②与运输业有关的其他经济部门，特别是与运输业关联度较高的经济部门，将会受到不良的影响，限制它们的正常发展。③使一些低收入的人得不到必要的运输服务，或者不得不耗费其收入中较大的份额，使这部分人的生活质量下降。反之，运价水平过低，也同样不利于资源的合理配置和有效利用，造成种种不合理运输，导致过量的运输需求，同样也使运输业自身的发展受到限制，财务状况恶化，运力紧张，制约国民经济的发展。所以，掌握正确的定价理论显得尤为重要。作为航空货运代理人，了解航空货物定价，对于销售人员制定价格、确保企业的收益非常有帮助。

一、国际航空货物运价体系

(一)概念

目前国际航空货物运价按制定的途径划分，主要分为协议运价和国际航协运价。

1.协议运价

协议运价是指航空公司与托运人签订协议，托运人保证每年向航空公司交运一定数量的货物，航空公司则向托运人提供一定数量的运价折扣。

目前航空公司使用的运价大多是协议运价，但在协议运价中又根据不同的协议方式进行细分。列表如下：

<table>
<tr><td colspan="2" rowspan="2">协议定价</td><td rowspan="2">包板(舱)</td><td>死包板(舱)</td></tr>
<tr><td>软包板(舱)</td></tr>
<tr><td rowspan="2">长期协议</td><td rowspan="2">短期协议</td><td rowspan="2">返还</td><td>销售量返还</td></tr>
<tr><td>销售额返还</td></tr>
<tr><td colspan="2">自由销售</td><td></td><td></td></tr>
</table>

(1)长期协议,通常是指航空公司与托运人或代理人签订的一年期限的协议。

(2)短期协议,通常是指航空公司与托运人或代理人签订的半年或半年以下期限的协议。

(3)包板(舱),是指托运人在一定航线上包用承运人的全部或部分舱位或集装器来运送货物。

(4)死包板(舱),是指托运人在承运人的航线上通过包板(舱)的方式运输时托运人无论向承运人是否交付货物,都必须支付协议上规定的运费。

(5)软包板(舱),是指托运人在承运人的航线上通过包板(舱)的方式运输时托运人在航班起飞前 72 小时如果没有确定舱位,承运人则可以自由销售舱位,但承运人对代理人的包板(舱)的总量有一个控制。

(6)销售量返还,是指如果代理人在规定期限内完成了一定的货量,航空公司则可以按一定的比例返还运费。

(7)销售额退还,是指如果代理人在规定期限内完成了一定的销售额,航空公司则可以按一定的比例返还运费。

(8)自由销售,也称议价货物或是一票一价,除了订过协议的货物,都是一票货物一个定价。

2. 国际航协运价

(1)概述

国际航协运价是指 IATA 在 TACT 运价资料上公布的运价。国际货物运价使用 IATA 的运价手册 TACT RATES BOOK,结合并遵守国际货物运输规则 TACT RULES,共同使用。按照 IATA 货物运价公布的形式划分,国际货物运价可分为公布直达运价和非公布直达运价。

<table>
<tr><td rowspan="6">IATA
运价体系</td><td rowspan="4">公布直达运价
(published through rates)</td><td>普通货物运价(general cargo rate)</td></tr>
<tr><td>指定商品运价(specific commodity rate)</td></tr>
<tr><td>等级货物运价(commodity classification rate)</td></tr>
<tr><td>集装货物运价(unit load device rate)</td></tr>
<tr><td rowspan="2">非公布直达运价
(UN-published through rates)</td><td>比例运价(construction rate)</td></tr>
<tr><td>分段相加运价(combination of rates and charges)</td></tr>
</table>

国际航协运价是国际航协通过运价手册向全世界公布,主要目的是协调各国的货物运价。但从实际操作来看,各国从竞争角度考虑,很少有航空公司完全遵照国际航协运价,大

多进行了一定的折扣,但不能说明这种运价没有实际价值。首先,它把世界上各个城市之间的运价通过手册公布出来,每个航空公司都能找到一种参照运价,所以每个航空公司在制定本公司运价时,都是按照国际航协这个标准运价进行的;其次,国际航协对特种货物运价进行了分类,航空公司在运输这种货物时一般都用国际航协标准运价;最后,这种国际航协运价在全世界制定了一种标准运价,使得国际航空货物的运输价格有了统一的基准,使得这个市场得到了规范。

(2)现有定价遵照的原则

①重量分段对应运价

在每一个重量范围内设置一个运价。例如北京到汉城(现韩国首尔)的运价表

北京—汉城

(重量分级,公斤)	(运价,元/人民币)
N	23.95
45	18.00
100	17.17
300	15.38

"N"运价表示的重量在45公斤以下的运价是每公斤人民币23.95元,也就是运价23.95元适用的重量范围是0～45公斤,在这个重量范围用的都是同一个运价。

②数量折扣原则

随着运输重量的增大,运价越来越低。这实际上是使用定价原则中的数量折扣原则,通过这个原则,保证飞机的舱位有充分的货物。从以上北京到首尔就可以看出,45公斤的运价是18元,100公斤的运价是17.17元,300公斤的运价是15.38元,重量越大运价越低。

③运距的因素

这是一个基本因素,运距越长运价越高,这是因为运距越长,运输的消耗越大,因此运价越高。例如:北京到新加坡和北京到悉尼的运价对比

北京—新加坡		北京—悉尼	
(重量分级,公斤)	(运价,元/人民币)	(重量分级,公斤)	(运价,元/人民币)
N	36.66	N	54.72
45	27.50	45	41.04
300	15.38	300	32.83

从北京到悉尼的距离大概是到新加坡的一倍左右,从表中就可以看出300公斤的运价,到悉尼是到新加坡的一倍左右,距离越长这种趋势越明显。但在低重量级别上,往往运价相差比距离比之差要小,原因在于地面操作成本的大小。

(3)根据产品的性质分类

国际航协根据产品的性质分为在普货运价的基础上运价附加和运价附减,例如:对于活体动物、骨灰、灵柩、鲜活易腐物品、贵重物品、急件等货物采取附加的形式,对于书报杂志、作为货物运输的行李采取附减的形式。

纵观现有的运价,主要有两个特点:即运价是货物重量和距离的函数,即 $p=f(w,d)$;p:运价,w:货物重量,d:运输距离,f:函数。另外,还考虑到运输货物的不同。

(二)航空货物运价及规则手册

1975 年以前,一些航空公司各自出版其运价手册,其中的内容大致相同,但格式却相差甚远。为了减少经济浪费,并使运价手册更加具有实用性,国际航协决定共同出版一本通用的运价手册——TACT(The Air Cargo Tariff)。

TACT 主要分为三个部分:TACT Rules《运价规则》,TACT Rates—North America《北美运价手册》,TACT Rates—Worldwide《世界(除北美)运价手册》。

(1)TACT Rules《运价规则》。每年出版两期,四月、十二月出版,内容十分全面,包括了 IATA 在国际运输中所有规则。

(2)TACT Rates—North America《北美运价手册》。包含了从北美出发或到北美的运价。

(3)TACT Rates—Worldwide《世界(除北美)运价手册》。包含了除北美的全世界运价。

TACT Rates 每两月出版一期,二月、四月……十二月出版。

除了航空货物运价及规则手册外,国际航空手册还有《航空货运指南》(OAG Air Cargo Guide)每月出版一期,主要公布航班时刻表。

二、国内航空运价体系

我国国内航线货物运价结构为:

1. 普通货物运价

(1)基础运价(代号 N)

民航总局统一规定各航段货物基础运价,基础运价为 45 公斤以下普通货物运价,金额以角为单位。同时,为适应航空货物的流向差异,同一航线不同方向保留差价。

(2)重量分界点运价(代号 Q)

国内航空货物运输建立 45 公斤以上、100 公斤以上、300 公斤以上三级重量分界点及运价。基础运价为 45 公斤以下普通货物运价,费率按照民航总局规定的统一规定执行,按标准运价的 80%执行;此外,航空公司可根据运营航线的特点,建立其他重量分界点运价,共飞航线由运营航空公司协商协定,报民航总局批准执行。

2. 等级货物运价(代号 S)

急件、生物制品、珍贵植物和植物制品、活体动物、骨灰、灵柩、鲜活易腐物品、贵重物品、枪械、弹药、押运货物等特种货物实行等级货物运价,按照基础运价的 150%计收。

3. 指定商品运价(代号 C)

对于一些批量大、季节性强、单位价值低的货物,航空公司可申请建立指定商品运价,运价优惠幅度不限。

4. 最低运费(代号 M)

每票国内航空货物最低运费为人民币 30 元。

5. 集装货物运价

以集装箱、集装板作为一个运输单元运输货物可申请建立集装货物运价。

6. 国内航空邮件运费

普通邮件运费按照普通货物基础运价计收;特快专递邮件运费按照普通货物基础运价

的 150%计收。

三、运价使用规则

(1)直达货物运价优先于分段相加组成的运价。

(2)指定商品运价优先于等级货物运价和普通货物运价。

(3)等级货物运价优先于普通货物运价。

四、计费规则

(1)货物运费计费以"元"为单位,元以下四舍五入。

(2)最低运费,按重量计得的运费与最低费相比取其高者。

(3)按实际重量计得的运费与按较高重量分界点运价计得的运费比较取其低者。

(4)分段相加组成运价时,不考虑实际运输路线,不同运价组成点组成的运价相比取其低者。

第三节　普通货物运价及计算

本节情境导入

经过一周的努力,小五感觉自己掌握得差不多了,想找票货来计算一下,检验下自己的水平。正好这天,有位客户托运一件样品从上海运到东京去(详见例 3.1)。小五终于可以一试身手了。

本节任务

1. 掌握普通货物的运费计算方法。

2. 完成第七节《项目二　自选货物运费计算》步骤一。

一、普通货物的概念

General Cargo Rate(简称 GCR):The rate for carriage of cargo other than a class rate or specific Commodity rate, also known as "General Commodity Rate"(GCR).

普通货物运价是指除了等级货物运价和指定商品运价以外的适合于普通货物运输的运价。通常,普通货物运价根据货物重量不同,分为若干个重量等级分界点运价。例如,"N"表示标准普通货物运价(Normal General Rate),是指 45 公斤以下的普通货物运价(如无 45 公斤以下运价时,N 表示 100 公斤以下普通货物运价)。同时,普通货物运价还公布有"Q45"、"Q100"、"Q300"等不同重量等级分界点的运价。这里"Q45"表示 45 公斤以上(包括 45 公斤)普通货物的运价,依此类推。对于 45 公斤以上的不同重量分界点的普通货物运价均用"Q"表示。

用货物的计费重量和其适用的普通货物运价计算而得的航空运费不得低于运价资料上公布的航空运费的最低收费标准(M)。这里,代号"N"、"Q"、"M"在 AWB 的销售工作中,主要用于填制货运单运费计算栏中"RATE CLASS"一栏。

二、运费计算

1. 计算步骤的术语解释

Volume:体积

Volume Weight:体积重量

Chargeable Weight:计费重量

Applicable Rate:适用运价

Weight charge:航空运费

Minimum charge:最低运费,起码运费

2. 计算

例 3.1:Routing:Shanghai,CHINA(SHA) to Tokyo,JAPAN(TYO)

Commodity:Sample

Gross Weight:25.2kgs

Dimensions:82cm×48cm×32cm

计算该票货物的航空运费

例 3.1 公布运价如下:

SHANGHAI	CN		SHA
Y. RENMINBI	CNY		KGS
TOKYO	JP	M	230.00
		N	37.51
		45	28.13

解:

Volume: 82cm×48cm×32cm=125 952cm^3

Volume weight:

125952cm^3÷6000cm^3/kg=20.99kgs=21.0kgs

Gross weight:25.2kgs

Chargeable weight:25.5kgs

Applicable rate: GCR N 37.51 CNY/KG

Weight charge:25.5×37.51=CNY956.51

特别注意:IATA 规定,国际货物的计费重量以 0.5kg 为最小单位,重量位数不足 0.5kg 的,按 0.5kg 计算;0.5kg 以上不足 1kg 的,按 1kg 计算。

20.001kgs→20.5kgs

20.501kgs→21.0kgs

航空货运单运费计算栏填制如下:

No. Of Pieces RCP	Gross Weight	kg Lb		Rate Class	Chargeable Weight	Rate/ Charge	Total	Nature and Quantity of Goods (Incl dimensions or Volume)
				Commodity Item No				
1	25.2	K	N		25.5	37.51	956.51	SAMPLE DIMS:82cm×48cm×32cm

例 3.2:Routing:SHANGHAI,CHINA(SHA)to PARIS,FRANCE(PAR)

Commodity:TOY

Gross Weight:5.6kgs

Dimensions:40cm×28cm×22cm

计算该票货物的航空运费

例 3.2 公布运价如下

SHANGHAI	CN		SHA
Y. RENMINBI	CNY		KGS
PARIS	FR	M	320.00
		N	50.37
		45	41.43

解:

Volume: 40cm×28cm×22cm=24 640cm^3

Volume weight:24640cm^3÷6000cm^3/kg=4.11kgs=4.5kgs

Gross weight:5.6kgs

Chargeable weight:6.0kgs

Applicable rate: GCR N 50.37 CNY/KG

Weight charge:6.0×50.37=CNY302.22

Minimum charge:CNY320.00

按计费重量计算的航空运费比规定的最低运费低,所以此票货物的航空运费按最低运费收取,为 CNY320.00。

航空货运单运费计算栏填制如下:

No. Of Pieces RCP	Gross Weight	kg Lb		Rate Class	Chargeable Weight	Rate/ Charge	Total	Nature and Quantity of Goods (Incl dimensions or Volume)
				Commodity Item No				
1	5.6	K	N		6.0	320.00	320.00	TOY DIMS:40cm×28cm×22cm

例 3.3:Routing:Beijing,CHINA(BJS)to Amsterdam,HOLLAND(AMS)

Commodity:PARTS

Gross Weight:38.6kgs

Dimensions:101cm×58cm×32cm

计算该票货物的航空运费

例3.3公布运价如下

SHANGHAI		CN		SHA
Y. RENMINBI		CNY		KGS
AMSTERDAM	NL		M	320.00
			N	50.22
			45	41.53
			300	37.52

解:

(1)按实际重量计算

Volume: 101cm×58cm×32cm=187 456cm³

Volume weight:187456cm³÷6000cm³/kg=31.24kgs=31.5kgs

Gross weight:38.6kgs

Chargeable weight:39.0kgs

Applicable rate: GCR N 50.22 CNY/KG

Weight charge:39.0×50.22=CNY1958.58

(2)采用较高重量分界点的较低运费计算

Chargeable weight:45.0kgs

Applicable rate: GCR Q 41.53 CNY/KG

Weight charge:45.0×41.53=CNY1868.85

(1)与(2)比较,取运费较低者

(1)CNY1958.58 >(2)CNY1868.85

所以 Weight charge: CNY1868.85

航空货运单运费计算栏填制如下:

No. Of Pieces RCP	Gross Weight	kg Lb	Rate Class		Chargeable Weight	Rate/Charge	Total	Nature and Quantity of Goods (Incl dimensions or Volume)
				Commodity Item No				
1	38.6	K	Q		45.0	41.53	1868.85	PARTS DIMS:101cm×58cm×32cm

第四节 指定商品运价及计算

本节情境导入

经过准确计算样品的实操检查,小五觉得自己已经掌握了运费计算的全部,不禁有些得意。这天又有位客户打电话来，询问他的三百公斤新鲜苹果从上海运到大阪要多少钱（例4.1）。小五和第一次那样依葫芦画瓢，算出来是8439元，正打算报过去，被客服经理急忙制止了。客服经理很严肃地告诉小五，客户这票货是指定商品，不能当做普通货物计算，你算的太贵了，客户会被你吓跑的。小五才明白运费计算自己还是三脚猫的功夫，羞愧得想找条缝钻进去。

本节任务

1.掌握指定商品的运费计算方法，帮助小五正确计算出运费。

2.完成第七节《项目二　自选货物运费计算》步骤二。

一、指定商品基本知识

1.基本概念

Specific Commodity Rate（简称SCR），A rate applicable to carriage of specifically designated commodities.

指定商品运价是指适用于自规定的始发地至规定的目的地运输特定品名货物的运价。

通常情况下，指定商品运价低于相应的普通货物运价。就其性质而言，该运价是一种优惠性质的运价。鉴于此，指定商品运价在使用时，对于货物的起讫地点、运价使用期限、货物运价的最低重量起点等均有特定的条件。

指定商品运价的原因可归纳为以下两方面：其一，在某特定航线上，一些较为稳定的货主经常地或者是定期地托运特定品名的货物，托运人要求承运人提供一个较低的优惠运价；其二，航空公司为了有效地利用其运力，争取货源并保证飞机有较高的载运率，向市场推出一个较具竞争力的优惠运价。有些指定商品运价也公布了不同的重量等级分界点，旨在鼓励货主托运大宗货物，并意识到选择空运的经济性及可行性。

2.指定商品运价传统的分组和编号

在TACT RATES BOOKS的SECTION 2中，根据货物的性质、属性以及特点等对货物进行分类，共分为十大组，每一组又分为十个小组。同时，对其分组形式用四位阿拉伯数字进行编号，该编号即为指定商品货物的品名编号。

指定商品货物的分组及品名编号如下：

0001—0999　Edible animal and vegetable products

可食用的动植物产品

1000—1999　Live animals and inedibal animal and vegetable product

活动物及非食用的动植物产品

2000—2999　Textiles；fibres and manufactures

纺织品、纤维及其制品

3000—3999　Metals and manufactures，excluding machinery，vehicles and electrical equipment

金属及其制品，不包括机器、汽车和电器设备

4000—4999　Machinery，vehicles and electrical equipment

机器、汽车和电器设备

5000－5999 Non-metallic minerals and manufactures

非金属材料及其制品

6000—6999 Chemicals and related products

化工材料及其相关产品

7000－7999 Paper, reed, rubber and wood manufactures

纸张、芦苇、橡胶和木材制品

8000－8999 Scientific、professional and precision instrument、apparatus and supplies

科学仪器、专业仪器、精密仪器、器械及配件

9000－9999 Miscellaneous

其他

9700－9799 系列指定商品运价编号

为了减少常规的指定商品品名的分组编号，IATA 还推出了试验性的指定商品运价，该运价用 9700－9799 内的数字编出。主要特点是一个代号包括了传统指定商品运价中分别属于不同指定商品代号的众多商品品名，如 9735 这个指定商品代号就包括属于 20 多个传统指定商品运价代号的指定商品。

此种编号适用于某些城市之间有多种指定商品，虽品名不同，但运价相同，为公布运价方便所用。

对比传统编号与 9700－9799 系列编号可见，除 9700—9799 编号外，传统编号中的每一品名代号，一般只代表单一种类的指定商品运价。

3. 从中国始发的常用指定商品代码

从整个国际航协来看，指定商品代码非常多，但我们主要了解从北京始发的货物的指定商品代码，记住常用的指定商品代码。

0007 FRUIT, VEGETABLES
水果，蔬菜

0008 FRUIT, VEGETABLE－FRESH
新鲜的水果，蔬菜

0300 FISH(EDIBLESEAFOOD)
鱼(可食用的)，海鲜、海产品

1093 WORMS
沙蚕

2195 A: YARN, THREAD, FIBRES, CLOTH-NOT FURTHER PROCESSED OR MANUFACTURED: EXCLUSIVELY IN BALES, BOLTS, PIECES
成包、成卷、成块未进一步加工或制造的纱、线、纤维、布
B: WEARING APPAREL, TEXTILE MANUFACTURES
服装、纺织品

2199 A: YARN, THREAD, FIBRES, TEXTILES 纱、线、纤维、纺织原料
B: TEXTILE MANUFACTURES 纺织品
C: WEARING APPAREL 服装(包括鞋、袜)

2211 YARN, THREAD, FIBRES-NOT FURTHER PROCESSED OR MANUFAC-

TURED: EXCLUSIVELY IN BALES, BOLTS, PIECES-WEARING APPAREL, TEXTILE MANUFACTURES

成包、成卷、成块未进一步加工或制造的纱、线、纤维；服装、纺织品

7481 RUBBER TYRES, RUBBER TUBES

橡胶轮胎、橡胶管

二、运费计算

1. 指定商品运价的使用规则

在使用指定商品运价时，只要所运输的货物满足下述三个条件，则运输始发地和运输目的地就可以直接使用指定商品运价：

(1)运输始发地至目的地之间有公布的指定商品运价；

(2)托运人所交运的货物，其品名与有关指定商品运价的货物品名相吻合；

(3)货物的计费重量满足指定商品运价使用时的最低重量要求。

使用指定商品运价计算航空运费的货物，其航空货运单的“Rate Class”一栏，用字母“C”表示。

2. 计算步骤

(1)先查询运价表，如有指定商品代号，则考虑使用指定商品运价；

(2)查找 TACT RATES BOOKS 的品名表，找出与运输品名相对应的指定商品代号；

(3)如果货物的计费重量超过指定商品运价的最低重量，则优先使用指定商品运价；

(4)如果货物的计费重量没有达到指定商品运价的最低重量，则需要比较计算。

3. 计算演示

例 4.1：Routing：SHANGHAI，CHINA(BJS) to OSAKA，JAPAN(OSA)

Commodity：FRESH APPLES

Gross Weight：EACH 65.2kgs，TOTAL 5 PIECES

Dimensions：102cm×44cm×25cm×5

计算该票货物的航空运费

例 4.1 公布运价如下

SHANGHAI	CN		SHA
Y. RENMINBI	CNY		KGS
OSAKA	JP	M	230.00
		N	37.51
		45	28.13
	0008	300	18.80
	0300	500	20.61

解：

Volume：$102cm \times 44cm \times 25cm \times 5 = 561\ 000cm^3$

Volume weight：$561000cm^3 \div 6000cm^3/kg = 93.5kgs$

Gross weight：65.2×5＝326.0kgs

Chargeable weight：326.0kgs

Applicable rate：SCR 0008/Q300 18.80 CNY/kg

Weight charge:326.0×18.80＝CNY6128.80

航空货运单运费计算栏填制如下：

No. Of Pieces RCP	Gross Weight	kg Lb	Rate Class	Commodity Item No	Chargeable Weight	Rate/ Charge	Total	Nature and Quantity of Goods (Incl dimensions or Volume)
5	326.0	K	C	0008	326.0	18.80	6128.80	FRESH APPLES DIMS:102cm×44cm×25cm×5

例 4.2:Routing:BEIJING,CHINA(BJS)to NAGOVA,JAPAN(NGO)

Commodity:FRESH ORANGE

Gross Weight:EACH 47.8kgs,TOTAL 6 PIECES

Dimensions:128cm×42cm×36cm×6

计算该票货物的航空运费

例 4.2 公布运价如下

SHANGHAI	CN		SHA
Y. RENMINBI	CNY		KGS
NAGOVA	JP	M	230.00
		N	37.51
		45	28.13
	0008	300	18.80
	0300	500	20.61

解：

(1)按普通运价使用规则计算

Volume：128cm×42cm×36cm×6＝1 161 216cm^3

Volume weight:1161216cm^3÷6000cm^3/kg＝193.536kgs＝194.0kgs

Gross weight：47.8×6＝286.8kgs

Chargeable weight：287.0kgs

☆计费重量没有满足 0008 最低要求 300 公斤

Applicable rate：GCR Q45 28.13 CNY/kg

Weight charge:287.0×28.13＝CNY8073.31

(2)按指定商品运价使用规则计算

Actual gross weight：47.8×6＝286.8kgs

Chargeable weight ：300.0kgs

Applicable rate：SCR 0008/Q300 18.80 CNY/kg

Weight charge：300.0×18.80＝CNY5640.00

对比(1)和(2)，取运费较低者

所以 Weight charge：CNY5640.00

航空货运单运费计算栏填制如下：

No. Of Pieces RCP	Gross Weight	kg Lb	Rate Class		Chargeable Weight	Rate/ Charge	Total	Nature and Quantity of Goods (Incl dimensions or Volume)
				Commodity Item No				
1	287.0	K	C	0008	300.0	18.80	5640.00	FRESH ORANGE DIMS：108cm×42cm×36cm×6

第五节　集中托运货物运价及计算

本节情境导入

有了上次的深刻教训，小五在接手陌生的货物计算时，总不忘向客服经理讨教一番。一来二去，和客服经理混熟了。一天，经理心情好，就和小五说，“对于一些零散货物，公司收集起来，对每个货主按一票货物计算运费。但是，公司交给航空公司时，是将所有不同客户的货集中起来，作为一票货物计收运费。这里面差价多了去了，是技术活，哥来教你吧。”这可把小五乐坏了。

本节任务

1. 和小五掌握集中托运货物的运费计算方法。

2. 完成第七节《项目三　集中托运货物运费计算》。

一、集中托运的概念

A mixed consignment is a consignment consisting of commodities, articles or goods qualifying for difference rates and conditions, moving under one Air Waybill.

混运货物(mixed consignment)指使用同一份货运单运输的货物中，包含有不同运价、不同运输条件的货物。

集中托运货物不得包括的物品有：TACT Rules3.7.6 中规定的任何贵重货物，活动物，尸体、骨灰，外交信袋，作为货物运送的行李，机动车辆(电力自动车辆除外)。

二、运费计算

1. 申报方式与计算规则

(1)申报整批货物的总重量(或体积)

计算规则：混运的货物被视为一种货物，将其总重量确定为一个计费重量。运价采用适用的普通货物运价。

(2)分别申报每一种类货物的件数、重量、体积及货物品名计算规则:按不同种类货物适用的运价与其相应的计费重量分别计算运费。

注:如果混运货物使用一个外包装将所有货物合并运输,则该包装物的运费按混运货物中运价最高的货物的运价计收。

2. 声明价值

混运货物只能按整票(整批)货物办理声明价值,不得办理部分货物的声明价值,或办理两种以上的声明价值。所以,混运货物声明价值费的计算应按整票货物总的毛重。

3. 最低运费

混运货物的最低运费,按整票货物计收。即无论是分别申报或不分别申报的混运货物,按其运费计算方法计得的运费与起止地点间的最低收费标准比较,取高者。

4. 运费计算演示

例:Routing: BEIJING, CHINA(BJS) to OSAKA, JAPAN(OSA)

Commodity:Books and Handicraft and APPLE(FRESH)

Gross Weight:100.0kgs and 42.0kgs and 80.0kgs

Dimensions:4 Pieces 70cm×47cm×35 And 1 Pieces 100cm×60cm×42

And 2 Pieces 90cm×70cm×32

计算该票货物的航空运费

公布运价如下

BEIJING	CN			BJS
Y. RENMINBI	CNY			KGS
OSAKA	JP		M	230.00
			N	37.51
			45	28.13
		0008	300	18.80
		0300	500	20.16
		1093	100	18.43
		2195	500	18.80

解:

这是一票集中托运货物,先把这票货物作为一个整体,计算运费;再按分别申报计算运费,两者比较,取低者。

(1)总体申报

Total Gross Weight: 100.0kgs+42.0kgs+80.0kgs=222.0kgs

Volume: 70×47×35×4=460 600(cm^3);100×60×42=252 000(cm^3);

90×70×32×2=403 200(cm^3);

460 600cm^3+252 000cm^3+403 200cm^3=1 115 800(cm^3)

Volume weight:1115800cm^3÷6000cm^3/kg=185.96kgs=186.0kgs

Chargeable weight:222.0kgs

Applicable rate: GCR Q 28.13 CNY/kg

Weight charge：222.0×28.13=CNY 6244.86

(2)分别申报

a. Books

Volume：70×47×35×4=460 600(cm³)；

Volume weight：460600cm³÷6000cm³/kg=76.77kgs=77.0kgs

Chargeable weight：100.0kgs

Applicable rate：R 50% of Normal GCR50%×37.51CNY/kg=18.755CNY/kg=18.76CNY/kg

Weight charge：100.0×18.76=CNY 1876.00

注：报纸、杂志、期刊、图书、目录、盲人读物及设备，在IATA一区以及一区二区之间，按普通货物运价的67%计算，其他区域按普通货物运价的50%计算。可以使用普通货物的较高重量点的较低运价。

b. Handicraft

Volume：100×60×42=252 000(cm³)；

Volume weight：252000cm³÷6000cm³/kg=42.0kgs

Chargeable weight：42.0kgs

Applicable rate：GCR N 37.51CNY/kg

Weight charge：42.0×37.51=CNY 1575.42

采用较高重量点的较低运价：45.0×28.13=CNY 1265.85

c. Apple(Fresh)

Volume：90×70×32×2=403 200(cm³)；

Volume weight：403200cm³÷6000cm³/kg=67.2kgs=67.5kgs

Chargeable weight：80.0kgs

Applicable rate：GCR Q 28.13CNY/kg

Weight charge：80.0×28.13=CNY 2250.40

三种运费相加：CNY 1876.00+CNY 1265.85+CNY 2250.40=CNY 5392.25。

总体申报计算的运费为CNY 6344.86，分别申报的运费为CNY 5392.25，取低者。

因此，运费为CNY 5392.25

航空货运单运费计算栏填制如下：

No. Of Pieces RCP	Gross Weight	kg Lb		Rate Class Commodity Item No	Chargeable Weight	Rate/ Charge	Total	Nature and Quantity of Goods (Incl dimensions or Volume)
4 1 2	100.0 42 80	K	R Q C	N50 0008	100.0 45.0 80.0	18.76 28.13 28.13	1876.00 1265.85 2250.40	BOOKS HANICRAFT APPLE(FRESH)
7	222						5392.25	

第六节　国际货物运输的其他费用

本节情境导入

经过几次实战演算,加上公司前辈指点,小五基本掌握了国际航空货物运费计算方法。但是,在填制货运单"Other Charges"一栏时,小五就不知该如何计算了,只好去向前辈请教。同事告诉他,这栏不用计算,是填些固定的费用,比如货运单费,CC fee 等。小五这才明白,原来一票货物的费用,除了运费外还有其他的组成部分。

本节任务

能说全国际货物运输除运费外的其他费用项目。

国际航空货物运输中,航空运费是指自运输始发地至运输目的地之间的航空运输费用。在实际工作中,对于航空公司或其代理人将收运的货物自始发地(或从托运人手中)运至目的地(或提取货物后交给提货人)整个运输组织过程,除发生航空运费外,在运输始发站、中转站、目的站经常发生与航空运输有关的其他费用。

一、货运单费(DOCUMENTATION CEARGES)

货运单费又称为航空货运单工本费,此项费用为填制航空货运单之费用。航空公司或其代理人销售或填制货运单时,该费用包括逐项逐笔填制货运单的成本。对于航空货运单工本费,各国的收费水平不尽相同。依 TACT Rules4.4 及各航空公司的具体规定来操作,货运单费应填制在货运单的"其他费用"一栏中,用两字代码"AW"表示(AW——Air Waybill fee)。按国际航协规定:

——航空货运单若由航空公司来销售或填制,则表示为 AWC,表示此项费用归出票航空公司(Issuing Carrier)所有;

——如果货运单由航空公司的代理人销售或填制,则表示为 AWA,表示此项费用归销售代理人所有。

中国民航各航空公司一般规定:无论货运单是航空公司销售还是由代理人销售,填制 AWB 时,货运单中"OTHER CHARGES"一栏中用 AWC 表示,意为此项费用归出票航空公司所有。

例如,某航空公司销售货运单,如果货运单费收费标准 CNY50.00,则货运单其他费用栏填制如下:

OTHER CHARGES
AWC 50.00

二、垫付款和垫付费(Disbursement and Disbursement Fees)

1. 垫付款(Disbursements)

(1)垫付款是指在始发地机场运输一票货物时发生的部分其他费用。这部分费用仅限于货物地面运输费、清关处理费和货运单工本费。

此项费用需按不同其他费用的种类代号、费用归属代号(A 或 C)一并填入货运单的"其他费用”一栏。例如：

“AWA”表示代理人填制的货运单；

“CHA”表示代理人代替办理始发地清关业务；

“SUA”表示代理人将货物运输到始发地机场的地面运输费。

(2)限制条件

——垫付款仅适用于货物费用及其他费用到付“charges collect”，且按 TACT Rules4.2 规定，目的地国家可接收的货物。

——垫付款业务在有些国家不办理，操作时应严格按照 TACT Rules4.2 规定。

——垫付款由最后一个承运人(Last carrier)向提货人收取。按国际货物运费到付结算规则，通过出票航空公司开账结算，付给支付垫付款的代理人或出票航空公司。

2.垫付款数额(Disbursement Amounts)

——在任何情况下，垫付款数额不能超过货运单上全部航空运费总额。

——但当货运单的航空运费总额低于 100 美元时，垫付款金额可允许达到 100 美元标准。

3.垫付费(Disbursement Fees)

垫付费是对于垫付款的数额而确定的费用。垫付费的费用代码为“DB”，按 TACT Rules 规定，该费用归出票航空公司所有。在货运单的其他费用栏中，该项费用应表示为“DBC”。

垫付费的计算公式：

垫付费＝垫付款×10％，但每一票货物的垫付费不得低于 USD20 或等值货币。TACT 规则中规定，对于一些固定美元值的货币换算，某些国家公布有固定的货币换算值，如在瑞士，USD20＝CHF45.00；对于 TACT Rules 中没有公布货币固定换算值的国家，其货币换算采用“Construction Exchange Rate”。

三、危险品处理费(CHARGES FOR SEIPMENTS OF DANGEROUS GOODS-HANDLING)

国际航空货物运输中，对于收运的危险品货物，除按危险品规则收运并收取航空运费外，还应收取危险货物收运手续费，该费用必须填制在货运单“其他费用”栏内，用“RA”表示费用种类。TACT Rules 规定，危险品处理费归出票航空公司所有。在货运单中，危险品处理费表示为“RAC”。

自中国至 IATA 业务一区、二区、三区，每票货物的最低收费标准均为 400 元人民币。

四、运费到付货物手续费(CHARGES COLLECT FEE，又称 CC Fee)

国际货物运输中，当货物的航空运费及其他费用到付时，在目的地的收货人除支付货物的航空运费和其他费用外，还应支付到付货物手续费。此项费用由最后一个承运航空公司收取，并归其所有。一般 CC Fee 的收取，采用目的站开具专门发票，但也可以使用货运单(此种情况在交付航空公司无专门发票，并将 AWB 作为发票使用时使用)。

对于运至中国的运费到付货物，到付运费手续费的计算公式及标准如下：

到付运费手续费＝(货物的航空运费＋声明价值附加费)×2％

各个国家 CC Fee 的收费标准不同。在中国，CC Fee 最低收费标准为 CNY100。

第七节　章节配套实训项目

项目一　运费计算练习

运费计算练习题：

1. Routing:Beijing,CHINA(BJS)to Tokyo,JAPAN(TYO)

Commodity:MACHINERY

Gross Weight:2 Pieces EACH 18.9kgs

Dimensions:2 Pieces　70×47×35cm EACH

计算该票货物的航空运费。

公布运价如下：

BEIJING	CN		BJS
Y. RENMINBI	CNY		KGS
TOKYO	JP	M	230
		N	37.51
		45	28.13
		300	23.46

2. Routing：BJS － TYO

Commodity：Tools

Gross Weight：280KGS

Dimensions：10 boxes×40×40×40cm each,计算该票货物的航空运费。

公布运价同上题

3. Routing：Beijing,CHINA(BJS)to Tokyo,JAPAN(TYO)

Commodity ：MOON CAKE

Gross Weight ：1 Pieces,5.8kgs

Dimensions ：1 Pieces 42×35×15cm

计算该票货物的航空运费。

公布运价如下：

BEIJING	CN		BJS
Y. RENMINBI	CNY		KGS
TOKYO	JP	M	230
		N	37.51
		45＋	28.13

4. 从上海运往巴黎的一件玩具样品，毛重5.3公斤，体积尺寸为$41\times33\times20cm^3$，计算其航空运费。

公布运价如下：

SHANGHAI	CN		SHA
Y. REN MINBI	CNY		KGS
PARIS(PAR) FR		M	320.00
		N	42.81
		45＋	44.6

5. Routing:Beijing,CHINA(BJS)To Portland,U. S. A(PDX)

Commodity:FIBRES

Gross Weight:20 Pieces,EACH 70.5 kgs

Dimensions:20 Pieces，82×68×52cm

计算该票货物的航空运费。

公布运价如下：

BEIJING	CN		BJS
Y. RENMINBI	CNY		kgs
PORTLAND，U. S. A.		M	420.00
		N	59.61
		45＋	45.68
		100＋	41.81
		1000＋	28.79
		1500＋	25.49

6. Routing:Beijing,CHINA(BJS)

To NAGOYA,JAPAN(NGO)

Commodity:FRESH ORANGE

Gross Weight:EACH 47.8kgs,TOTAL 4PIECES

Dimensions:128cm×42cm×36cm×4

计算该票货物的航空运费。

公布运价如下：

BEIJING	CN		BJS
Y. RENMINBI	CNY		kgs
NAGOYA	JP	M	230.00
		N	37.51
		45	28.13
	0008	300	18.80
	1093	100	18.43

项目二　自选货物运费计算

(一)实训说明

完成第二至四节教学后即可实行。

假设你有一批货物要经北京运到日本大阪，公布运价如下：

BEIJING	CN			BJS
Y. RENMINBI	CNY			KGS
OSAKA	JP		M	230.00
			N	37.51
			45	28.13
		0008	300	18.80
		0300	500	20.16

(二)实训步骤

步骤一:普通货物

1.每名学生选择任意一件寝室行李作为待运货物,自行测量行李尺寸与毛重。

2.确定计费重量,寻找适用运价,完成计算。

3.同学配对互换货物,核算对方计算正确与否。

4.各步测量与计算结果填制到第八章配套实训项目附录《附录 8-1 普通货物计算》。

步骤二:指定货物

1.每名学生选择任意一种新鲜水果、蔬菜,或者鱼(可食用的),海鲜、海产品;自行测量其尺寸与毛重。件数统一按 100 件计算。

2.确定计费重量,寻找适用运价,完成计算。

3.同学配对互换货物,核算对方计算正确与否。

4.各步测量与计算结果填制到第八章配套实训项目附录《附录 8-2 指定货物计算》。

(三)实训要求

1.每位同学自觉、认真测量与演算。

2.配对同学间不得弄虚作假,互换数据。

项目三　集中托运货物运费计算

(一)实训说明

完成第五节教学后即可实行。假设你有一批货物要经北京运到日本大阪,公布运价同项目二。

(二)实训步骤

1.4—5 名同学一组,根据“项目二步骤一普通货物”的数据,计算组员货物采用集中托运时的运费。

2.每名组员独立确定计费重量,寻找适用运价,完成计算。

3.每名组员将自己测量与计算结果填制到第八章配套实训项目附录《附录 8-3 集中托运货物计算》。

4.核对组员计算结果是否一致,有不一致的找出原因。

(三)实训要求

每位同学自觉、独立认真完成测量与演算。

第八章配套实训项目附录：

附录 8-1　普通货物计算

自选货物品名：________________　体积：________________

体积重量：________________

毛重：________________

计费重量：________________

适用运价：________________

货物运费：________________

No. Of Pieces RCP	Gross Weight	kg Lb	Rate Class		Chargeable Weight	Rate/ Charge	Total	Nature and Quantity of Goods (Incl dimensions or Volume)
				Commodity Item No				

配对同学选择的货物品名：________________　体积：________________

体积重量：________________

毛重：________________

计费重量：________________

适用运价：________________

货物运费：________________

No. Of Pieces RCP	Gross Weight	kg Lb	Rate Class		Chargeable Weight	Rate/ Charge	Total	Nature and Quantity of Goods (Incl dimensions or Volume)
				Commodity Item No				

附录 8-2 指定货物计算

自选货物品名：________________ 体积：________________

体积重量：________________

毛重：________________

计费重量：________________

适用运价：________________

货物运费：________________

No. Of Pieces RCP	Gross Weight	kg Lb		Rate Class	Chargeable Weight	Rate/ Charge	Total	Nature and Quantity of Goods (Incl dimensions or Volume)
				Commodity Item No				

配对同学选择的货物品名：________________ 体积：________________

体积重量：________________

毛重：________________

计费重量：________________

适用运价：________________

货物运费：________________

No. Of Pieces RCP	Gross Weight	kg Lb		Rate Class	Chargeable Weight	Rate/ Charge	Total	Nature and Quantity of Goods (Incl dimensions or Volume)
				Commodity Item No				

附录 8-3　集中托运货物计算

1. 总体申报

体积：______________________________

体积重量：______________________________

毛重：______________________　计费重量：__________

适用运价：______________________________

货物运费：______________________________

2. 分别申报（直接填结果）

货物品名	1	2	3	4	5
体积					
体积重量					
毛重					
计费重量					
适用运价					
货物运费					

总体申报计算的运费为 CNY __________，分别申报的运费为 CNY __________，取低者。

因此，运费为 CNY __________

No. Of Pieces RCP	Gross Weight	kg Lb		Rate Class Commodity Item No	Chargeable Weight	Rate/ Charge	Total	Nature and Quantity of Goods (Incl dimensions or Volume)

第九章

航空货运单

本章学习任务

一、明白航空货运单的基本概念与构成；

二、熟记常见航空货运代码；

三、明白航空货运单的填开责任；

四、初步掌握航空货运单的填写操作。

章节情境设定

在头一周熟悉完工作环境后，经理就来给小五分配新的工作任务了。说是分配任务，其实也是培训。经理对小五说，航空货运单是空运里很重要的单证，下一个星期你安排时间学好它吧，客户也要拜访。小五想：不就一张单子吗，我抽一小时就可以学好了。但真的去找前辈拿单子学时，小五才发现远比自己想象的复杂。

第一节　航空货运单概述

本节情境导入

从经理那接受完任务出来，小五便按指示到客服经理那拿单子。当客服经理拿一叠单子给他时，小五说我只要一张就好了。客服经理笑着说都是一套的，你先弄清楚航空货运单有哪几张好了，待会空些我再给你讲讲怎么流转。小五知道闹笑话了，讪讪地拿着单子到一旁看去了。

本节任务

和小五一起整明白航空货运单的构成与流转，以及航空货运单的概念。

一、航空货运单的基本概念

航空货运单是由托运人或者以托运人的名义填制，是托运人和承运人之间在承运人的航线在运输货物所订立运输契约的凭证。

航空货运单通常包括有出票航空公司(ISSUING CARRIER)标志的航空货运单和无承运人任何标志的中性货运单两种。

航空货运单既可用于单一种类的货物运输，也可用于不同种类货物的集合运输。既可用于单程货物运输，也可用于联程货物运输。

航空货运单不可转让，属于航空货运单所属的空运企业（ISSUING CARRIER）。

二、航空货运单的构成

我国国际航空货运单由一式十二联组成，包括三联正本、六联副本和三联额外副本。其中，正本背面印有运输条款。航空货运单各联的分发如下表所示：

序 号	名称及分发对象	颜 色
A	Original 3（正本 3，给托运人）	浅蓝色
B	Copy 9（副本 9，给代理）	白色
C	Original（正本 1，交给航空公司）	浅绿色
D	Original（正本 2，给收货人）	粉红色
E	Copy 4（副本 4，提取货物收据）	浅黄色
F	Copy 5（副本 5，给目的地机场）	白色
G	Copy 6（副本 6，给第三承运人）	白色
H	Copy 7（副本 7，给第二承运人）	白色
I	Copy 8（副本 8，给第一承运人）	白色
J	Extra Copy（额外副本，供承运人使用）	白色
K	Extra Copy（额外副本，供承运人使用）	白色
L	Extra Copy（额外副本，供承运人使用）	白色

其中，正本 3 的托运人联，在货运单填制后，交给托运人作为托运货物的收据和货物运费预付时交付运费的收据。同时，也是托运人与承运人之间签订的有法律效力的运输文件。

三、航空货运单的作用

货运单是托运人或其代理人所使用的最重要的货运文件，其作用归纳如下：

（1）承运人与托运人之间缔结运输契约的凭证。航空运单一旦签发，即成为签署承运合同的一个书面证据。承运合同必须由发货人或其代理与承运人或其代理签署后方能生效。如果代理既是承运人的代理又是发货人的代理，就要在运单上签署两次。

（2）承运人收运货物的证明文件。当发货人将货物托运后，承运人或其代理将航空运单正本 3（Original for the shipper）交给发货人（即托运人），作为接收货物的证明。

（3）运费结算凭证及运费收据。航空运单可作为运费账单和发票。因为它分别记载着属于收货人（或发货人）应负担的费用和属于代理的费用。承运人将运单的正本 1（Original for the issuing Carrier）自己留存，作为运费收取凭据。

（4）收货人核收货物的依据。航空货运单正本 2 注明“Original-for the consignee”，由航空公司随机交给收货人，收货人据此核收货物。

（5）国际进出口货物办理清关的证明文件。在航空货物到达目的地后报关时，航空运单通常是海关检查放行的基本单据。

(6)保险证书。如果承运人保险而发货人又要求承运人代为保险,那么航空运单即可用来作保险证书。

(7)承运人在货物运输组织的全过程中运输货物的依据,即承运人内部处理业务的依据。航空运单是承运人在办理该运单项下货物发货、转运、交付的依据。承运人根据运单上所记载的内容办理这些事项。

四、航空货运单的种类

1.总运单

由航空公司签发的航空货运单,称为总运单。每一批货物都必须具备总运单。

2.分运单

由航空货运代理在办理集中托运业务时签发给各批发货人的运单。在集中托运时,除航空公司签发主运单外,集中托运人还要签发航空分运单。

航空主运单与分运单关系图如下:

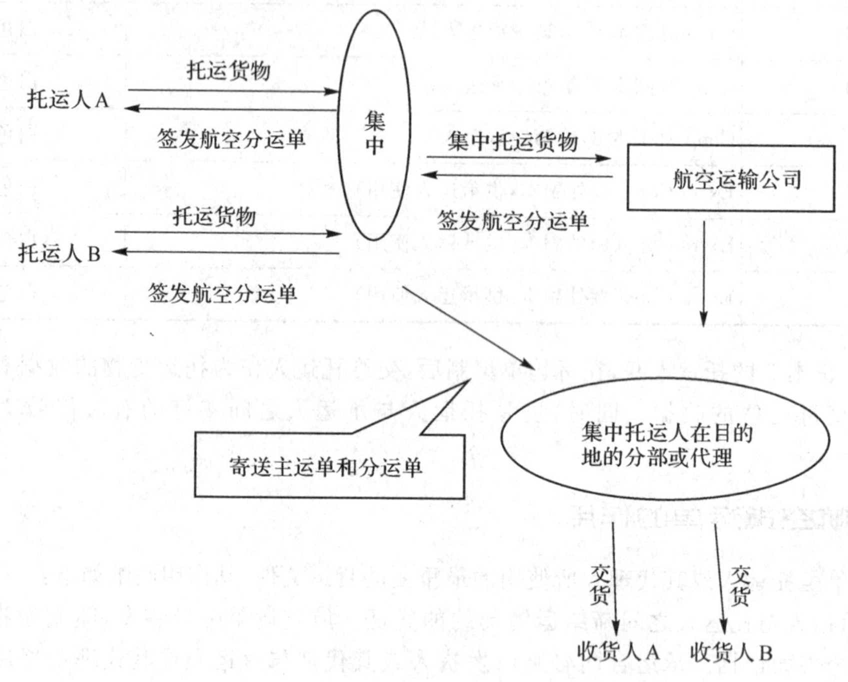

第二节　航空货运单的填制

本节情境导入

航空货运单的构成对小五来说,一下就掌握了。在他庆幸之时,客服经理告诉他,了解航空货运单简单,但是要填好就难了。首先要把常见的航空货运代码,尤其是航空港代码熟记,不然是没法出门做业务的。第一周时间其实就是要熟记这些代码,说完给小五一本小册子,让他去背。说背好了再教他怎么填单。

本节任务

1. 了解常见航空货运代码，学会根据客户委托书填制航空货运单。

2. 完成第三节《项目一 常见航空货运代码》和《项目二 航空货运单的填制》。

一、常见航空货运代码简介

在航空运输中，一些名词的代码往往比全称更重要。由于单证的大小限制、操作的方便程度等缘故，使得货运的整个流程中代码的作用非常显著，它有简洁、节省空间、容易识别等优点，因此在此介绍部分航空货运中有关的代码。

(一)国家代码

在航空运输中，国家的代码用两字代码表示，见下表。

英文全称	中文全称	两字代码
China	中国	CN
United States of America	美国	US
Untied Kingdom	英国	GB
Germany	德国	DE
France	法国	FR
Japan	日本	JP
Korea	韩国	KR
Singapore	新加坡	SG
Canada	加拿大	CA
Australia	澳大利亚	AU

(二)城市的三字代码

城市的三字代码在航空运输中占据着重要的位置，运输本身是在空间上点与点的位移，因此，每运一票货物都涉及城市的三字代码。

英文全称	中文全称	三字代码
BEIJING	北京	BJS
GUANGZHOU	广州	CAN
SHANGHAI	上海	SHA
TIANJIN	天津	TSN
SHENZHEN	深圳	SZX
HANGZHOU	杭州	HGH
LONDON	伦敦	LON
NAGOYA	名古屋	NGO
PARIS	巴黎	PAR
NEW YORK	纽约	NYC

(三)机场的三字代码

机场通常也用三字代码表示，在一些城市机场的三字代码同城市三字代码一样，在中国很多城市如此，例如天津等。但是，世界大多数机场三字代码同城市三字代码不一样，例如北京，城市是BJS，首都机场是PEK。下表是常见的机场的三字代码。

机场的英文全称	中文全称	三字代码	所在国家
CAPITAL AIRPORT	首都国际机场	PEK	中国
CHARLES DE GAULLE AIRPORT	戴高乐机场	CDG	法国
HANGZHOU AIRPORT	杭州萧山国际机场	HGH	中国
KANSAI INT' AIRPORT	大阪关西国际机场	KIX	日本
DULLES INT' AIRPORT	达拉斯国际机场	IAD	美国
HAHN AIRPORT	法兰克福机场	HHN	德国
O'HARE INT' AIRPORT	芝加哥机场	ORD	美国

(四)航空公司的两字代码

航空公司一般既有两字代码，也有三字代码，但通常使用的是两字代码，有的航空公司使用三字代码，例如斯堪的纳航空公司的代码是SAS。下表是常见的中国航空公司两字代码。

英文全称	中文全称	两字代码	所在国家/地区
Air China International Corp	中国国际航空公司	CA	中国
China Southern Airlines	中国南方航空公司	CZ	中国
China Eastern Airlines	中国东方航空公司	MU	中国
China Airlines Ltd	中华航空公司	CI	中国台湾
Cathay Pacific Airways Ltd	国泰航空公司	CX	中国香港
Dragon Air	港龙航空公司	KA	中国香港
Air Macao Airlines	澳门航空公司	NX	中国澳门

(五)常见的航空货运操作代码

在航空货物运输中，经常可以看到一些常见的特殊操作代码，这些代码主要供操作人员在运输的各个环节，注意运输货物的性质，采取相应的操作策略。下表是一些常见的操作代码。

操作代码	英文全称	中文全称
AVI	LIVE ANIAML	活动物
BIG	OUTSIZED	超大货物
EAT	FOODSTUFFS	食品
FIL	UNDEVELOPED/UNEXPOSED FILM	未冲洗/未曝光的胶卷
FRO	FROZEN GOODS	冷冻货物
HUM	HUMAN REMAINS IN COFFINS	尸体
ICE	DRY ICE	干冰

(六)常见的危险品代码

危险品运输是航空货物运输中操作最复杂、难度最大的一类货物,尤其在仓储、运输环节,而在货物的外包装上经常看到操作代码,因此了解这些代码的含义具有实际意义。下表是些常见的危险品代码。

英文全称	中文全称	危险品代码
Cryogenic Liquids	低温液体	RCL
Corrosive	易腐蚀的货物	RCM
Explosives 1.3C	爆炸物 1.3C 类	RCX
Flammable liquid	易燃液体	RFL
Organic Peroxide	有机过氧化物	ROP
Toxic Gas	有毒气体	RPG
Radioactive material, Category I-white	放射性包装,I类白色包装	RRW

(七)常见的缩写

在航空运输业务中,还有一些缩写表现为代码形式。下表是一些常见的缩写代码。

缩写代码	英文全称	中文全称
AWB	AIR WAYBILL	货运单
CC	CHARGES COLLECT	运费到付
CCA	CAGO CHARGES CORRECTION ADVICE	货物运费更改通知书
NVD	NO VALUE DECLARED	无申明价值
PP	CHARGES PREPAID	运费预付
ULD	UNIT LOAD DEVICE	集装器
HWB	HOUSE AIR WAYBILL	分运单
MWB	MASTER AIR WAYBILL	主运单

二、航空货运单的填开责任与填制要求

(一)航空货运单的填开责任

根据《华沙公约》、《海牙议定书》和承运人运输条件的条款规定,承运人的承运条件为托运人准备航空货运单。

托运人有责任填制航空货运单。规定明确指出,托运人应自行填制航空货运单,也可以要求承运人或承运人授权的代理人代为填制。托运人对货运单所填各项内容的正确性、完备性负责。由于货运单所填内容不正确、不完全,致使承运人或其他人遭受损失,托运人负有责任。托运人在航空货运单上的签字,证明其接受航空货运单正本背面的运输条件。

根据《中华人民共和国民用航空法》第一百十二条和一百十四条规定,托运人应当填写航空货运单正本一式三份,连同货物交给承运人。承运人有权要求托运人填写航空货运单,托运人有权要求承运人接受该航空货运单。托运人未能出示航空货运单,航空货运单不符合规定或航空货运单遗失,不影响运输合同的存在或者有效。

(二)航空货运单的限制

一张货运单只能用于一个托运人在同一时间、同一地点托运的由承运人承运的,运往同一目的站同一收货人的一件或多件货物。

货运单可以代表航空公司身份,该货运单由航空公司印制。货运单还可以不代表任何一个航空公司,因其不是航空公司印制的。

"不可转让"的意义。货运单的右上端印有"不可转让"(Not Negotiable)字样,其意义是指航空货运单仅作为货物航空运输的凭证,所有权属于出票航空公司,与可以转让的海运提单恰恰相反。因此,任何IATA成员都不允许印制可以转让的航空货运单,货运单上的"不可转让"字样不可被删去或篡改。

货运单号码是货运单不可缺少的重要组成部分,每本货运单都有一个号码,它直接确定航空货运单的所有人——出票航空公司,它是托运人、发货人或其代理人向承运人询问货物运输情况的重要依据,也是承运人在各个环节组织运输,如订舱、配载、查询货物时必不可少的依据。

(三)航空货运单的填制要求

(1)航空货运单要求用英文打字机或计算机,用英文大写字母打印。各栏内容必须准确、清楚、齐全,不得随意涂改。

(2)货运单已填好内容在运输过程中需要修改时,必须在修改项目的近处盖章注明修改货运单的空运企业名称、地址和日期。修改货运单时,应将所有剩余的各联一同修改。

(3)在始发站货物运输开始后,货运单上的"运输声明价值(Declared Value for Carriage)"一栏的内容不得再做任何修改。

(4)每批货物必须全部收齐后,方可填开货运单,每一批货物或集合运输的货物均填写一份货运单。

(5)货运单的各栏目中,有些栏目印有阴影。其中,有标题的阴影栏目仅供承运人填写。使用没有标题的阴影栏目一般不需填写,除非承运人特殊需要。

三、航空货运单各栏目填写说明

学习本部分内容时，请对照本书214页货运单样本。

1. 货运单号码(The Air Waybill Number)

货运单号码应清晰地印在货运单的左右上角以及右下角(中性货运单需自行填制)。

——航空公司的数字代号(1A)Airline Code Number；

——货运单序号及检验号(1B)Serial Number。

注意：第八位数字是检验号，是前7数字对7取模的结果。第四位数字与第五位数字之间应留有比其他数字之间较大的空间。例：777——1234 5675

2. 始发站机场①(Airport of Departure)

填制始发站机场的IATA三字代号(如果始发地机场名称不明确，可填制机场所在城市的IATA三字代号)。

3. 货运单所属承运人的名称及地址(1C)Issuing Carries Name and Address

此处一般印有航空公司的标志、名称和地址。

4. 正本联说明(1D)Reference To Originals

无需填写。

5. 契约条件(1E)Reference To Conditions of Contract

一般情况下无需填写，除非承运人需要。

6. 托运人栏 Shipper

——Shipper's Name and Address 托运人姓名和地址②

填制托运人姓名(名称)、地址、国家(或国家两字代号)以及托运人的电话、传真、电传号码；

——Shipper's Account Number 托运人账号③

此栏不需填写，除非承运人需要。

7. 收货人栏 Consignee

——Consignee's Name and Address 收货人姓名和地址④

填制收货人姓名(名称)、地址、国家(或国家两字代号)以及收货人的电话、传真、电话号码；

——Consignee's Account Number 收货人账号⑤

此栏仅供承运人使用，一般不需填写，除非最后的承运人需要。

8. 填开货运单的承运人的代理人栏 Issuing Carrier's Agent

(1)Name and city 名称和城市⑥

——填制向承运人收取佣金的国际航协代理人的名称和所在机场或城市；

——根据货物代理机构管理规则，该佣金必须支付给目的站国家的一个国际航协代理人，则该国际航协代理人的名称和所在机场或城市必须填入本栏。

填入“收取佣金代理人”(Commissionable Agent)字样。

(2)Agent's IATA code 国际航协代号⑦

——代理人在非货账结算区(Non-CASS Areas)，打印国际航协7位数字代号，例：14—30288；

——代理人在货账结算区(CASS Areas),打印国际航协 7 位数字代号,后面是三位 CASS 地址代号和一个冠以 10 位的 7 位数字代号检验位。例:34－41234/5671

CASS——Cargo Accounts Settlement System 货物财务结算系统

一些航空公司为便于内部系统管理,要求其代理人在此处填制相应的代码。

(3)Account No. 账号⑧

本栏一般不需填写,除非承运人需要。

9. 运输路线 Routing

(1)Airport of Departure and Requested Routing 始发站机场

第一承运人地址和所要求的运输路线(9)

此栏填制与栏中一致的始发站机场名称,以及所要求的运输路线。

注:此栏中应填制始发站机场或所在城市的全称。

(2)运输路线和目的站(Routing and Destination)

——To(by First Carrier)至(第一承运人)(11A)

填制目的站机场或第一个转运点的 IATA 三字代号(当该城市有多个机场,不知道机场名称时,可用城市代号);

——By First Carrier 由第一承运人(11B)

填制第一承运人的名称(全称与 IATA 两字代号皆可);

——To (by Second Carrier)至(第二承运人)(11C)

填制目的站机场或第二个转运点的 IATA 三字代号(当该城市有多个机场,不知道机场名称时,可用城市代号);

——By(Second Carrier)由(第二承运人)(11D)

填制第二承运人的 IATA 两字代号;

——To(by Third Carrier)至(第三承运人)(11E)

填制目的站机场或第三转运点的 IATA 三字代号(当该城市有多个机场,不知道机场名称时,可用城市代号);

——By(Third Carrier)由(第三承运人)(11F)

填制第三承运人的 IATA 两字代号。

(3)Airport of Destination 目的站机场(18)

填制最后承运人的目的地机场全称(当该城市有多个机场,不知道机场名称时,可用城市全称)。

(4)Flight/date 航班/日期——仅供承运人用(19A)(19B)

本栏一般不需填写,除非参加运输各有关承运人需要。

10. 财务说明 Account Information(10)

此栏填制有关财务说明事项

——付款方式:现金支票或其他方式;

——用 MCO 付款时,只能用于作为货物运输的行李的运输,此栏应填制 MCO 号码,换取服务金额,以及旅客客票号码、航班、日期及航程;

注:代理人不得接受托运人使用 MCO 作为付款方式。

——货物到达目的站无法交付收货人而需退运的,应将原始货运单号码填入新货运单的本栏内。

11. 货币 Currency(12)

——填制始发国的ISO(国际标准组织)的货币代号;

——除目的站"国家收费栏"(33A)—(33D)内的款项货运单上所列明的金额均按上述货币支付。

12. 运费代号 CHGS Code(仅供承运人用)(13)

本栏一般不需填写,仅供电子传送货运单信息时使用。

13. 运费 Charges

(1)WT/VAL 航空运费(根据货物计费重量乘以适用的运价收取的运费)和声明的价值附加费的预付和到付(14A)(14B)

——货运单上(24A)、(25A)或(24B)、(25B)两项费用必须全部预付或全部到付;

——在(14A)中打"X"表示预付,在(14B)中打"X"表示到付。

(2)Other(Charges at Origin)在始发站的其他费用预付和到付(24A)、(25A)

——货运单上(27A)、(28A)或(27B)、(28B)两项费用必须全部预付或全部到付;

——在(15A)中打"X"表示预付,在(15B)打"X"表示到付。

14. 供运输用声明价值 Declared Value for carriage(16)

——打印托运人向货物运输声明的价值金额;

——如果托运人没有声明价值,此栏必须打印"NVD"。

注:NVD—NO VALUE DECLARED 没有申明价值

15. 供海关用声明价值 Declared value for Customs(17)

——打印货物及通关时所需的商业价值金额;

——如果货物没有商业价值,此栏必须打印"NCV"字样。

注:NCV—NO COMMOCIAL VALUE 没有商业价值

16. 保险的金额 Amount of Insurance(20)

——如果承运人向托运人提供代办货物保险业务时,此栏打印托运人货物投保的金额;

——如果承运人不提供此项服务或托运人不要求投保时此栏内必须打印"×××"符号。

17. 运输处理注意事项处填制相应的代码票航空公司注意事项 Handling information (21)

(1)如果是危险货物,有两种情况。一种是需要附托运人危险品申报单的,则本栏内应打印"DANGEROUS GOODS AS PER ATTACHED SHIPPER'S DECLARATION"字样,对于要求装货机上的危险货物,还应再加上"CARGO AIRCRAFT ONLY"字样。另一种是属于不要求附危险品申报单的危险货物,则应打印"SHIPPER'S DECLARATION NOT REQUIRED"字样。

(2)当一批货物中既有危险货物也有非危险货物时,应分别列明,危险货物必须列在第一项,此类货物不要求托运人附危险品申报单,且危险货物不是放射性物质且数量有限。

(3)其他注意事项尽可能使用"货物交换电报程序"(CARGO-IMP)中的代号和简语,如

——货物上的标志、号码以及包装方法;

——货运单所附文件,如托运人的动物证明书“SHIPPER'S CERTIFICATION FOR LIVE ANIMAL”、装箱单“PACKING LIST”、发票“INVOICE”等;

——除收货人外,另请通知人的姓名、地址、国家以及电话、电传或传真号码;

——货物所需要的特殊处理规定;

——海关规定等。

18. 货物运价细目(22A)至(22H)Consignment Rating Details

一票货物中如含有两种或两种以上不同运价类别计费的货物应分别填写,每填写一项另起一行,如果含有危险品,则该危险货物应列在第一项。

(1)件数/运价组合点 No. of Pieces Rcp(22A)

——打印货物的件数;

——如果使用非公布直达运价计算运费时,在件数的下面还应打印运价组合点城市的IATA三字代号。

(2)毛重 Gross Weight(22B)

——适用于运价的货物实际毛重(以公斤为单位时可保留至小数后一位)。

(3)重量单位 kg/Lb(22C)

以公斤为单位用代号“K”;

以磅为单位用代号“L”。

(4)运价等级 Rate Class(22D)

根据需要打印下列代号:

M——最低运费 Minimum Charge;

N——45公斤以下(或100公斤以下)运价 Normal Rate;

Q——45公斤以上运价 Quantity Rate;

C——指定商品运价 Specific commodity Rate;

R——等级货物附减运价 Class Rate Reduction;

S——等级货物附加运价 Class Rate Surcharge;

U——集装化设备基本运费或运价 Unit load Device Basic Charge or Rate;

E——整装化设备附加运价 Unit load Device Additional Rate;

X——集装化设备附加说明 Unit load Device Additional Information;

Y——集装化设备折扣 Unit load Device Discount。

(5)商品品名编号 Commodity Item(22E)

——使用指定商品运价时,此栏打印指定商品品名代号(打印位置应与运价代号C保持水平);

——使用等级货物运价时,此栏打印附加或附减运价的比例(百分比);

——如果是集装货物,打印集装货物运价等级。

(6)计费重量 chargeable weight(22F)

——打印与运价相应的货物计费重量;

——如果是集装货物则

①与运价代号“U”对应打印适合集装货物基本运费的运价点重量;

②与运价代号“E”对应打印超过使用基本运费的重量;

③与运价代号“X”对应打印集装器空重。

(7)运价/运费 Rate/charge(22G)

——当使用最低运费时,此栏与运价代号“M”对应打印最低运费;

——打印与运价代号“N”、“Q”、“C”等相应的运价;

——当货物为等级货物时,此栏与运价代号“S”或“R”对应打印附加或附减后的运价;

——如果货物是集装货物则

①与运价代号“U”对应打印集装货物的基本运费;

②与运价代号“E”对应打印超过基本运费的集装货物运价。

(8)总计(22H)

——打印计费重量与适用运价相乘后的运费金额;

——如果是最低运费或集装货物基本运费时,本栏与(22G)内金额相同。

(9)货物品名和数量 Nature and Quantity of Goods(22I)

本栏应按要求打印,尽可能地清楚、简明,以便涉及组织该批货物运输的所有工作人员能够一目了然。

①打印货物的品名(用英文大写字母);

②当一票货物中含有危险货物时,应分列打印,危险货物应列在第一项;

③活动物运输,本栏内容应根据 IATA 活动物运输规定打印;

④对于集合货物,本栏应打印“Consolidation as Per Attached List”;

⑤打印货物的体积,用长×宽×高表示,例:DIMS:40×30×20cm;

⑥可打印货物的产地国。

(10)总件数(22J)

打印(22A)中各组货物的件数之和。

(11)总毛重(22K)

打印(22B)中各组货物毛重之和。

(12)总计(22L)

打印(22H)中各组货物运费之和。

(13)一般不需打印

除非承运人需要,此栏内可打印服务代号即(22Z):

B——Service Shipment 公务货物;

C——Company Material 公司货物;

D——Door to Door Service 门对门服务;

J——Priority Service 优先服务;

P——Small Package Service 小件货服务

T——Charter 包机。

19.其他费用 Other charges(23)

1)打印始发站运输中发生的其他费用,按全部预付或全部到付。

2)作为到付的其他费用,应视为“代垫付款”托运人应按代垫付款规定支付手续费。否则,对其他运费应办理到付业务。

3)打印“其他费用”金额时,应冠以下列代号:

AC——Animal Container 动物容器租费;

AS——Assembly Service Fee 集中货物服务费;

AT——Attendant 押运员服务费;

AW——Air Waybill 货运单费;

BR——Bank Release 银行放行;

DB——Disbursement fee 代垫付款手续费;

DF——Distribution Service 分发服务费;

FC——Charges collect fee 运费到付手续费;

GT——Government tax 政府捐税;

HR——Human remains 尸体、骨灰附加费;

IN——Insurance Premium 代办保险服务费;

LA——Live Animal 动物处理费;

MA——Miscellaneous——Due Agent 代理人收取的杂项费用;

MZ——Miscellaneous——Due Carrier 填开货运单的承运人收取的杂项费用;

PK——Packaging 包装服务费;

RA——Dangerous goods Surcharge 危险品处理费;

SD——Surface Charge Destination 目的站地面运输费;

SI——Stop in transit 中途停运费;

SO——Storage Origin 始发站保管费;

SR——Storage Destination 目的站保管费;

SU——Surface Charge 地面运输费;

TR——Transit 过境费;

TX——Taxes 捐税;

UH——ULD Handling 集装设备操作费。

(4)承运人收取的其他费用用“C”表示

代理人收取的其他费用用“A”表示。

例:AWC 为承运人收取的货运单费

AWA 为代理人收取的货运单费

20.预付 PREPAID

(1)weight charge 预付运费(24A)

打印货物计费重量计得的货物运费,与(22H)或(22L)中的金额一致。

(2)Valuation Charge(Prepaid)预付声明价值附加费(25A)

如果托运人向货物运输声明价值的话,此栏打印根据公式:(声明价值－实际毛重×最高赔偿额)×0.5%。

计得的声明价值附加费金额。此项费用与(22H)或(22L)中货物运费一起必须全部预付或全部到付。

(3)(Prepaid)Tax 预付税款(26A)

打印适用的税款。此项费用与(22H)或(22L)中货物运费以及声明的价值附加费一起必须全部预付或全部到付。

(4)Total Other prepaid charges 预付的其他费用总额。根据(23)内的其他费用打印。

——Total(prepaid)Charges Due Agent

预付由代理人收取的其他费用总额(27A)

打印由代理人收取的其他费用总额。

——Total(prepaid) Charges Due Carrier 预付由承运人收取的其他费用(28A)

打印由承运人收取的其他费用总额。

(5)(29A)无名称阴影栏目

本栏不需打印,除非承运人需要。

(6)Total prepaid 预付总计

打印(24A)(25A)(26A)(27A)等栏有关预付款项之和。

21. 到付 COLLECT

(1)weigh charge 到付运费(24B)

打印按货物计费重量计得的货物航空运费,与(22H)或(22L)中的金额一致。

(2)(Prepaid)Valuation Charge 到付声明价值附加费(25B)

托运人向货物运输声明价值的话,此栏打印根据公式:(声明价值－实际毛重×最高赔偿额)×0.5%。

计得的声明价值附加费金额。此项费用与(22H)或(22L)中货物运费一起必须全部预付或全部到付。

(3)(Prepaid)Tax 到付税款(26B)

打印适用的税款。此项费用与(22H)或(22L)中货物运费以及声明价值附加费一起必须全部预付成全部到付。

(4)Total Other prepaid charges 预付的其他费用总额有关栏内容根据(23)内的其他费用打印。

——total(prepaid) Charges Due Agent

到付由代理人收取和其他费用总额(27B)

打印由代理人收取的其他费用总额;

——Total(prepaid) Charges Due Carrier 到付由承运人收取的其他费用(28B)

打印由承运人收取的其他费用总额。

(5)(29B)无名称阴影栏目

本栏不需打印,除非承运人需要。

(6)Total prepaid 预付总计

打印(24B)(25B)(26B)(27B)(28B)等栏有关预付款项之和。

22. 托运人证明栏 SHIPPER'S CERTIFICATION BOX(31)

打印托运人名称(可参考②中内容)并令其在本栏内签字或盖章。

23. 承运人填写栏 CARRIERSEXECUTION BOX

(1)Executed on(prepaid)填开日期(32A)

按日、月、年的顺序打印货运单的填开日期,月份可用缩写,例:06SEP2000

(2)At(place)填开地点(32B)

打印机场或城市的全称或缩写。

(3)Signature of Issuing Carrier or Its Agent 填开货运单的承运人或其代理人签字(32C)

填开货运单的承运人或其代理人在本栏内签字。

24. For Carrier's Use only at Destination

仅供承运人在目的站使用(33)

本栏不需打印。

25. 用目的站国家货币付费(仅供承运人使用)(30A)至(33D)

(1)Currency Conversion Rate 货币兑换比价(33A)

打印目的站国家货币代号,后面是兑换比率。

(2)CC Charges in Destination Currency 用目的站国家货币付费(33B)

将(29B)中所列到付总额,使用⑨的货币换算比率折算成目的站国家货币的金额,打印在本栏内。

(3)Charges at Destination 在目的站的费用(33C)

最后承运人将目的站发生的费用金额包括利息等(自然增长的),打印在本栏。

(4)Total collect charges 到付费用总额

打印(24B)与(29B)内的费用金额之和。

1A 1 1B

1A 1B

Shipper's Name and Address 2

Shipper's Account Number 3

NOT NEGOTIABLE 99

AIR WAYBILL 1C

ISSUED BY 99

Copies 1, 2 and 3 of this Air Waybill are originals and have the same validity 1D

Consignee's Name and Address 4

Consignee's Account Number 5

It is agreed that the goods described herein are accepted in apparent good order and condition (except as noted) for carriage SUBJECT TO THE CONDITIONS OF CONTRACT ON THE REVERSE HEREOF. ALL GOODS MAY BE CARRIED BY ANY OTHER MEANS INCLUDING ROAD OF ANY OTHER CARRIER UNLESS SPECIFIC CONTRARY INSTRUCTIONS ARE GIVEN HEREON BY THE SHIPPER, AND SHIPPER AGREES THAT THE SHIPMENT MAY BE CARRIED VIA INTERMEDIATE STOPPING PLACES WHICH THE CARRIER DEEMS APPROPRIATE. THE SHIPPER'S ATTENTION IS DRAWN TO THE NOTICE CONCERNING CARRIERS' LIMITATION OF LIABILITY. Shipper may increase such limitation of liability by declaring a higher value for carriage and paying a supplemental charge if required. 1E

Issuing Carrier's Agent Name and City 6

Accounting Information 10

Agent's IATA Code 7

Account No. 8

Airport of Departure (Addr. of First Carrier) and Requested Routing 9

To 11A | By First Carrier | Routing and Destination 11B | To 11C | By 11D | To 11E | By 11F | Currency 12 | 13 | WT/VAL 14A PPD COLL | Other 15A PPD COLL | Declared Value for Carriage 16 | Declared Value for Customs 17

Airport of Destination 18

Flight/Date 19A 19B

Amount of Insurance 20

INSURANCE: If Carrier offers insurance, and such insurance is requested in accordance with the conditions thereof, indicate amount to be insured in figures in box marked 'Amount of Insurance' 20A 20B

14B 15B

Handling Information 21

21A SCI

No. of Pieces RCP	Gross Weight	kg lb	Rate Class	Commodity Item No.	Chargeable Weight	Rate	Charge	Total	Nature and Quantity of Goods (incl. Dimensions or Volume)
22A	22B	22C		22E 22D 22Z	22F	22G		22H	22I
22J	22K							22L	

Prepaid | Weight Charge | Collect
24A 24B

Valuation Charge
25A 25B

Tax
26A 26B

Total Other Charges Due Agent
27A 27B

Total Other Charges Due Carrier
28A 28B

99

Total Prepaid 30A | Total Collect 30B

Other Charges 23

Shipper certifies that the particulars on the face hereof are correct and that insofar as any part of the consignment contains dangerous goods, such part is properly described by name and is in proper condition for carriage by air according to the applicable Dangerous Goods Regulations.

31

Signature of Shipper or his Agent

32A 32B 32C

Executed on (Date) | at (Place) | Signature of Issuing Carrier or its Agent

1A 1B

ORIGINAL 3 (FOR SHIPPER)

第三节　章节配套实训项目

项目一　常见航空货运代码

(一)实训说明

完成第一节教学即可开展本项目实训,也可在开展第一节教学前。

进入经营国际航空货运的国际货运代理公司后,在外出揽货或从事其他空运业务前,国际航空货运代理人必须做到对世界各大洲或地区的主要空港耳熟能详。否则将无法正常开展工作。

本项目实训采用填制表格的形式,让学生在反复的填制过程中,熟悉航空货运代码。

(二)实训步骤

将第九章配套实训项目附表 9-1 和附表 9-2 所提供的表格内容填写完整。

(三)实训要求

每位同学根据老师要求将表格空白的地方填满。

项目二　航空货运单的填制

(一)实训说明

完成第二节教学即可开展本项目实训,或开展航空货运单填制知识教学前开展。

航空货运代理通常根据客户委托书,代客户填制航空货运单。

(二)实训步骤

1. 根据"附表 9-3　客户委托书(一)"给出的内容填制完成"附表 9-4　航空货运单";

2. 根据"附表 9-5　客户委托书(二)"给出的内容填制完成"附表 9-6　航空货运单"。

3. 项目二适用运价表:

SHANGHAI	CN		SHA
Y. RENMINBI	CNY		KGS
TOKYO	JP	M	230.00
		N	7.51
		45	28.13

第九章配套实训项目附录：

附表 9-1　常见航空货运三字代码

城市三字代码

所在国家	中文全称	三字代码
中国	北京	BJS
		BOM
		BUE
		BCN
		OVB
		OSA
		PAR
美国	费城	
	莫尔斯比港	
	西班牙港	
	金边	
巴拿马	巴拿马城	
捷克	布拉格	
意大利	比萨	

机场三字代码

英文全称	中文全称	三字代码	所在国家/地区
CAPITAL AIRPORT	首都国际机场	PEK	中国
CHARLES DE GAULLE AIRPORT	戴高乐机场	CDG	法国
HANGZHOU AIRPORT	杭州萧山国际机场	HGH	中国
KANSAI INT' AIRPORT	大阪关西国际机场	KIX	日本
DULLES INT' AIRPORT	达拉斯国际机场	IAD	美国
HAHN AIRPORT	法兰克福机场	HHN	德国
O'HARE INT' AIRPORT	芝加哥机场	ORD	美国

附表 9-2　常见航空货运二字代码

国家两字代码

英文全称	中文全称	两字代码
China	中国	CN
	韩国	
United Kingdom		
	德国	
	荷兰	
	卢森堡	
	泰国	
	阿联酋	
	俄罗斯	

航空公司两字代码

英文全称	中文全称	两字代码	所在国家/地区
China Southern Airlines	中国南方航空公司		中国
	美洲航空公司		美国
		MU	中国
		OZ	韩国
		LH	德国
		KML	荷兰
		CV	卢森堡
		TG	泰国
		EK	阿联酋
		SU	俄罗斯

附表 9-3　客户委托书(一)

义乌商远贸易有限公司
YIWU SHARERUN TRADE CO., LTD.
国际货物托运书
SHIPPER'S LETTER OF INSTRUCTION

TO:				进仓编号:	
托运人	义乌商远贸易有限公司				
发货人 SHIPPER	YIWU SHARERUN TRADE CO., LTD. YIWU COLLEGE ROAD No. 2 YIWU 322000, CHINA				
收货人 CONSIGNEE	FASHION FORCE CO., LTD. P. O. BOX 8935 NEW TERMINAL, ALTA, VISTA OTTAWA, CANADA TEL: 00966－1－4659220　FAX: 00966－1－4659213				
通知人 NOTIFY PARTY	FASHION FORCE CO., LTD. P. O. BOX 8935 NEW TERMINAL, ALTA, VISTA OTTAWA, CANADA TEL: 00966－1－4659220　FAX: 00966－1－4659213				
始发站	SHANGHAI	目的站　MONTREAL		运费	PREPAID
标记唛头 MARKS	件数 NUMBER	中英文品名 DESCRIPTION OF GOODS		毛重（公斤） G. W (kgs)	尺码（立方厘米） SIZE (cm^3)
FASHION FORCE F01LCB05127 CTN NO. MONTREAL MADE IN CHINA	85 CARTONS	LADIES COTTON BLAZER 女式棉运动上衣 (100% COTTON, 40SX20/140X60)		637.5	1205000
其他	不投保,不声明价值 COMMERCIAL INVOICE ATTACHED. NOTIFY ON ARRIVAL				
1. 货单到达时间:10.4 报关		2. 航班:CA965/10.5		运价:29/kg＋AWC50	
电　话:83803000 传　真:83803000 联系人:吴望道 地　址:义乌市学院路 2 号 托运人签字:姚春晗		★如改配航空公司请提前通知我司 公章 制单日期:2009 年 9 月 29 日			

附表 9-4 航空货运单

Shipper's Name and Address | Shipper's Account Number

Not Negotiable

Air Waybill

Issued by

Copies 1, 2 and 3 of this Air Waybill are originals and have the same validity.

Consignee's Name and Address | Consignee's Account Number

It is agreed that the goods described herein are accepted in apparent good order and condition (except as noted) for carriage SUBJECT TO THE CONDITIONS OF CONTRACT ON THE REVERSE HEREOF ALL GOODS MAY BE CARRIED BY ANY OTHER MEANS INCLUDING ROAD OR ANY OTHER CARRIER UNLESS SPECIFIC CONTRARY INSTRUCTIONS ARE GIVEN HEREON BY THE SHIPPER, AND SHIPPER AGREES THAT THE SHIPMENT MAY BE CARRIED VIA INTERMEDIATE STOPPING PLACES WHICH THE CARRIER DEEMS APPROPRIATE. THE SHIPPER'S ATTENTION IS DRAWN TO THE NOTICE CONCERNING CARRIER'S LIMITATION OF LIABILITY. Shipper may increase such limitation of liability by declaring a higher value for carriage and paying a supplemental charge if required.

Issuing Carrier's Agent Name and City | Accounting Information

Agent's IATA Code | Account No.

Airport of Departure (Addr. of First Carrier) and Requested Routing | Reference Number | Optional Shipping Information

To	By First Carrier (Routing and Destination)	to	by	to	by	Currency	CHGS Code	WT/VAL (PPD / COLL)	Other (PPD / COLL)	Declared Value for Carriage	Declared Value for Customs

Airport of Destination | Requested Flight/Date | Amount of Insurance | INSURANCE - If carrier offers insurance, and such insurance is requested in accordance with the conditions thereof, indicate amount to be insured in figures in box marked "Amount of Insurance".

Handling Information

THESE COMMODITIES, TECHNOLOGY OR SOFTWARE WERE EXPORTED FROM THE UNITED STATES IN ACCORDANCE WITH THE EXPORT ADMINISTRATION REGULATIONS. DIVERSION CONTRARY TO U.S. LAW PROHIBITED

No. of Pieces RCP	Gross Weight	kg / lb	Rate Class / Commodity Item No.	Chargeable Weight	Rate / Charge	Total	Nature and Quantity of Goods (incl. Dimensions or Volume)

Prepaid	Weight Charge	Collect	Other Charges
	Valuation Charge		
	Tax		
	Total Other Charges Due Agent		Shipper certifies that the particulars on the face hereof are correct and that insofar as any part of the consignment contains dangerous goods, such part is properly described by name and is in proper condition for carriage by air according to the applicable Dangerous Goods Regulations.
	Total Other Charges Due Carrier		
			Signature of Shipper or his Agent
Total Prepaid		Total Collect	
Currency Conversion Rates		CC Charges in Dest. Currency	Executed on (date) at (place) Signature of Issuing Carrier or its Agent
For Carriers Use only at Destination		Charges at Destination	Total Collect Charges

IO-ABF70 (REV. 11/99)

ORIGINAL 2 (FOR CONSIGNEE)

附表 9-5 客户委托书(二)

托运人姓名及地址 SHIPPER NAME AND ADDRESS	托运人账号 SHIPPERS ACCOUNT NUMBER	供承运人用 FOR CARRIAGE USE ONLY	
CHINA INDUSTRY CORP. ,BEIJING. P. P. CHINA TEL:86(10)6459666 FAX:86(10)64598888		班期/日期 FLIGHT/DAY	航班/日期 FLIGHT/DAY
		CA921/30 JUL	
托运人姓名及地址 SHIPPER NAME AND ADDRESS	托运人账号 SHIPPERS ACCOUNT NUMBER	已预留吨位 BOOKED	
OSAKA SPORT INPORTERS, OSAKA,JAPAN TEL:78789999		运费 CHARGES CHARGES PREPAID	
代理人的名称和城市 Issuing Carriers Agent Name and City KUNDA AIR FRIGHT CO. ,LTD		ALSO notify	
始发站 AIRPORT OF DEPARTURE CAPTIAL INTERNATIONAL AIRPORT			
到达站 AIRPORT OF DESTINATION NARITA			
托运人声明价值 SHIPPER'S DECLARED VALUE	保险金额 AMOUNT OF INSURANCE ×××	所附文件 DOCUMENT TO ACCOMPANY AIR WAYBILL 1 COMMERCIAL INVOICE	
供运输用 FOR CARRIAGE NVD 供海关用 FOR CUSTOMS NCV			

理货信息(包括包装方式、货物标志及号码)
HANDLING INFORMATION(INCL. METHOD OF PACKING INEDTFYING AND NUMBERS)
KEEP UPSIDE

件数 No. OF PACKAGES	实际毛重 ACTUAL GROSS WEIGHT(kg)	运价种类 RATE CLASS	计费重量 CHARGEABLE WEIGHT	费率 RATE/CHARGE	货物品名及数量(包括体积或尺寸) NATURE AND QUANTITY OF GOODS (INCL. DIMENSION OF VOLUME)
4	89.8				TOYS DIMS:EACH 70×47×35cm×4

备注:注意对照“项目二 航空货运单的填制”要求与补充的内容完成。

附表 9-6 航空货运单

Shipper's Name and Address | Shipper's Account Number

Not Negotiable

Air Waybill

Issued by

Copies 1, 2 and 3 of this Air Waybill are originals and have the same validity.

Consignee's Name and Address | Consignee's Account Number

It is agreed that the goods described herein are accepted in apparent good order and condition (except as noted) for carriage SUBJECT TO THE CONDITIONS OF CONTRACT ON THE REVERSE HEREOF ALL GOODS MAY BE CARRIED BY ANY OTHER MEANS INCLUDING ROAD OR ANY OTHER CARRIER UNLESS SPECIFIC CONTRARY INSTRUCTIONS ARE GIVEN HEREON BY THE SHIPPER, AND SHIPPER AGREES THAT THE SHIPMENT MAY BE CARRIED VIA INTERMEDIATE STOPPING PLACES WHICH THE CARRIER DEEMS APPROPRIATE. THE SHIPPER'S ATTENTION IS DRAWN TO THE NOTICE CONCERNING CARRIER'S LIMITATION OF LIABILITY. Shipper may increase such limitation of liability by declaring a higher value for carriage and paying a supplemental charge if required.

Issuing Carrier's Agent Name and City | Accounting Information

Agent's IATA Code | Account No.

Airport of Departure (Addr. of First Carrier) and Requested Routing | Reference Number | Optional Shipping Information

To | By First Carrier | Routing and Destination | to | by | to | by | Currency | CHGS Code | WT/VAL (PPD, COLL) | Other (PPD, COLL) | Declared Value for Carriage | Declared Value for Customs

Airport of Destination | Requested Flight/Date | Amount of Insurance | INSURANCE - If carrier offers insurance, and such insurance is requested in accordance with the conditions thereof, indicate amount to be insured in figures in box marked "Amount of Insurance".

Handling Information

THESE COMMODITIES, TECHNOLOGY OR SOFTWARE WERE EXPORTED FROM THE UNITED STATES IN ACCORDANCE WITH THE EXPORT ADMINISTRATION REGULATIONS. DIVERSION CONTRARY TO U.S. LAW PROHIBITED

No. of Pieces RCP	Gross Weight	kg lb	Rate Class / Commodity Item No.	Chargeable Weight	Rate / Charge	Total	Nature and Quantity of Goods (incl. Dimensions or Volume)

Prepaid | Weight Charge | Collect | Other Charges

Valuation Charge

Tax

Total Other Charges Due Agent

Shipper certifies that the particulars on the face hereof are correct and that **insofar as any part of the consignment contains dangerous goods, such part is properly described by name and is in proper condition for carriage by air according to the applicable Dangerous Goods Regulations.**

Total Other Charges Due Carrier

Signature of Shipper or his Agent

Total Prepaid | Total Collect

Currency Conversion Rates | CC Charges in Dest. Currency

Executed on (date) | at (place) | Signature of Issuing Carrier or its Agent

For Carriers Use only at Destination | Charges at Destination | Total Collect Charges

IO-ABF70 (REV. 11/99) ORIGINAL 2 (FOR CONSIGNEE)

第十章

国际航空货物运输业务流程

本章学习任务

一、明白班机运输与卡车航班的概念；

二、能概要说出国际航空运输操作流程；

三、掌握国际航空运输操作流程中的关键步骤操作。

章节情境设定

小五第二天到公司上班，空运部经理对他说："先把空运流程熟悉一下，然后就好去揽货了。至于其他业务嘛，有问题来问，边做边学。当初我就这么过来的。"作为行业新人，小五对这行知之甚少，也不知要怎么开展工作。既然现在经理这么说，那就按经理说的去做准没错。

第一节　基础知识

本节情境导入

经理给小五安排好工作任务后，就开始教小五一些空运的基础知识，诸如空运代理的职能和航空货运方式之类。刚说到卡车航班时，小五觉得新鲜，不禁插嘴道："卡车也能飞？"经理故意一本正经回答："当然能。空运你不知道的东西多着呢？"经理这么严肃地回答，小五反而更加疑惑了。

本节任务

1. 和小张一起了解卡车航班的货运方式。

2. 明白航空货运代理的职能。

一、航空货运方式

(一)班机运输

班机(Scheduled Airline)是指在固定的航线上定期航行的航班，这种飞机固定始发站、目的站和途经站。由于班机所具有的特点，收发货人可以准确地把货物安全地运达世界各地，及时投入市场，尤其对运送国际市场上急需的商品、鲜活易腐货物以及贵重物品非常有利。不足之处是舱位有限，难以适应市场需求，而且运费较为昂贵。

(二)卡车航班

卡车航班指的是空陆或陆空联运的地面运输,从机场所在地以外的地方用卡车将货物定期定线地运往机场,或者反向运输。

例如:上海与义乌间的"卡车航班"可将义乌的国际空运货物,利用海关监管重型卡车运到上海空港,再衔接航班转运国外;反之,世界各地运抵上海空港的国际航空货物,也可利用该卡车转关运输至义乌,在当地清关后派发给货主。义乌国际空运货物出口一般通过上海虹桥国际机场和杭州萧山国际机场。义乌与上海虹桥机场之间陆路运输由航空公司安排卡车航班运送,义乌到萧山间陆路是由多家空运代理找货运公司拼车往来运送。

卡车航班在形式上是卡车,但在概念上却是航班。卡车实际上是航空器的代替品,完全由航空公司按照固定的时间以及航线进行操作。航空公司通过卡车航班改变了单一的点对点的空中运输,形成了国内支持国际、国际促进国内的航线布局。不过卡车航班需要海关紧密跟踪服务,签订关区间空陆联程配合办法,及时解决出现的问题,让企业享受到了最大的便利。

延伸阅读

义乌"卡车航班"业务模式发展历程

2005 年 12 月 23 日义乌国际物流中心与中国国际货运航空有限公司合作首次将"卡车航班"业务模式引进义乌,当时的运作模式是义乌国际空运代理预订好杭州萧山机场的国际航班舱位后,将货物送到设立在义乌国际物流中心的国际航空货运海关监管库区,经金华海关驻义乌办事处查验、放行,再装到与航班对应的海关监管车上,加封后运到杭州萧山机场,在萧山机场办理转关手续后,可实现直接出境。此外,查验后的货物也可以利用北京首都机场便捷的国际运输网络将出口货物装运到相应的航班上,从北京出境。当时的"卡车航班"模式旨在打造了一条"义—杭—京空中快速通关走廊",但由于常出现多家货代企业代理的货同时运抵杭州,赶装同一航班。可是,飞机运力有限,难以同时满足需求,再加上一些其他因素,"义乌—杭州"的卡车航班无疾而终。

2010 年 3 月 31 日在海关、东航的大力支持下,新开通的"义乌——上海"的卡车航班可将义乌的国际空运货物,利用海关监管白卡车运到上海空港,再衔接航班转运国外;反之,世界各地运抵上海空港的国际航空货物,也可利用白卡车转关运输至义乌,在当地清关后派发给货主。目前,东航开通的"义乌——上海"卡车航班由具有一类货运铜牌的扬翔在运作。每周二六固定两班,其他时间视市场需要而定。平均每班 5 吨货,每周约 10 吨货。货源以直客为主,很少接同行的货。扬翔也试着与南航合作过义乌至上海的卡车航班,但由于南航的白卡运输是外包的,相较于东航自营的白卡一车到底来说,到机场转关入库时多了一个环节,增加了些许不确定性。因此,运营"义乌——上海"卡车航班的航空公司基本为东航专营,空运代理为扬翔。

之前义乌空运出口货物本地报关只能按"一般贸易货物"报关,无法与经集装箱运输出口的义乌小商品货物一样享受"0139 旅游购物商品"报关的优惠待遇。使得义乌当地货代普遍认为在义乌报关和在上海、广州、北京等地报关无差别,还不如将报关业务外包给当地合作伙伴，省时省力。2012 年 9 月 19 日，经杭州海关批准“卡车航班”出口小商品适用“旅游购物商品”报关模式。此后，客户运用这一模式出口货物不再需要办理外汇核销等手续，在通关查验等环节海关方面也给予极大的支持，大大节省了出口成本，提高了客户的忠诚度。

(三)包集装器运输

包集装器(板、箱)运输(简称包板运输)是指有固定货源且批量较大、数量相对稳定的托运人在一定时期内、一定航线或航班上包用承运人一定数量的集装板或者集装箱运输货物，而承运人需要采取专门措施予以保证的一种航空货物运输形式。目前，航空公司通常采取固定包舱和非固定包舱。

固定包舱是指托运人在承运人的航线上通过包板(舱)的方式运输时，托运人无论向承运人是否交付货物，都必须支付协议上规定的运费。

非固定包舱是指托运人在承运人的航线上通过包扳(舱)的方式运输时. 托运人在航班起飞前 72 小时如果没有确定舱位，承运人则可以自由销售舱位，但承运人对代理人的包板(舱)的总量有一个控制。

包板人可以在一定时期内或一次性包用承运人在某条航线或某个航班上的全部或部分集装器。包板运输必须签订包板运输合同。包板运输合同至少一式五份，一份交包板人，一份随货运单财务联报财务部门审核(连续包板的可以用复印件)，一份收运部门留存，一份随货运单存根联留存(连续包板的可以用复印件)，一份随货运单运往目的站(连续包板的可以用复印件)。

包板注意事项：

(1)除天气或其他不可抗力原因外，合同双方应当履行包板运输合同规定的各自承担的责任和义务。

(2)包板人应保证托运的货物没有夹带危险品或政府禁止运输或限制运输物品。

(3)由于不可抗拒原因，导致包板运输合同不能履行，承运人不承担责任。

(4)无论何种原因，一方不能如期履行合同时，应及时通知对方。

(5)包板运输合同中的未尽事宜，按照承运人的业务规定办理。

(四)集中托运

由于航空运价随着货物计费重量的增加而逐级递减，货物重量越重代理人或集中托运商(consolidator)就可以从航空公司获取更加优惠的运价，因此集中发运大批量货物的运营模式成为众多代理追求的目标。

集中托运商将多个托运人的货物集中起来作为一票货物交付给承运人，用较低的运价运输货物。货物到达目的站，由分拨代理商(break bulk agent)统一办理海关手续后，再分别将货物交付给不同的收货人。其中集中托运商(或简称集运商)和分拨代理商这两个名词主要来自欧美，在有些国家专门有这样的企业。但在中国，航空代理人做的工作本身就含有集中托运和分拨代理的项目，因此理解这两个概念，在中国就等于航空代理人。

集中托运人除了可以提供货运销售代理人提供的服务内容外，还可承担其他许多项服务：

出口货物时可以提供诸如：负责集中托运货物的组装；将“代运状态”的散装货物交付承运人；将货物装入集装器后，交付承运人；货物的信息追踪等服务。

进口货物时可以提供诸如:办理清关手续并交付货物;准备再出口文件;办理国内中转的转关监管手续等服务。

并不是所有货物都可以采取集中托运的方式。因为在集中托运时,代理人把来自不同托运人的货物并在一个主单上运输,对于航空公司来说,对待主单上所有的货物方式一定是一样的,不可能在一张主单上的两种货物,采取两种不同的操作方法,因此对于集中托运的货物性质有一定的要求。集中托运货物不得包括的物品有:TACT Rules3.7.6 中规定的任何贵重货物,活动物,尸体、骨灰,外交信袋,作为货物运送的行李,机动车辆(电力自动车辆除外)。

在货物运输中,不能保证货物都采用集中托运的方式,除去货物本身的要求,还由于航空运输时间要求比较高,在比较短的时间内,保证多个托运人的货物到同一个目的地,这在实际操作当中,往往不能得到保证,因此,许多时候还是采取直接运输的方式。下面了解一下直接运输与集中托运货物的区别。

在直接运输时:

货物由托运人的委托人——→代理人交给承运人;

货运单由代理人填开,并列明真正的托运人和收货人。

而集中托运货物时:

集中托运货物由托运人的委托人——→集中托运商交付给承运人;

货运单由集中托运人填开;

货物的收、发货人分别为集中托运人和分拨代理人。

二、航空货运代理

(一)航空货运代理的职能

1945 年之后,随着第二次世界大战的结束,军用飞机逐渐转向民用,尤其是宽体飞机的出现和全货机的不断发展,航空货运在经济发展中的地位越来越重要。

随着航空货运业务的发展,航空货运代理业应运而生。采用航空货运形式进出口货物,需要办理一定的手续,如出口货物在始发地交航空公司承运前的订舱、储存、制单、报关、交运等;进口货物在目的地机场的航空公司或机场接货、监管储存、制单、报关、送货及转运等。航空公司一般不负责上述业务,由此,收货人、发货人必须通过航空货运代理公司办理航空货运业务,或自行向航空公司办理航空货运业务。

航空公司主要业务为飞行保障,它们受人力、物力等诸因素影响,难以直接面对众多的客户,处理航运前和航运后繁杂的服务项目。实践中就需要航空货运代理公司为航空公司出口揽货、组织货源、出具运单、收取运费、进口疏港、报关报验、送货、中转,使航空公司可集中精力,做好其自身业务,进一步开拓航空运输。

航空货运代理公司的工作是整个航空运输中不可缺少的一环,其服务功能为货主及航空公司双方带来方便和好处。近年来随着我国对外贸易的大幅度增长,航空货运代理业也得以迅速发展。

航空货运代理公司作为货主和航空公司之间的桥梁和纽带,一般具有两种职能:

(1)为货主提供服务的职能:代替货主向航空公司办理托运或提取货物;

(2)航空公司的代理职能:部分货代还代替航空公司接收货物,出具航空公司的总运单和自己的分运单。

航空货运代理公司大多对航空运输环节和有关规章制度十分熟悉，并与各航空公司、机场、海关、商检、卫检、动植检及其他运输部门有着广泛而密切的联系，具有代办航空货运的各种设施和必备条件。同时各航空货运代理公司在世界各地或有分支机构，或有代理网络，能够及时联络，掌握货物运输的全过程。因此，货主委托航空货运代理公司办理进出口货物运输事宜比到航空公司直接办理有关事宜可能更为便利。

航空货运代理公司在现代经济中起了非常大的作用，但随着互联网的普及，电子商务的发展，货物运输的交易可能会在互联网上实现，货主可以在网上查询到所有的信息，因此航空货运代理业务也会随之而发生变化。

（二）航空货运的特点

航空货物运输有其自身特有的优势，自飞机诞生后，航空货运的发展速度极为迅速。航空货运同其他的交通方式相比，有着鲜明的特点。这些特点与各种不同运输方式相比有优势，也有劣势。

1. 运送速度快

航空货运所使用的运送工具是飞机。飞机的飞行时速大约都在每小时 600 公里到 800 公里，比其他的交通工具要快得多，如火车时速大约在每小时 100 公里到 140 公里，汽车在高速公路上“飞驰”也就是 120 公里到 140 公里，轮船就更慢了。航空货运的这个特点适应了一些特种货物的需求，例如海鲜、活动物等鲜活易腐的货物，由于货物本身的性质导致这一类货物对运输时间的要求特别高，只有采用航空运输；另外，在现代社会，需要企业及时对市场的变化做非常灵敏的反应，这个社会发展趋势所引发的一些货物的运输时间约束性很强，企业考虑的不仅仅是生产成本，时间成本成为成本中很重要的一项因素，例如产品的订单生产、服装及时上市而获取更高的利润等情况，这都需要航空运输的有力支持才可以实现。

2. 破损率低，安全性好

由于航空运输的货物本身价格比较高，与其他运输方式相比，航空货运的地面操作流程的环节比较严格，这就使货物破损的情况大大减少；货物装上了飞机之后，在空中也不容易导致损坏；因此，在整个航空货物运输环节中货物的破损率低、安全性好。这种特点使得有些货物虽然从物理特性来看不适合空运，例如体积比较大、重量比较重的机械设备仪器等货物，但有些货物特别怕碰撞损坏，因此这个制约因素导致只能采用航空运输方式，以减少货物受损的几率。

3. 空间跨度大

在有限的时间内，飞机的空间跨度是最大的。通常，现有的宽体飞机一次可以飞 7000 公里左右，进行跨洋飞行完全没问题，从中国飞到美国西海岸，通常只要 13 个小时左右，这对于某些货物的运输是非常大的优点。例如活动物，如果跨洋运输，即采用海运方式通常需要半个月左右时间，如果没有采用特别的措施，就可能无法运输，只有采用航空运输，才能在很短时间内保证活动物的存活。

4. 可节约生产企业的相关费用

由于航空运输的快捷性，可加快生产企业商品的流通速度，从而节省仓储费、保险费和利息支出等；另一方面，产品的流通速度加快，也加快了资金的周转速度，可大大地提高资金的利用率。

5. 运价比较高

由于航空货运的技术要求高、运输成本大等原因,使得它的运价相对来说比较高,例如从中国到美国西海岸,空运价格是海运价格的10倍以上。因此,对于货物价值比较低、时间要求不严格的货物,通常在考虑运输成本问题的基础上,就会选择采用非航空货运的其他运输方式。

6. 载量有限

由于飞机本身的载重容积的限制,通常航空货运的货量相对于海运来说少得多。例如载重最大的民用飞机B747全货机,货物最大载重119吨,相对于海运几万吨、十几万吨的载重量,两者相差很大。

7. 易受天气影响

航空运输受到天气的影响非常大,如遇到大雨、大风、大雾等恶劣天气,航班就不能得到有效保证,这对航空货物运输所造成的影响就比较大。

从以上对航空货运的特点分析可以看出,航空货运既有优势,也有劣势,需要代理人在实际的操作当中,充分发挥航空货运的优势,克服其劣势,才能保证航空货运在经济发展中的作用。

第二节 航空运输出口货运代理业务流程

本节情境导入

经过一个多月的辛苦,小五终于揽到了第一票货物。小五很兴奋地向经理汇报自己出单了,经理问明情况后,告诉他,收到委托书后要审核各栏目内容是否完整,委托书是否有效,同时要与客户确认货物交接及出运单证是否齐全等事宜。一票货做下来,流程基本上你就掌握了。

本节任务

1. 能概要说出航空运输出运的主要步骤。

2. 熟悉航空出口单证,重点掌握托运书审核,并完成第四节的《项目一 航空托运书审核》和《项目三 模拟航空货代出口业务流程》。

航空货物出口运输代理业务程序包含以下几个环节:揽货→委托运输→审核单证→预配舱→预订舱→接单→制单→接货→标签→配舱→订舱→出口报关→出仓单→提板箱→装板箱→签单→交接发运→航班跟踪→信息服务→费用结算。

一、揽货

作为航空货物运输销售代理人,其销售的产品是航空公司的舱位,只有飞机舱位配载了货物,航空货运才真正具有了实质性的内容,因此承揽货物处于整个航空货物出口运输代理业务程序的核心地位,这项工作的成效直接影响代理公司的发展,是航空货运代理一项至关重要的工作。一个业务开展得较强、较好的货运代理公司,一般都有相当数量的销售人员或销售网点从事市场销售工作。代理公司要对整个区域经济的发展有充分的了解,了解哪些行业的产品适合于空运。从发展趋势进行潜在市场分析，了解城市经济的未来发展规划该区域会增加哪些高科技企业，这些企业适合于航空运输的产品将在本公司货运量中占有多少份额。了解本公司目前货运量在该区域占有的百分比，充分分析市场的情况。

在具体操作时，需及时向出口单位介绍本公司的业务范围、服务项目、各项收费标准，特别是向出口单位介绍优惠运价，介绍本公司的服务优势等。

航空货运代理公司与出口单位（发货人）就出口货物运输事宜达成意向后，可以向发货人提供所代理的有关航空公司的“国际货物托运书”。对于长期出口或出口货量大的单位，航空货运代理公司一般都与之签订长期的代理协议。

发货人发货时，首先需填写委托书，并加盖公章，作为货主委托代理承办航空货运出口货物的依据。航空货运代理公司根据委托书要求办理出口手续，并据以结算费用。

因此，“国际货物托运书”是一份重要的法律文件。

二、委托运输

由根据“华沙公约”第5条(1)和(5)款规定，货运单应由托运人填写，也可由承运人或其代理人代为填写。实际上，目前货运单均由承运人或其代理人代为填制。为此，作为填开货运单的依据——托运书，应由托运人自己填写，而且托运人必须在上面签字或盖章。

托运书(Shippers Letter of Instruction——SLI)是托运人用于委托承运人或其代理人填开航空货运单的一种表单，表单上列有填制货运单所需各项内容，并应印有授权于承运人或其代理人代其在货运单上签字的文字说明。

托运书包括下列内容栏：

1. 托运人(SHIPPER'S NAME AND ADDRESS)

填列托运人的全称、街名、城市名称、国家名称以及便于联系的电话、电传或传真号码。

2. 收货人(CONSIGNEE'S NAME AND ADDRESS)

填列收货人的全称、街名、城市名称、国家名称（特别是在不同国家内有相同城市名称时，更应注意填上国名）以及电话号、电传号或传真号。本栏内不得填写“to order”或“to order of the shipper”（按托运人的指示）等字样，因为航空货运单不能转让。

3. 始发站机场(AIRPORT OF DEPARTURE)

填始发站机场的全称，可填城市名称。

4. 目的地机场(AIRPORT OF DESTINATION)

填目的地机场（机场名称不明确时，可填城市名称），如果某一城市名称用于一个以上国家时，应加上国名。例如：LONDON UK 伦敦，英国；LONDON KY US 伦敦，肯塔基州，美国；LONDON CA 伦敦，安大略省，加拿大。

5. 要求的路线/申请订舱(REQUESTED ROUTING/REQUESED BOOKING)

本栏用于航空公司安排运输路线时使用，但如果托运人有特别要求时，也可填入本栏。

6. 供运输用的声明价值(DECLARED VALUE FOR CARRIAGE)

填列供运输用的声明价值金额，该价值即为承运人赔偿责任的限额。承运人按有关规定向托运人收取声明价值费。但如果所交运的货物毛重每公斤不超过20美元（或等值货币），无需填写声明价值金额，可在本栏内填入“NVD”(No Value Declared)（未声明价值），如本栏空着未填写时，承运人或其代理人可视为货物未声明价值。

7.供海关用的声明价值(DECLARED VALUE FOR CUSTOMS)

国际货物通常要受到目的站海关的检查,海关根据此栏所填的数额征税。

8.保险金额(INSURANCE AMOUNT REQUESTED)

中国民航各空运企业暂未开展国际航空运输代保险业务,本栏可空着不填。

9.理货事项(HANDLING INFORMATION)

填列附加的理货要求。例如:另请通知(ALSO NOTIFY),除填收货人之外,如托运人还希望在货物到达的同时通知他人,请另填写通知人的全名或地址;外包装上的标记;操作要求,如易碎、向上等。

10.货运单所附文件(DOCUMENTATION TO ACCOMPANY AIR WAYBILL)

填列随附在货运单上运往目的地的文件,应填上所附文件的名称。例如:托运人所托运的动物证明书(SHIPPER'S CERTIFICATION FOR LIVE ANIMALS)。

11.件数和包装方式(NUMBER AND KIND OF PACKAGES)

填列该批货物的总件数,并注明其包装方法。例如:包裹(Package)、纸板盒(Carton)、盒(Case)、板条箱(Crate)、袋(Bag)、卷(Roll)等。如货物没有包装时,就注明为散装(Loose)。

12.实际毛重(ACTUAL GROSS WEIGHT)

本栏内的重量应由承运人或其代理人在称重后填入。如托运人已填上重量,承运人或其代理人必须进行复核。

13.运价类别(RATE CLASS)

所适用的运价、协议价、杂费、服务费。

14.计费重量(公斤)(CHARGEABLE WEIGHT)(kgs)

本栏内的计费重量应由承运人或其代理人在量过货物的尺寸(以厘米为单位)后,由承运人或其代理人算出计费重量后填入。如托运人已经填上,承运人或其代理人必须进行复核。

托运书示例：

托运人姓名及地址 SHIPPER NAME AND ADDRESS CHINA INDUSTRY CORP. ,BEIJING. P. P. CHINA TEL:86(10)6459666　FAX:86(10)64598888	托运人账号 SHIPPERS ACCOUNT NUMBER	供承运人用 FOR CARRIAGE USE ONLY 班期/日期 FLIGHT/DAY　航班/日期 FLIGHT/DAY CA921/30 JUL
收货人姓名及地址 CONSIGNEE'S NAME AND ADDRESS OSAKA SPORT INPORTERS, OSAKA,JAPAN TEL:78789999	收货人账号 CONSIGNEE'S ACCOUNT NUMBER	已预留吨位 BOOKED 运费 CHARGES CHARGES PREPAID
代理人的名称和城市 Issuing Carriers Agent Name and City KUNDA AIR FRIGHT CO. ,LTD 始发站 AIRPORT OF DEPARTURE CAPTIAL INTERNATIONAL AIRPORT 到达站 AIRPORT OF DESTINATION NARITA		ALSO notify
托运人声明价值 SHIPPER'S DECLARED VALUE 供运输用 FOR CARRIAGE NVD　供海关用 FOR CUSTOMS NCV	保险金额 AMOUNT OF INSURANCE ×××	所附文件 DOCUMENT TO ACCOMPANY AIR WAYBILL 1 COMMERCIAL INVOICE

理货信息(包括包装方式、货物标志及号码)
HANDLING INFORMATION(INCL. METHOD OF PACKING INEDTFYING AND NUMBERS)
KEEP UPSIDE

件数 No. OF PACKAGES	实际毛重 ACTUAL GROSS WEIGHT(kg)	运价种类 RATE CLASS	计费重量 CHARGEABLE WEIGHT	费率 RATE/CHARGE	货物品名及数量(包括体积或尺寸) NATURE AND QUANTITY OF GOODS (INCL. DIMENSION OF VOLUME)
4	89.8				TOYS DIMS:EACH 70×47×35cm×4

15. 费率(RATE/CHARGE)

本栏可空着不填。

16. 货物的品名及数量(包括体积及尺寸)

[NATURE AND QUANTITY OF GOODS (INCL. DIMENSIONS OR VOLUME)]

填列货物的品名和数量(包括尺寸或体积)。

若一票货物包括多种物品时,托运人应分别申报货物的品名,填写品名是不能使用"样品"、"部件"等这类比较笼统的名称。货物中的每一项均须分开填写,并尽量填写详细,如:"9筒35毫米的曝光动画胶片"、"新闻短片(美国制)"等,本栏所填写内容应与出口报关发票、进出口许可证上列明的货物相符。

运输下列货物,按国际航协有关规定办理(参阅 TACT－Rules2. 3. 3/7. 3/8. 3):活体动物;个人物品;枪械、弹药、战争物资;贵重物品;危险物品;汽车;尸体;具有强烈气味的货物;裸露的机器、铸件、钢材;湿货;鲜活易腐物品。

危险品应填写适用的准确名称及标贴的级别。

17. 托运人签字(SIGNATURE OF SHIPPER)

托运人必须在本栏内签字。

18. 日期(DATE)

填托运人或其代理人交货的日期。

在接受托运人委托后,单证操作前,货运代理公司的指定人员对托运书进行审核称之为合同评审。审核的主要内容:价格、航班日期。目前,在审核起降航班的航空公司大部分采取自由销售方式。每家航空公司、每条航线、每个航班甚至每个目的港均有优惠运价,这种运价会因货源、淡旺季经常调整,而且各航空公司之间的优惠价也不尽相同。所以有时候更换航班,运价也随之更换。需要指出的是,货运单上显示的运价虽然与托运书上的运价有联系,但相互之间有很大区别。货运单上显示的是 TACT 上公布的适用运价和费率,托运书上显示的是航空公司优惠价加上杂费和服务费或使用协议价格。托运书的价格审核就是判断其价格是否能被接受,预订航班是否可行。审核人员必须在托运书上签名和写上日期以示确认。

三、审核单证

单证应包括:

(1)发票、装箱单:发票上一定要加盖公司公章(业务科室、部门章无效),标名价格术语和货价(包括无价样品的发票)。

(2)托运书:一定要注明目的港名称或目的港所在城市名称,明确运费预付或运费到付、货物毛重、收发货人、电话/电传/传真号码。托运人签字处一定要有托运人签名。

(3)报关单:注明经营单位注册号、贸易性质、收汇方式,并要求在申报单位处加盖公章。

(4)外汇核销单:在出口单位备注栏内,一定要加盖公司章。

(5)许可证:合同号、出口口岸、贸易国别、有效期、一定要符合要求与其他单据相符。

(6)商检证:商检证、商检放行单、盖有商检放行章的报关单均可。商检证上应有海关放行联字样。

(7)进料/来料加工核销本:注意本上的合同号是否与发票相符。

(8)索赔/返修协议:要求提供正本,要求合同双方盖章,外方没章时,可以签字。

(9)到付保函:凡到付运费的货物,发货人都应提供。

(10)关封。

四、预配舱

由代理人汇总所接受的委托和客户的预报,并输入电脑,计算出各航线的件数、重量、体积,按照客户的要求和货物重、泡情况,根据各航空公司不同机型对不同板箱的重量和高度要求,制定预配舱方案,并对每票货配上运单号。

五、预订舱

代理人根据所制定的预配舱方案,按航班、日期打印出总运单号、件数、重量、体积,向航空公司预订舱。这一环节称之为预订舱,是因为此时货物可能还没有入仓库,预报和实际的件数、重量、体积等都会有差别,这些留待配舱时再作调整。

六、接受单证

接受托运人或其代理人送交的已经审核确认的托运书及报关单证和收货凭证。将电脑中的收货记录与收货凭证核对。制作操作交接单,填上所收到的各种报关单证份数,给每份交接单配一份总运单或分运单。将制作好的交接单、配好的总运单或分运单、报关单证移交制单。如此时货未到或未全到,可以按照托运书上的数据填入交接单并注明,货物到齐后再进行修改。

七、填制货运单

填制航空货运单,包括总运单和分运单。填制航空货运单是空运出口业务中最重要的环节,货运单填写得准确与否直接关系到货物能否及时、准确地运达目的地。航空货运单是发货人收结汇的主要有效凭证。因此,运单的填写必须详细、准确,严格符合单货一致、单单一致的要求。

填制航空货运单的主要依据是发货人提供的国际货物托运书。货运单一般用英文填写,目的地为香港地区的货物运单可以用中文填写,但货物的品名一定要用英文填写。托运书上的各项内容都应体现在航空货运单上,如发货人和收货人的全称、详细地址、电话、电传、传真和账号;出口货物的名称、件数、重量、体积、包装方式;承运人和代理人的名称和城市名称;始发地机场和目的地机场等。

对于已事先订舱的货物和运费到付的货物,运单上还要注明已订妥的航班号、航班日期。对于运输过程中需要特殊对待(如需冷藏、保持干燥)的货物,应在货运单"HANDLING INFORMATION"一栏中注明。

按体积重量计算运费的货物,在货运单上货物品名一栏中须注明体积、尺寸。托运人提供的货物合同号、信用证号码等,如有必要应在货运单上注明。货运单因打字错误或其他原因需要修改时,应在更改处加盖本公司修改章。

货物的实际重量,以航空公司的重量为准。重量单位一般以公斤来表示。运价类别一般用“M、N、Q、C、R、S”来表示。

“M”代表最低重量;

“N”代表45kg以下普通货物运价;

“Q”代表45kg以上普通货物运价;

“C”代表指定商品运价;

“R”代表附加运价;

“S”代表附减运价。

所托运货物,如果是直接发给国外收货人的单票托运货物,填开航空公司运单即可。如果货物属于以国外代理人为收货人的集中托运货物,必须先为每票货物填开航空货运代理公司的分运单,然后填开航空公司的总运单,以便国外代理人对总运单下的各票货物进行分拨。

接到移交来的交接单、托运书、总运单、分运单、报关单证,进行分运单、总运单直单、拼总运单的运单填制。总运单上的运费填制按所适用的公布运价,并注意是否可以用较高重量点的运价,分运单上的运费和其他费用按托运书和交接单的要求。

相对应的几份分运单件数应与总运单的件数相符合;主运单下有几份分运单时,需制作航空货物清单。最后制作《空运出口业务日报表》供制作标签用。

八、接收货物

接收货物,是指航空货运代理公司把即将发运的货物从发货人手中接过来并运送到自己的仓库。接收货物一般与接单同时进行。对于通过空运或铁路从内地运往出境地的出门货物,货运代理人按照发货人提供的运单号、航班号及接货地点、接货日期,代其提取货物。如货物已在始发地办理了出口海关手续,发货人应同时提供始发地海关的关封。

接货时应对货物进行过磅和丈量,并根据发票、装箱单或送货单清点货物,并核对货物的数量、品名、合同号或唛头等是否与货运单上所列一致。

检查货物的外包装是否符合运输的要求:

1.基本要求

(1)托运人提供的货物包装要求坚固、完好、轻便,应能保证在正常的操作(运输)情况下,货物可完好地运达目的站。同时,也不损坏其他货物和设备。

——包装不破裂;

——内装物不漏失;

——填塞要牢,内装物相互不摩擦、碰撞;

——没有异味散发;

——不因气压、气温变化而引起货物变质;

——不伤害机上人员和操作人员;

——不污损飞机、设备和机上其他装载物;

——便于装卸。

(2)为了不使密封舱飞机的空调系统堵塞,不得用带有碎屑、草末等材料作包装,如草袋、草绳、粗麻包等。包装的内衬物,如谷糠、锯末、纸屑等不得外漏。

(3)包装内部不能有突出的棱角,也不能有钉、钩、刺等。包装外部需清洁、干燥,没有异味和油腻。

(4)托运人应在每件货物的包装上详细写明收货人、另请通知人和托运人的姓名和地址。如包装表面不能书写时，可写在纸板、木牌或布条上，再拴挂在货物上，填写时字迹必须清楚、明晰。

(5)包装窗口的材料要良好，不得用腐朽、虫蛀、锈蚀的材料。无论木箱或其他容器，为了安全，必要时可用塑料、铁箍加固。

(6)如果包装件有轻微破损，填写货运单应在“Handling Information”标注出详细情况。

2.对包装材料的具体要求

通用：木箱、结实的纸箱(塑料打包带加固)、皮箱、金属或塑料桶等。

(1)液体类货物

——不论瓶装、罐装或桶装，容器内至少有5%－10%的空隙，封盖严密，容器不得渗漏；

——用陶瓷、玻璃容器盛装的液体，每一容器的容量不得超过500毫升，并需外加木箱包装，箱内装有内衬物和吸湿材料，内衬物要填牢实，以防内装容器碰撞破碎；

——用陶瓷、玻璃容器盛装的液体货物，外包装上应加贴“易碎物品”标签。

(2)易碎物品

——每件重量不超过25公斤；

——用木箱包装；

——用内衬物填塞牢实；

——包装上应贴“易碎物品”标贴。

(3)精密仪器和电子管

——多层次包装，内衬物要有一定的弹性，但不得使货物移动位置和互相碰撞摩擦；

——悬吊式包装，用弹簧悬吊在木箱内，适于电子管运输；

——加大包装底盘，不使货物倾倒；

——包装上应加贴“易碎物品”和“不可倒置”标贴。

(4)裸装货物

——不怕碰压的货物如轮胎等，可以不用包装。但不易点数或容易碰坏飞机的仍须妥善包装。

(5)木制包装

——木制包装或垫板表面应清洁、光滑，不携带任何种类植物害虫；

——有些国家要求“Handling Information”栏中注明“The solid wood materials are totally free from bank and apparently free from live plant pest”，并随附熏蒸证明。

(6)混运货物

一票货物中包含有不同物品称为混运货物。这些物品可装在一起，也可以分别包装，但不得包含下列物品：贵重货物、动物、尸体、骨灰、外交信袋、作为货物运送的行李。

九、标记和标签

1.标记

在货物外包装上由托运人书写的有关事项和记号，包括托运人、收货人的姓名、地址、联系电话、传真、合同号等和操作(运输)注意事项。

例:不要曝晒 Don't expose to excessive sunlight

防　　潮 Keep Dry

小心轻放 Handling with care

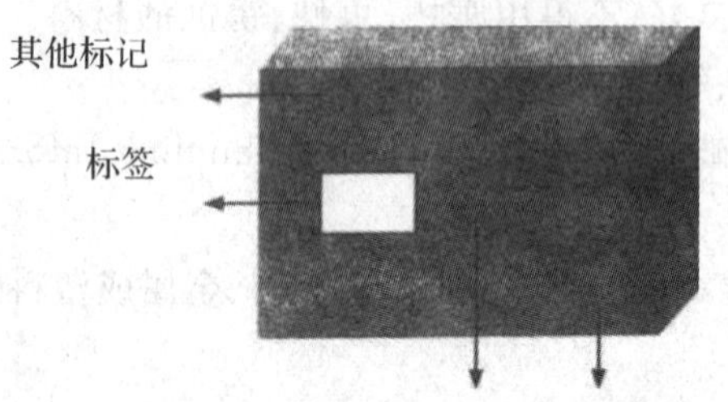

另外,单件超过 150kg 的货物也需加标记。

2.标签

(1)根据标签的作用分

可以分为:识别标签、特种货物标签和操作标签等。

①识别标签

说明货物的货运单号码、件数、重量、始发站、目的站、中转站的一种运输标志。分为挂签和贴签两种,见下图。

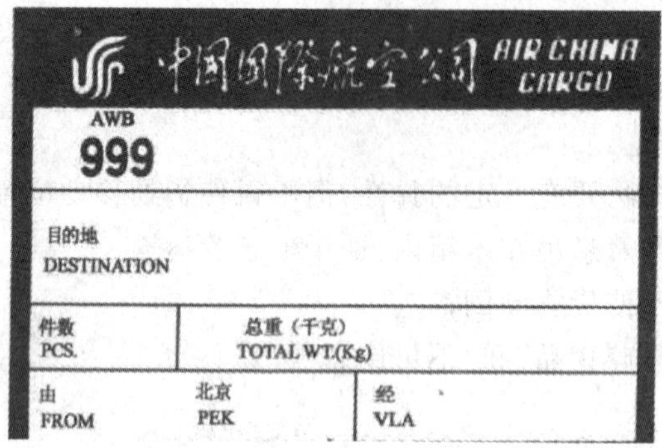

使用要求:

——在使用标签之前,清除所有与运输无关的标记与标签;

——体积较大的货物需对贴两张标签;

——袋装、捆装、不规则包装除使用 2 个挂签外,还应在包装上写清货运单号码和目的站。

②特种货物标签

说明特种货物性质的各类识别标志。分为活动物标签、危险品标签和鲜活易腐物品标签。

③操作标签

说明货物储运注意事项的各类标志。

(2)按类别分

标签可以分为航空公司标签和分标签两种:

①航空公司标签是对其所承运货物的标识,各航空公司的标签虽然在格式、颜色上有

所不同，但内容基本相同。标签上三位阿拉伯数字代表所承运航空公司的代号，后八位数字是总运单号码。

上图为危险物品标签

上图为活动物标签

上图为鲜活易腐物品标签

上图为操作标签

②分标签是代理公司对出具分标签货物的标识。凡出具分运单的货物都要制作分标签,填制分运单号码和货物到达城市或机场的三字代码。

一般一件货物贴一张航空公司标签。对于集中托运货物,要在每一件货物上贴上识别标签,在识别标签上要特别注明主单号和分单号。

十、配舱

配舱时,需运出的货物都已入库。这时需要核对货物的实际件数、重量、体积与托运书上预报数量的差别;应注意对预订舱位、板箱的有效领用、合理搭配,按照各航班机型、板箱型号、高度、数量进行配载。同时,对于货物晚到、未到情况以及未能顺利通关放行的货物做出调整处理,为制作配舱单做准备。实际上,这一过程一直延续到单、货交接给航空公司后才完毕。

十一、订舱

订舱,就是将所接收空运货物向航空公司正式提出申请并订妥舱位。

货物订舱需根据发货人的要求和货物标识的特点而定。一般来说,大宗货物、紧急货物、鲜活易腐货物、危险品、贵重物品等,必须预订舱位。非紧急的零散货物可以不预订舱位。

订舱的具体做法和基本步骤是:接到发货人的发货预报后,向航空公司吨控部门领取并填写订舱单,同时提供相应的信息:货物的名称、体积(必要时提供单件尺寸)、重量、件数、目的地、要求出运的时间等;其他运输要求(温度、装卸要求、货物到达目的地时限等)。

航空公司根据实际情况安排航班和舱位。航空公司舱位销售的原则如下:

(1)保证有固定舱位配额的货物;

(2)保证邮件、快件舱位;

(3)优先预定运价较高的货物舱位;

(4)保留一定的零散货物舱位;

(5)未订舱的货物按交运时间的先后顺序安排舱位。

货运代理公司订舱时,可依照发货人的要求选择最佳的航线和最佳的承运人,同时为发货人争取最低、最合理的运价。订舱后,航空公司签发舱位确认书(舱单),同时给予装货集装器领取凭证,以表示舱位订妥。

订妥的舱位有时会由于货物原因、单证原因、海关原因使得最终舱位不够或者空舱,此类情况需要综合考虑和有预见性等经验,应尽量减少此类事情发生,并且在事情发生后作及时必要的调整和补救措施。

十二、出口报关

出口报关,是指发货人或其代理人在货物发运前,向出境地海关办理货物出口手续的过程。

出口报关的基本程序:

(1)将发货人提供的出口货物报关单的各项内容输入电脑;

(2)通过电脑填制的报关单上加盖报关单位的报关专用章;

(3)将报关单与有关的发票、装箱单和货运单综合在一起,并根据需要随附有关的证明文件;

(4)以上报关单证齐全后,由持有报关证的报关员正式向海关申报;

(5)海关审核无误后,海关关员即在用于发运的运单正本上加盖放行章,同时在出口收汇核销单和出口报关单上加盖放行章,在发货人用于产品退税的单证上加盖验讫章,粘上防伪标志;

(6)完成出口报关手续。

出运修理件、更换件时,需留取海关报关单,以备以后进日报关用。

出口货物根据动卫检部门的规定和货物种类,填制相应的动、卫签单。非动植物及其制品类,要求填制《卫检申报单》,加盖卫检放行章。动植物类货物除《卫检申报单》外,还需《动植检报验单》并加盖放行章。化工类产品须到指定地点检验证明是否适合空运。而不同的出口货物亦有各种规定和限制。

十三、出仓单

配舱方案制定后就可着手编制出仓单。

出仓单上应载明日期、承运航班的日期、装载板箱形式及数量、货物进仓顺序编号、总运单号、件数、重量、体积、目的地三字代码和备注。出仓单交给出口仓库,用于出库计划,出库时点数并向装板箱交接。

出仓单交给装板箱环节,是向出口仓库提货的依据,也是制作《国际货物交接清单》的依据。该清单还用于向航空公司交接货物,同时还可用于外拼箱。

出仓单交给报关环节,当报关有问题时,可有针对性反馈,以采取相应措施。

十四、提板箱与装货

根据订舱计划向航空公司申领板、箱并办理相应的手续。提板、箱时取相应的塑料薄膜和网。对所使用的板、箱要登记、销号。

货物装箱装板:除特殊情况外,航空货运均是以“集装箱”、“集装板”形式装运。

航空货运代理公司将体积为2立方米以下货物作为小货交于航空公司拼装,大于2立方米的大宗货或集中托运拼装货,一般均由货运代理自己装板装箱。

订妥舱位后,航空公司吨控部门将根据货量出具发放“航空集装箱、板”凭证,货运代理公司凭此向航空公司箱板管理部门领取与订舱货量相应的集装板、集装箱。

大宗货物、集中托运货物可以在货运代理公司自己的仓库、场地、货棚装板、装箱,亦可在航空公司指定的场地装板、装箱。装板、装箱时要注意以下几点:

(1)不要用错集装箱、集装板,不要用错板型、箱型。

每个航空公司为了加强本航空公司的板、箱管理,都不许可本公司的板、箱为其他航空公司的航班所用。不同公司的航空集装箱、航空集装板因型号、尺寸有异,因此,如果用错会出现装不上飞机的现象。

(2)不要超装箱板尺寸。一定型号的箱、板用于一定型号的飞机,板、箱外有具体尺寸规定,一旦超箱、板尺寸,就无法装上飞机。因此,装箱、板时,要注意货物的尺寸,既不超装,又要在规定的范围内用足箱、板的可用体积。

(3)要垫衬,封盖好塑料纸,防潮、防雨淋。

(4)集装箱、板内货物尽可能配装整齐,结构稳定,防止运输途中倒塌。

(5)对于大宗货物、集中托运货物,尽可能将整票货物装一个或几个板、箱内运输。已装妥整个板、箱后剩余的货物尽可能拼装在同一箱、板上,防止散乱、遗失。

十五、签单

货运单在盖好海关放行章后还需到航空公司签单。主要是审核运价使用是否正确以及货物的性质是否适合空运,例如危险品等是否已办妥相应的证明和手续。航空公司的地面代理规定,只有签单确认后才允许将单、货交给航空公司。

十六、交接发运

交接是向航空公司交单交货,由航空公司安排航空运输。交单就是将随机单据和应由承运人留存的单据交给航空公司。随机单据包括第二联航空运单正本、发票、装箱单、产地证明、品质鉴定书等。

交货即把与单据相符的货物交给航空公司。交货之前必须粘贴或拴挂货物标签,清点和核对货物,填制货物交接清单。大宗货、集中托运货,以整板、整箱称重交接。零散小货按票称重,计件交接。航空公司审单验货后,在交接清单上验收,将货物存入出口仓库,单据交吨控部门,以备配舱。

十七、航班追踪

单、货交接给航空公司后,航空公司会因种种原因,例如航班取消、延误、溢载、故障、改机型、错运、倒垛或装板不符规定等,未能按预定时间运出,所以货运代理公司从单、货交给航空公司后就需对航班、货物进行跟踪。

需要联程中转的货物,在货物出运后,要求航空公司提供二、三程航班中转信息。有些货物事先已预订了二、三程,也还需要确认中转情况。有时需要直接发传真或打电话与航空公司的海外办事处联系货物中转情况。及时将上述信息反馈给客户，以便遇有不正常情况及时处理。

十八、信息服务

航空货运代理公司须在多个方面为客户做好信息服务。

1.订舱信息

应将是否订妥舱位及时告诉货主或委托人以便及时备单备货。

2.审单及报关信息

应在审阅货主或委托人送来各项单证后，及时向发货人通告。如有遗漏失误及时补充或修正。在报关过程中，遇有任何报关、清关的问题，亦应及时通知货主，共商解决。

3.仓库收货信息

应将货主送达货运代理人，告诉仓库的出口货物的到达时间、货量、体积、缺件、货损情况及时通告货主以免事后扯皮。

4.交运称重信息

运费计算标准以航空公司称重、所量体积为准，如在交运航空公司称重过磅过程中，发现称重、体积与货主声明的重量、体积有误，已超过一定比例时，必须通告货主，求得确认。

5.一程及二程航班信息

应及时将航班号、日期及以后跟踪了解到的二程航班信息及时通告货主。

6.集中托运信息

对于集中托运货物，还应将发运信息预报给收货人所在地的国外代理人，以便对方及时接货、查询、进行分拨处理。

7.单证信息

货运代理人在发运出口货物后，应将发货人留存的单据，包括盖有放行章和验讫章的出口货物报关单、出口收汇核销单、第三联航空运单正本以及用于出口产品退税的单据，交付或寄送发货人。

十九、费用结算

费用结算主要涉及同发货人、承运人和国外代理人三方面的结算。

1.与发货人结算费用

在运费预付的情况下，收取以下费用：航空运费、地面运输费，以及各种服务费和手续费。

2.与承运人结算费用

向承运人支付航空运费及代理费，同时收取代理佣金。

3.与国外代理人结算到付运费和利润分成等

到付运费实际上是发货方的航空货运代理人为收货人垫付的，因此收货方的航空货运代理公司在将货物移交收货人时，应收回到付运费并将有关款项退还发货方的货运代理人。同时，发货方的货运代理人应将代理佣金的一部分分给其收货地的货运代理人。

由于航空货运代理公司之间存在长期的互为代理协议，因此与国外代理人结算时一般不采取一票一结的办法，而采取应收应付相互抵消、在一定期限内以清单冲账的办法。

第三节　航空运输进口货运代理业务流程

本节情境导入

在兢兢业业地完成第一票货物后,小五又接了几票货物,出口业务是越来越娴熟。这天一老客户委托小五帮他操作一票进口货物,小五很高兴,一来有回头客了,二来可以熟悉进口操作,自己的业务就全面了。

本节任务

1.能概要说出航空货运进口代理业务的主要步骤。

2.熟悉航空进口单证,重点掌握托运书审核,并完成第四节的《项目二　交接单、货》和《项目四　模拟航空货代进口业务流程》。

航空货物进口运输代理业务程序,是指代理公司对于货物从入境到提取或转运整个流程的各个环节所需办理的手续及准备相关单证的全过程。

航空货物进口运输代理业务程序包括代理预报、交接单货、理货与仓储单与到货通知、制单与报关、收费与发货、送货与转运等。

一、代理预报

在国外发货之前,由国外代理公司将运单、航班、件数、重量、品名、实际收货人及其他地址、联系电话等内容通过传真或E－mail发给目的地代理公司,这一过程被称为预报。

到货预报的目的是使代理公司做好接货前的所有准备工作。

注意事项:

(1)注意中转航班,中转点航班的延误会使实际到达时间和预报时间出现差异;

(2)注意分批货物。从国外一次性运来的货物在国内中转时,由于国内载量的限制,往往采用分批的方式运输。

二、交接单、货

航空货物入境时,与货物相关的单据(运单、发票、装箱单等)也随机到达,运输工具及货物处于海关监管之下。货物卸下后,将货物存入航空公司或机场的监管仓库,进行进口货物舱单录入,将舱单上总运单号、收货人、始发站、目的站、件数、重量、货物品名、航班号等信息通过电脑传输给海关留存,供报关用。

同时根据运单上的收货人及地址寄发取单、提货通知。若运单上收货人或通知人为某航空货运代理公司,则把运输单据及与之相关的货物交给该航空货运代理公司。

航空公司的地面代理人向货运代理公司交接的有:国际货物交接清单;总运单、随机文件;货物。交接时要做到:单、单核对,即交接清单与总运单核对;单、货核对,即交接清单与货物核对。核对后,出现问题的处理方式见下表:

总运单	清　单	货　物	处理方式
有	无	有	清单上加总运单号
有	无	无	总运单退回
无	有	有	总运单后补
无	有	无	清单上划去
有	有	无	总运单退回
无	无	有	货物退回

另外还需注意分批货物，做好空运进口分批货物登记表。

航空货运代理公司在与航空公司办理交接手续时，应根据运单及交接清单核对实际货物，若存在有单无货或有货无单的情况，应在交接清单上注明，以便航空公司组织查询并通知入境地海关。

发现货物短缺，破损或其他异常情况，应向民航索要商务事故记录，作为实际收货人交涉索赔事宜的依据。

货运代理公司请航空公司开具商务事故证明的通常有：

1)包装货物受损。

(1)纸箱开裂、破损、内中货物散落(含大包装损坏，散落为小包装，数量不详)；

(2)木箱开裂、破损，有明显受撞击迹象；

(3)纸箱、木箱未见开裂、破损，但其中液体漏出。

2)裸装货物受损。

(1)无包装货物明显受损，如金属管、塑料管压扁。

(2)机器部件失落，仪表表面破裂等。

3)木箱或精密仪器上防震、防倒置标志泛红。

4)货物件数短缺。

部分货损不属运输责任，因为在实际操作中，部分货损是指整批货物或整件货物中极少或极小一部分受损，是航空运输较易发生的损失，故航空公司不一定愿意开具证明，即使开具了“有条件、有理由”证明，货主也难以向航空公司索赔，但可据以向保险公司提出索赔。对货损责任难以确定的货物，可暂将货物留存机场，商请货主单位一并到场处理。

三、理货与仓储

代理公司自航空公司接货后，即短途驳运进自己的监管仓库，组织理货及仓储。

1.理货内容

(1)逐一核对每票件数，再次检查货物破损情况，遇有异常，确属接货时未发现的问题，可向民航提出交涉(按《华沙公约》第 26 条:“除非有相反的证据，如果收货人在收受货物时没有异议，就被认为货物已经完好地交付，并和运输凭证相符”；又《华沙公约》修正本——《海牙议定书》第 15 条:“关于损坏事件，收货人应于发现损坏后立即向承运人提出异议……最迟应在收到货物后 14 天内提出。”)。

(2)按大货、小货；重货、轻货；单票货、混载货；危险品、贵重品；冷冻、冷藏品:分别堆存、进仓。堆存时要注意货物箭头朝向,总运单、分运单标志朝向。注意重不压轻,大不压小。

(3)登记每票货储存区号,并输入电脑。

2. 仓储注意事项

鉴于航空进口货物的贵重性、特殊性,其仓储要求较高,须注意以下几点:

(1)防雨淋、防受潮。货物不能置于露天,不能无垫托置于地上;

(2)防重压。纸箱、木箱均有叠高限制,纸箱受压变形,会危及箱中货物安全;

(3)防升温变质。生物制剂、化学试剂、针剂药品等部分特殊物品,有储存温度要求,要防止阳光暴晒。一般情况下:冷冻品置于－15～－20℃冷冻库(俗称低温库),冷藏品置放于 2～8℃冷藏库;

(4)防危险品危及人员及其他货品安全。空运进口仓库应设立独立的危险品库。易燃易爆品、毒品、腐蚀品、放射品均应分库安全置放。以上货品一旦出现异常,均需及时通知消防安全部门处理。放射品出现异常时,还应请卫生检疫部门重新检测包装及发射剂量外泄情况,以便保证人员及其他物品安全;

(5)为防贵重品被盗,贵重品应设专库,由双人制约保管,防止出现被盗事故。

四、理单与到货通知

1. 理单

(1)集中托运,总运单项下拆单:

①将集中托运进口的每票总运单项下的分运单分理出来,审核与到货情况是否一致,并制成清单输入电脑;

②将集中托运总运单项下的发运清单输入海关电脑,以便分别报关、报验、提货。

(2)分类理单、编号:

①总运单是直单、单票混载,这两种情况一般无清单;

②多票混载有分运清单,分运单件数之和应等于总运单上的件数;

③货物的种类有指定货物、非指定货物、单票、混载、总运单到付、分运单到付、银行货、危险品、冷冻冷藏货物等,随机文件中有分运单、发票、装箱单、危险品证明等;

④按照已标有舱位号的交接清单编号并输入电脑。内容有:总运单号、分运单号、发票号、合同号、航班、日期、货名、货物分类、贸易性质、实到件数、已到件数、实到重量、计费重量、舱位号、收货单位、代理人、本地货、外地货、预付、到付、币种、运费、金额等。

运单分类,一般有以下分类法:

①分航班号理单,便于区分进口方向;

②分进口代理理单,便于掌握、反馈信息,做好对代理的对口业务;

③分货主理单,指重要的经常有大批货物的货主,将其运单分类出来,便于联系客户,制单报关和送货、转运;

④分口岸、内地或区域理单,便于联系内地货运代理;

⑤分运费到付、预付理单,便于安全收费;

⑥分寄发运单、自取运单客户理单。

分类理单的同时,须将各票总运单、分运单编上各航空货运代理公司自己设定的编号,以便内部操作及客户查询。

(3)编配各类单证：

货运代理人将总运单、分运单与随机单证、国外代理人先期寄达的单证(发票装箱单、合同副本、装卸、运送指示等)、国内货主或经营到货单位预先交达的各类单证等进行编配。

代理公司理单人员须将其逐单审核、编配。其后，凡单证齐全、符合报关条件的即转入制单、报关程序。否则，即与货主联系，催齐单证，使之符合报关条件。

2.到货通知

货物到目的港后，货运代理人应从航空运输的时效出发，为减少货主仓储费，避免海关滞报金，尽早、尽快、尽妥地通知货主到货情况，提请货主配齐有关单证，尽快报关。

(1)尽早：到货后，第一个工作日内就要设法通知货主；

(2)尽快：尽可能用传真、电话预通知客户，单证需要传递的，尽可能使用特快传递，以缩短传递时间；

(3)尽妥：一星期内须保证以电函、信函形式第三次通知货主，并应将货主尚未提货情况，告知发货人的代理人。两个月时，再以电函、信函形式第四次通知货主；三个月时，货物可能须交海关处理，此时再以信函形式，告知货主货物将被处理，提醒货主采取补救办法。

到货通知应向货主提供到达货物的以下内容：

(1)运单号、分运单号、货运代理公司编号：

(2)件数、重量、体积、品名、发货公司、发货地；

(3)运单、发票上已编注的合同号、随机已有单证数量及尚缺的报关单证；

(4)运费到付数额，货运代理公司地面服务收费标准；

(5)货运代理公司及仓库的地址(地理位置图)、电话、传真、联系人；

(6)提示货主：海关关于超过十四天报关收取滞报金及超过三个月未报关货物上交海关处理的规定。

3.正本运单处理

电脑打制《海关监管进口货物入仓清单》一式五份分别提交检验检疫和海关，提交给海关的两份中，一份海关留存，另一份海关签字后收回存档。运单上一般需盖妥多个章：监管章(总运单)、代理公司分运单确认章(分运单)、检验检疫章、海关放行章等。

五、制单、报关

1.制单、报关、运输的形式

除部分进口货存放民航监管仓库外，大部分进口货物存放于各货代公司自有的监管仓库。由于货主的需求不一，货物进口后的制单、报关、运输一般有以下几种形式：

(1)货运代理公司代办制单、报关、运输；

(2)货主自行办理制单、报关、运输；

(3)货运代理公司代办制单、报关后，货主自办运输；

(4)货主自行办理制单、报关后，委托货运代理公司运输；

(5)货主自办制单、委托货运代理公司报关和办理运输。

2.进口制单

制单指按海关要求，依据运单、发票、装箱单及证明货物合法进口的有关批准文件，制作《进口货物报关单》。货运代理公司制单的一般程序为：

(1)长期协作的货主单位,有进口批文、证明手册等存放于货运代理处的,货物到达,发出到货通知后,即可制单、报关,通知货主运输或代办运输;

(2)部分进口货,因货主单位(或经营单位)缺少有关批文、证明的,可于理单、审单后,列明内容,向货主单位催寄有关批文、证明,亦可将运单及随机寄来单证、提货单以快递形式寄货主单位,由其备齐有关批文、证明后再决定制单、报关事宜;

(3)无需批文和证明的,可即行制单、报关,通知货主提货或代办运输;

(4)部分货主要求异地清关时,在符合海关规定的情况下,制作《转关运输申报单》办理转关手续。报关单上须由报关人填报的项目有:进口口岸、收货单位、经营单位、合同号、批准机关及文号、外汇来源、进口日期、提单或运单号、运杂费、件数、毛重、海关统计商品编号、货品规格及货号、数量、成交价格、价格条件、货币名称、申报单位、申报日期等等,转关运输申报单、内容少于报关单,亦需按要求详细填列。

3.进口报关

进口报关是进口运输中关键的环节。报关程序中,还有许多环节申报后,海关有初审、审单、征税、验放等主要工作环节。

1)初审

初审是海关在总体上对报关单证做)粗略的审查;审核报关单所填报的内容与原始单证是否相符,商品归类编号是否正确,报关单的预录入是否有误等。初审只对报关单证作形式上的审核,不作实质性的审查。

2)审单

审单是报关的中心环节,从形式上和内容上对报关单证进行全面的详细审核。

审核内容包括:报关单证是否齐全、准确;所报内容是否属实;有关的进口批文和证明是否有效;报关单所填报的货物名称、规格、型号、用途及金额与批准文件所批准的是否一致;确定关税的征收与减免等。

如果报关单证不符合海关法的有关规定,海关不接受申报。

允许通关时,留存一套报关单据(报关单、运单、发票)作为海关备案。

3)征税

征税作为报关的一个重要内容是必不可少的。

根据报关单证所填报的货物名称、用途、规格、型号及构成材料等确定商品的归类编号及相应的税号和税率。若商品的归类或税率难以确定,海关可先查看实物或实物图片及有关资料后再行确定征税。若申报的价格过低或未注明价格,海关可以估价征税。

4)验放

货物放行的前提是:单证提供齐全,税款和有关费用已经全部结清,报关未超过规定期限,实际货物与报关单证所列一致。

放行的标志:正本上或货运代理经海关认可的分运单上加盖放行章。

放行货物的同时,将报关单据(报关单、运单、发票各份)及核销完的批文和证明全部留存海关。如果报关时已超过了海关法规定的报关期限,必须向海关缴纳滞报金。

验放关员可要求货主开箱,查验货物。此时查货与征税时查货,其目的有所不同,征税关员查看实物主要是为了确定税率,验放关员查验实物是为了确定货物的物理性质、化学性质以及货物的数量、规格、内容是否与报关单证所列完全一致,有无伪报、瞒报,走私等问题。

除海关总署特准免验的货物外,所有货物都在海关查验范围之内。

4.报关期限与滞报金

按海关法规定,进口货物报关期限为:自运输工具进境之日起的十四日内,超过这一期限报关的,由海关征收滞报金。滞报金每天的征收标准为货物到岸价格的万分之五。

5.货代公司对开验工作的实施

海关对进出口货物实施开箱检验是项经常性的工作,占到货票数的一定比例。为此,货运代理公司必须配备一定人员和工具协助海关,对货物实施开箱检验工作。

客户自行报关的货物,一般由货主到货运代理的监管仓库借出货物,由代理公司派人陪同货主一并协助海关开验。开验后,代理公司须将已开验货物封存,运回监管仓库储存。

客户委托代理公司报关(含运输)的货物,代理公司须通知货主单位,由其派人前来或书面委托代办开验。开验后,代理公司须将已开验货物封装,运回监管仓库储存。

海关对大件货物,开箱后影响运输的货物实施开验时,货运代理公司及货主应如实将情况向海关说明,可申请海关派员到监管仓库开验,或直接到货主单位实施开验。

六、收费、发货

1.发货

办完报关、报验等进口手续后,货主须凭盖有海关放行章、检验检疫章(进口药品须有药品检验合格章)的进口提货单到所属监管仓库付费提货。

仓库发货时,须检验提货单据上各类报关、报验章是否齐全,并登记提货人的单位、姓名、身份证号以确保发货安全。

保管员发货时,须再次检查货物外包装情况,遇有破损、短缺,应向货主做出交代。

(1)分批到达货:收回原提货单,出具分批到达提货单,待后续货物到达后,即通知货主再次提取;

(2)航空公司责任的破损、短缺,应由航空公司签发商务记录;

(3)货运代理公司责任的破损、短缺,应由代理公司签发商务记录;

(4)遇有货代公司责任的破损事项,应尽可能商同货主、商检单位立即在仓库作商品检验,确定货损程度,要避免后面运输中加剧货损的发展。

发货时,应协助货主装车,尤其遇有货物超大超重、件数较多的情况,应指导货主(或提货人)合理安全装车,以提高运输效率,保随运输安全。

2.收费

货运代理公司仓库在发放货物前,一般先将费用收妥。收费内容有:到付运费及垫付佣金;单证、报关费;仓储费(含冷藏、冷冻、危险品、贵重品特殊仓储费);装卸、铲车费;航空公司到港仓储费;海关预录入、动植检,卫检报检等代收代付费用;关税及垫付佣金。

除了每次结清提货的货主外,经常性的货主可与货运代理公司签订财务付费协议,实施先提货后付款,按月结账的付费方法。

七、送货与转运

出于多种因素(或考虑便利,或考虑节省费用,或考虑运力所限),许多货主或国外发货人要求将进口到达货由货运代理人报关、垫税、提货后运输到直接收货人手中。货运代理公司在代理客户制单、报关、垫税、提货、运输的一揽子服务中,由于工作熟练,衔接紧密,服务到位,因而受到货主的欢迎。

1.送货上门业务

送货上门业务主要指进口清关后货物直接运送至货主单位,运输工具一般为汽车。

2.转运业务

转运业务主要指将进口清关后货物转运至内地的货运代理公司,运输方式主要为飞机、汽车、火车、船只、邮政。

办理转运业务,须由内地货运代理公司协助收回相关费用,亦应支付一定比例的代理佣金给内地代理公司。

3.进口货物转关及监管运输

进口货物转关,是指货物入境后不在进境地海关办理进口报关手续,而运往另一设关地点办理进口海关手续。在办理进口报关手续前,货物一直处于海关监管之下,转关运输亦称监管运输,意谓此运输过程置于海关监管之中。

1)转关条件

进口货物办理转关运输必须具备下列条件:

(1)指运地设有海关机构,或虽未设海关机构,但分管海关同意办理转关运输,即收货人所在地必须设有海关机构,或邻近地区设有分管该地区的海关机构;

(2)向海关交验的进境运输单据上列明到达目的地为非直达口岸,需转关运输;

(3)运输工具和货物符合海关监管要求,并具有加封条件和装置。海关规定,转关货物采用汽车运输时,必须使用封闭式的货柜车,由进境地海关加封,指运地海关启封;

(4)转关运输的单位必须是经海关核准、认可的航空货运代理公司。一般运输企业,尤其是个体运输者,即使拥有货柜车,也不能办理转关运输。

办理转关运输还应遵守海关的其他有关规定,如:转关货物必须存放在海关同意的仓库、场所,并按海关规定办理收存、交付手续;转关货物未经海关许可,不得开拆、改装、调换、提取、交付;对海关加封的运输工具和货物,应当保持海关封志完整,不能擅自开启,必须负责将进境地海关签发的关封完整及时交指运地海关,并在海关规定的期限内办理进口手续。

2)转关手续

转关货物无论采用飞机运输、汽车运输、火车运输,转关申请人(或货运代理)均须首先向指运地海关申请"同意接收××运单项下进口货物转关运输至指运地"的关封。

办理进口货物转关运输手续时,应向进境地海关递交:指运地海关同意转关运输的关封;《转关运输申报单》;国际段空运单、发票。

进境地海关审核货运单证同意转关运输后:

首先,将货物运单号和指运地的地区代号输入电脑进行留存;

再将运单、发票、转关货物准单各一份装入关封内,填妥关封号加盖验讫章;

然后在运单正本上加盖放行章;

最后在海关配发给各代理公司的转关登记簿上登记,以待以后收回回执核销;

另外,采用汽车转关运输时,并需在海关颁发的货运代理监管运输车辆的《载运海关监管货物车辆登记簿》上登记、待销。

转关货物无论以何种运输方式,无论将货物监管运输至指运地民航监管仓库、货运代理公司监管仓库或收货人单位，等货物转关进入指运地海关监管之下，指运地海关应将《转关运输货物准单》回执联填妥，盖章后，寄还给入境地海关核销。货运代理公司再据以核销自己的转关登记簿上的有关项目，以完成整个转关运输程序。

第四节　章节配套实训项目

项目一　航空托运书审核

(一)项目说明

托运书(Shippers Letter of Instruction—SLI)是托运人用于委托承运人或其代理人填开航空货运单的一种表单，表单上列有填制货运单所需各项内容，并应印有授权于承运人或其代理人代其在货运单上签字的文字说明。空运代理在收到客户托运书后，应当审核各栏目内容是否完整，委托书是否有效。

通过对“附表10-1 国际航空货物托运书”的审核，来掌握托运书审核要点。

完成该小节知识教学后，完成本项目。

(二)操作步骤

1.学生审核“附表10-1 国际航空货物托运书”；

2.课堂提问；

3.教师讲解。

项目二　交接单、货

(一)实训说明

完成第二节教学即可开展本项目实训。

熟悉航空货运单单核对与单货核对的处理方法。

(二)实训步骤

分甲乙两组，分别准备以下物品：

1.准备好货物卡片，上面注明货物品名、件数、重量；

2.根据准备好的货物卡片，准备总运单与交接清单各一份。总运单与交接清单上记载的货物必须要与准备好的货物卡片有出入，可参照下表来制作错误，让对方小组来核对。同时各小组要做好有意设计的错误记录；

总运单	清　单	货　物	处理方式
有	无	有	清单上加总运单号
有	无	无	总运单退回
无	有	有	总运单后补
无	有	无	清单上划去
有	有	无	总运单退回
无	无	有	货物退回

3.两组准备好上述材料后,甲组派一代表持甲组准备的总运单、交接清单及货物卡片与乙组其他成员交接单货;乙组同样也派一代表持乙组准备的总运单、交接清单及货物卡片与甲组其他成员交接单货;

4.交接单、货结果填在“附表10-2 交接单货处理清单”上;

5.撰写实训报告,对完成实训的过程进行总结分析。

项目三 模拟航空货代出口业务流程

(一)项目说明

建议完成章节教学后,结合所在地货代出口操作特点,采用分组角色模拟的形式完成本项目。

(二)操作步骤

1.准备好空运出口流程中的单据。单据可以用纸条写上单证名称代替,本项目目的在于熟悉流程,不在于填制单据。

2.将学生分组并指定各组角色。角色主要有货代、航空公司、发货人和收货人。

3.由扮演货代的小组,手持单据到各个小组跑单。一趟流程操作完后,各小组角色互换,每个小组每个角色都模拟一遍。

4.教师点评。

5.撰写实训报告。

项目四 模拟航空货代进口业务流程

(一)项目说明

建议完成章节教学后,结合所在地货代进口操作特点,采用分组角色模拟的形式完成本项目。

(二)操作步骤

1.准备好空运进口流程中的单据。单据可以用纸条写上单证名称代替,本项目目的在于熟悉流程,不在于填制单据。

2.将学生分组并指定各组角色。角色主要有目的站货代、航空公司、始发站发货人代理和收货人。

3.由扮演货代的小组,手持单据到各个小组跑单。一趟流程操作完后,各小组角色互换,每个小组每个角色都模拟一遍。

4.教师点评。

5.撰写实训报告。

第十章配套实训项目附表：

附表 10-1　国际航空货物托运书

<table>
<tr><td>托运人姓名及地址
SHIPPER NAME AND ADDRESS</td><td>托运人账号
SHIPPERS ACCOUNT NUMBER</td><td colspan="2">供承运人用
FOR CARRIAGE USE ONLY</td></tr>
<tr><td colspan="2" rowspan="3">CHINA INDUSTRY CORP. ,BEIJING.
P. P. CHINA
FAX:86(10)64598888</td><td>班期/日期
FLIGHT/DAY</td><td>航班/日期
FLIGHT/DAY</td></tr>
<tr><td>CA921/30</td><td></td></tr>
<tr><td></td><td></td></tr>
<tr><td>托运人姓名及地址
SHIPPER NAME AND ADDRESS</td><td>托运人账号
SHIPPERS ACCOUNT NUMBER</td><td colspan="2">已预留吨位</td></tr>
<tr><td colspan="2">OSAKA SPORT INPORTERS, OSAKA,JAPAN</td><td colspan="2">运费　CHARGES</td></tr>
<tr><td colspan="2">代理人的名称和城市
Issuing Carriers Agent Name and City
ABC AIR FRIGHT CO. , LTD</td><td colspan="2" rowspan="3">ALSO notify</td></tr>
<tr><td colspan="2">始发站 AIRPORT OF DEPARTURE
HANGZHOU AIRPORT</td></tr>
<tr><td colspan="2">到达站 AIRPORT OF DESTINATION
NARITA</td></tr>
<tr><td colspan="2">托运人声明价值
SHIPPER'S DECLARED VALUE</td><td rowspan="2">保险金额
AMOUNT OF INSURANCE
×××</td><td rowspan="2">所附文件
DOCUMENT TO ACCOMPANY AIR WAYBILL

KEEP UPSIDE</td></tr>
<tr><td>供运输用
FOR CARRIAGE
无</td><td>供海关用
FOR CUSTOMS
无</td></tr>
</table>

理货信息(包括包装方式、货物标志及号码)
HANDLING INFORMATION(INCL. METHOD OF PACKING INEDTFYING AND NUMBERS)
1 COMMERCIAL INVOICE

件数 No. OF PACKAGES	实际毛重 ACTUAL GROSS WEIGHT(kg)	运价种类 RATE CLASS	计费重量 CHARGEABLE WEIGHT	费率 RATE/CHARGE	货物品名及数量(包括体积或尺寸) NATURE AND QUANTITY OF GOODS (INCL. DIMENSION OF VOLUME)
4	89.8				TOYS DIMS:EACH 70×47×35cm

附表 10-2　交接单货处理清单

序号	总运单号	总运单	清　单	货　物			处理方式
				品　名	件数(PCS)	毛重(KG)	
	书写示例一：999－12345678	有	无	有	有	有	清单上加总运单号
	示例二：数量短少书写 123456	数量＋单位例：＋10 件	数量＋单位例：－5 件	安全靴	200(以货物卡片为准)	20(以货物卡片为准)	索要商务事故记录
	书写示例三：999－12345678	有	无	无	无	无	总运单退回
1							
2							
3							
4							
5							
6							
7							
8							

第十一章

国际空运事故纠纷与案例

本章学习任务

一、能说出主要的国际空运公约名称;

二、明白华沙体制与1999年蒙特利尔公约的联系;

三、学会运用华沙体制来判断空运事故的责任方。

章节情境设定

周末,小张和小五等一伙同学在饭店聚餐。席间,小张和小五聊起各自部门的闲事。当小五听小张说在查找和学习国际货运公约,一激灵,想起了空运部最近遇到的些麻烦事,不由得想到:既然海运有公约,空运应该也有。第二天,小五就抱着与小张一样的想法,开始查找并学习相关国际空运公约。

第一节 国际航空运输公约

本节情境导入

有样学样,下周回到公司,小五找来一份航空货运单,将背面复印一下带回去仔细阅读。当看到这么一句"the warsaw convention may be applicable and the convention governs and in most cases limits the liability of the carrier in respect of loss"时,小五很高兴,知道找到了。关键就是"warsaw convention"究竟是什么,这么有影响力,为什么航空货运单要受其制约,是否还有其他的公约。

本节任务

1. 解答小五的疑惑,并了解主要的国际航空运输公约。
2. 掌握常见的华沙条款。
3. 完成本章第三节的案例讨论。

现行的国际航空法条约涉及航空运输的方方面面,例如航空运输、安全保卫、国际航空运输的业务权,双边协定等。有关航空货物运输方面的条约主要是关于统一国际航空运输规则的条约。该条约共有八个文件,总称《华沙体制》。

一、华沙体制

华沙体制(华沙体系),由以下八个文件组成:

(1)1929年在华沙签订的《统一国际航空运输某些规则的公约》,简称华沙公约(warsaw convention),我国于1958年批准该公约。

(2)1955年在海牙签订的《修订1929年10月12日在华沙签订的〈统一国际航空运输某些规则的公约〉的议定书》,简称海牙议定书,我国于1975年批准该议定书。

(3)1961年在瓜达拉哈拉签订的《统一非立约承运人所作国际航空运输的某些规则以补充华沙公约的公约》,简称瓜达拉哈拉公约。

(4)1971年在危地马拉城签订的《修订经海牙议定书修订的〈统一国际航空运输某些规则的公约〉的议定书》,简称危地马拉城协议书。

(5)1975年在蒙特利尔签订的第1、2、3、4号《关于修改〈统一国际航空运输某些规则的公约〉的附加议定书》,简称蒙特利尔第几号议定书。

华沙体制主要以下面三个文件作为基础:华沙公约、海牙议定书和《蒙特利尔第四号议定书》

(一)华沙公约

1929年10月12日订于波兰华沙,自1933年2月13日生效,全称《国际航空运送统一规章公约》,俗称《华沙公约》。共分5章41条,就"国际航空运输"的定义、运输凭证、承运人的责任制度以及责任诉讼的若干程序问题作了规定。共有149个国家批准或加入该公约。

(二)海牙议定书

1955年9月28日订于荷兰海牙,1963年8月1日生效。在该议定书缔约国之间,《华沙公约》和该议定书被视为并解释为一个单一文件。我国1958年7月20日加入《华沙公约》,1975年8月20日加入《海牙议定书》。

我国与《华沙公约》缔约国之间,适用《华沙公约》;与《海牙议定书》缔约国之间,适用《海牙议定书》。

主要改动:

(1)航空承运人对旅客赔偿限额提高一倍;

(2)简化运输凭证;

(3)取消了对货物运输的航行过失免责规定;

(4)对承运人的责任制度未做实质性的变动。

共131个国家批准或加入该公约。

(三)《蒙特利尔第四号议定书》

1975年9月25日订于蒙特利尔,1998年6月14日生效。

在该议定书缔约国之间,1955年在海牙修正的《华沙公约》和本议定书应被视为并解释为一个单一文件,称之为《1955年在海牙修正的和1975年蒙特利尔第四号议定书修正的华沙公约》。

二、华沙体制的应用

(一)适用范围

华沙体制主要应用于国际航空运输。

国际航空运输主要是指:航空器的始发地点和目的地点位于两个国家的运输;或者同属一个国家,但航空器在另一个国家有一约定的经停点的运输。

国际航空运输的国际航班的国内段同样适用于华沙体制,而不要用国内航空法。国内赔偿与国际的差距甚远。不适用于邮件和邮包的航空运输。邮件运输属于邮政范畴,邮政行业属于国家公用事业,不属于商业行为。但物品类特快专递、邮政快件及包裹属于营利性法人所办理的商务运输,则要受华沙体制约束。

(二)航空货运单

1.运输合同的证明

《华沙公约》第五条规定:没有这种凭证,或凭证不合规定或凭证遗失,不影响运输合同的存在和有效,除第九条另有规定外,这项运输合同同样受本公约的规则的约束。

第十一条 在没有相反的证据时,航空货运单是订立合同、接受货物和承运条件的证明。

2.航空货运单的签发

《华沙公约》第五条:货物承运人有权要求托运人填写一称为"航空货运单"的凭证,托运人有权要求承运人接受这项凭证。

1)如果承运人承运货物而不出具运单,则无法享受法律所规定的免责和责任限额。

2)在实践中,托运人一般只填写托运单,而航空货运单则由承运人或承运人的代理人签发。在没有相反证明的情况下,承运人填写的空运单视为代托运人填写。

3.航空货运单的流通性

1)《海牙议定书》在华沙公约第十五条内加入下款:"(3)本公约不限制填发可以流通的航空货运单。"

2)流通的限制:

(1)托运人与收货人应当在履行航空货运合同所规定的条件下,才能转让空运单的权利;

(2)即使空运单的权利进行了转让,在向承运人主张权利时,也只能由托运人或收货人以本人的名义进行。

(三)托运人的权利与义务

1.托运人的权利

1)填写货运单

根据行业习惯,托运人只填写委托书,也有权要求承运人代为填写货运单,并将承运人签章的第三份空运单正本交给自己。即正本 3,original 3,序号 A。

2)对货物享有处置权

"《华沙条约》第十二条

(1)托运人在履行运输合同所规定的一切义务的条件下,有权在起运地航空站或目的地航空站将货物提回,或在途中经停时中止运输、或在目的地或运输途中交给非航空货运单上所指定的收货人、或要求将货物退回起运地航空站,但不得因为行使这种权利而使承运人或其他托运人遭受损害,并且应该偿付由此产生的一切费用。

(2)如果托运人的指示不能执行,承运人应该立即通知托运人。

(3)如果承运人按照托运人的指示处理货物,而没有要求托运人出示他所执的航空货运单,因而使该航空货运单的合法执有人遭受损失时,承运人应负责任,但并不妨碍承运人向托运人要求赔偿的权利。

(4)收货人的权利根据第十三条的规定开始时,托运人的权利即告终止,但是如果收货人拒绝接受货运单或货物,或无法同收货人联系,托运人就恢复他对货物的处理权。"

只能以本人名义进行方为有效,不得损害承运人及其他托运人的权利。

3)声明价值权

货物价值超过250金法郎每公斤,托运人有权声明货物价值,承运人不得以任何理由拒绝托运人的声明价值。一个金法郎相当于纯度为千分之九百的黄金六十五点五毫克,按制订公约时的黄金比价每盎司黄金42.22美元,250金法郎约合20美元。虽然现在黄金已不是当时的价格,但习惯仍以20美元或等值货币每公斤作为标准。

如交运的行李或货物的一部分或行李或物种的任何物品发生灭失、损坏或延误,用以确定承运人有限责任赔偿金额的重量,仅为有关包件的总重量。

2.托运人的义务

(1)货物项目与声明的正确性:

在没有相反的证据时,承运人可以信赖托运人在空运单上的各项声明和说明是正确的。未经托运人、承运人当面查对的空运单不能构成使承运人负担空运单正确性的证据。

(2)提供正确、完备的单证以便承运人办理海关、税收等手续。由于单证不合规定造成的损失应由托运人对承运人负责。

3.收货人的权利和义务

(1)支付足额到付运费;

(2)支付相关费用。如:目的地机场仓库保管费等。

(3)向承运人主张权利。在空运单上约定的到达时间届满7天内仍没有到达;如果承运人自己承认货物已经遗失,则不受7天限制。

(四)承运人的责任

(1)负责由于运输延误,使货物未能按时到达产生的损失。

(2)对于责任期间的损失,只需承担责任限额内的赔偿责任,而不论其根据如何。

(3)造成损失的原因在于承运人的故意不良行为时,则丧失责任限额的保护。

航空承运人的责任期间:行李或货物在承运人保管下的期间,不论是在航空站内、在航空器上,还是在航空站外降落的任何地点。

航空运输的期间不包括在航空站以外的任何陆运、海运或河运。但是如果这种运输是为了履行空运合同,是为了装货、交货或转运,任何损失应该被认为是在航空运输期间发生事故的结果,除非有相反证据。

(五)承运人的免责

"《华沙公约》第二十条　(1)承运人如果证明自己和他的代理人为了避免损失的发生,已经采取一切必要的措施,或不可能采取这种措施时,就不负责任。"

(1)推定过失责任:

要想不承担责任必须证明自己无过错,强调承运人举证,倒置举证。

《华沙公约》第二十一条　如果承运人证明受害人自己的过失是造成损失的原因或原因之一,法院可以按照它的法律规定,免除或减轻承运人的责任。

(2)只有货损全部由受害人过失造成,承运人才不承担责任。

(六)索赔期限和诉讼期限

《华沙条约》第二十六条

(1)除非有相反的证据,如果收件人在收受行李或货物时没有异议,就被认为行李或货物已经完好地交付,并和运输凭证相符。

(2)如果有损坏情况,收件人应该在发现损坏后,立即向承运人提出异议,如果是行李,最迟应该在行李收到后三天内提出,如果是货物,最迟应该在货物收到后七天内提出。如果有延误,最迟应该在行李或货物交由收件人支配之日起十四天内提出异议。

(3)任何异议应该在规定期限内写在运输凭证上或另以书面提出。

(4)除非承运人方面有欺诈行为,如果在规定期限内没有提出异议,就不能向承运人起诉。

《华沙条约》第二十九条

(1)诉讼应该在航空器到达目的地之日起,或应该到达之日起,或从运输停止之日起两年内提出,否则就丧失追诉权。

(2)诉讼期限的计算方法根据受理法院的法律决定。

三、1999 年蒙特利尔公约

蒙特利尔公约的正式名称是《统一国际航空运输某些规则的公约》(Convention For The Unification Of Certain Rules For International Carriage By Air),目的在于确保国际航空运输消费者的利益,对在国际航空运输中旅客的人身伤亡或行李损失,或者运输货物的损失,在恢复性赔偿原则基础上建立公平赔偿的规范体系。

1. 历史背景

随着历史的发展,华沙公约中的某些规定已显陈旧,而且相关修订文件数量较多。为了使华沙公约及其相关文件现代化和一体化,ICAO 起草定稿了蒙特利尔公约,并在 1999 年 5 月在蒙特利尔召开的国际航空法大会上由参加国签署。中国和其他 51 个国家在该大会上签署了该项公约。

需要说明的是,政府签署该项公约并不代表该国同意加入,只有在本国立法机构批准该公约并提交批准书后,此公约才对该国生效。蒙特利尔公约正式生效后将取代现有的华沙公约文件。

2003 年 7 月 31 日,美国参议院批准了蒙特利尔公约,确立了该公约在美国的法律地位。9 月 5 日,美国政府向国际民航组织(ICAO)提交了批准书,从而使美国成为第三十个批准该公约的 ICAO 成员国。喀麦隆也于当天向 ICAO 递交了批准书。

根据蒙特利尔公约第 53 条的规定,当 ICAO 收到第三十份批准书后的第 60 天,公约将在递交批准书的国家之间生效。因此,蒙特利尔公约将在 2003 年 11 月 4 日对美国、日本、加拿大、墨西哥、哥伦比亚等 31 个批准国正式生效。

2005 年 7 月 31 日,蒙特利尔公约在我国正式生效。

2. 蒙特利尔公约的主要内容和特点

1)货物损失的赔偿。只要造成货物损失的事件是在航空运输期间发生的,承运人就应当承担责任。但由下述原因造成的,承运人可不承担责任:

a. 货物的固有缺陷、质量或者瑕疵;

b.承运人或者其受雇人、代理人以外的人包装货物的,货物包装不良;

c.战争行为或者武装冲突;

d.公共当局实施的与货物入境、出境或者过境有关的行为。

承运人对货物损失承担每公斤17特别提款权的责任限额,除非托运人在交运包件时特别声明其交付利益,并支付附加费。

2)延误的损失赔偿。只要承运人证明其为避免损失的发生,已经采取一切合理的措施或者不可能采取此种措施的,承运人不承担责任。否则,承运人应当承担责任。

3)管辖权范围的扩大。如果承运人在旅客的主要且永久居住地有业务经营,则旅客或其家属可以在该居住地的当事国领土内提起诉讼。

延伸阅读

1999年蒙特利尔公约关于旅客赔偿方面的修改

1.旅客人身伤亡的赔偿

蒙特利尔公约的最大特点是其通过两步递进形式为旅客人身伤亡赔偿引进了无限制责任的概念。

第一步是不管有无过错,承运人必须对旅客的人身伤亡承担赔偿10万特别提款权(约合13.5万美元),承运人不得免除或者限制其责任。

特别提款权(Special Drawing Right,SDR)是国际货币基金组织提供给全体会员国的一种国际货币储备单位,最早发行于1970年。为成员国在货币基金体系内的资产储备,又称纸黄金。最初发行时每一单位等于0.88671克黄金,与当时的美元等值。发行特别提款权旨在补充黄金及可自由兑换货币以保持外汇市场的稳定。

第二步是如果旅客的人身伤亡是由承运人的过错造成的,则承运人承担的责任无限制。

10万提款权以上的赔偿责任在下述情况下可以免除:

(1)损失不是由于承运人或者其受雇人、代理人的过失或者其他不当行为、不作为造成的;

(2)损失完全是由第三人的过失或者其他不当作为、不作为造成的。

此外,事故发生后承运人应当按照国内法的要求,及时向索赔人先行付款,以应其经济需要。先行付款不构成对责任的承认,并可从随后的损害赔偿金中抵消。

此规定可以使受害旅客家属不需要通过冗长昂贵的法律诉讼就可以获得初步的赔偿,更符合现代经济的赔偿需求。

2.行李损失的赔偿

(1)托运行李和非托运行李。对托运行李,只要损失事件在航空器上或处于承运人掌管之下,承运人就应当承担责任,除非损失是由于行李的固有缺陷、质量或者瑕疵造成的。

对非托运行李,即承运人对由其本身、受雇人或者代理人的过错造成的损失承担责任。

(2)行李损失的责任限额。以每名旅客1000特别提款权为限,除非旅客在交运托运行李时特别声明其交付利益，并支付附加费。

3. 旅客的延误赔偿以每名旅客 4150 特别提款权为限

4. 承运人的责任期间。承运人的责任期间有两类：

一是“在航空器上”，指旅客处于航空器上的任何状态，是一种静态的期间；

二是“在上、下航空器的任何操作过程中”，是一种动态的过程。

“上、下航空器的任何操作过程中”以下解释主要是参照我国民用航空总局对此问题的理解做出。

所谓“任何操作过程”，指的是运行过程，主要是旅客登机、下机的过程。其中：旅客登机的过程应是指旅客办理登机手续以后的、进入航空器之前因登机活动而处于承运人掌管、控制之下的期间。判断是否处于登机过程，要依以下几个标准：

(1)活动性质。旅客活动是否属于登机性质，要看旅客是否正在登机，并且旅客应处在动态的行为过程中，不能是静态的事实和状态。

(2)控制。旅客是否处于承运人的指导、掌管、照料或控制之下。如承运人的工作人员通知旅客登机，并引导旅客登机，则应认为在其控制之下。

(3)位置。旅客正处在登机的区域，即从候机地点到航空器的地段，一般包括飞行运行区域、停机坪和飞机的停放地点。如果经承运人招呼而正在经过廊桥，则也应认为处于登机区域。登机区域应是在登机时刻专属于该承运人为旅客登机的目的而使用的区域(称之为“已特定化的区域”)，不包括在当时供其他承运人或其他单位使用的公共区域或公共场所。

(4)时间。旅客已办妥登机手续但未在航空器上。登机手续指为登机而须履行的全部程序，包括乘机手续(CHECK－IN)、安检手续、出入境手续等等，不单单指CHECK－IN。

根据上述四个标准，旅客办理登机手续后坐在候机楼内候机的期间不属于登机过程，因为旅客尚未开始登机活动，且没有处于承运人的掌管、控制之下，其所处的位置不是登机区域。相反，如果旅客走上舷梯至进入航空器的过程则是登机过程。因为无论从活动性质、控制、位置、时间上看，此过程符合登机过程的要件。

判断旅客是否处于“下机过程”，同样也应当采用上述四个标准。旅客是否处于承运人掌管、控制之下，是一个至关重要的标准。据此，下列期间不属于下机过程：

(1)旅客办理海关、边防手续后等候提取行李的过程(已不属于承运人掌管之下)；

(2)旅客自候机楼走向中转手续办理点的途中(已不属于承运人专用的下机区域)；

(3)旅客结束下机后发现将非托运行李遗忘在航空器上而返回航空器寻找行李的过程(不属于下机性质)。

第二节　航空货运事故产生的原因与索赔

本节情境导入

航空货运由于其运输特点和行业特点，要遵循一定的理赔程序。掌握了基本的空运公约后，还需要学会运作相应的索赔程序，才能维护好权益方的权益。

本节任务

帮助小五总结归纳出海上货运事故产生的原因以及索赔程序。

一、航空货运事故产生的原因

由于从事航空运输的飞机经常处于空中飞行状态，飞机飞行安全要求高，航空货物在飞机机舱中的积载要求也高，因此，货物在航空运输中的飞机飞行阶段遭受灭失、损坏的可能性大大减少。但是，在空运货物的交接、机场堆存、装机和卸机等过程中，仍然存在着工作差错而造成的货运事故。航空运输中产生的货运事故主要是指由于承运人的原因，造成货物丢失、短缺、变质、污染、损坏的情况。发生这些情况的主要原因是：

(1)货物在承运人掌管期间内发生盗窃、遗失等原因造成货物的丢失；

(2)承运人原因造成货物包装方法或容器质量不符合运输要求，使包装破损、货物泄露等原因造成货物的内容缺失；

(3)承运人没有注意到货物本身性质所引起的变质、污染、损坏；

(4)不适当的积载造成货物污染、损坏；

(5)承运人没有按照指示标志进行装卸作业造成货物的变质、污染、损坏；

(6)运输过程中保管货物不当造成货物的变质、污染、损坏。

二、空运承运人的责任

在航空运输中，根据我国《民航法》第125条规定，航空运输期间，是指在机场内、民用航空器上或者机场外降落的任何地点，托运行李、货物处于承运人掌管之下的全部期间。航空运输期间，不包括在航空站以外的任何陆路运输、海路运输、内河运输过程；但是，此种陆路运输、海路运输、内河运输是为了履行空运合同而装载、交付或转运，在没有相反证据的情况下，所发生的损失视为是在航空运输期间发生的损失。这与有关国际公约的规定是相同的。

承运人对于货物在其责任期间发生灭失或者损坏应该承担责任。但是，国际公约和各国法律又都规定了一系列承运人对于货物在其责任期间发生的灭失或者损坏可以免于承担责任的事项。这些事项是法定的，承运人可以通过合同减少或者放弃，但不能增加。在各种运输方式和多式联运下，都规定有承运人的法定免责事项。

首先，不论哪种方式的货物运输，托运人根据运输合同将货物交付承运人之前所发生的一切货损、货差均由托运人负责。

当货物交付承运人，货物处于承运人监管下时，托运人也不能百分之百地免除对货损发生的责任。例如，由于货物的包装不坚固、标志不清，或由于托运人隐瞒货物种类或其特性，或潜在缺陷等原因造成货损时，则由托运人负责；而且，由此而引起的其他损失也应由托运人负责赔偿。

三、空运索赔的一般程序

各种运输方式下进行索赔的程序基本上是相同的，即由索赔方发出索赔通知、提交索赔函，进而解决争议。如果无法解决争议，则可能进入诉讼或仲裁程序。

1.发出索赔通知

国际航空运输中的索赔人可以是货运单上列明的托运人或收货人;或者持有货运单上托运人或收货人签署的权益转让书的人员(比如承保货物的保险公司;受索赔人之托的律师;有关的其他单位;集运货物的主托运人和主收货人)。

托运人、收货人是指主运单上填写的托运人或收货人。向航空公司提出索赔的应是主运单上填写的托运人或收货人。客户或分运单上的托运人、收货人或其他代理人应向主运单上填写的托运人或收货人提出索赔。

如果收货人在到达站已将货物提取,则托运人将无权索赔。如托运人要求索赔的话,应该有收货人出具的权益转让书。

托运人、收货人或其代理人在货物的始发站、目的站或损失事故发生的中间站,可以书面的形式向承运人(第一承运人或最后承运人或当事承运人)或其代理人提出索赔要求。

货物损坏(包括短缺)属于明显可见的赔偿要求,应从发现时起立即提出并最迟延至收到货物之日起14天内提出。

货物运输延误的赔偿要求,在货物由收货人支配之日起21天内提出。

货物毁灭或遗失的赔偿要求,应自填开货运单之日起120天之内提出。

任何异议,均按上述规定期限,向承运人以书面形式提出。除承运人有欺诈行为外,有权提取货物的人如果在规定时限内没有提出异议,将会丧失获得赔偿的权利。

对于提出索赔的货物,货运单的法律有效期为两年。

2.提交索赔申请书或索赔清单

3.提起诉讼或仲裁

国际航空货物运输中的规定是除非承运人方面有欺诈行为,如果在前面所述的规定期限内没有提出异议,就不能向承运人起诉。

除通过诉讼途径解决争议外,在当事人双方在合同事先已经约定,或者事后同意的情况下,还可以通过仲裁的手段解决纠纷。仲裁的主要问题包括仲裁协议的有效性、仲裁程序的合法性、仲裁的司法监督等。目前,我国调整仲裁的法律主要是1995年颁布的《仲裁法》。中国海事仲裁委员会是我国目前的海事仲裁常设机构。

四、索赔单证

航空货物运输办理索赔时,索赔人也要提供能够证明货运事故的原因、损失程度、索赔金额、责任所在,以及索赔人具有索赔权利的单证,这些单证主要是:

(1)正式索赔函2份(收货人或发货人向代理公司、代理公司向航空公司);

索赔函示例

中国国际航空公司货运部

本公司在提取来自汉城的一票货,运单号为999—12345678,1件共100公斤,由CA888/09APR承运。该货在目的地交付时发生严重的外包装破损(详见贵公司开具的事故鉴定书)。

现本着实事求是，维护双方共同利益的原则，我公司向贵公司提出以下处理意见和索赔申请。

该货物价值2000美金，请给予原价赔偿。参见托运人出具的受损货物价值证明。

请贵公司予以尽快办理为盼，谢谢合作。

随附：运单、装箱单、发票、事故记录等

泛云代理公司

2002—17—5

特别注意的是，货物没有办理声明价值，承运人按照实际损失的价值进行赔偿，赔偿的最高限额为毛重每公斤20美元；已向承运人办理货物声明价值，并支付了声明价值附加费，则按声明价值赔偿。所以在向承运人提交索赔函前需确认下货物是否办理了声明价值，以提出合适的索赔金额。

内损货物的责任。货物的内损指货物的外包装完好，但货物本身破损了。对于此类货物的破损，如无确实的证据证明是由于承运人的过错造成的，则承运人不承担责任。但对于外包装破损或有盗窃痕迹，则承运人应负责赔偿。如货物的一部分或者货物中任何物件发生遗失、损坏或者延误，用以决定承运人责任限额的重量，仅为该件或者件数的总重量。如货物的一部分或者货物中任何物件发生遗失、损坏或者延误，以致影响同一份货运单所列的另一包装件或者其他包装件的价值时，在确定责任限额时，另一包装件的总重量也应当考虑在内。

(2)货运单正本或副本；

(3)货物商业发票、装箱清单和其他必要资料；

(4)货物舱单(航空公司复印)；

(5)货物运输事故签证(货物损失的客观详细情况)；

当航空地面代理人在卸货时发现货物破损，即由航空公司或航空公司地面代理人填写《货物运输事故签证》，这份签证主要是在目的站货物出现问题的一个证明。在填写这份签证之前，收货人需要进一步确认内装物的受损程度，可以同航空公司的货运人员共同开箱检查，确认货物的具体受损程度，在开箱检查时，会出现两种情况，一是外包装破损，内装物完好；二是外包装破损，内装物破损，在第二种情况时，又会出现由于货主没有按照航空货物包装的要求来进行包装，而导致的货物受损，这种情况就需要货主和承运人共同承担责任。这份证明要客观地描述货物出现问题的状况，尽量不要出现“短少”等模糊性词语。这份签证由航空公司的货运部门签完后，再由收货人签字，其中一份航空公司留存，另一份由收货人留存。

(6)商检证明(货物损害发生后由商检等中介机构所作的鉴定报告)

(7)运输事故记录；

(8)来往电传等文件。

航空公司审核所有的资料和文件，进一步进行以下调查工作：

(1)如货物办理保险，保险公司全额赔偿后，保险公司再向承运人提出责任限额赔偿；

(2)货物遗失，查看来往电传。货物破损、潮湿，查看记录是全部损坏部分损坏；

(3)了解始发站是否收到索赔函，避免双重索赔；

(4)填写国际货物索赔报告。

在完成调查工作后，由航空公司填写航空货物索赔单，索赔人签字盖章，表明航空公司正式认可索赔的有关事项。航空货物的索赔根据索赔货物的金额不同需要各级领导审批。

在索赔人收到索赔款时签署责任解除协议书，即放弃诉讼权及进一步的索赔权。

第三节　章节配套案例讨论

案例一　花鼠受热灭失

(一)案例介绍

小五受发货人委托代理一票从杭州空运东京的货物，品名：花鼠，未声明货物价值，每件105公斤，计费重量117公斤。货物按时收运并定妥了当日航班，起飞时间9:30。由于飞机发生故障，推迟起飞时间，定于下午两点装货。当天上午已经将这批货物拖到客机坪，当天气温33℃，中午时分才将货物拉回仓库。由于花鼠经日晒太久，运到目的地的成活率太低，所以决定拉下。当通知发货人提回时，发现已经死亡过半，提取后，由于受热过度，已经全部死亡。

(二)案例讨论

参考讨论题：

1.发货人向小五提出赔偿要求，理由是小五没有尽到代理的职责，在其责任期间照管好货物。你认为小吴应该对货物的灭失负责吗？

2.由于货物没有声明价值，小五要求航空公司按《华沙公约》每公斤20美元折合人民币进行赔偿，但航空公司说货物还没有发生运输，且在国内航空站灭失，应该根据我国《民航法》每公斤20元人民币进行赔偿。你同意航空公司的说法吗？

(三)实训要求

1.同学积极参与，踊跃发言；

2.教师从旁引导。

案例二　货物接力运输灭失

(一)案例介绍

青岛某货主将一批价值USD10000，计10箱的丝织品通过甲航空公司办理空运经北京出口至法国巴黎。货物交付后，由乙航空公司的代理人甲航空公司于5月16日出具了航空货运单一份。该货运单注明：第一承运人为乙航空公司，第二承运人是丙航空公司，货物共10箱，重250千克。货物未声明价值。乙航空公司将货物由青岛运抵北京，5月19日准备按约将货物转交丙航空公司时，发现货物灭失。为此，乙航空公司于当日即通过甲航空公司向货主通知了货物已灭失。为此，货主向甲航空公司提出书面索赔要求，要求甲航空公司全额赔偿。

(二)案例讨论

参考讨论题：

1.货主提出的索赔对象甲应该对货物灭失承担责任吗？

2. 本案适用《华沙公约》,还是国内的《航空法》?

3. 货主可以获得全额赔偿吗?航空公司最多赔偿的数额是多少?

(三)实训要求

1. 同学积极参与,踊跃发言;

2. 教师从旁引导。

案例三　货物公路转运遗失

(一)案例介绍

一票航空运输的货物,从新加坡经上海中转到义乌,运输的是机器设备,始发站为新加坡,目的站为义乌。货物重263公斤,计费重量共300公斤,未申明价值。从新加坡运往上海采用的是飞机运输,再从上海转运义乌时,使用卡车航班,但在高速公路上,不幸发生车祸,设备全部损坏。

(二)案例讨论

参考讨论题:

1. 货主要求航空公司进行赔偿,但航空公司说货物损坏发生在高速公路上,不属于航空公司的责任期间,应该由卡车运输公司进行赔偿。你赞同航空公司的观点吗?

2. 本案适用《华沙公约》,还是国内的《航空法》?

3. 若由航空公司进行赔偿,由于货物没有声明价值,因此应该赔偿20美元每公斤,即20×263=5260美元。这么计算正确吗?

(三)实训要求

1. 同学积极参与,踊跃发言;

2. 教师从旁引导。

案例四　航空转运货物遗失索赔

(一)索赔案例

小五所在货运代理公司空运部接受货主的委托,将一台重24千克的仪器从义乌空运至香港。该批货物价值6万余元人民币,但货物"声明价值"栏未填写。小五公司按照正常的业务程序,向货主签发了航空分运单,并按普通货物的空运费率收取了运费。由于当时义乌无直达香港的航班,所有空运货物必须在上海办理中转。为此小五公司委托香港甲货运代理公司驻上海办事处办理中转业务。但是,由于航空公司工作疏忽,致使该货物在上海至香港的运输途中遗失。于是,货主持航空分运单向小五所在公司提出索赔。

(二)案例讨论题

根据给出的案例讨论:

1. 受损方提出索赔的程序合乎规范吗?

2. 受损方向责任方索赔时,提供单证可以支持自己的索赔请求吗?

3. 面对受损方的索赔,小五公司会理赔吗?若会,则要赔偿多少?若不会,则要如何答复?

4. 若案例中的受损方为了保证索赔得以实现，向法院提请索赔权利的保全措施，法院会支持吗？

（三）实训要求

1. 同学积极参与，踊跃发言；

2. 教师从旁引导。

案例五　航空运费支付纠纷

（一）案例介绍

去年初，塞浦路斯进口商小赖与商远公司签订丝绸服装贸易合同。该合同确定的贸易条件为 FOB 上海。去年 4 月 23 日，小赖与塞浦路斯甲货运公司签订了一份《委托运输合同》，约定：由甲货运公司为小赖实施从中国到塞浦路斯进口货物的运输。小赖交托所有的进口货物由甲货运公司独家经营托运，不得转托其他公司代理托运。小赖把从中国出口的货物交甲货运公司在中国办事处的负责人风燕，后者必须在一个星期内把所收到的货物运到塞浦路斯，保证不发生交货延误。货到塞浦路斯首都尼科西亚后，小赖要立即给付甲货运公司运费才可提货，否则，小赖还要支付仓库保管费。合同签订后，小赖于去年 4 月 29 日传真告知商远公司的中介中发公司通知商远公司，此次出口货物包括以后的出口货物都交由甲货运公司承运，运费由其在尼科西亚提货时支付，并告知了甲货运公司中国办事处负责人风燕在杭州的地址，要求商远公司速与其接洽办理出口手续。为便于订舱发运，商远公司按照风燕的要求改用东方航空公司（以下简称东航）的《国际货物托运书》，将填好的托运书传真给风燕。风燕将托运书交给了东航的销售代理小五公司。商远公司于去年 5 月至 9 月间先后 7 次按照风燕的指示将货物送到上海虹桥机场小五公司的仓库。该公司签收了货物，随后代填并签发了 6 票东航货运主运单，还委托某空运有限公司上海分公司签发 1 票中国国际航空公司主运单。小五公司签发的 6 票主运单上记载的托运人为小五公司，收货人为比利时布鲁塞尔货运乙公司。某空运有限公司上海分公司签发的 1 票主运单上记载的收货人为甲货运公司。小五公司还签发 7 票航空货运分运单。分运单上记载的托运人为商远公司，收货人为托运书上商远公司指定的塞浦路斯诸客户。在此期间，小五公司按照航空公司预付运费的要求，先后向东航和某空运有限公司上海分公司支付了 7 票货的空运费 45 万元人民币（其中 6 笔系上海到布鲁塞尔空运费、1 笔为上海到尼科西亚空运费）。货物发送后，小五公司未将航空分运单正本托运人联交给商远公司，亦未向商远公司索要空运费。7 票货物于去年 5 月至 9 月间陆续运到尼科西亚，小赖先后向甲货运公司支付了全程空陆运费、清关费及杂费，提取了货物。甲货运公司分别开具了发票和收据，同时声明该批货物运送合同已履行完毕。今年 2 月 10 日，小五公司致函商远公司称：当时商远公司委托甲货运公司，但甲货运公司与小五公司有代理协议，现甲货运公司将收款权移交给小五公司，要求商远公司依照航空分运单支付上海到尼科西亚 7 票货的全程空运费 10 万美元。商远公司以运费由外商支付，本公司无支付运费义务为由拒付，双方酿成纠纷。小五公司遂向浙江省湖州市中级人民法院起诉，要求商远公司支付航空分运单记载的全程空运费及滞纳金共计 13 万美元。

(二)案例讨论

参考讨论题:

1.双方虽未签订书面委托运输合同,但商远公司是以自己的名义出口货物,并将货物送到小五公司仓库,并在货物托运书上签字确认,小五公司亦将货物委托航空公司运到商远公司指定的地点交付,应认定双方间的委托运输关系成立。小五公司已履行了委托运输义务,商远公司应向其支付运费。塞浦路斯客户与甲货运公司间的委托运输合同与本案无涉。你支持这一观点吗?

2.“航空货运单是订立合同、接受货物和承运条件的证明。”既然小五公司签发7票航空货运分运单。分运单上记载的托运人为商远公司,收货人为托运书上商远公司指定的塞浦路斯诸客户。故小五公司与商远公司的委托运输关系成立,商远公司理应支付运费。你赞同这种说法吗?

3.甲货运公司在国内不具备国际货运代理从业资格,其委托国内的小五公司代理其在国内业务是否符合我国相关法规的规定?

(三)实训要求

1.同学积极参与,踊跃发言;

2.教师从旁引导。

附 录

中华人民共和国国际货物运输代理业管理规定

（1995年6月6日国务院批准，1995年6月29日对外贸易经济合作部发布）

第一章 总 则

第一条 为了规范国际货物运输代理行为，保障进出口货物收货人、发货人和国际货物运输代理企业的合法权益，促进对外贸易的发展，制定本规定。

第二条 本规定所称国际货物运输代理业，是指接受进出口货物收货人、发货人的委托，以委托人的名义或者以自己的名义，为委托人办理国际货物运输及相关业务并收取服务报酬的行业。

第三条 国际货物运输代理企业必须依法取得中华人民共和国企业法人资格。

第四条 国务院对外贸易经济合作主管部门负责对全国的国际货物运输代理业实施监督管理。

省、自治区、直辖市和经济特区的人民政府对外经济贸易主管部门（以下简称地方对外贸易主管部门）依照本规定，在国务院对外贸易经济合作主管部门授权的范围内，负责对本行政区域内的国际货物运输代理业实施监督管理。

第五条 对国际货物运输代理业实施监督管理，应当遵循下列原则：

（一）适应对外贸易发展的需要，促进国际货物运输代理业的合理布局；

（二）保护公平竞争，促进国际货物运输代理业服务质量的提高。

第六条 从事国际货物运输代理业务的企业，应当遵守中华人民共和国的法律、行政法规，接受有关行业主管机关依照有关法律、行政法规规定实施的监督管理。

第二章 设立条件

第七条 设立国际货物运输代理企业，根据其行业特点，应当具备下列条件：

(一)有与其从事的国际货物运输代理业务相适应的专业人员;

(二)有固定的营业场所和必要的营业设施;

(三)有稳定的进出口货源市场。

第八条 国际货物运输代理企业的注册资本最低限额应当符合下列要求:

(一)经营海上国际货物运输代理业务的,注册资本最低限额为500万元人民币;

(二)经营航空国际货物运输代理业务的,注册资本最低限额为300万元人民币;

(三)经营陆路国际货物运输代理业务或者国际快递业务的,注册资本最低限额为200万元人民币。

经营前款两项以上业务的,注册资本最低限额为其中最高一项的限额。

国际货物运输代理企业每设立一个从事国际货物运输代理业务的分支机构,应当增加注册资本50万元。

第三章 审批程序

第九条 申请设立国际货物运输代理企业,申请人应当向拟设立国际货物运输代理企业所在地的地方对外贸易主管部门提出申请,由地方对外贸易主管部门提出意见后,转报国务院对外贸易经济合作主管部门审查批准。

国务院部门在北京的直属企业申请在北京设立国际货物运输代理企业的,可以直接向国务院对外贸易经济合作主管部门提出申请,由国务院对外贸易经济合作主管部门审查批准。

第十条 申请设立国际货物运输代理企业,应当报送下列文件:

(一)申请书;

(二)企业章程草案;

(三)负责人和主要业务人员的姓名、职务和身份证明;

(四)资信证明和营业设施情况;

(五)国务院对外贸易经济合作主管部门规定的其他文件。

第十一条 地方对外贸易主管部门应当自收到申请设立国际货物运输代理企业的申请书和其他文件之日起45天内提出意见,并转报国务院对外贸易经济合作主管部门。

国务院对外贸易经济合作主管部门应当自收到申请设立国际货物运输代理企业的申请书和其他文件之日起45天内决定批准或者不批准;对批准设立的国际货物运输代理企业,颁发批准证书。

第十二条 国际货物运输代理企业应当凭国务院对外贸易经济合作主管部门颁发的批准证书,依照有关法律、行政法规的规定,办理企业登记、税务登记手续。

第十三条 申请人自收到批准证书之日起180天内无正当理由未开始营业的,国务院对外贸易经济合作主管部门应当撤销批准证书。

第十四条 批准证书的有效期为3年。

国际货物运输代理企业在批准证书有效期届满时,需要继续从事国际货物运输代理业务的,应当在批准证书有效期届满的30天前向国务院对外贸易经济合作主管部门申请换领批准证书。

国际货物运输代理企业未依照前款规定申请换领批准证书的，其从事国际货物运输代理业务的资格自批准证书有效期届满时自动丧失。

第十五条　国际货物运输代理企业终止营业，应当依照本规定第九条规定的设立申请批准程序，报告所在地的地方对外贸易主管部门或者国务院对外贸易经济合作主管部门并缴销批准证书。

第十六条　国际货物运输代理企业申请设立从事国际货物运输代理业务的分支机构，应当依照本章规定的程序办理。

第四章　业　务

第十七条　国际货物运输代理企业可以接受委托，代为办理下列部分或者全部业务：

(一)订舱、仓储；

(二)货物的监装、监卸，集装箱拼装拆箱；

(三)国际多式联运；

(四)国际快递，私人信函除外；

(五)报关、报检、报验、保险；

(六)缮制有关单证，交付运费，结算、交付杂费；

(七)其他国际货物运输代理业务。

国际货物运输代理企业应当在批准的业务经营范围内，从事经营活动。从事前款有关业务，依照有关法律、行政法规的规定，需经有关主管机关注册的，还应当向有关主管机关注册。

国际货物运输代理企业之间也可以相互委托办理本条第一款规定的业务。

第十八条　国际货物运输代理企业应当遵循安全、迅速、准确、节省、方便的经营方针，为进出口货物的收货人、发货人提供服务。

第十九条　国际货物运输代理企业，必须依照国家有关规定确定收费标准，并在其营业地点予以公布。

第二十条　国际货物运输代理企业从事国际货物运输代理业务，必须使用经税务机关核准的发票。

第二十一条　国际货物运输代理企业应当于每年3月底前，向其所在地的地方对外贸易主管部门报送上一年度的经营情况资料。

第二十二条　国际货物运输代理企业不得有下列行为：

(一)以不正当竞争手段从事经营活动；

(二)出借、出租或者转让批准证书和有关国际货物运输代理业务单证。

第五章　罚　则

第二十三条　国际货物运输代理企业违反本规定第十九条、第二十一条规定的，由国务院对外贸易经济合作主管部门予以警告并责令限期改正；未在限期内改正的，可以撤销其批准证书。

第二十四条 国际货物运输代理企业违反本规定第十七条第二款、第二十条、第二十二条规定的,由国务院对外贸易经济合作主管部门予以警告、责令停业整顿直至撤销其批准证书;工商行政管理、海关、税务等有关主管机关并可依照有关法律、行政法规的规定予以处罚。

第二十五条 违反本规定的规定,擅自从事本规定第十七条规定的国际货物运输代理业务的,由国务院对外贸易经济合作主管部门取缔非法经营活动,并由工商行政管理机关依照有关法律、行政法规的规定予以处罚。

第二十六条 违反本规定,构成犯罪的,依法追究刑事责任。

第六章 附 则

第二十七条 国际货物运输代理企业可以依法设立国际货物运输代理业协会,协会依照其章程对会员进行协调指导,提供服务。

第二十八条 本规定自发布之日起施行。

中华人民共和国国际货物运输代理业管理规定实施细则

中华人民共和国商务部公告 2003 第 82 号

根据《商务部法律、行政法规起草及规章、规范性文件制定办法》对部规章制定的有关程序规定,经广泛征求意见,中华人民共和国商务部对《中华人民共和国国际货物运输代理业管理规定实施细则》(试行)(以下简称实施细则)做出修改的决定。

修改的内容为:将原实施细则第六条:"国际货运代理业务的申请人应当是与进出口贸易或国际货物运输有关、并有稳定货源的单位。符合以上条件的投资者应当在申请项目中占大股。"修改为:"国际货代企业的股东可由企业法人、自然人或其他经济组织组成。与进出口贸易或国际货物运输有关、并拥有稳定货源的企业法人应当为大股东,且应在国际货代企业中控股。企业法人以外的股东不得在国际货代企业中控股。"另外,将原条文中的"对外贸易经济合作部"和"外经贸部",修改为"商务部";原条文中的"对外经济贸易主管部门"修改为"商务主管部门";"地方对外贸易主管部门"修改为"地方商务主管部门"。

现重新发布修订后的《中华人民共和国国际货物运输代理业管理规定实施细则》,自发布之日起实施。

中华人民共和国商务部

二〇〇四年一月一日

第一章 总 则

第一条 为维护国际货运代理市场秩序,加强对国际货运代理业的监督管理,促进我国国际货运代理业的健康发展,经国务院批准、根据原外经贸部 1995 年 6 月 29 日发布的《中华人民共和国国际货物运输代理业管理规定》(以下简称《规定》)制订本细则。

第二条 国际货物运输代理企业(以下简称国际货运代理企业)可以作为进出口货物收货人、发货人的代理人,也可以作为独立经营人,从事国际货运代理业务。

国际货运代理企业作为代理人从事国际货运代理业务,是指国际货运代理企业接受进出口货物收货人、发货人或其代理人的委托,以委托人名义或者以自己的名义办理有关业务,收取代理费或佣金的行为。

国际货运代理企业作为独立经营人从事国际货运代理业务,是指国际货运代理企业接受进出口货物收货人、发货人或其代理人的委托,签发运输单证、履行运输合同并收取运费以及服务费的行为。

第三条 国际货运代理企业的名称、标志应当符合国家有关规定,与其业务相符合,并能表明行业特点,其名称应当含有"货运代理"、"运输服务"、"集运"或"物流"等相关字样。

第四条 《规定》第四条第二款中"授权的范围"是指省、自治区、直辖市、经济特区、计划单列市人民政府商务主管部门在商务部的授权下，负责对本行政区域内国际货运代理业实施监督管理(商务部和地方商务主管部门以下统称行业主管部门)，该授权范围包括：对企业经营国际货运代理业务项目申请的初审、国际货运代理企业的年审和换证审查、业务统计、业务人员培训、指导地方行业协会开展工作以及会同地方有关行政管理部门规范货运代理企业经营行为、治理货运代理市场经营秩序等工作。

国务院部门直属企业和异地企业在计划单列市(不含经济特区)设立的国际货运代理子公司、分支机构及非营业性办事机构，根据前款的授权范围，接受省商务主管部门的监督管理。

任何其他单位，未经商务部授权，不得从事国际货运代理业的审批或管理工作。

第五条 商务部负责对国际货运代理企业人员的业务培训并对培训机构的资格进行审查。未经批准的单位不得从事国际货运代理企业人员的资格培训。培训机构的设立条件及培训内容、培训教材等由商务部另行规定。

从事国际货运代理业务的人员接受前款规定的培训，经考试合格后，取得国际货物运输代理资格证书。

第二章 设立条件

第六条 申请设立国际货代企业可由企业法人、自然人或其他经济组织组成。与进出口贸易或国际货物运输有关、并拥有稳定货源的企业法人应当为大股东，且应在国际货代企业中控股。企业法人以外的股东不得在国际货代企业中控股。

第七条 国际货运代理企业应当依法取得中华人民共和国企业法人资格。企业组织形式为有限责任公司或股份有限公司。禁止具有行政垄断职能的单位申请投资经营国际货运代理业务。承运人以及其他可能对国际货运代理行业构成不公平竞争的企业不得申请经营国际货运代理业务。

第八条 《规定》第七条规定的营业条件包括：

(一)具有至少5名从事国际货运代理业务3年以上的业务人员，其资格由业务人员原所在企业证明；或者，取得外经贸部根据本细则第五条颁发的资格证书；

(二)有固定的营业场所，自有房屋、场地须提供产权证明；租赁房屋、场地，须提供租赁契约；

(三)有必要的营业设施，包括一定数量的电话、传真、计算机、短途运输工具、装卸设备、包装设备等；

(四)有稳定的进出口货源市场，是指在本地区进出口货物运量较大，货运代理行业具备进一步发展的条件和潜力，并且申报企业可以揽收到足够的货源。

第九条 企业申请的国际货运代理业务经营范围中如包括国际多式联运业务，除应当具备《规定》第七条及本细则第六条、第七条、第八条中的条件外，还应当具备下列条件：

(一)从事本细则第三十二条中有关业务3年以上；

(二)具有相应的国内外代理网络；

(三)拥有在商务部登记备案的国际货运代理提单。

第十条 国际货运代理企业每申请设立一个分支机构，应当相应增加注册资本50万元人民币。如果企业注册资本已超过《规定》中的最低限额(海运 500 万元,空运 300 万元,陆运、快递 200 万元),则超过部分,可作为设立分支机构的增加资本。

第十一条 《规定》及本细则中所称分支机构是指分公司。

第三章 审批登记程序

第十二条 经营国际货运代理业务,必须取得商务部颁发的《中华人民共和国国际货物运输代理企业批准证书》(以下简称批准证书)。

申请经营国际货运代理业务的单位应当报送下列文件:

(一)申请书,包括投资者名称、申请资格说明、申请的业务项目;

(二)可行性研究报告,包括基本情况、资格说明、现有条件、市场分析、业务预测、组建方案、经济预算及发展预算等;

(三)投资者的企业法人营业执照(影印件);

(四)董事会、股东会或股东大会决议;

(五)企业章程(或草案);

(六)主要业务人员情况(包括学历、所学专业、业务简历、资格证书);

(七)资信证明(会计师事务所出具的各投资者的验资报告);

(八)投资者出资协议;

(九)法定代表人简历;

(十)国际货运代理提单(运单)样式;

(十一)企业名称预先核准函(影印件,工商行政管理部门出具);

(十二)国际货运代理企业申请表 1(附表 1);

(十三)交易条款。

以上文件除(三)、(十一)项外,均须提交正本,并加盖公章。

第十三条 行业主管部门应当对申请项目进行审核,该审核包括:

(一)项目设立的必要性;

(二)申请文件的真实性和完整性;

(三)申请人资格;

(四)申请人信誉;

(五)业务人员资格。

第十四条 地方商务主管部门对申请项目进行审核后,应将初审意见(包括建议批准的经营范围、经营地域、投资者出资比例等)及全部申请文件按照《规定》第十一条第一款的时间要求,报商务部审批。

第十五条 有下列情形之一的,商务部驳回申请,并说明理由:

(一)文件不齐;

(二)申报程序不符合要求;

(三)商务部已经通知暂停受理经营国际货运代理业务的申请。

第十六条 有下列情形之一的,商务部经过调查核实后,给予不批准批复:

(一)申请人不具备从事国际货运代理业务的资格;

(二)申请人自申报之日前5年内非法从事代理经营活动,受到国家行政管理部门的处罚;

(三)申请人故意隐瞒、谎报申报情况;

(四)其他不符合《规定》第五条有关原则的情况。

第十七条 申请人收到商务部同意的批复的,应当于批复之日起60天内持修改后的企业章程(正本),凭地方商务主管部门介绍信到外经贸部领取批准证书。

第十八条 企业成立并经营国际货运代理业务1年后,可申请扩大经营范围或经营地域。地方商务主管部门经过审查后,按《规定》第十一条规定的程序向商务部报批。

企业成立并经营国际货运代理业务1年后,在形成一定经营规模的条件下,可申请设立子公司或分支机构,并由该企业持其所在地地方商务主管部门的意见(国务院部门在京直属企业持商务部的征求意见函),向拟设立子公司或分支机构的地方商务主管部门(不含计划单列市)进行申报,后者按照本细则第十四条的规定向商务部报批。子公司或分支机构的经营范围不得超出其母公司或总公司。

国际货运代理企业设立非营业性的办事机构,必须报该办机构所在地行业主管部门备案并接受管理。

第十九条 企业根据本细则第十八条第一款、第二款提出的申请,除报送本细则第十二条中有关文件外,还应当报送下列文件:

(一)原国际货运代理业务批复(影印件);

(二)批准证书(影印件);

(三)营业执照(影印件);

(四)国际货运代理企业申请表2(附表2,设立子公司的为附表1);

(五)经营情况报告(含网络建设情况);

(六)子公司法定代表人或分支机构负责人简历;

(七)上一年度年审登记表。

第二十条 企业申请设立分支机构,申请人收到同意的批复后,应当于批复之日起90天内持总公司根据本细则第十条规定增资后具有法律效力的验资报告及修改后的企业章程(正本),凭分支机构所在地地方对外贸易主管部门介绍信到商务部领取批准证书。

第二十一条 申请人逾期不办理领证手续或者自领取批准证书之日起超过180天无正当理由未开始营业的,除申请延期获准外,其国际货运代理业务经营资格自动丧失。

第二十二条 商务部可以根据国际货运代理业行业发展、布局等情况,决定在一定期限内停止受理经营国际货物运输代理业务的申请或者采取限制性措施。

商务部依照前款规定做出的决定,应当予以公告。

第二十三条 国际货运代理企业发生以下变更,必须报商务部审批,并换领批准证书:

(一)企业名称;

(二)企业类型;

(三)股权关系;

(四)注册资本减少;

(五)经营范围;

(六)经营地域。

发生以下变更，在报商务部备案后，直接换领批准证书：

（一）通讯地址或营业场所；

（二）法定代表人；

（三）注册资本增加；

（四）隶属部门。

第二十四条　国际货运代理企业应当持批准证书向工商、海关部门办理注册登记手续。

任何未取得批准证书的单位，不得在工商营业执照上使用“国际货运代理业务”或与其意思相同或相近的字样。

第四章　年审和换证

第二十五条　商务部对国际货运代理企业实行年审、换证制度。

第二十六条　商务部负责国务院部门在京直属企业的年审及全国国际货运代理企业的换证工作。地方商务主管部门负责本行政区域内国际货运代理企业（含国务院部门直属企业及异地企业设立的子公司、分支机构）的年审工作。

第二十七条　国际货运代理企业于每年3月底前向其所在地地方商务主管部门（国务院部门在京直属企业直接向商务部）报送年审登记表（附表3）、验资报告及营业执照（影印件），申请办理年审。

年审工作的重点是审查企业的经营及遵守执行《规定》和其他有关法律、法规、规章情况。企业年审合格后，由行业主管部门在其批准证书上加盖年审合格章。

第二十八条　批准证书的有效期为3年。

企业必须在批准证书有效期届满的60天前，向地方商务主管部门申请换证。企业申请换领批准证书应当报送下列文件：

（一）申请换证登记表（附表4）；

（二）批准证书（正本）；

（三）营业执照（影印件）。

第二十九条　企业连续三年年审合格，地方商务主管部门应当于批准证书有效期届满的30天前报送商务部，申请换领批准证书。

第三十条　行业主管部门在国际货运代理企业申请换证时应当对其经营资格及经营情况进行审核，有下列情形之一的，不予换发批准证书：

（一）不符合本细则第二十七条规定；

（二）不按时办理换证手续；

（三）私自进行股权转让；

（四）擅自变更企业名称、营业场所、注册资本等主要事项而不按有关规定办理报备手续。

第三十一条　企业因自身原因逾期未申请换领批准证书，其从事国际货运代理业务的资格自批准证书有效期届满时自动丧失。商务部将对上述情况予以公布。工商行政管理部门对上述企业予以注销或责令其办理经营范围变更手续。

丧失国际货运代理业务经营资格的企业如欲继续从事该项业务,应当依照有关规定程序重新申报。

第五章 业务管理

第三十二条 国际货运代理企业可以作为代理人或者独立经营人从事经营活动。其经营范围包括:

(一)揽货、订舱(含租船、包机、包舱)、托运、仓储、包装;

(二)货物的监装、监卸、集装箱装拆箱、分拨、中转及相关的短途运输服务;

(三)报关、报检、报验、保险;

(四)缮制签发有关单证、交付运费、结算及交付杂费;

(五)国际展品、私人物品及过境货物运输代理;

(六)国际多式联运、集运(含集装箱拼箱);

(七)国际快递(不含私人信函);

(八)咨询及其他国际货运代理业务。

第三十三条 国际货运代理企业应当按照批准证书和营业执照所列明的经营范围和经营地域从事经营活动。

第三十四条 商务部根据行业发展情况,可委托行业协会参照国际惯例制订国际货运代理标准交易条款,国际货运代理企业无需商务部同意即可引用。国际货运代理企业也可自己制订交易条款,但必须在商务部备案后方可使用。

第三十五条 国际货运代理企业应当向行业主管部门报送业务统计,并对统计数字的真实性负责。业务统计的编报办法由商务部另行规定。

第三十六条 国际货运代理企业作为代理人接受委托办理有关业务,应当与进出口收货人、发货人签订书面委托协议。双方发生业务纠纷,应当以所签书面协议作为解决争议的依据。

国际货运代理企业作为独立经营人,从事本细则第三十二条中有关业务,应当向货主签发运输单证。与货主发生业务纠纷,应当以所签运输单证作为解决争议的依据;与实际承运人发生业务纠纷,应当以其与实际承运人所签运输合同作为解决争议的依据。

第三十七条 国际货运代理企业使用的国际货运代理提单实行登记编号制度。凡在我国境内签发的国际货运代理提单必须由国际货运代理企业报商务部登记,并在单据上注明批准编号。

国际货运代理企业应当加强对国际货运代理提单的管理工作。禁止出借。如遇遗失、版本修改等情况应当及时向商务部报备。

国际货运代理提单的转让依照下列规定执行:

(一)记名提单:不得转让;

(二)指示提单:经过记名背书或者空白背书转让;

(三)不记名提单:无需背书,即可转让。

国际货运代理提单实行责任保险制度,须到经中国人民银行批准开业的保险公司投保责任保险。

第三十八条　国际货运代理企业作为独立经营人，负责履行或组织履行国际多式联运合同时，其责任期间自接收货物时起至交付货物时止。其承担责任的基础、责任限额、免责条件以及丧失责任限制的前提依照有关法律规定确定。

第三十九条　国际货运代理企业应当使用批准证书上的企业名称和企业编号从事国际货运代理业务，并在主要办公文具及单证上印制企业名称及企业编号。

第四十条　国际货运代理企业不得将规定范围内的注册资本挪作他用。

第四十一条　国际货运代理企业不得将国际货运代理经营权转让或变相转让；不得允许其他单位、个人以该国际货运代理企业或其营业部名义从事国际货运代理业务；不得与不具有国际货运代理业务经营权的单位订立任何协议而使之可以单独或与之共同经营国际货运代理业务，收取代理费、佣金或者获得其他利益。

第四十二条　国际货运代理企业作为代理人，可向货主收取代理费，并可从承运人处取得佣金。国际货运代理企业不得以任何形式与货主分享佣金。

国际货运代理企业作为独立经营人，从事本细则第三十二条中有关业务，应当依照有关运价本向货主收取费用。此种情况下，不得从实际承运人处接受佣金。

第四十三条　外国企业(包括中国香港、澳门、台湾地区企业，以下同)驻华代表机构只能从事非直接经营性活动，代表该企业进行其经营范围内的业务联络、产品介绍、市场调研、技术交流等业务活动。

第四十四条　国际货运代理企业应当凭批准证书向税务机关领购发票，并按照税务机关的规定使用发票。

第四十五条　国际货运代理企业不得以发布虚假广告、分享佣金、退返回扣或其他不正当竞争手段从事经营活动。

第六章　罚　则

第四十六条　国际货运代理企业违反《规定》第十九条、第二十一条以及本细则第二十三条第二款、第三十四条、第三十五条规定的，商务部授权地方商务主管部门予以警告并责令限期改正；未在限期内改正的，地方商务主管部门可以建议商务部撤销其批准证书。

第四十七条　国际货运代理企业违反《规定》第十七条第二款、第二十条、第二十二条及本细则第十八条第三款、第二十三条第一款、第二十四条、第二十七条、第三十三条、第三十六条、第三十七条、第三十九条、第四十条、第四十一条、第四十二条、第四十三条、第四十四条、第四十五条规定的，地方商务主管部门经外经贸部授权，可视情节予以警告、责令停业整顿等处罚，情节严重者，可以建议商务部撤销其批准证书。

受到撤销经营批准证书处罚的企业应当到工商行政管理部门进行相应的变更或注销登记。该企业5年内不得再次提出经营国际货运代理业务的申请。

受到停业整顿处罚的企业恢复开展业务应当具备下列条件：

(一)进行整顿；

(二)主要责任人受到处理或处分；

(三)符合行业主管部门要求的其他条件。

行业主管部门在收到企业恢复开展业务的申请及相关书面材料后应当进行审查，决定是否同意其恢复开展业务。

第四十八条 对违反《规定》和本细则的规定擅自从事国际货运代理业务的单位,由行业主管部门取缔其非法经营活动,并由工商行政管理机关依照有关法律、行政法规的规定予以处罚,行业主管部门对此应予以公告。地方商务主管部门公告后应当报商务部备案。该单位5年之内不得独立或者参与申请经营国际货运代理业务。

第七章 附 则

第四十九条 国际货运代理企业可根据自愿原则,依法成立国际货运代理协会(以下简称行业协会)。

第五十条 行业协会是以服务会员为目的的非营利性民间社团组织,在行业主管部门的监督和指导下根据协会章程开展活动。其宗旨是推动会员企业间加强横向联系、交流信息、增进相互间协作,鼓励和监督会员企业依法经营、规范竞争,依法代表本行业利益,维护会员的合法权益,协助政府有关部门加强行业管理,促进行业的健康有序发展。

第五十一条 行业协会根据本细则第三十四条的规定制定国际货运代理标准交易条款,报商务部批准后,供本行业企业使用。

第五十二条 外商投资国际货运代理企业适用《规定》及本细则,但外商投资企业有关法律、法规、规章另有规定的,从其规定。

第五十三条 本细则由商务部负责解释。

第五十四条 本细则自发布之日起施行。

中华人民共和国海运条例(节选)

第一章　总　则

第一条　为了规范国际海上运输活动,保护公平竞争,维护国际海上运输市场秩序,保障国际海上运输各方当事人的合法权益,制定本条例。

第二条　本条例适用于进出中华人民共和国港口的国际海上运输经营活动以及与国际海上运输相关的辅助性经营活动。

前款所称与国际海上运输相关的辅助性经营活动,包括本条例分别规定的国际船舶代理、国际船舶管理、国际海运货物装卸、国际海运货物仓储、国际海运集装箱站和堆场等业务。

第三条　从事国际海上运输经营活动以及与国际海上运输相关的辅助性经营活动,应当遵循诚实信用的原则,依法经营,公平竞争。

第四条　国务院交通主管部门和有关的地方人民政府交通主管部门依照本条例规定,对国际海上运输经营活动实施监督管理,并对与国际海上运输相关的辅助性经营活动实施有关的监督管理。

第二章　国际海上运输及其辅助性业务的经营者

第五条　经营国际船舶运输业务,应当具备下列条件:

(一)有与经营国际海上运输业务相适应的船舶,其中必须有中国籍船舶;

(二)投入运营的船舶符合国家规定的海上交通安全技术标准;

(三)有提单、客票或者多式联运单证;

(四)有具备国务院交通主管部门规定的从业资格的高级业务管理人员。

第六条　经营国际船舶运输业务,应当向国务院交通主管部门提出申请,并附送符合本条例第五条规定条件的相关材料。国务院交通主管部门应当自受理申请之日起30日内审核完毕,做出许可或者不予许可的决定。予以许可的,向申请人颁发《国际船舶运输经营许可证》;不予许可的,应当书面通知申请人并告知理由。

国务院交通主管部门审核国际船舶运输业务申请时,应当考虑国家关于国际海上运输业发展的政策和国际海上运输市场竞争状况。

申请经营国际船舶运输业务,并同时申请经营国际班轮运输业务的,还应当附送本条例第十七条规定的相关材料,由国务院交通主管部门一并审核、登记。

第七条　经营无船承运业务,应当向国务院交通主管部门办理提单登记,并交纳保证金。

前款所称无船承运业务,是指无船承运业务经营者以承运人身份接受托运人的货载,签发自己的提单或者其他运输单证,向托运人收取运费,通过国际船舶运输经营者完成国际海上货物运输,承担承运人责任的国际海上运输经营活动。

在中国境内经营无船承运业务,应当在中国境内依法设立企业法人。

第八条 无船承运业务经营者应当在向国务院交通主管部门提出办理提单登记申请的同时,附送证明已经按照本条例的规定交纳保证金的相关材料。

前款保证金金额为80万元人民币;每设立一个分支机构,增加保证金20万元人民币。保证金应当向中国境内的银行开立专门账户交存。

保证金用于无船承运业务经营者清偿因其不履行承运人义务或者履行义务不当所产生的债务以及支付罚款。保证金及其利息,归无船承运业务经营者所有。专门账户由国务院交通主管部门实施监督。

国务院交通主管部门应当自收到无船承运业务经营者提单登记申请并交纳保证金的相关材料之日起15日内审核完毕。申请材料真实、齐备的,予以登记,并通知申请人;申请材料不真实或者不齐备的,不予登记,书面通知申请人并告知理由。已经办理提单登记的无船承运业务经营者,由国务院交通主管部门予以公布。

……

第十三条 国际船舶运输经营者、无船承运业务经营者、国际船舶代理经营者和国际船舶管理经营者经依照本条例许可、登记后,应当持有关证明文件,依法向企业登记机关办理企业登记手续。

第十四条 国际船舶运输经营者、无船承运业务经营者、国际船舶代理经营者和国际船舶管理经营者,不得将依法取得的经营资格提供给他人使用。

第十五条 国际船舶运输经营者、无船承运业务经营者、国际船舶代理经营者和国际船舶管理经营者依照本条例的规定取得相应的经营资格后,不再具备本条例规定的条件的,国务院交通主管部门或者省、自治区、直辖市人民政府交通主管部门应当立即取消其经营资格。

第三章 国际海上运输及其辅助性业务经营活动

第十六条 国际船舶运输经营者经营进出中国港口的国际班轮运输业务,应当依照本条例的规定取得国际班轮运输经营资格。

未取得国际班轮运输经营资格的,不得从事国际班轮运输经营活动,不得对外公布班期、接受订舱。

以共同派船、舱位互换、联合经营等方式经营国际班轮运输的,适用本条第一款的规定。

第十七条 经营国际班轮运输业务,应当向国务院交通主管部门提出申请,并附送下列材料:

(一)国际船舶运输经营者的名称、注册地、营业执照副本、主要出资人;

(二)经营者的主要管理人员的姓名及其身份证明;

(三)运营船舶资料;

(四)拟开航的航线、班期及沿途停泊港口;

(五)运价本;

(六)提单、客票或者多式联运单证。

国务院交通主管部门应当自收到经营国际班轮运输业务申请之日起30日内审核完毕。申请材料真实、齐备的,予以登记,并通知申请人;申请材料不真实或者不齐备的,不予登记,书面通知申请人并告知理由。

第十八条 取得国际班轮运输经营资格的国际船舶运输经营者,应当自取得资格之日起180日内开航;因不可抗力并经国务院交通主管部门同意,可以延期90日。逾期未开航的,国际班轮运输经营资格自期满之日起丧失。

第十九条 新开、停开国际班轮运输航线,或者变更国际班轮运输船舶、班期的,应当提前15日予以公告,并应当自行为发生之日起15日内向国务院交通主管部门备案。

第二十条 经营国际班轮运输业务的国际船舶运输经营者的运价和无船承运业务经营者的运价,应当按照规定格式向国务院交通主管部门备案。国务院交通主管部门应当指定专门机构受理运价备案。

备案的运价包括公布运价和协议运价。公布运价,是指国际船舶运输经营者和无船承运业务经营者运价本上载明的运价;协议运价,是指国际船舶运输经营者与货主、无船承运业务经营者约定的运价。

公布运价自国务院交通主管部门受理备案之日起满30日生效;协议运价自国务院交通主管部门受理备案之时起满24小时生效。

国际船舶运输经营者和无船承运业务经营者应当执行生效的备案运价。

第二十一条 国际船舶运输经营者在与无船承运业务经营者订立协议运价时,应当确认无船承运业务经营者已依照本条例规定办理提单登记并交纳保证金。

……

第二十五条 经营国际船舶运输业务、无船承运业务和国际船舶代理业务,在中国境内收取、代为收取运费以及其他相关费用,应当向付款人出具中国税务机关统一印制的发票。

第二十六条 未依照本条例的规定办理提单登记并交纳保证金的,不得经营无船承运业务。

第二十七条 经营国际船舶运输业务和无船承运业务,不得有下列行为:

(一)以低于正常、合理水平的运价提供服务,妨碍公平竞争;

(二)在会计账簿之外暗中给予托运人回扣,承揽货物;

(三)滥用优势地位,以歧视性价格或者其他限制性条件给交易对方造成损害;

(四)其他损害交易对方或者国际海上运输市场秩序的行为。

……

第五章 调查与处理

第三十五条 国务院交通主管部门应利害关系人的请求或者自行决定,可以对下列情形实施调查:

(一)经营国际班轮运输业务的国际船舶运输经营者之间订立的涉及中国港口的班轮公会协议、运营协议、运价协议等,可能对公平竞争造成损害的;

(二)经营国际班轮运输业务的国际船舶运输经营者通过协议产生的各类联营体,其服务涉及中国港口某一航线的承运份额,持续1年超过该航线总运量的30%,并可能对公平竞争造成损害的;

(三)有本条例第二十七条规定的行为之一的;

(四)可能损害国际海运市场公平竞争的其他行为。

第三十六条 国务院交通主管部门实施调查,应当会同国务院工商行政管理部门和价格部门(以下统称调查机关)共同进行。

第三十七条 调查机关实施调查,应当成立调查组。调查组成员不少于3人。调查组可以根据需要,聘请有关专家参加工作。

调查组进行调查前,应当将调查目的、调查原因、调查期限等事项通知被调查人。调查期限不得超过1年;必要时,经调查机关批准,可以延长半年。

第三十八条 调查人员进行调查,可以向被调查人以及与其有业务往来的单位和个人了解有关情况,并可查阅、复制有关单证、协议、合同文本、会计账簿、业务函电、电子数据等有关资料。

调查人员进行调查,应当保守被调查人以及与其有业务往来的单位和个人的商业秘密。

第三十九条 被调查人应当接受调查,如实提供有关情况和资料,不得拒绝调查或者隐匿真实情况、谎报情况。

第四十条 调查结束,调查机关应当做出调查结论,书面通知被调查人、利害关系人。

对公平竞争造成损害的,调查机关可以采取责令修改有关协议、限制班轮航班数量、中止运价本或者暂停受理运价备案、责令定期报送有关资料等禁止性、限制性措施。

第四十一条 调查机关在做出采取禁止性、限制性措施的决定前,应当告知当事人有要求举行听证的权利;当事人要求听证的,应当举行听证。

第六章 法律责任

第四十二条 未取得《国际船舶运输经营许可证》,擅自经营国际船舶运输业务的,由国务院交通主管部门或者其授权的地方人民政府交通主管部门责令停止经营;有违法所得的,没收违法所得;违法所得50万元以上的,处违法所得2倍以上5倍以下的罚款;没有违法所得或者违法所得不足50万元的,处20万元以上100万元以下的罚款。

第四十三条 未办理提单登记、交纳保证金,擅自经营无船承运业务的,由国务院交通主管部门或者其授权的地方人民政府交通主管部门责令停止经营;有违法所得的,没收违法所得;违法所得10万元以上的,处违法所得2倍以上5倍以下的罚款;没有违法所得或者违法所得不足10万元的,处5万元以上20万元以下的罚款。

第四十六条 未取得国际班轮运输经营资格,擅自经营国际班轮运输的,由国务院交通主管部门或者其授权的地方人民政府交通主管部门责令停止经营;有违法所得的,没收违法所得;违法所得50万元以上的,处违法所得2倍以上5倍以下的罚款;没有违法所得或者违法所得不足 50 万元的，处 20 万元以上 100 万元以下的罚款。拒不停止经营的，拒绝进港。

第四十七条　国际船舶运输经营者、无船承运业务经营者、国际船舶代理经营者和国际船舶管理经营者将其依法取得的经营资格提供给他人使用的，由国务院交通主管部门或者其授权的地方人民政府交通主管部门责令限期改正；逾期不改正的，撤销其经营资格。

第四十八条　未履行本条例规定的备案手续的，由国务院交通主管部门或者其授权的地方人民政府交通主管部门责令限期补办备案手续；逾期不补办的，处 1 万元以上 5 万元以下的罚款，并可以撤销其相应资格。

第四十九条　未履行本条例规定的运价备案手续或者未执行备案运价的，由国务院交通主管部门或者其授权的地方人民政府交通主管部门责令限期改正，并处 2 万元以上 10 万元以下的罚款。

第五十条　依据调查结论应当给予行政处罚或者有本条例第二十七条所列违法情形的，由交通主管部门、价格主管部门或者工商行政管理部门依照有关法律、行政法规的规定给予处罚。

第五十一条　国际船舶运输经营者与未办理提单登记并交纳保证金的无船承运业务经营者订立协议运价的，由国务院交通主管部门或者其授权的地方人民政府交通主管部门给予警告，并处 2 万元以上 10 万元以下的罚款。

第五十三条　拒绝调查机关及其工作人员依法实施调查，或者隐匿、谎报有关情况和资料的，由国务院交通主管部门或者其授权的地方人民政府交通主管部门责令改正，并处 2 万元以上 10 万元以下的罚款。

第五十五条　国务院交通主管部门和有关地方人民政府交通主管部门的工作人员有下列情形之一，造成严重后果，触犯刑律的，依照刑法关于滥用职权罪、玩忽职守罪或者其他罪的规定，依法追究刑事责任；尚不够刑事处罚的，依法给予行政处分：

（一）对符合本条例规定条件的申请者不予审批、许可、登记、备案，或者对不符合本条例规定条件的申请者予以审批、许可、登记、备案的；

（二）对经过审批、许可、登记、备案的国际船舶运输经营者、无船承运业务经营者、国际船舶代理经营者和国际船舶管理经营者不依照本条例的规定实施监督管理，或者发现其不再具备本条例规定的条件而不撤销其相应的经营资格，或者发现其违法行为后不予以查处的；

（三）对监督检查中发现的未依法履行审批、许可、登记、备案的单位和个人擅自从事国际海上运输经营活动以及与国际海上运输相关的辅助性经营活动，不立即予以取缔，或者接到举报后不依法予以处理的。

第七章　附　则

第五十六条　香港特别行政区、澳门特别行政区和台湾地区的投资者在内地投资经营国际海上运输业务以及与国际海上运输相关的辅助性业务，比照适用本条例。

第五十七条　外国国际船舶运输经营者未经国务院交通主管部门批准，不得经营中国内地与香港特别行政区、澳门特别行政区之间的船舶运输业务，不得经营中国大陆与台湾地区之间的双向直航和经第三地的船舶运输业务。

第五十八条 内地与香港特别行政区、澳门特别行政区之间的海上运输,由国务院交通主管部门依照本条例制定管理办法。

大陆与台湾地区之间的海上运输,依照国家有关规定执行。

第五十九条 任何国家或者地区对中华人民共和国国际海上运输经营者、船舶或者船员采取歧视性的禁止、限制或者其他类似措施的,中华人民共和国政府根据对等原则采取相应措施。

第六十条 本条例施行前已从事国际海上运输经营活动以及与国际海上运输相关的辅助性经营活动的,应当在本条例施行之日起 60 日内按照本条例的规定补办有关手续。

第六十一条 本条例自 2002 年 1 月 1 日起施行。1990 年 12 月 5 日国务院发布、1998 年 4 月 18 日国务院修订发布的《中华人民共和国海上国际集装箱运输管理规定》同时废止。

中华人民共和国国际海运条例细则(节选)

第一章 总 则

第一条 根据《中华人民共和国国际海运条例》(以下简称《海运条例》)的规定,制定本实施细则。

第二条 交通部和有关地方人民政府交通主管部门应当依照《海运条例》和本实施细则的规定,按照公平、高效、便利的原则,管理国际海上运输经营活动和与国际海上运输相关的辅助性经营活动,鼓励公平竞争,禁止不正当竞争。

第三条 《海运条例》和本实施细则中下列用语的含义是:

(一)国际船舶运输业务,是指国际船舶运输经营者使用自有或者经营的船舶、舱位,提供国际海上货物运输和旅客运输服务以及为完成这些服务而围绕其船舶、所载旅客或者货物开展的相关活动,包括签订有关协议、接受订舱、商定和收取运费、签发提单及其他相关运输单证、安排货物装卸、安排保管、进行货物交接、安排中转运输和船舶进出港等活动。

(二)国际船舶运输经营者,包括中国国际船舶运输经营者和外国国际船舶运输经营者。其中,中国国际船舶运输经营者是指依据《海运条例》和本实施细则规定取得《国际船舶运输经营许可证》经营国际船舶运输业务的中国企业法人;外国国际船舶运输经营者是指依据外国法律设立经营进出中国港口国际船舶运输业务的外国企业。

(三)国际班轮运输业务,是指以自有或者经营的船舶,或者以《海运条例》第十六条第三款规定的方式,在固定的港口之间提供的定期国际海上货物或旅客运输。

(四)无船承运业务,是指《海运条例》第七条第二款规定的业务,包括为完成该项业务围绕其所承运的货物开展的下列活动:

(1)以承运人身份与托运人订立国际货物运输合同;

(2)以承运人身份接收货物、交付货物;

(3)签发提单或者其他运输单证;

(4)收取运费及其他服务报酬;

(5)向国际船舶运输经营者或者其他运输方式经营者为所承运的货物订舱和办理托运;

(6)支付港到港运费或者其他运输费用;

(7)集装箱拆箱、集拼箱业务;

(8)其他相关的业务。

(五)无船承运业务经营者,包括中国无船承运业务经营者和外国无船承运业务经营者。其中中国无船承运业务经营者是指依照《海运条例》和本实施细则规定取得无船承运业务经营资格的中国企业法人;外国无船承运业务经营者是指依照外国法律设立并依照

《海运条例》和本实施细则的相关规定取得经营进出中国港口货物无船承运业务资格的外国企业。

(八)国际海运货物仓储业务经营者,是指依照中国法律设立,提供海运货物仓库保管、存货管理以及货物整理、分装、包装、分拨等服务的中国企业法人。

(九)国际海运集装箱站与堆场业务经营者,是指依照中国法律设立,提供海运货物集装箱的堆存、保管、清洗、修理以及集装箱货物的存储、集拼、分拨等服务的中国企业法人。

(十二)企业商业登记文件,是指企业登记机关或者企业所在国有关当局签发的企业营业执照或者企业设立的证明文件。企业商业登记文件为复印件的,须有企业登记机关在复印件上的确认或者证明复印件与原件一致的公证文书。

(十三)专用发票,是指由国家税务总局批准统一印制的票据,它是证明付款人向国际船舶运输经营者或者其代理人、无船承运业务经营者或者其代理人支付运费或者其他相关费用的凭证,包括《国际海运业运输专用发票》和《国际海运业船舶代理专用发票》。

(十四)班轮公会协议,是指符合联合国《1974 年班轮公会行动守则公约》定义的,由班轮公会成员之间以及班轮公会之间订立的各类协议。

(十五)运营协议,是指两个或者两个以上国际班轮运输经营者为稳定或者控制运价订立的关于在一条或者数条航线上增加或者减少船舶运力协议,以及其他协调国际班轮运输经营者共同行动的协议,包括具有上述性质内容的会议纪要;两个或者两个以上国际班轮运输经营者为提高运营效率订立的关于共同使用船舶、共同使用港口设施及其他合作经营协议和各类联盟协议、联营体协议。

(十六)运价协议,是指两个或者两个以上国际班轮运输经营者之间订立的关于收费项目及其费率、运价或者附加费等内容的协议,包括具有上述内容的会议纪要。

(十七)公布运价,是指国际班轮运输经营者和无船承运业务经营者运价本上载明的运价。运价本由运价、运价规则、承运人和托运人应当遵守的规定等内容组成。

(十八)协议运价,指国际班轮运输经营者与货主、无船承运业务经营者约定的运价,包括运价及其相关要素。协议运价以合同或者协议形式书面订立。

(十九)从业资历证明文件,是指被证明人具有 3 年以上从事国际海上运输或者国际海上运输辅助性经营活动经历的个人履历表。个人履历表须经公证机关公证。

第二章　国际海上运输及其辅助性业务的经营者

第十一条　申请办理无船承运业务经营者提单登记的,应当向交通部提出提单登记申请,报送相关材料,并应当同时将申请材料抄报企业所在地或者外国无船承运业务经营者指定的联络机构所在地的省、自治区、直辖市人民政府交通主管部门。申请材料应当包括:

(一) 申请书;

(二) 可行性分析报告;

(三) 企业商业登记文件;

(四) 提单格式样本;

(五)保证金已交存的银行凭证复印件。

申请人为外国无船承运业务经营者的,还应当提交本实施细则第二十五条规定的其指定的联络机构的有关材料。

有关省、自治区、直辖市人民政府交通主管部门自收到上述抄报材料后，应当就有关材料进行审核，提出意见，并应当自收到抄报的申请材料之日起7个工作日内将有关意见报送交通部。

交通部收到申请人的材料后，应当在申请材料完整齐备之日起15个工作日内按照《海运条例》第七条和第八条的规定进行审核。审核合格的，予以提单登记，并颁发《无船承运业务经营资格登记证》；不合格的，应当书面通知当事人并告知理由。

中国的申请人取得《无船承运业务经营资格登记证》，并向原企业登记机关办理企业相应登记手续后，方可从事无船承运业务经营活动。

第十二条 外国无船承运业务经营者按照外国法律已取得经营资格且有合法财务责任保证的，在按照《海运条例》和本实施细则申请从事进出中国港口无船承运业务时，可以不向中国境内的银行交存保证金。但为了保证外国无船承运业务经营者清偿因其不履行承运人义务或者履行义务不当所产生的债务以及支付罚款，满足《海运条例》第八条第三款的规定，该外国无船承运业务经营者的政府主管部门与中国政府交通主管部门应就财务责任保证实现方式签订协议。

第十三条 没有在中国港口开展国际班轮运输业务，但在中国境内承揽货物、签发提单或者其他运输单证、收取运费，通过租赁国际班轮运输经营者船舶舱位提供进出中国港口国际货物运输服务；或者利用国际班轮运输经营者提供的支线服务，在中国港口承揽货物后运抵外国港口中转的，应当按照本实施细则的有关规定，取得无船承运业务经营资格。但有《海运条例》第十六条第三款规定情形的除外。

第十四条 中国的无船承运业务经营者在中国境内的分支机构，应当按照《海运条例》第八条第二款的规定交纳保证金，并按照本实施细则第十一条的规定进行登记，取得《无船承运业务经营资格登记证》。申请登记应当提交下列材料：

(一)申请书；

(二)母公司的企业商业登记文件；

(三)母公司的《无船承运业务经营资格登记证》副本；

(四)母公司确认该分支机构经营范围的确认文件；

(五) 保证金已交存的银行凭证复印件。

第十五条 无船承运业务经营者申请提单登记时，提单抬头名称应当与申请人名称相一致。

提单抬头名称与申请人名称不一致的，申请人应当提供说明该提单确实为申请人制作、使用的相关材料，并附送申请人对申请登记提单承担承运人责任的书面申明。

第十六条 无船承运业务经营者使用两种或者两种以上提单的，各种提单均应登记。

国际班轮运输经营者和无船承运业务经营者的登记提单发生变更的，应当于新的提单使用之日起15日前将新的提单样本格式向交通部备案。

第十七条 无船承运业务经营申请者交纳保证金并办理提单登记，依法取得无船承运业务经营资格后，交通部在其政府网站公布无船承运业务经营者名称及其提单格式样本。

第十八条 无船承运业务经营者应当依法在交通部指定的商业银行开设的无船承运业务经营者专门账户上交存保证金，保证金利息按照中国人民银行公布的活期存款利率计息。

第十九条 无船承运业务经营者交存的保证金,受国家法律保护。除下列情形外,保证金不得动用:

(一)因无船承运业务经营者不履行承运人义务或者履行义务不当,根据司法机关已生效的判决或者司法机关裁定执行的仲裁机构裁决应当承担赔偿责任的;

(二)被交通主管部门依法处以罚款的。

有前款(一)、(二)项情形需要从保证金中划拨的,应当依法进行。

无船承运业务经营者的保证金不符合《海运条例》规定数额的,交通部应当书面通知其补足。无船承运业务经营者自收到交通部书面通知之日起 30 日内未补足的,交通部应当按照《海运条例》第十五条的规定取消其经营资格。

第二十条 无船承运业务经营者被交通部依法取消经营资格、申请终止经营或者因其他原因终止经营的,可向交通部申请退还保证金。交通部应将该申请事项在其政府网站上公示 30 日。

在公示期内,有关当事人认为无船承运业务经营者有本实施细则第十九条第一款(一)项情形需要对其保证金采取保全措施的,应当在上述期限内取得司法机关的财产保全裁定。自保证金被保全之日起,交通部依照《海运条例》对保证金账户的监督程序结束。有关纠纷由当事双方通过司法程序解决。

公示期届满未有前款规定情形的,交通部应当通知保证金开户银行退还无船承运业务经营者保证金及其利息,并收缴该无船承运业务经营者的《无船承运业务经营资格登记证》。

第二十一条 中国国际船舶运输经营者、中国无船承运业务经营者、国际船舶代理经营者、国际船舶管理经营者有下列变更情形之一的,应当向原资格许可、登记机关备案:

(一)变更企业名称;

(二)企业迁移;

(三)变更出资人;

(四)歇业、终止经营。

变更企业名称的,由原资格许可、登记机关换发相关经营许可证或者经营资格登记证;企业终止经营的,应当将有关许可、登记证书交回原许可、登记机关。

第二十二条 除《海运条例》和本实施细则第四章规定的外商投资企业外,经营国际海运货物仓储、国际海运集装箱站与堆场业务的经营者应当自开始从事上述经营活动之日起 30 日内将有关情况向企业所在地的省、自治区、直辖市人民政府交通主管部门报备。

第二十五条 在中国港口开展国际班轮运输业务的外国国际船舶运输经营者,以及在中国委托代理人提供进出中国港口国际货物运输服务的外国无船承运业务经营者,应当在中国境内委托一个联络机构,负责代表该外国企业与中国政府有关部门就《海运条例》和本实施细则规定的有关管理及法律事宜进行联络。联络机构可以是该外国企业在中国境内设立的外商投资企业或者常驻代表机构,也可以是其他中国企业法人或者在中国境内有固定住所的其他经济组织。委托的联络机构应当向交通部备案,并提交下列文件:

(一)联络机构说明书,载明联络机构名称、住所,联系方式及联系人;

(二)委托书副本或者复印件;

(三)委托人与联络机构的协议副本;

(四)联络机构的工商登记文件复印件。

联络机构为该外国企业在中国境内的外商投资企业或者常驻代表机构的,不须提供本条第一款第(二)项、第(三)项文件。

联络机构或者联络机构说明书所载明的事项发生改变的,应当自发生改变之日起15日内向交通部备案。

第二十六条 任何单位和个人不得擅自使用国际班轮运输经营者和无船承运业务经营者已经登记的提单。

第二十七条 无船承运业务经营者需要委托代理人签发提单或者相关单证的,应当委托依法取得经营资格的国际船舶运输经营者、无船承运业务经营者和国际海运辅助业务经营者代理上述事项。

前款规定的经营者不得接受未办理提单登记并交存保证金的无船承运业务经营者的委托,为其代理签发提单。

第二十八条 国际班轮运输经营者与货主和无船承运业务经营者协议运价的,应当采用书面形式。协议运价号应当在提单或者相关单证上显示。

第二十九条 国际船舶运输经营者不得接受未办理提单登记并交纳保证金的无船承运业务经营者提供的货物或者集装箱。

第三十条 国际班轮运输经营者委托代理人接受订舱、代签提单、代收运费等项业务的,委托的代理人应当是依法取得经营资格的国际船舶代理经营者。

第三十一条 国际班轮运输经营者和无船承运业务经营者应当将其在中国境内的船舶代理人、签发提单代理人在交通部指定的媒体上公布。公布事项包括代理人名称、注册地、住所、联系方式。代理人发生变动的,应当于有关代理协议生效前7日内公布上述事项。

国际班轮运输经营者、无船承运业务经营者应当及时将公布代理事项的媒体名称向交通部备案。

第三十二条 国际船舶运输经营者之间订立的涉及中国港口的班轮公会协议、运营协议、运价协议等,应当自协议订立之日起15日内,按下列规定向交通部备案:

(一)班轮公会协议,由班轮公会代表其所有经营进出中国港口海上运输的成员备案。班轮公会备案时,应当同时提供该公会的成员名单。

(二)国际船舶运输经营者之间订立的运营协议、运价协议,由参加订立协议的国际船舶运输经营者分别备案。

第三十四条 下列经营者在中国境内收取运费、代为收取运费以及其他相关费用,应当向付款人出具专用发票:

(一)中国国际船舶运输经营者及其分支机构;

(二)中国无船承运业务经营者及其分支机构;

(三)国际船舶代理经营者及其分支机构;

(四)《海运条例》第三十三条规定的企业。

前款所列经营者应当向公司所在地的省、自治区、直辖市人民政府交通主管部门办理专用发票使用证明后,向公司所在地的税务机关申请领取专用发票。国家税务总局另有规定的,从其规定。

第三十八条 国际船舶代理经营者、国际船舶管理经营者、国际海运货物仓储业务经营者以及国际集装箱站与堆场业务经营者,不得有下列行为:

(一)以非正常、合理的收费水平提供服务,妨碍公平竞争;

(二)在会计账簿之外暗中给予客户回扣,以承揽业务;

(三)滥用优势地位,限制交易当事人自主选择国际海运辅助业务经营者,或者以其相关产业的垄断地位诱导交易当事人,排斥同业竞争;

(四)其他不正当竞争行为。

第三十九条 外国国际船舶运输经营者以及外国国际海运辅助企业的常驻代表机构不得从事经营活动,包括不得:

(一)代表其境外母公司接受订舱,签发母公司提单或者相关单证;

(二)为母公司办理结算或者收取运费及其他费用;

(三)开具境外母公司或者其母公司在中国境内设立的《海运条例》第三十三条规定的企业的票据;

(四)以托运人身份向国际班轮运输经营者托运货物;

(五)以外商常驻代表机构名义与客户签订业务合同。

第五章 调查与处理

第五十二条 利害关系人认为国际海上运输业务经营者、国际海运辅助业务经营者有《海运条例》第三十五条和本实施细则第三十八条规定情形的,可依照《海运条例》第三十五条的规定请求交通部实施调查。请求调查时,应当提出书面调查申请,并阐述理由,提供必要的证据。

交通部对调查申请应当进行评估,在自收到调查申请之日起60个工作日内作出实施调查或者不予调查的决定:

(一)交通部认为调查申请理由不充分或者证据不足的,决定不予调查并通知调查申请人。申请人可补充理由或者证据后再次提出调查申请。

(二)交通部根据评估结论认为应当实施调查或者按照《海运条例》第三十五条规定自行决定调查的,应当将有关材料和评估结论通报国务院工商行政管理部门和价格部门。

第五十三条 调查的实施由交通部会同国务院工商行政管理部门和价格部门(以下简称调查机关)共同成立的调查组进行。

调查机关应当将调查组组成人员、调查事由、调查期限等情况通知被调查人。被调查人应当在调查通知送达后30日内就调查事项做出答辩。

被调查人认为调查组成员同调查申请人、被调查人或者调查事项有利害关系的,有权提出回避请求。调查机关认为回避请求成立的,应当对调查组成员进行调整。

第五十四条 被调查人接受调查时,应当根据调查组的要求提供相关数据、资料及文件等。属于商业秘密的,应当向调查组提出。调查组应当以书面形式记录备查。

调查机关和调查人员对被调查人的商业秘密应当予以保密。

被调查人发现调查人员泄露其商业秘密并有充分证据的,有权向调查机关投诉。

第五十五条 调查机关对被调查人"低于正常、合理水平运价"的认定,应当考虑下列因素：

（一）同一行业内多数经营者的运价水平以及与被调查人具有同等规模经营者的运价水平；

（二）被调查人实施该运价水平的理由，包括成本构成、管理水平和盈亏状况等；

（三）是否针对特定的竞争对手并以排挤竞争对手为目的。

第五十六条 调查机关对“损害公平竞争”或者“损害交易对方”的认定，应当考虑下列因素：

（一）对托运人自由选择承运人造成妨碍；

（二）影响货物的正常出运；

（三）以账外暗中回扣承揽货物，扭曲市场竞争规则。

第五十七条 调查机关做出调查结论前，可举行专家咨询会议，对“损害公平竞争”或者“损害交易对方”的程度进行评估。

聘请的咨询专家不得与调查申请人、被调查人具有利害关系。

第五十八条 调查结束时，调查机关应当做出调查结论，并书面通知调查申请人和被调查人：

（一）基本事实不成立的，调查机关应当决定终止调查；

（二）基本事实存在但对市场公平竞争不造成实质损害的，调查机关可决定不对被调查人采取禁止性、限制性措施；

（三）基本事实清楚且对市场公平竞争造成实质损害的，调查机关应当根据《海运条例》的规定，对被调查人采取限制性、禁止性措施。

第五十九条 调查机关在做出采取禁止性、限制性措施的决定前，应当告知当事人有举行听证的权利；当事人要求举行听证的，应当在自调查机关通知送达之日起10日内，向调查机关书面提出；逾期未提出听证请求的，视为自动放弃请求听证的权利。

第六十条 就本实施细则第三十八条所列情形实施调查的，调查组成员中应当包括对被调查人的资格实施登记的有关省、自治区、直辖市交通主管部门的人员。

对有本实施细则第三十八条第（三）项所列违法行为并给交易当事人或者同业竞争者造成实质损害的，调查机关可采取限制其在一定时期内扩大业务量的限制性措施。

第六章 法律责任

第六十一条 违反《海运条例》和本实施细则的规定应当予以处罚的，交通部或授权的省、自治区、直辖市人民政府交通主管部门应当按照《海运条例》第六章和本章的规定予以处罚。

第六十二条 外商常驻代表机构有本实施细则第三十九条规定情形的，交通部或者有关省、自治区、直辖市人民政府交通主管部门可将有关情况通报有关工商行政管理部门，由工商行政管理部门按照《海运条例》第五十二条第二款的规定处罚。

第六十三条 班轮公会协议、运营协议和运价协议未按规定向交通部备案的，由交通部依照《海运条例》第四十八条的规定，对本实施细则第三十二条规定的备案人实施处罚。班轮公会不按规定报备的，可对其公会成员予以处罚。

第六十四条 调查人员违反规定,泄露被调查人保密信息的,依法给予行政处分;造成严重后果,触犯刑律的,依法追究刑事责任。

第七章 附 则

第六十五条 《海运条例》和本实施细则规定的许可、登记事项,申请人可委托代理人办理。代理人办理委托事项的,应当提供授权委托书。外国申请人或者投资者提交的公证文书,应当由申请人或者投资者所在国公证机关或者执业律师开出。

本实施细则所要求的各类文字资料应当用中文书写,如使用其他文字的,应随附中文译文。

第六十六条 对《海运条例》和本实施细则规定的备案事项的具体要求、报备方式和方法应当按照交通部的规定办理。

第六十七条 香港特别行政区、澳门特别行政区和台湾地区的投资者在内地投资从事国际海上运输和与国际海上运输相关的辅助性业务,比照适用《海运条例》第四章和本实施细则第四章的有关规定。

第六十八条 《海运条例》第二十条规定的公布运价和协议运价备案的具体办法,由交通部另行规定。

第六十九条 经营港口国际海运货物装卸、港口内国际海运货物仓储业务和国际海运集装箱码头和堆场业务的,按国家有关港口管理的法律、行政法规的规定办理。

第七十条 本实施细则自2003年3月1日起施行。交通部1985年4月11日发布的《交通部对从事国际海运船舶公司的暂行管理办法》、1990年3月2日发布的《国际船舶代理管理规定》、1990年6月20日发布的《国际班轮运输管理规定》、1992年6月9日发布的《中华人民共和国海上国际集装箱运输管理规定实施细则》和1997年10月17日发布的《外国水路运输企业常驻代表机构管理办法》同时废止。

中华人民共和国海商法(节选)

第四章 海上货物运输合同

第一节 一般规定

第四十一条 海上货物运输合同,是指承运人收取运费,负责将托运人托运的货物经海路由一港运至另一港的合同。

第四十二条 本章下列用语的含义:

(一)“承运人”,是指本人或者委托他人以本人名义与托运人订立海上货物运输合同的人。

(二)“实际承运人”,是指接受承运人委托,从事货物运输或者部分运输的人,包括接受转委托从事此项运输的其他人。

(三)“托运人”,是指:

1.本人或者委托他人以本人名义或者委托他人为本人与承运人订立海上货物运输合同的人;

2.本人或者委托他人以本人名义或者委托他人为本人将货物交给与海上货物运输合同有关的承运人的人。

(四)“收货人”,是指有权提取货物的人。

(五)“货物”,包括活动物和由托运人提供的用于集装货物的集装箱、货盘或者类似的装运器具。

第四十三条 承运人或者托运人可以要求书面确认海上货物运输合同的成立。但是,航次租船合同应当书面订立。电报、电传和传真具有书面效力。

第四十四条 海上货物运输合同和作为合同凭证的提单或者其他运输单证中的条款,违反本章规定的,无效。此类条款的无效,不影响该合同和提单或者其他运输单证中其他条款的效力。将货物的保险利益转让给承运人的条款或者类似条款,无效。

第四十五条 本法第四十四条的规定不影响承运人在本章规定的承运人责任和义务之外,增加其责任和义务。

第二节 承运人的责任

第四十六条 承运人对集装箱装运的货物的责任期间,是指从装货港接收货物时起至卸货港交付货物时止,货物处于承运人掌管之下的全部期间。承运人对非集装箱装运的货物的责任期间,是指从货物装上船时起至卸下船时止,货物处于承运人掌管之下的全部期间。在承运人的责任期间,货物发生灭失或者损坏,除本节另有规定外,承运人应当负赔偿责任。前款规定,不影响承运人就非集装箱装运的货物,在装船前和卸船后所承担的责任,达成任何协议。

第四十七条 承运人在船舶开航前和开航当时,应当谨慎处理,使船舶处于适航状态,妥善配备船员、装备船舶和配备供应品,并使货舱、冷藏舱、冷气舱和其他载货处所适于并能安全收受、载运和保管货物。

第四十八条 承运人应当妥善地、谨慎地装载、搬移、积载、运输、保管、照料和卸载所运货物。

第四十九条 承运人应当按照约定的或者习惯的或者地理上的航线将货物运往卸货港。船舶在海上为救助或者企图救助人命或者财产而发生的绕航或者其他合理绕航,不属于违反前款规定的行为。

第五十条 货物未能在明确约定的时间内,在约定的卸货港交付的,为迟延交付。除依照本章规定承运人不负赔偿责任的情形外,由于承运人的过失,致使货物因迟延交付而灭失或者损坏的,承运人应当负赔偿责任。除依照本章规定承运人不负赔偿责任的情形外,由于承运人的过失,致使货物因迟延交付而遭受经济损失的,即使货物没有灭失或者损坏,承运人仍然应当负赔偿责任。承运人未能在本条第一款规定的时间届满六十日内交付货物,有权对货物灭失提出赔偿请求的人可以认为货物已经灭失。

第五十一条 在责任期间货物发生的灭失或者损坏是由于下列原因之一造成的,承运人不负赔偿责任:

(一)船长、船员、引航员或者承运人的其他受雇人在驾驶船舶或者管理船舶中的过失;

(二)火灾,但是由于承运人本人的过失所造成的除外;

(三)天灾,海上或者其他可航水域的危险或者意外事故;

(四)战争或者武装冲突;

(五)政府或者主管部门的行为、检疫限制或者司法扣押;

(六)罢工、停工或者劳动受到限制;

(七)在海上救助或者企图救助人命或者财产;

(八)托运人、货物所有人或者他们的代理人的行为;

(九)货物的自然特性或者固有缺陷;

(十)货物包装不良或者标志欠缺、不清;

(十一)经谨慎处理仍未发现的船舶潜在缺陷;

(十二)非由于承运人或者承运人的受雇人、代理人的过失造成的其他原因。

承运人依照前款规定免除赔偿责任的,除第(二)项规定的原因外,应当负举证责任。

第五十二条 因运输活动物的固有的特殊风险造成活动物灭失或者损害的,承运人不负赔偿责任。但是,承运人应当证明业已履行托运人关于运输活动物的特别要求,并证明根据实际情况,灭失或者损害是由于此种固有的特殊风险造成的。

第五十三条 承运人在舱面上装载货物,应当同托运人达成协议,或者符合航运惯例,或者符合有关法律、行政法规的规定。承运人依照前款规定将货物装载在舱面上,对由于此种装载的特殊风险造成的货物灭失或者损坏,不负赔偿责任。承运人违反本条第一款规定将货物装载在舱面上,致使货物遭受灭失或者损坏的,应当负赔偿责任。

第五十四条 货物的灭失、损坏或者迟延交付是由于承运人或者承运人的受雇人、代理人的不能免除赔偿责任的原因和其他原因共同造成的，承运人仅在其不能免除赔偿责任的范围内负赔偿责任；但是，承运人对其他原因造成的灭失、损坏或者迟延交付应当负举证责任。

第五十五条 货物灭失的赔偿额，按照货物的实际价值计算；货物损坏的赔偿额，按照货物受损前后实际价值的差额或者货物的修复费用计算。货物的实际价值，按照货物装船时的价值加保险费加运费计算。前款规定的货物实际价值，赔偿时应当减去因货物灭失或者损坏而少付或者免付的有关费用。

第五十六条 承运人对货物的灭失或者损坏的赔偿限额，按照货物件数或者其他货运单位数计算，每件或者每个其他货运单位为666.67计算单位，或者按照货物毛重计算，每公斤为2计算单位，以两者中赔偿限额较高的为准(第二百七十七条本法所称计算单位，是指国际货币基金组织规定的特别提款权；其人民币数额为法院判决之日、仲裁机构裁决之日或者当事人协议之日，按照国家外汇主管机关规定的国际货币基金组织的特别提款权对人民币的换算办法计算得出的人民币数额)。但是，托运人在货物装运前已经申报其性质和价值，并在提单中载明的，或者承运人与托运人已经另行约定高于本条规定的赔偿限额的除外。货物用集装箱、货盘或者类似装运器具集装的，提单中载明装在此类装运器具中的货物件数或者其他货运单位数，视为前款所指的货物件数或者其他货运单位数；未载明的，每一装运器具视为一件或者一个单位。装运器具不属于承运人所有或者非由承运人提供的，装运器具本身应当视为一件或者一个单位。

第五十七条 承运人对货物因迟延交付造成经济损失的赔偿限额，为所迟延交付的货物的运费数额。货物的灭失或者损坏和迟延交付同时发生的，承运人的赔偿责任限额适用本法第五十六条第一款规定的限额。

第五十八条 就海上货物运输合同所涉及的货物灭失、损坏或者迟延交付对承运人提起的任何诉讼，不论海事请求人是否合同的一方，也不论是根据合同或者是根据侵权行为提起的，均适用本章关于承运人的抗辩理由和限制赔偿责任的规定。前款诉讼是对承运人的受雇人或者代理人提起的，经承运人的受雇人或者代理人证明，其行为是在受雇或者受委托的范围之内的，适用前款规定。

第五十九条 经证明，货物的灭失、损坏或者迟延交付是由于承运人的故意或者明知可能造成损失而轻率地作为或者不作为造成的，承运人不得援用本法第五十六条或者第五十七条限制赔偿责任的规定。经证明，货物的灭失、损坏或者迟延交付是由于承运人的受雇人、代理人的故意或者明知可能造成损失而轻率地作为或者不作为造成的，承运人的受雇人或者代理人不得援用本法第五十六条或者第五十七条限制赔偿责任的规定。

第六十条 承运人将货物运输或者部分运输委托给实际承运人履行的，承运人仍然应当依照本章规定对全部运输负责。对实际承运人承担的运输，承运人应当对实际承运人的行为或者实际承运人的受雇人、代理人在受雇或者受委托的范围内的行为负责。虽有前款规定，在海上运输合同中明确约定合同所包括的特定的部分运输由承运人以外的指定的实际承运人履行的，合同可以同时约定，货物在指定的实际承运人掌管期间发生的灭失、损坏或者迟延交付，承运人不负赔偿责任。

第六十一条 本章对承运人责任的规定，适用于实际承运人。对实际承运人的受雇人、代理人提起诉讼的，适用本法第五十八条第二款和第五十九条第二款的规定。

第六十二条 承运人承担本章未规定的义务或者放弃本章赋予的权利的任何特别协议,经实际承运人书面明确同意的,对实际承运人发生效力;实际承运人是否同意,不影响此项特别协议对承运人的效力。

第六十三条 承运人与实际承运人都负有赔偿责任的,应当在此项责任范围内负连带责任。

第六十四条 就货物的灭失或者损坏分别向承运人、实际承运人以及他们的受雇人、代理人提出赔偿请求的,赔偿总额不超过本法第五十六条规定的限额。

第六十五条 本法第六十条至第六十四条的规定,不影响承运人和实际承运人之间相互追偿。

第三节 托运人的责任

第六十六条 托运人托运货物,应当妥善包装,并向承运人保证,货物装船时所提供的货物的品名、标志、包数或者件数、重量或者体积的正确性;由于包装不良或者上述资料不正确,对承运人造成损失的,托运人应当负赔偿责任。

承运人依照前款规定享有的受偿权利,不影响其根据货物运输合同对托运人以外的人所承担的责任。

第六十七条 托运人应当及时向港口、海关、检疫、检验和其他主管机关办理货物运输所需要的各项手续,并将已办理各项手续的单证送交承运人;因办理各项手续的有关单证送交不及时、不完备或者不正确,使承运人的利益受到损害的,托运人应当负赔偿责任。

第六十八条 托运人托运危险货物,应当依照有关海上危险货物运输的规定,妥善包装,作出危险品标志和标签,并将其正式名称和性质以及应当采取的预防危害措施书面通知承运人;托运人未通知或者通知有误的,承运人可以在任何时间、任何地点根据情况需要将货物卸下、销毁或者使之不能为害,而不负赔偿责任。托运人对承运人因运输此类货物所受到的损害,应当负赔偿责任。承运人知道危险货物的性质并已同意装运的,仍然可以在该项货物对于船舶、人员或者其他货物构成实际危险时,将货物卸下、销毁或者使之不能为害,而不负赔偿责任。但是,本款规定不影响共同海损的分摊。

第六十九条 托运人应当按照约定向承运人支付运费。托运人与承运人可以约定运费由收货人支付;但是,此项约定应当在运输单证中载明。

第七十条 托运人对承运人、实际承运人所遭受的损失或者船舶所遭受的损坏,不负赔偿责任;但是,此种损失或者损坏是由于托运人或者托运人的受雇人、代理人的过失造成的除外。托运人的受雇人、代理人对承运人、实际承运人所遭受的损失或者船舶所遭受的损坏,不负赔偿责任;但是,这种损失或者损坏是由于托运人的受雇人、代理人的过失造成的除外。

第四节 运输单证

第七十一条 提单,是指用以证明海上货物运输合同和货物已经由承运人接收或者装船,以及承运人保证据以交付货物的单证。提单中载明的向记名人交付货物,或者按照指示人的指示交付货物,或者向提单持有人交付货物的条款,构成承运人据以交付货物的保证。

第七十二条　货物由承运人接收或者装船后，应托运人的要求，承运人应当签发提单。提单可以由承运人授权的人签发。提单由载货船舶的船长签发的，视为代表承运人签发。

第七十三条　提单内容，包括下列各项：

（一）货物的品名、标志、包数或者件数、重量或者体积，以及运输危险货物时对危险性质的说明；

（二）承运人的名称和主营业所；

（三）船舶名称；

（四）托运人的名称；

（五）收货人的名称；

（六）装货港和在装货港接收货物的日期；

（七）卸货港；

（八）多式联运提单增列接收货物地点和交付货物地点；

（九）提单的签发日期、地点和份数；

（十）运费的支付；

（十一）承运人或者其代表的签字。

提单缺少前款规定的一项或者几项的，不影响提单的性质；但是，提单应当符合本法第七十一条的规定。

第七十四条　货物装船前，承运人已经应托运人的要求签发收货待运提单或者其他单证的，货物装船完毕，托运人可以将收货待运提单或者其他单证退还承运人，以换取已装船提单；承运人也可以在收货待运提单上加注承运船舶的船名和装船日期，加注后的收货待运提单视为已装船提单。

第七十五条　承运人或者代其签发提单的人，知道或者有合理的根据怀疑提单记载的货物的品名、标志、包数或者件数、重量或者体积与实际接收的货物不符，在签发已装船提单的情况下怀疑与已装船的货物不符，或者没有适当的方法核对提单记载的，可以在提单上批注，说明不符之处、怀疑的根据或者说明无法核对。

第七十六条　承运人或者代其签发提单的人未在提单上批注货物表面状况的，视为货物的表面状况良好。

第七十七条　除依照本法第七十五条的规定做出保留外，承运人或者代其签发提单的人签发的提单，是承运人已经按照提单所载状况收到货物或者货物已经装船的初步证据；承运人向善意受让提单的包括收货人在内的第三人提出的与提单所载状况不同的证据，不予承认。

第七十八条　承运人同收货人、提单持有人之间的权利、义务关系，依据提单的规定确定。收货人、提单持有人不承担在装货港发生的滞期费、亏舱费和其他与装货有关的费用，但是提单中明确载明上述费用由收货人、提单持有人承担的除外。

第七十九条　提单的转让，依照下列规定执行：

（一）记名提单：不得转让；

（二）指示提单：经过记名背书或者空白背书转让；

（三）不记名提单：无需背书，即可转让。

第八十条　承运人签发提单以外的单证用以证明收到待运货物的，此项单证即为订立海上货物运输合同和承运人接收该单证中所列货物的初步证据。承运人签发的此类单证不得转让。

第五节　货物交付

第八十一条　承运人向收货人交付货物时,收货人未将货物灭失或者损坏的情况书面通知承运人的,此项交付视为承运人已经按照运输单证的记载交付以及货物状况良好的初步证据。货物灭失或者损坏的情况非显而易见的,在货物交付的次日起连续七日内,集装箱货物交付的次日起连续十五日内,收货人未提交书面通知的,适用前款规定。货物交付时,收货人已经会同承运人对货物进行联合检查或者检验的,无需就所查明的灭失或者损坏的情况提交书面通知。

第八十二条　承运人自向收货人交付货物的次日起连续六十日内,未收到收货人就货物因迟延交付造成经济损失而提交的书面通知的,不负赔偿责任。

第八十三条　收货人在目的港提取货物前或者承运人在目的港交付货物前,可以要求检验机构对货物状况进行检验;要求检验的一方应当支付检验费用,但是有权向造成货物损失的责任方追偿。

第八十四条　承运人和收货人对本法第八十一条和第八十三条规定的检验,应当相互提供合理的便利条件。

第八十五条　货物由实际承运人交付的,收货人依照本法第八十一条的规定向实际承运人提交的书面通知,与向承运人提交书面通知具有同等效力;向承运人提交的书面通知,与向实际承运人提交书面通知具有同等效力。

第八十六条　在卸货港无人提取货物或者收货人迟延、拒绝提取货物的,船长可以将货物卸在仓库或者其他适当场所,由此产生的费用和风险由收货人承担。

第八十七条　应当向承运人支付的运费、共同海损分摊、滞期费和承运人为货物垫付的必要费用以及应当向承运人支付的其他费用没有付清,又没有提供适当担保的,承运人可以在合理的限度内留置其货物。

第八十八条　承运人根据本法第八十七条规定留置的货物,自船舶抵达卸货港的次日起满六十日无人提取的,承运人可以申请法院裁定拍卖;货物易腐烂变质或者货物的保管费用可能超过其价值的,可以申请提前拍卖。拍卖所得价款,用于清偿保管、拍卖货物的费用和运费以及应当向承运人支付的其他有关费用;不足的金额,承运人有权向托运人追偿;剩余的金额,退还托运人;无法退还、自拍卖之日起满一年又无人领取的,上缴国库。

第六节　合同的解除

第八十九条　船舶在装货港开航前,托运人可以要求解除合同。但是,除合同另有约定外,托运人应当向承运人支付约定运费的一半;货物已经装船的,并应当负担装货、卸货和其他与此有关的费用。

第九十条　船舶在装货港开航前,因不可抗力或者其他不能归责于承运人和托运人的原因致使合同不能履行的,双方均可以解除合同,并互相不负赔偿责任。除合同另有约定外,运费已经支付的,承运人应当将运费退还给托运人;货物已经装船的,托运人应当承担装卸费用;已经签发提单的,托运人应当将提单退还承运人。

第九十一条 因不可抗力或者其他不能归责于承运人和托运人的原因致使船舶不能在合同约定的目的港卸货的，除合同另有约定外，船长有权将货物在目的港邻近的安全港口或者地点卸载，视为已经履行合同。船长决定将货物卸载的，应当及时通知托运人或者收货人，并考虑托运人或者收货人的利益。

第二百五十七条 就海上货物运输向承运人要求赔偿的请求权，时效期间为一年，自承运人交付或者应当交付货物之日起计算；在时效期间内或者时效期间届满后，被认定为负有责任的人向第三人提起追偿请求的，时效期间为九十日，自追偿请求人解决原赔偿请求之日起或者收到受理对其本人提起诉讼的法院的起诉状副本之日起计算。

第二百六十三条 有关共同海损分摊的请求权，时效期间为一年，自理算结束之日起计算。

第二百六十四条 根据海上保险合同向保险人要求保险赔偿的请求权，时效期间为二年，自保险事故发生之日起计算。

第二百六十六条 在时效期间的最后六个月内，因不可抗力或者其他障碍不能行使请求权的，时效中止。自中止时效的原因消除之日起，时效期间继续计算。

第二百六十七条 时效因请求人提起诉讼、提交仲裁或者被请求人同意履行义务而中断。但是，请求人撤回起诉、撤回仲裁或者起诉被裁定驳回的，时效不中断。请求人申请扣船的，时效自申请扣船之日起中断。自中断时起，时效期间重新计算。

第二百六十八条 中华人民共和国缔结或者参加的国际条约同本法有不同规定的，适用国际条约的规定；但是，中华人民共和国声明保留的条款除外。

中华人民共和国法律和中华人民共和国缔结或者参加的国际条约没有规定的，可以适用国际惯例。

第二百六十九条 合同当事人可以选择合同适用的法律，法律另有规定的除外。合同当事人没有选择的，适用与合同有最密切联系的国家的法律。

第二百七十一条 船舶抵押权适用船旗国法律。船舶在光船租赁以前或者光船租赁期间，设立船舶抵押权的，适用原船舶登记国的法律。

第二百七十二条 船舶优先权，适用受理案件的法院所在地法律。

第二百七十三条 船舶碰撞的损害赔偿，适用侵权行为地法律。

船舶在公海上发生碰撞的损害赔偿，适用受理案件的法院所在地法律。同一国籍的船舶，不论碰撞发生于何地，碰撞船舶之间的损害赔偿适用船旗国法律。

第二百七十四条 共同海损理算，适用理算地法律。

第二百七十五条 海事赔偿责任限制，适用受理案件的法院所在地法律。

第二百七十六条 依照本章规定适用外国法律或者国际惯例，不得违背中华人民共和国的社会公共利益。

统一提单的若干法律规则的国际公约(海牙规则)

(一九二四年八月二十五日签订于布鲁塞尔)

第一条 本公约所用下列名词,涵义如下:

(a)"承运人"包括与托运人订有运输合同的船舶所有人或租船人。

(b)"运输合同"仅适用于以提单或任何类似的物权证件进行有关海上货物运输的运输合同;在租船合同下或根据租船合同所签发的提单或任何物权证件,在它们成为制约承运人与凭证持有人之间的关系准则时,也包括在内。

(c)"货物"包括货物、制品、商品和任何种类的产品,但活牲畜以及在运输合同上载明装载于舱面上并且已经这样装运的货物除外。

(d)"船舶"是指用于海上货物运输的任何船舶。

(e)"货物运输"是指自货物装上船时起,至卸下船时止的一段期间。

第二条 除遵照第六条规定外,每个海上货物运输合同的承运人,对有关货物的装载、搬运、配载、运送、保管、照料和卸载,都应按照下列规定承担责任和义务,并享受权利和豁免。

第三条

1. 承运人须在开航前和开航时恪尽职责:

(a)使船舶适于航行;

(b)适当地配备船员,装备船舶和供应船舶;

(c)使货舱、冷藏舱和该船其他载货处所能适宜和安全地收受、运送和保管货物。

2. 除遵照第四条规定外,承运人应适当和谨慎地装载、搬运、配载、运送、保管、照料和卸载所运货物。

3. 承运人或船长或承运人的代理人在收受货物归其照管后,经托运人的请求,应向托运人签发提单,其上载明下列各项:

(a)与开始装货前由托运人书面提供者相同的、为辨认货物所需的主要唛头,如果这项唛头是以印戳或其他方式标示在不带包装的货物上,或在其中装有货物的箱子或包装物上,该项唛头通常应在航程终了时仍能保持清晰可认。

(b)托运人用书面提供的包数或件数,或数量,或重量。

(c)货物的表面状况。

但是,承运人、船长或承运人的代理人,不一定必须将任何货物的唛头、号码,数量或重量表明或标示在提单上,如果他有合理根据怀疑提单本能正确代表实际收到的货物,或无适当方法进行核对的话。

4. 依照第3款(a)、(b)、(c)项所载内容的这样一张提单,应作为承运人收到该提单中所载货物的初步证据。

5. 托运人应被视为已在装船时向承运人保证,由他提供的唛头、号码、数量和重量均正确无误;并应赔偿给承运人由于这些项目不正确所引起或导致的一切灭失、损坏和费用。承运人的这种赔偿权利，并不减轻其根据运输合同对托运人以外的任何人所承担的责任和义务。

6.在将货物移交给根据运输合同有权收货的人之前或当时，除非在卸货港将货物的灭失和损害的一般情况，已用书面通知承运人或其代理人，则这种移交应作为承运人已按照提单规定交付货物的初步证据。

如果灭失或损坏不明显，则这种通知应于交付货物之日起的三天内提交。如果货物状况在收受时已经进行联合检验或检查，就无需再提交书面通知。除非从货物交付之日或应交付之日起一年内提出诉讼，承运人和船舶在任何情况下都免除对灭失或损害所负的一切责任。遇有任何实际的或推定的灭失或损害，承运人与收货人必须为检验和清点货物相互给予一切合理便利。

7.货物装船后，如果托运人要求签发"已装船"提单，承运人、船长或承运人的代理人签发给托运人的提单，应为"已装船"提单，如果托运人事先已取得这种货物的物权单据，应交还这种单据，换取"已装船"提单。但是，也可以根据承运人的决定，在装货港由承运人、船长或其代理人在上述物权单据上注明装货船名和装船日期。经过这样注明的上述单据，如果载有第三条第3款所指项目，即应成为本条所指的"已装船"提单。

8.运输合同中的任何条款、约定或协议，凡是解除承运人或船舶对由于疏忽、过失或未履行本条规定的责任和义务，因而引起货物或关于货物的灭失或损害的责任的，或以不同于本公约的规定减轻这种责任的，则一律无效。有利于承运人的保险利益或类似的条款，应视为属于免除承运人责任的条款。

第四条

1.不论承运人或船舶，对于因不适航所引起的灭失或损坏，都不负责，除非造成的原因是由于承运人未按第三条第1款的规定，恪尽职责，使船舶适航；保证适当地配备船员、装备和供应该船，以及使货舱、冷藏舱和该船的其他装货处所能适宜并安全地收受、运送和保管货物；凡由于船舶不适航所引起的灭失和损害，对于已恪尽职责的举证责任，应由根据本条规定要求免责的承运人或其他人承担。

2.不论承运人或船舶，对由于下列原因所引起或造成的灭失或损坏，都不负责：

(a)船长、船员、引水员或承运人的雇佣人员，在航行或管理船舶中的行为、疏忽或不履行义务。

(b)火灾，但由于承运人的实际过失或私谋所引起的除外。

(c)海上或其他通航水域的灾难、危险和意外事故。

(d)天灾。

(e)战争行为。

(f)公敌行为。

(g)君主、当权者或人民的扣留或管制，或依法扣押。

(h)检疫限制。

(i)托运人或货主、其代理人或代表的行为或不行为。

(j)不论由于任何原因所引起的局部或全面罢工、关厂、停工或限制工作。

(k)暴动和骚乱。

(l)救助或企图救助海上人命或财产。

(m)由于货物的固有缺点、性质或缺陷引起的体积或重量亏损，或任何其他灭失或损坏。

(n)包装不善。

(o)唛头不清或不当。

(p)虽恪尽职责亦不能发现的潜在缺点。

(q)非由于承运人的实际过失或私谋,或者承运人的代理人,或雇佣人员的过失或疏忽所引起的其他任何原因;但是要求引用这条免责利益的人应负责举证,证明有关的灭失或损坏,既非由于承运人的实际过失或私谋,亦非承运人的代理人或雇佣人员的过失或疏忽所造成。

3.对于任何非因托运人、托运人的代理人或其雇佣人员的行为、过失或疏忽所引起的使承运人或船舶遭受的灭失或损坏,托运人不负责任。

4.为救助或企图救助海上人命或财产而发生的绕航,或任何合理绕航,都不能作为破坏或违反本公约或运输合同的行为;承运人对由此而引起的任何灭失或损害,都不负责。

5.承运人或是船舶,在任何情况下对货物或与货物有关的灭失或损害,每件或每计费单位超过一百英镑或与其等值的其他货币的部分,都不负责;但托运人于装货前自己就该项货物的性质和价值提出声明,并已在提单中注明的,不在此限。该项声明如已载入提单,即作为初步证据,但它对承运人并不具有约束力或最终效力。经承运人、船长成承运人的代理人与托运人双方协议,可规定不同于本款规定的另一最高限额,但该最高限额不得低于上述数额。

如托运人在提单中故意谎报货物性质或价值,则在任何情况下,承运人或是船舶,对货物或货物有关的灭失或损害,都不负责。

6.承运人、船长或承运人的代理人,对于事先不知其性质而装载的具有易燃、爆炸或危险性的货物,可在卸货前的任何时候将其卸在任何地点,或将其销毁,或使之无害,而不予赔偿;该项货物的托运人,应对由于装载该项货物而直接或间接引起的一切损害或费用负责。如果承运人知道该项货物的性质,并已同意装载,则在该项货物对船舶或货载发生危险时,亦得同样将该项货物卸在任何地点,或将其销毁,或使之无害,而不负赔偿责任,但如发生共同海损不在此限。

第五条 承运人可以自由地全部或部分放弃本公约中所规定的他的权利和豁免,或增加他所应承担的任何一项责任和义务。但是这种放弃或增加,须在签发给托运人的提单上注明。

本公约的规定,不适用于租船合同,但如果提单是根据租船合同签发的,则上述提单应符合本公约的规定。本公约中的任何规定,都不得妨碍在提单中加注有关共同海损的任何合法条款。

第六条 虽有前述各条规定,只要不违反公共秩序,承运人、船长或承运人的代理人得与托运人就承运人对任何特定货物应负的责任和应尽的义务,及其所享受的权利与豁免,或船舶适航的责任等,以任何条件自由地订立任何协议,或就承运人的雇佣人员或代理人在海运货物的装载、搬运、配载、运送、保管、照料和卸载方面应注意及谨慎的事项,自由订立任何协议。但在这种情况下,必须是未曾签发或将不签发提单,而且应将上述协议的条款载入不得转让并注明这种字样的收据内。

这样订立的任何协议,都具有完全的法律效力。但本条规定不适用于依照普通贸易程序成交的一般商业货运,而仅在拟装运的财物的性质和状况,或据以进行运输的环境、条款和条件,有订立特别协议的合理需要时,才能适用。

第七条 本公约中的任何规定,都不妨碍承运人或托运人就承运人或船舶对海运船舶所载货物于装船以前或卸船以后所受灭失或损害,或与货物的保管、照料和搬运有关的灭失或损害所应承担的责任与义务,订立任何协议、规定、条件、保留或免责条款。

第八条 本公约各条规定,都不影响有关海运船舶所有人责任限制的任何现行法令所规定的承运人的权利和义务。

第九条 本公约所提到的货币单位为金价。凡缔约国中不以英镑作为货币单位的,得保留其将本公约所指的英镑数额,以四舍五入的方式折合为本国货币的权利。各国法律可以为债务人保留按船舶抵达卸货港之日通行的兑换率,以本国货币清偿其有关货物的债务的权利。

第十条 本公约的各项规定,适用于在任何缔约国所签发的一切提单。

第十一条 自本公约签字之日起不超过二年的期限内,比利时政府应与已声明拟批准本公约的缔约国保持联系,以便决定是否使本公约生效。批准书应于各缔约国协商确定的日期,交存于布鲁塞尔。首次交存的批准书,应载入由参加国代表及比利时外交部长签署的议定书内。

以后交存的批准书,应以书面通知送交比利时政府,并随附批准文件。

比利时政府应立即将有关记载首次交存批准书的议定书和上段所指的通知,随附批准书等的核证无误的副本,通过外交途径送交已签署本公约或已加入本公约的国家。在上段所指情况下,比利时政府应于收到通知的同时,知照各国。

第十二条 凡未签署本公约的国家,不论是否已出席在布鲁塞尔召开的国际会议,都可以加入本公约。拟加入本公约的国家,应将其意图用书面通知比利时政府,并送交其加入的文件,该项文件应存放在比利时政府档案库。

比利时政府应立即将加入本公约通知书的核证无误的副本,分送已签署本公约或已加入本公约的国家,并注明它收到上述通知的日期。

第十三条 缔约国在签署、批准或加入本公约时,可以声明其接受本公约并不包括其任何或全部自治领、殖民地、海外属地、保护国或在主权或权力管辖下的地域;并且可以在此后代表这些声明中未包括的任何自治领、殖民地、海外属地、保护国或地域,将分别加入本公约。各缔约国还可以根据本公约的规定,代表其任何自治领、殖民地、海外属地、保护国或其主权或权力管辖下的地域,将分别声明退出本公约。

第十四条 本公约在首批交存批准书的各国之间,于议定书记载此项交存之日起一年后开始生效。此后批准或加入本公约的各国,或根据第十三条规定使公约生效的各国,于比利时政府收到第十一条第 2 段及第十二条第 2 段所指的通知六个月后生效。

第十五条 如有缔约国欲退出本公约,应用书面通知比利时政府,比利时政府应立即将核证无误的通知副本分送其他国家,并注明其收到上述通知的日期。这种退出只对提出通知的国家有效,生效日期从上述通知送达比利时政府之日起一年以后开始。

第十六条 任何一个缔约国都有权就考虑修改本公约事项,请求召开新的会议。欲行使此项权利的国家,应通过比利时政府将其意图通知其他国家,由比利时政府安排召开会议事宜。

一九二四年八月二十五日订于布鲁塞尔,计一份。

海牙—维斯比规则

全称《1968年布鲁塞尔议定书——有关修改1924年8月25日在布鲁塞尔签订的统一提单的若干法律规定的国际公约的议定书》

(1968年2月23日颁布1978年1月1日实施)

各缔约方，

考虑到1924年8月25日在布鲁塞尔制订的统一提单的某些法律规定的国际公约加以修正是合乎需要的，

兹协议如下：

第一条

1.第3条第4款增加下列规定：

“但是，当该提单已被转让至善意行事的第三者时，与此相反的证据便不予接受。”

2.第3条第6款第4项应改为：

“除第6款(之一)另有规定外，除自货物交付或本应交付之日起一年内提起诉讼外，在任何情况下，承运人和船舶将被免除对于货物的任何责任。但是，在诉因发生以后，经当事方同意，这一期限加以延长。”

3.第3条第6款之后应增加第6款(之一)：

“即使在前款规定的一年期限届满之后，只要在受案法院所在地法律允许期间内，仍可以向第三方提起追偿诉讼。但是，允许的时间自提起此种诉讼之人已经解决向其索赔的案件，或在对其本人的诉讼中收到送达的传票之日起算，不得少于三个月。”

第二条

第4条第5款应予删除，并改为下列规定：

(a)不论是承运人或船舶，对超过每件或每单位相当于10 000法郎，或按灭失或受损货物毛重计算，每公斤相当于30法郎(两者之中以较高者为准)的货物或与货物有关的灭失或损害，在任何情况下，概不负责，除非货物的性质和价值已由托运人在货物装运前声明，并在提单上注明。

(b)可赔偿的总额应参照该货物根据合同从船上卸下或本应卸下的当时当地的价值计算。

货物价值应按商品交换价格确定，或者，如无此种价格，按现时市场价格计算；如无商品交换价格和现时市场价格，参照相同品种和质量的货物的正常价值确定。

(c)如货物是以集装箱、货盘或类似的运输工具集装，则提单中载明的装在此种运输工具中的件数或单位数，应视为本款所述件数或单位数。除上述情况之外，此种运输工具应视为一个包件或单位。

(d)一个法郎是指一个含有纯度为千分之九百的黄金65.5毫克的单位。将裁判的赔偿金额折合成本国货币的日期，应按受案法院所在地法律确定。

(e)如经证明,损害系承运人故意造成,或明知可能造成损害而轻率地采取的行为或不行为所引起,则无论是承运人或船舶,都无权享有本款规定的责任限制的利益。

(f)本款第(a)项所规定的声明如被载入提单,应成为初步证据,但不应对承运人具有约束力或终结效力。

(g)经承运人、船长或承运人的代理人与托运人协议,可在本款第(a)项所述金额之外另行确定一个最高金额。但此最高金额不得低于该第(a)项所述的相应最高金额。

(h)如果托运人在提单中故意谎报货物的性质或价值,则无论承运人或船舶,在任何情况下对货物或与货物有关的灭失或损害概不负责。

第三条

在本公约第 4 条和第 5 条之间应加入下述第 4 条(之一):

1.“本公约所规定的抗辩和责任限制,应适用于运输合同所包含的货物灭失或损害对承运人提起任何诉讼,而不论诉论是以合同或是以侵权行为为依据。

2.如果此种诉讼是对承运人的受雇人员或代理人(该受雇人员或代理人人并非独立合同人),该受雇人员或代理人有权援引承运人依照本公约可援引的各项抗辩和责任限制。

3.从承运人及此种受雇人员或代理人所能得到的赔偿总额,在任何情况下,不得超过本公约规定的限度。

4.但是,如经证明,损害系受雇人员或代理人故意造成,或明知可能造成损害而轻率地采取的行为或不行为所引起,该承运人的受雇人员或代理人便无权援引本条各项规定。”

第四条

本公约第 9 条应改为下列规定:

“本公约不影响制约核损害责任的任何国际公约或国内法的规定。”

第五条

本公约第 10 条应改为下列规定:

“本公约各项规定,应适用于在两个不同国家港口之间与货物运输有关的每一提单,如果:

(a)提单在某一缔约国签发;或者

(b)货物从某一缔约国港口起运;或者

(c)被提单所包含或所证明的合同受本公约各项规定或者给予这些规定以法律效力的任一国家立法的约束,而不论船舶、承运人、托运人、收货人或任何其他关系人的国籍如何。

每一缔约国应将本公约各项规定适用于上述提单。

本条规定不禁止缔约国将本公约适用于未在前述各款中列明的提单。”

第六条

本议定书缔约方之间,公约与议定书应作为一个文件,一并理解和解释。

本议定书的缔约方没有义务将本议定书中各项规定适用于在公约缔约方、但非本议定书缔约方的国家签发的提单。

第七条

在本议定书缔约方之间,任何一方根据公约第 15 条退出公约,都不应被解释为退出经本议定书修正的本公约。

第八条

两个或两个以上缔约方就本公约的解释或适用发生争议而未能通过协商解决时,应根据其中一方请示而提交仲裁。自请求提交仲裁之日起六个月内,如当事方就仲裁组织不能达成协议时,任何一方可按照国际法院的章程,将纠纷提交国际法院解决。

第九条

1. 每一缔约方在签署或批准本议定书或加入本议定书时,可声明其不受本议定书第8条约束。其他缔约国就与作出这一保留的任何缔约国而言,不受本条约的约束。

2. 根据第1款作出保留的任何缔约方,可在任何时间通知比利时政府撤销其保留。

第十条

本议定书对在1968年2月23日之前批准本公约或加入本公约的各国,以及出席1967—1968年第十二届海洋法外交会议的任何国家开放供签字。

第十一条

1. 本议定书须经批准。

2. 由非属本公约缔约方的任何国家批准本议定书,具有加入本公约的效力。

3. 批准文件应交比利时政府保存。

第十二条

1. 未出席第十二届海洋法外交会议的国家,联合国会员国或者联合国各专门机构成员国,可加入本议定书。

2. 加入本议定书,具有加入本公约的效力。

3. 加入书应交存比利时政府。

第十三条

1. 本议定书自十份批准书或加入书交存之日起三个月后生效,并且,其中至少应有五份系由拥有100万或100万总吨以上船舶的国家所交存。

2. 本条第1款规定的决定本议定书生效的批准书或加入书交存之日以后,对于批准或加入本议定书的每一个国家,本议定书自其交存批准书或加入书起三个月后生效。

第十四条

1. 任何缔约国可通知比利时政府退出本议定书。

2. 此种退出具有退出本公约的效力。

3. 此种退出自比利时政府收到通知之日起一年后生效。

第十五条

1. 任何缔约国可在签署、批准或加入之时,或在此后任何时间,以送交比利时政府的书面通知,声明本议定书适用至处于在其主权之下或由其负责国际关系的领土。

2. 如果本公约尚未适用于这些领土,则此种适用的扩大也应用于本公约。

3. 根据本条第1款作出声明的缔约国,可在此后任何时间通过送交比利时政府的通知,声明本议定书不再扩大适用于此种领土。此种退出应自比利时政府收到该通知之日起一年后生效。此种退出也应适用于本公约。

第十六条

各缔约方可通过赋予本议定书以法律效力,或以国内立法相适应的方式在国内法中订入本议定书所采用的各项规定,而使本议定书生效。

第十七条

比利时政府应将下列事项通知出席1967—1968年第十二届海洋法外交会议的各国，本议定书各参加国及本公约各缔约国：

1.根据第10条、第11条及第12条收到的签署、批准和加入书；

2.根据第13条规定，本议定书将生效的日期；

3.根据第15条规定，有关领土适用的通知；

4.根据第14条收到的退出文件。

下列署名的各全权代表，经正式授权，签署本公约，以昭信守。

本议定书于1968年2月23日订于布鲁塞尔，正本一份，用法文和英文写成，两种文本具有同等效力，应存于比利时政府档案库，经核证无误的副本由比利时政府分发

一九九九年蒙特利尔公约

(一九九九年五月二十八日签订于蒙特利尔)

本公约的当事国：

认识到一九二九年十月十二日在华沙签订的《统一国际航空运输某些规则的公约》(以下称“华沙公约”)和其他有关文件在统一国际航空私法方面做出的重要贡献；

认识到使华沙公约和相关文件现代化和一体化的必要性；

认识到确保国际航空运输消费者的利益的重要性，以及在恢复性赔偿原则的基础上提供公平赔偿的必要性；

重申按照一九四四年十二月七日订于芝加哥的《国际民用航空公约》的原则和宗旨对国际航空运输运营的有序发展以及旅客、行李和货物通畅流动的愿望；

确信国家间采取集体行动，通过制定一项新公约来增进对国际航空运输某些规则的一致化和法典化是获得公平的利益平衡的最适当方法。

达成协议如下：

第一章　总　则

第一条　适用范围

一、本公约适用于所有以航空器运送人员、行李或者货物而收取报酬的国际运输。本公约同样适用于航空运输企业以航空器履行的免费运输。

二、就本公约而言，“国际运输”系指根据当事人的约定，不论在运输中有无间断或者转运，其出发地点和目的地点是在两个当事国的领土内，或者在一个当事国的领土内，而在另一国的领土内有一个约定的经停地点的任何运输，即使该国为非当事国。就本公约而言，在一个当事国的领土内两个地点之间的运输，而在另一国的领土内没有约定的经停地点的，不是国际运输。

三、运输合同各方认为几个连续的承运人履行的运输是一项单一的业务活动，无论其形式是以一个合同订立或者一系列合同订立，就本公约而言，应当视为一项不可分割的运输，并不仅因其中一个合同或者一系列合同完全在同一国领土内履行而丧失其国际性质。

四、本公约同样适用于第五章规定的运输，除非该章另有规定。

第二条　国家履行的运输和邮件运输

一、本公约适用于国家或者依法成立的公共机构在符合第一条规定的条件下履行的运输。

二、在邮件运输中，承运人仅根据适用于承运人和邮政当局之间关系的规则，对有关的邮政当局承担责任。

三、除本条第二款规定外，本公约的规定不适用于邮件运输。

第二章 旅客、行李和货物运输的有关凭证和当事人的义务

第三条 旅客和行李

一、就旅客运输而言，应当出具个人的或者集体的运输凭证，该项凭证应当载明：

（一）对出发地点和目的地点的标示；

（二）出发地点和目的地点是在一个当事国的领土内，而在另一国的领土内有一个或者几个约定的经停地点的，至少对其中一个此种经停地点的标示。

二、任何保存第一款内容的其他方法都可以用来代替出具该款中所指的运输凭证。若采用此类其他方法的，承运人应当提出向旅客出具一份以此种方法保存的内容的书面陈述。

三、承运人应当就每一件托运行李向旅客出具行李识别标签。

四、旅客应当得到书面提示，说明在适用本公约的情况下，本公约调整并可能限制承运人对死亡或者伤害，行李毁灭、遗失或者损坏，以及延误所承担的责任。

五、未遵守前几款的规定，不影响运输合同的存在或者有效，该运输合同仍应当受本公约规则的约束，包括有关责任限制规则的约束。

第四条 货物

一、就货物运输而言，应当出具航空货运单。

二、任何保存将要履行的运输的记录的其他方法都可以用来代替出具航空货运单。采用此种其他方法的，承运人应当应托运人的要求，向托运人出具货物收据，以便识别货物并能获得此种其他方法所保存记录中的内容。

第五条 航空货运单或者货物收据的内容

航空货运单或者货物收据应当包括：

（一）对出发地点和目的地点的标示；

（二）出发地点和目的地点是在一个当事国的领土内，而在另一国的领土内有一个或者几个约定的经停地点的，至少对其中一个此种经停地点的标示；以及

（三）对货物重量的标示。

第六条 关于货物性质的凭证

为履行海关、警察和类似公共当局的手续，必要时托运人可以被要求出具标明货物性质的凭证。

此项规定对承运人不造成任何职责、义务或由此产生的责任。

第七条 航空货运单的说明

一、托运人应当填写航空货运单正本一式三份。

二、第一份应当注明"交承运人"，由托运人签字。第二份应当注明"交收货人"，由托运人和承运人签字。第三份由承运人签字，承运人在接受货物后应当将其交给托运人。

三、承运人和托运人的签字可以印刷或者盖章。

四、承运人根据托运人的请求填写航空货运单的，在没有相反证明的情况下，应当视为代托运人填写。

第八条 多包件货物的凭证

在货物不止一个包件时：

(一)货物承运人有权要求托运人分别填写航空货运单；

(二)采用第四条第二款所指其他方法的，托运人有权要求承运人分别出具货物收据。

第九条 未遵守凭证的规定

未遵守第四条至第八条的规定，不影响运输合同的存在或者有效，该运输合同仍应当受本公约规则的约束，包括有关责任限制规则的约束。

第十条 对凭证说明的责任

一、对托运人或者以其名义在航空货运单上载入的关于货物的各项说明和陈述的正确性，或者对托运人或者以其名义提供给承运人载入货物收据或者载入第四条第二款所指其他方法所保存记录的关于货物的各项说明和陈述的正确性，托运人应当负责。以托运人名义行事的人同时也是承运人的代理人的，同样适用上述规定。

二、对因托运人或者以其名义所提供的各项说明和陈述不符合规定、不正确或者不完全，给承运人或者承运人对之负责的任何其他人造成的一切损失，托运人应当对承运人承担赔偿责任。

三、除本条第一款和第二款规定的外，对因承运人或者以其名义在货物收据或者在第四条第二款所指其他方法所保存的记录上载入的各项说明和陈述不符合规定、不正确或者不完全，给托运人或者托运人对之负责的任何其他人造成的一切损失，承运人应当对托运人承担赔偿责任。

第十一条 凭证的证据价值

一、航空货运单或者货物收据是订立合同、接受货物和所列运输条件的初步证据。

二、航空货运单上或者货物收据上关于货物的重量、尺寸和包装以及包件件数的任何陈述是所述事实的初步证据；除经过承运人在托运人在场时查对并在航空货运单上或者货物收据上注明经过如此查对或者其为关于货物外表状况的陈述外，航空货运单上或者货物收据上关于货物的数量、体积和状况的陈述不能构成不利于承运人的证据。

第十二条 处置货物的权利

一、托运人在负责履行运输合同规定的全部义务的条件下，有权对货物进行处置，即可以在出发地机场或者目的地机场将货物提回，或者在途中经停时中止运输，或者要求在目的地点或者途中将货物交给非原指定的收货人，或者要求将货物运回出发地机场。托运人不得因行使此种处置权而使承运人或者其他托运人遭受损失，并必须偿付因行使此种权利而产生的费用。

二、托运人的指示不可能执行的，承运人必须立即通知托运人。

三、承运人按照托运人的指示处置货物，没有要求出示托运人所收执的那份航空货运单或者货物收据，给该份航空货运单或者货物收据的合法持有人造成损失的，承运人应当承担责任，但是不妨碍承运人对托运人的追偿权。

四、收货人的权利依照第十三条规定开始时，托运人的权利即告终止。但是，收货人拒绝接受货物，或者无法同收货人联系的，托运人恢复其处置权。

第十三条 货物的交付

一、除托运人已经根据第十二条行使其权利外，收货人于货物到达目的地点，并在缴付应付款项和履行运输条件后，有权要求承运人向其交付货物。

二、除另有约定外，承运人应当负责在货物到达后立即通知收货人。

三、承运人承认货物已经遗失，或者货物在应当到达之日起七日后仍未到达的，收货人有权向承运人行使运输合同所赋予的权利。

第十四条　托运人和收货人权利的行使

托运人和收货人在履行运输合同规定的义务的条件下，无论为本人或者他人的利益，可以分别以本人的名义行使第十二条和第十三条赋予的所有权利。

第十五条　托运人和收货人的关系或者第三人之间的相互关系

一、第十二条、第十三条和第十四条不影响托运人同收货人之间的相互关系，也不影响从托运人或者收货人获得权利的第三人之间的相互关系。

二、第十二条、第十三条和第十四条的规定，只能通过航空货运单或者货物收据上的明文规定予以变更。

第十六条　海关、警察或者其他公共当局的手续

一、托运人必须提供必需的资料和文件，以便在货物可交付收货人前完成海关、警察或者任何其他公共当局的手续。因没有此种资料、文件，或者此种资料、文件不充足或者不符合规定而引起的损失，除由于承运人、其受雇人或者代理人的过错造成的外，托运人应当对承运人承担责任。

二、承运人没有对此种资料或者文件的正确性或者充足性进行查验的义务。

第三章　承运人的责任和损害赔偿范围

第十七条　旅客死亡和伤害——行李损失

一、对于因旅客死亡或者身体伤害而产生的损失，只要造成死亡或者伤害的事故是在航空器上或者在上、下航空器任何操作过程中发生的，承运人就应当承担责任。

二、对于因托运行李毁灭、遗失或者损坏而产生的损失，只要造成毁灭、遗失或者损坏的事件是在航空器上或者在托运行李处于承运人掌管之下的任何期间内发生的，承运人就应当承担责任。但是，行李损失是由于行李的固有缺陷、质量或者瑕疵造成的，在此范围内承运人不承担责任。关于非托运行李，包括个人物件，承运人对因其过错或者其受雇人或者代理人的过错造成的损失承担责任。

三、承运人承认托运行李已经遗失，或者托运行李在应当到达之日起二十一日后仍未到达的，旅客有权向承运人行使运输合同所赋予的权利。

四、除另有规定外，本公约中“行李”一词系指托运行李和非托运行李。

第十八条　货物损失

一、对于因货物毁灭、遗失或者损坏而产生的损失，只要造成损失的事件是在航空运输期间发生的，承运人就应当承担责任。

二、但是，承运人证明货物的毁灭、遗失或者损坏是由于下列一个或者几个原因造成的，在此范围内承运人不承担责任：

(一)货物的固有缺陷、质量或者瑕疵；

(二)承运人或者其受雇人、代理人以外的人包装货物的，货物包装不良；

(三)战争行为或者武装冲突；

(四)公共当局实施的与货物入境、出境或者过境有关的行为。

三、本条第一款所称的航空运输期间,系指货物处于承运人掌管之下的期间。

四、航空运输期间,不包括机场外履行的任何陆路、海上或者内水运输过程。但是,此种运输是在履行航空运输合同时为了装载、交付或者转运而办理的,在没有相反证明的情况下,所发生的任何损失推定为在航空运输期间发生的事件造成的损失。承运人未经托运人同意,以其他运输方式代替当事人各方在合同中约定采用航空运输方式的全部或者部分运输的,此项以其他方式履行的运输视为在航空运输期间。

第十九条 延误

旅客、行李或者货物在航空运输中因延误引起的损失,承运人应当承担责任。但是,承运人证明本人及其受雇人和代理人为了避免损失的发生,已经采取一切可合理要求的措施或者不可能采取此种措施的,承运人不对因延误引起的损失承担责任。

第二十条 免责

经承运人证明,损失是由索赔人或者索赔人从其取得权利的人的过失或者其他不当作为、不作为造成或者促成的,应当根据造成或者促成此种损失的过失或者其他不当作为、不作为的程度,相应全部或者部分免除承运人对索赔人的责任。旅客以外的其他人就旅客死亡或者伤害提出赔偿请求的,经承运人证明,损失是旅客本人的过失或者其他不当作为、不作为造成或者促成的,同样应当根据造成或者促成此种损失的过失或者其他不当作为、不作为的程度,相应全部或者部分免除承运人的责任。

本条适用于本公约中的所有责任条款,包括第二十一条第一款。

第二十一条 旅客死亡或者伤害的赔偿

一、对于根据第十七条第一款所产生的每名旅客不超过 100,000 特别提款权的损害赔偿,承运人不得免除或者限制其责任。

二、对于根据第十七条第一款所产生的损害赔偿每名旅客超过 100,000 特别提款权的部分,承运人证明有下列情形的,不应当承担责任:

(一)损失不是由于承运人或者其受雇人、代理人的过失或者其他不当作为、不作为造成的;或者

(二)损失完全是由第三人的过失或者其他不当作为、不作为造成的。

第二十二条 延误、行李和货物的责任限额

一、在人员运输中因第十九条所指延误造成损失的,承运人对每名旅客的责任以 4150 特别提款权为限。

二、在行李运输中造成毁灭、遗失、损坏或者延误的,承运人的责任以每名旅客 1000 特别提款权为限,除非旅客在向承运人交运托运行李时,特别声明在目的地点交付时的利益,并在必要时支付附加费。在此种情况下,除承运人证明旅客声明的金额高于在目的地点交付时旅客的实际利益外,承运人在声明金额范围内承担责任。

三、在货物运输中造成毁灭、遗失、损坏或者延误的,承运人的责任以每公斤 17 特别提款权为限,除非托运人在向承运人交运包件时,特别声明在目的地点交付时的利益,并在必要时支付附加费。在此种情况下,除承运人证明托运人声明的金额高于在目的地点交付时托运人的实际利益外,承运人在声明金额范围内承担责任。

四、货物的一部分或者货物中任何物件毁灭、遗失、损坏或者延误的,用以确定承运人

赔偿责任限额的重量,仅为该包件或者该数包件的总重量。但是,因货物一部分或者货物中某一物件的毁灭、遗失、损坏或者延误,影响同一份航空货运单、货物收据或者在未出具此两种凭证时按第四条第二款所指其他方法保存的记录所列的其他包件的价值的,确定承运人的赔偿责任限额时,该包件或者数包件的总重量也应当考虑在内。

五、经证明,损失是由于承运人、其受雇人或者代理人的故意或者明知可能造成损失而轻率地作为或者不作为造成的,不适用本条第一款和第二款的规定;对于受雇人、代理人的此种作为或者不作为,还应当证明该受雇人、代理人是在受雇、代理范围内行事。

六、第二十一条和本条规定的限额不妨碍法院按照其法律另外加判全部或者一部分法院费用及原告所产生的其他诉讼费用,包括利息。判给的赔偿金额,不含法院费用及其他诉讼费用,不超过承运人在造成损失的事情发生后六个月内或者已过六个月而在起诉以前已书面向原告提出的金额的,不适用上述规定。

第二十三条 货币单位的换算

一、本公约中以特别提款权表示的各项金额,系指国际货币基金组织确定的特别提款权。在进行司法程序时,各项金额与各国家货币的换算,应当按照判决当日用特别提款权表示的该项货币的价值计算。当事国是国际货币基金组织成员的,用特别提款权表示的其国家货币的价值,应当按照判决当日有效的国际货币基金组织在其业务和交易中采用的计价方法进行计算。当事国不是国际货币基金组织成员的,用特别提款权表示的其国家货币的价值,应当按照该国所确定的办法计算。

二、但是,非国际货币基金组织成员并且其法律不允许适用本条第一款规定的国家,可以在批准、加入或者其后的任何时候声明,在其领土内进行司法程序时,就第二十一条而言,承运人对每名旅客的责任以 1,500,000 货币单位为限;就第二十二条第一款而言,承运人对每名旅客的责任以 62,500 货币单位为限;就第二十二条第二款而言,承运人对每名旅客的责任以 15,000 货币单位为限;就第二十二条第三款而言,承运人的责任以每公斤 250 货币单位为限。此种货币单位相当于含有千分之九百纯度的六十五点五毫克的黄金。各项金额可换算为有关国家货币,取其整数。各项金额与国家货币的换算,应当按照该有关国家的法律进行。

三、本条第一款最后一句所称的计算,以及本条第二款所称的换算方法,应当使以当事国货币计算的第二十一条和第二十二条的数额的价值与根据本条第一款前三句计算的真实价值尽可能相同。当事国在交存对本公约的批准书、接受书、核准书或者加入书时,应当将根据本条第一款进行的计算方法或者根据本条第二款所得的换算结果通知保存人,该计算方法或者换算结果发生变化时亦同。

第二十四条 限额的复审

一、在不妨碍本公约第二十五条规定的条件下,并依据本条第二款的规定,保存人应当对第二十一条、第二十二条和第二十三条规定的责任限额每隔五年进行一次复审,第一次复审应当在本公约生效之日起第五年的年终进行,本公约在其开放签署之日起五年内未生效的,第一次复审应当在本公约生效的第一年内进行,复审时应当参考与上一次修订以来或者就第一次而言本公约生效之日以来累积的通货膨胀率相应的通货膨胀因素。用以确定通货膨胀因素的通货膨胀率,应当是构成第二十三条第一款所指特别提款权的货币的发行国消费品价格指数年涨跌比率的加权平均数。

二、前款所指的复审结果表明通货膨胀因素已经超过百分之十的，保存人应当将责任限额的修订通知当事国。在将该项修订通知当事国后的三个月内，多数当事国登记其反对意见的，修订不得生效，保存人应当将此事提交当事国会议。保存人应当将修订的生效立即通知所有当事国。

三、尽管有本条第一款的规定，三分之一的当事国表示希望进行本条第二款所指的程序，并且第一款所指通货膨胀因素自上一次修订之日起，或者在未曾修订过的情形下自本公约生效之日起，已经超过百分之三十的，应当在任何时候进行该程序。其后的依照本条第一款规定程序的复审每隔五年进行一次，自依照本款进行的复审之日起第五年的年终开始。

第二十五条　关于限额的订定

承运人可以订定运输合同适用高于本公约规定的责任限额，或者无责任限额。

第二十六条　合同条款的无效

任何旨在免除本公约规定的承运人责任或者降低本公约规定的责任限额的条款，均属无效，但是，此种条款的无效，不影响整个合同的效力，该合同仍受本公约规定的约束。

第二十七条　合同自由

本公约不妨碍承运人拒绝订立任何运输合同、放弃根据本公约能够获得的任何抗辩理由或者制定同本公约规定不相抵触的条件。

第二十八条　先行付款

因航空器事故造成旅客死亡或者伤害的，承运人应当在其国内法有如此要求的情况下，向有权索赔的自然人不迟延地先行付款，以应其迫切经济需要。此种先行付款不构成对责任的承认，并可从承运人随后作为损害赔偿金支付的任何数额中抵消。

第二十九条　索赔的根据

在旅客、行李和货物运输中，有关损害赔偿的诉讼，不论其根据如何，是根据本公约、根据合同、根据侵权，还是根据其他任何理由，只能依照本公约规定的条件和责任限额提起，但是不妨碍确定谁有权提起诉讼以及他们各自的权利。在任何此类诉讼中，均不得判给惩罚性、惩戒性或者任何其他非补偿性的损害赔偿。

第三十条　受雇人、代理人—索赔的总额

一、就本公约中所指损失向承运人的受雇人、代理人提起诉讼时，该受雇人、代理人证明其是在受雇、代理范围内行事的，有权援用本公约中承运人有权援用的条件和责任限额。

二、在此种情况下，承运人及其受雇人和代理人的赔偿总额不得超过上述责任限额。

三、经证明，损失是由于受雇人、代理人的故意或者明知可能造成损失而轻率地作为或者不作为造成的，不适用本条第一款和第二款的规定，但货物运输除外。

第三十一条　异议的及时提出

一、有权提取托运行李或者货物的人收受托运行李或者货物而未提出异议，为托运行李或者货物已经在良好状况下并在与运输凭证或者第三条第二款和第四条第二款所指其他方法保存的记录相符的情况下交付的初步证据。

二、发生损失的，有权提取托运行李或者货物的人必须在发现损失后立即向承运人提出异议，并且，托运行李发生损失的，至迟自收到托运行李之日起七日内提出，货物发生损失的，至迟自收到货物之日起十四日内提出。发生延误的，必须至迟自行李或者货物交付收件人处置之日起二十一日内提出异议。

三、任何异议均必须在前款规定的期间内以书面形式提出或者发出。

四、除承运人一方有欺诈外，在前款规定的期间内未提出异议的，不得向承运人提起诉讼。

第三十二条 责任人的死亡

责任人死亡的，损害赔偿诉讼可以根据本公约的规定，对其遗产的合法管理人提起。

第三十三条 管辖权

一、损害赔偿诉讼必须在一个当事国的领土内，由原告选择，向承运人住所地、主要营业地或者订立合同的营业地的法院，或者向目的地点的法院提起。

二、对于因旅客死亡或者伤害而产生的损失，诉讼可以向本条第一款所述的法院之一提起，或者在这样一个当事国领土内提起，即在发生事故时旅客的主要且永久居所在该国领土内，并且承运人使用自己的航空器或者根据商务协议使用另一承运人的航空器经营到达该国领土或者从该国领土始发的旅客航空运输业务，并且在该国领土内该承运人通过其本人或者与其有商务协议的另一承运人租赁或者所有的处所从事其旅客航空运输经营。

三、就第二款而言，(一)“商务协议”系指承运人之间就其提供联营旅客航空运输业务而订立的协议，但代理协议除外；

(二)“主要且永久居所 ”系指事故发生时旅客的那一个固定和永久的居住地。在此方面，旅客的国籍不得作为决定性的因素。

四、诉讼程序适用受理案件的法院的法律。

第三十四条 仲裁

一、在符合本条规定的条件下，货物运输合同的当事人可以约定，有关本公约中的承运人责任所发生的任何争议应当通过仲裁解决。此协议应当以书面形式订立。

二、仲裁程序应当按照索赔人的选择，在第三十三条所指的其中一个管辖区内进行。

三、仲裁员或者仲裁庭应当适用本公约的规定。

四、本条第二款和第三款的规定应当视为每一仲裁条款或者仲裁协议的一部分，此种条款或者协议中与上述规定不一致的任何条款均属无效。

第三十五条 诉讼时效

一、自航空器到达目的地点之日、应当到达目的地点之日或者运输终止之日起两年期间内未提起诉讼的，丧失对损害赔偿的权利。

二、上述期间的计算方法，依照案件受理法院的法律确定。

第三十六条 连续运输

一、由几个连续承运人履行的并属于第一条第三款规定的运输，接受旅客、行李或者货物的每一个承运人应当受本公约规则的约束，并就在运输合同中其监管履行的运输区段的范围内，作为运输合同的订约一方。

二、对于此种性质的运输，除明文约定第一承运人对全程运输承担责任外，旅客或者任何行使其索赔权利的人，只能对发生事故或者延误时履行该运输的承运人提起诉讼。

三、关于行李或者货物，旅客或者托运人有权对第一承运人提起诉讼，有权接受交付的旅客或者收货人有权对最后承运人提起诉讼，旅客、托运人和收货人均可以对发生毁灭、遗失、损坏或者延误的运输区段的承运人提起诉讼。上述承运人应当对旅客、托运人或者收货人承担连带责任。

第三十七条 对第三人的追偿权

本公约不影响依照本公约规定对损失承担责任的人是否有权向他人追偿的问题。

第四章 联合运输

第三十八条 联合运输

一、部分采用航空运输,部分采用其他运输方式履行的联合运输,本公约的规定应当只适用于符合第一条规定的航空运输部分,但是第十八条第四款另有规定的除外。

二、在航空运输部分遵守本公约规定的条件下,本公约不妨碍联合运输的各方当事人在航空运输凭证上列入有关其他运输方式的条件。

第五章 非缔约承运人履行的航空运输

第三十九条 缔约承运人—实际承运人

一方当事人(以下简称"缔约承运人")本人与旅客、托运人或者与以旅客或者托运人名义行事的人订立本公约调整的运输合同,而另一当事人(以下简称"实际承运人")根据缔约承运人的授权,履行全部或者部分运输,但就该部分运输而言该另一当事人又不是本公约所指的连续承运人的,适用本章的规定。在没有相反证明时,此种授权应当被推定为是存在的。

第四十条 缔约承运人和实际承运人各自的责任

除本章另有规定外,实际承运人履行全部或者部分运输,而根据第三十九条所指的合同,该运输是受本公约调整的,缔约承运人和实际承运人都应当受本公约规则的约束,缔约承运人对合同涉及的全部运输负责,实际承运人只对其履行的运输负责。

第四十一条 相互责任

一、实际承运人的作为和不作为,实际承运人的受雇人、代理人在受雇、代理范围内的作为和不作为,关系到实际承运人履行的运输的,也应当视为缔约承运人的作为和不作为。

二、缔约承运人的作为和不作为,缔约承运人的受雇人、代理人在受雇、代理范围内的作为和不作为,关系到实际承运人履行的运输的,也应当视为实际承运人的作为和不作为。但是,实际承运人承担的责任不因此种作为或者不作为而超过第二十一条、第二十二条、第二十三条和第二十四条所指的数额。任何有关缔约承运人承担本公约未规定的义务或者放弃本公约赋予的权利或者抗辩理由的特别协议,或者任何有关第二十二条考虑到的在目的地点交付时利益的特别声明,除经过实际承运人同意外,均不得影响实际承运人。

第四十二条 异议和指示的对象

依照本公约规定向承运人提出的异议或者发出的指示,无论是向缔约承运人还是向实际承运人提出或者发出,具有同等效力。但是,第十二条所指的指示,只在向缔约承运人发出时,方为有效。

第四十三条 受雇人和代理人

实际承运人的受雇人、代理人或者缔约承运人的受雇人、代理人,证明其是在受雇、代理范围内行事的，就实际承运人履行的运输而言，有权援用本公约规定的适用于雇用该人的或者被代理的承运人的条件和责任限额，但是经证明依照本公约其行为不能援用该责任限额的除外。

第四十四条 赔偿总额

对于实际承运人履行的运输，实际承运人和缔约承运人以及他们在受雇、代理范围内行事的，受雇人和代理人的赔偿总额不得超过依照本公约得以从缔约承运人或者实际承运人获得赔偿的最高数额，但是上述任何人都不承担超过对其适用的责任限额。

第四十五条 索赔对象

对实际承运人履行的运输提起的损害赔偿诉讼，可以由原告选择，对实际承运人提起或者对缔约承运人提起，也可以同时或者分别对实际承运人和缔约承运人提起。损害赔偿诉讼只对其中一个承运人提起的，该承运人有权要求另一承运人参加诉讼，诉讼程序及其效力适用案件受理法院的法律。

第四十六条 附加管辖权

第四十五条考虑到的损害赔偿诉讼，必须在一个当事国的领土内，由原告选择，按照第三十三条规定向可以对缔约承运人提起诉讼的法院提起，或者向实际承运人住所地或者其主要营业地有管辖权的法院提起。

第四十七条 合同条款的无效

任何自在免除本章规定的缔约承运人或者实际承运人责任或者降低适用于本章的责任限额的合同条款，均属无效，但是，此种条款的无效，不影响整个合同的效力，该合同仍受本章规定的约束。

第四十八条 缔约承运人和实际承运人的相互关系

除第四十五条规定外，本章的规定不影响承运人之间的权利和义务，包括任何追偿权或者求偿权。

第六章 其他规定

第四十九条 强制适用

运输合同的任何条款和在损失发生以前达成的所有特别协议，其当事人借以违反本公约规则的，无论是选择所适用的法律还是变更有关管辖权的规则，均属无效。

第五十条 保险

当事国应当要求其承运人就其在本公约中的责任进行充分保险。当事国可以要求经营航空运输至该国内的承运人提供其已就本公约中的责任进行充分保险的证据。

第五十一条 特殊情况下履行的运输

第三条至第五条、第七条和第八条关于运输凭证的规定，不适用于承运人正常业务范围以外的在特殊情况下履行的运输。

第五十二条 日的定义

本公约所称“日”，系指日历日，而非工作日。

第七章 最后条款

第五十三条 签署、批准和生效

一、本公约于一九九九年五月二十八日在蒙特利尔开放，听由一九九九年五月十日至二十八日在蒙特利尔召开的国际航空法大会的参加国签署。一九九九年五月二十八日以后，本公约应当在蒙特利尔国际民用航空组织总部对所有国家开放签署，直至其根据本条第六款生效。

二、本公约同样向地区性经济一体化组织开放签署。就本公约而言，“地区性经济一体化组织”系指由某一地区的主权国家组成的对于本公约调整的某些事项有权能的并经正式授权可以签署及批准、接受、核准或者加入本公约的任何组织。本公约中对“当事国”的提述，同样适用于地区性经济一体化组织，但是第一条第二款、第三条第一款第(二)项、第五条第(二)项、第二十三条、第三十三条、第四十六条和第五十七条第(二)项中的除外。就第二十四条而言，其对“多数当事国”和“三分之一的当事国”的提述不应适用于地区性经济一体化组织。

三、本公约应当经签署本公约的国家和地区性经济一体化组织批准。

四、未签署本公约的国家或者地区性经济一体化组织，可以在任何时候接受、核准或者加入本公约。

五、批准书、接受书、核准书或者加入书应当交存国际民用航空组织，在此指定其为保存人。

六、本公约应当于第三十份批准书、接受书、核准书或者加入书交存保存人后的第六十天在交存这些文件的国家之间生效。就本款而言，地区性经济一体化组织交存的文件不得计算在内。

七、对于其他国家或者其他地区性经济一体化组织，本公约应当于其批准书、接受书、核准书或者加入书交存日后六十天对其生效。

八、保存人应当将下列事项迅速通知各签署方和当事国：

(一)对本公约的每一签署及其日期；

(二)每一批准书、接受书、核准书或者加入书的交存及其日期；

(三)本公约的生效日期；

(四)对本公约所设定责任限额的任何修订的生效日期；

(五)第五十四条所指的退出。

第五十四条 退出

一、任何当事国可以向保存人提交书面通知，以退出本公约。

二、退出应当自保存人收到通知之日后的第一百八十天起生效。

第五十五条 与其他华沙公约文件的关系

在下列情况下，本公约应当优先于国际航空运输所适用的任何规则：

一、该项国际航空运输在本公约当事国之间履行，而这些当事国同为下列条约的当事国：

(一)一九二九年十月十二日在华沙签订的《统一国际航空运输某些规则的公约》(以下

简称华沙公约)；

(二)一九五五年九月二十八日订于海牙的《修订一九二九年十月十二日在华沙签订的统一国际航空运输某些规则的公约的议定书》(以下简称海牙议定书)；

(三)一九六一年九月十八日在瓜达拉哈拉签订的《统一非缔约承运人所办国际航空运输某些规则以补充华沙公约的公约》(以下简称瓜达拉哈拉公约)；

(四)一九七一年三月八日在危地马拉城签订的《修订经一九五五年九月二十八日订于海牙的议定书修正的一九二九年十月十二日在华沙签订的统一国际航空运输某些规则的公约的议定书》(以下简称危地马拉城议定书)；

(五)一九七五年九月二十五日在蒙特利尔签订的修订经海牙议定书或者经海牙议定书和危地马拉城议定书修正的华沙公约的第一号至第三号附加议定书以及蒙特利尔第四号议定书(以下简称各个蒙特利尔议定书)；或者

二、该项国际航空运输在本公约的一个当事国领土内履行，而该当事国是上述第(一)项至第(五)项所指一个或者几个文件的当事国。

第五十六条　有多种法律制度的国家

一、一国有两个或者多个领土单位，在各领土单位内对于本公约处理的事项适用不同的法律制度的，该国可以在签署、批准、接受、核准或者加入时，声明本公约适用于该国所有领土单位或者只适用于其中一个或者多个领土单位，该国也可随时提交另一份声明以修改此项声明。

二、做出此项声明，均应当通知保存人，声明中应当明确指明适用本公约的领土单位。

三、就已做出此项声明的当事国而言，(一)第二十三条所述的"国家货币"应当解释为该国有关领土单位的货币；并且

(二)第二十八条所述的"国内法"应当解释为该国有关领土单位的法律。

第五十七条　保留

对本公约不得保留，但是当事国可以在任何时候向保存人提交通知，声明本公约不适用于：

(一)由当事国就其作为主权国家的职能和责任为非商业目的而直接办理和运营的国际航空运输；以及/或者

(二)使用在该当事国登记的或者为该当事国所租赁的、其全部运力已为其军事当局或者以该当局的名义所保留的航空器，为该当局办理的人员、货物和行李运输。

下列全权代表经正式授权，已在本公约上签字，以昭信守。

本公约于一九九九年五月二十八日订于蒙特利尔；以中文、英文、阿拉伯文、法文、俄文和西班牙文写成，各种文本同等作准。本公约应当存放于国际民用航空组织档案处，由保存人将核正无误的公约副本分送本公约的所有当事国以及华沙公约、海牙议定书、瓜达拉哈拉公约、危地马拉城议定书和各个蒙特利尔议定书的所有当事国。

国际危险货物的分类与特性

一、危险货物的概念

危险货物是指具有燃烧、爆炸、腐蚀、毒害、放射射线、污染等性质，在运输、装卸和储存过程中，容易造成人身伤亡和财产毁损而需要特别防护的货物。危险货物一旦发生事故，将给人身、财产及水域、陆域、大气环境造成严重的损害。

为了保障危险货物在各种运输方式下的安全运输，联合国危险货物运输专家委员会编写了《关于危险货物运输的建议书·规章范本》(橙皮书)，以指导危险货物的运输。国际海事组织(IMO)制定了《国际海运危险货物运输规则》(IMDG Code)，该规则(大部分内容)自2004年1月1日起成为联合国海上人命安全公约(Convention on the Safety of Life at Sea，SOLAS)下的强制性的规则。我国交通部于1996年12月1日颁布实施了《水路危险货物运输规则》(第一部分——水路包装危险货物运输规则)。此外，国际航空协会制定了关于空运货物的规则和标准《Dangerous Goods Regulations，DGR》;国际民用航空组织(ICAO)制定了《空运危险货物安全运输技术规则》。

危险货物根据运输形式不同分为包装危险货物和散装危险货物。本节主要介绍包装危险货物，散装危险货物可以参阅其他相关规则和书籍。

二、危险货物的分类与特性

国际危险货物运输中，危险货物的分类以联合国《关于危险货物运输的建议书·规章范本》为依据。

国际海上危险货物运输中，包装危险货物根据《国际海运危险货物运输规则》(IMDG Code)。关于它们所呈现的危险性或主要的危险性按照联合国《关于危险货物运输的建议书·规章范本》分为如下九大类：

第1类　爆炸品(explosives)；

第2类　气体(gases)；

第3类　易燃液体(flammable liquids)；

第4类　易燃固体、易自燃物质和遇水放出易燃气体的物质

(flammable solids，spontaneously combustible and substances which in contact with water emit flammable gases)；

第5类　氧化物质和有机过氧化物(oxidizing substances and organic peroxide)；

第6类　有毒和感染性物质(toxic substances and infectious substances)；

第7类　放射性物质(radioactive)；

第8类　腐蚀性物质(corrosives)：

第9类　杂类危险物质和物品(miscellaneous dangerous substances and articles)。

国际航空危险货物运输中，国际航空运输协会(IATA)《危险货物运输规则》在按货物特性将危险货物分为九个大类，并在用品名表列举确认的基础上，根据货物的危险程度与

民航运输能否受理承运，将危险货物分成 4 个层次：

1. 在任何情况下禁止航空运输的危险货物

这些危险货物的危险性太大，航空运输不能接受。IATA 的 DGR 除了在品名表中注明外，还特别单独将其列出。

2. 豁免可以运输的禁止航空运输的危险货物

这些货物的危险性很大，未经豁免禁止航空运输。但在某种非常紧急的情况下，需要运输，而又无法采取其他运输方式，只能采用空运，则经有关国家主管当局的特别批准（即豁免）可以航空运输。豁免的申请和审批程序由主管当局另行规定。

3. IATA 的 DGR 可以接受航空运输的危险货物

除上述两种禁止航空运输的危险货物外，大量的危险货物可以航空运输。航空运输是以客运为主的运输方式，旅客的行李占很大的比重，大部分飞机客货兼运。全货机在运输飞机中所占比例较少，这就需要解决危险货物能否装进客机、与旅客同行的问题。所以 IATA 的 DGR 将可以接受运输的危险货物又分为“仅限客机”运输和可用“客货机”运输两种。

4. IATA 的 DGR 豁免可以运输的危险货物

这些物品的化学性质属九大类危险货物中的某一种，但在某些特定的条件下，不至于造成人员伤害和财产损失，因此可以免受 IATA 的 DGR 关于危险货物标志、装载和单证等的限制。

（一）第 1 类　爆炸品

1. 定义

IMDG Code 指出第 1 类爆炸品（explosives）包括爆炸性物质、烟火物质和爆炸性物品。

具体定义为：

（1）爆炸性物质系指固体或液体物质（或几种物质的混合物），能通过本身的化学反应产生气体，其温度、压力和速度会对周围环境造成破坏，甚至包括不放出气体的烟火物质。

（2）烟火物质系指一种或几种物质的混合物，设计上通过产生热、光、声、气体或所有这一切的结合达到一种效果，这些效果是通过非爆燃性的、自续的、放热等一些化学反应产生的。

（3）爆炸性物品系指含有一种或多种爆炸性物质的物品。

2. 分类

（1）危险性分类

按爆炸产生的危险性，第 1 类爆炸品分为 6 小类：

第 1.1 类　具有整体爆炸危险的物质和物品（是指实际上瞬间影响到几乎全部装药量的爆炸）；

第 1.2 类　具有抛射危险，但没有整体爆炸危险的物质或物品；

第 1.3 类　具有燃烧危险、较小爆炸或较小抛射危险，或兼有两种危险，但无整体爆炸危险的物质或物品；

第 1.4 类　无重大危险的物质和物品；

第 1.5 类　有整体爆炸的危险但极不敏感的物质；

第 1.6 类　无整体爆炸危险的极不敏感物品。

3. 特性

(1)爆炸性

爆炸性是爆炸品的主要危险特性。爆炸是物质发生急剧的物理、化学变化的现象。依据变化形式的不同分为物理爆炸、化学爆炸和核爆炸。其中化学爆炸又分为爆炸性物质的爆炸、可燃性混合气体的爆炸和可燃性粉尘的爆炸。爆炸品的爆炸属于化学爆炸中的爆炸性物质的爆炸。

(2)毒害性

许多炸药或爆炸性物质爆炸时通常产生大量CO,CO_2,N_2,N_2O,NO,NO_2或SO_2等窒息性和有毒气体,有的甚至有剧毒,很容易造成窒息或中毒。

(3)燃烧性

爆炸品燃烧时放出大量热量,使温度急剧升高,瞬间中心点温度升至1500℃～4500℃,很容易使周围可燃物质燃烧,造成火灾。

(二)第2类 气体

1. 定义

气体(gases)是物质的一种状态,它:(1)在50℃时,其蒸气压力大于300kPa;或(2)在标准大气压101.3kPa、温度200℃时,完全处于气态。本类物品包括压缩气体,液化气体,溶解气体,冷冻气体,一种或多种气体与其他种类的一种或多种物质的蒸气的混合物,充注了气体的物品和烟雾剂。气体在运输中的主要状态有:

(1)压缩气体——气体在压力包装运载时,处于－50℃时,完全呈气态;本类包括临界温度低于或等于－50℃的所有气体。

(2)液化气体——气体在压力包装运载时,当温度高于－50℃,部分呈气态,其特性可分为:高压液化气体,即临界温度在－50℃～65℃之间的气体;低压液化气体,即临界温度在65℃以上的气体。

(3)冷冻液化气体——当包装载运时,由于温度低而部分气体处于液态。

(4)压缩溶解气体——在压力下包装载运时,溶解在液相溶剂中的气体。

2. 分类

根据气体的主要危险性,将第2类气体分为3小类:

(1)第2.1类 易燃气体(flammable gases)

该气体在温度200℃、标准压力101.3kPa时:

①在与空气混合物中所占体积为13%或更低时可点燃;或

②不管最低燃烧极限是多少,与空气混合形成的燃烧范围(即燃烧上、下限之间)至少有12个百分点。

(2)第2.2类 非易燃、无毒气体(non-flammable non-toxic gases)

该气体在200℃时,压力不低于280kPa,或作为冷冻液体运输的气体。该气体具有:

①窒息性——在大气中,该气体通常会冲淡或替代氧气;

②氧化性——该气体通常以提供氧气的方式,可以比空气更易于造成或导致其他材料燃烧;

③在其他类别里没有列入。

(3)第 2.3 类　有毒气体(toxic gases)

该气体是:

①被认为对人类有毒或者有腐蚀性,以至于危害健康;或

②被推定对人类有毒或有腐蚀性,通过试验得出气体的半致死浓度(LC_{50})值相当于或低于 5000ml/m^3(ppm)。

注:在腐蚀性上符合上述标准的气体将分类为带有腐蚀性和危险性的有毒气体。

具有多种危险性的气体或气体混合物,其危险性排序原则为:

①第 2.3 类优先于其他所有类别;

②第 2.1 类优先于第 2.2 类。

3.特性

(1)扩散性。一切比空气轻的气体都会蓄留在空间的封闭顶部;一切比空气重的气体会沉积在低洼处。如任其蓄积,都有潜在危险。所以,应针对气体相对密度的大小采取相应的防范措施,以确保安全。

(2)可压缩和液化性。气体都具有可压缩性,然而,不是在任何情况下,只要施加压力,都能使气体液化。只有当温度降到一定程度时,再施加压力才能使其液化。在这一温度以上,无论施加多大压力都不能使其液化。这个加压使气体液化时所允许的最高温度叫做临界温度。

在临界温度时使气体液化所需的最小压力叫做临界压力。当温度在临界温度以下时,使气体液化所需的压力小于临界压力;当温度降至沸点温度时,在常压下即能得到液化气体。由此可见,液化气体比起压缩气体,其体积压缩的程度更大。

(3)物理爆炸性。所有气体都是加压灌装在压力容器内进行运输的,如容器受到剧烈撞击、振动或受热时,会使容器内压力增大,若超过容器所能承受的最高压力,就会产生容器爆炸。它属于物理爆炸。

(4)燃烧爆炸性。易燃气体扩散到空气中,与空气形成混合气体,当达到爆炸或燃烧极限(范围)时,遇明火会发生燃烧和爆炸。

(5)毒性(腐蚀性)。有毒气体在第 2 类气体中所占比重很大。有毒气体,尤其是剧毒气体对人、畜都有很大的毒害性,吸入少量即可引起中毒或死亡。

(6)易燃性。在 2.2 类非易燃、无毒气体中有些气体虽然本身不能燃烧,但具有很强的助燃性。

(7)窒息性。在第 2. 2 类非易燃、无毒气体中有些气体虽然无毒,但在高浓度时有窒息性。如,二氧化碳(CO_2)。

(8)溶解性。许多气体能溶解于水和某些溶剂中,有的甚至溶解量非常大。

(三)第 3 类　易燃液体

1.定义

《国际海运危规》中的易燃液体(flammable liquids)是在闭杯闪点试验 61℃(相当于开杯试验 65.6℃)或在 61℃以下时放出易燃蒸气的液体或液体混合物,或含有处于溶液中或悬浮状态的固体或液体(如:油漆、清漆、真漆等,但不包括由于其他危险性已另列入其他类别中的物质),上述温度通常指闪点。还包括:

(1)交付运输的液体在闪点温度或高于闪点温度;

(2)交付运输的液体物质在加温条件下运输。

这些物质在温度等于或低于最高运输温度时会放出易燃的蒸气。

所谓闪点(flash point)是易燃液体的蒸气和空气形成的混合物与明火接触时可以发生瞬间闪火的最低温度。闪点又分为开杯闪点(O. C)和闭杯闪点(C. C)两种。

2. 分类

(1)国际规则在本类中不分小类。

(2)我国《水路危规》根据闪点的高低即危险性的大小将第 3 类易燃液体分为 3 小项。

第 3.1 项　闪点低于−18℃(C. C)的低闪点类液体;

第 3.2 项　闪点为−18℃至 23℃(C. C)(不包括 23℃)的中闪点类液体;

第 3.3 项　闪点为 23℃至 61℃(C. C)(包括 61℃)的高闪点类液体。

《水路危规》又把闪点在 23℃ (C. C)以下(不包括 23℃)的易燃液体级危险货物,闪点为 23℃至 61℃(C. C)(包括 61℃)的易燃液体列为二级危险货物。

(3)根据易燃危险性划分为三个包装类,如下表:

确定易燃液体的标准

包装类	闪点℃闭杯(C. C)	初沸点℃
I	—	≤35
II	<23	>35
III	≥23 至≤61	>35

在国际航空运输协会的《危险货物规则》中,易燃液体的定义和包装等级都采用联合国标准,即沸点小于等于 35℃的易燃液体,不论其闪点如何都用 I 级包装。沸点在 35℃以上的液体,视闪点的高低分别采用 II 级和 III 级包装。实际上,沸点低的易燃液体其闪点必然也低。

3. 特性

(1)易挥发性。液体在低于沸点温度下的蒸发现象称挥发。所有液体都能够蒸发,只是各种液体蒸发的快慢不同。易燃液体的内聚力较其他可燃液体小,而饱和蒸气压大,沸点较低,所以易燃液体易于挥发。

(2)易燃性。液体本身并不能燃烧,但其挥发的蒸气与空气的混合物一旦接触火种就易于着火燃烧。易燃液体具有高度的易燃性。

(3)蒸气的易爆性。易燃液体挥发产生的蒸气和空气混合达到一定浓度,遇明火会发生爆炸。

(4)具有较大的蒸气压。易燃液体都是蒸气压较高的液体,而且随温度的升高急剧加大,因而储存于密闭容器中时,受热后很容易造成容器的胀裂,甚至发生物理爆炸。

(5)热胀冷缩性。易燃液体的受热膨胀系数都比较大,其受热膨胀性相当突出。

(6)高度流动性。易燃液体大都是黏度较小的液体,一旦撒漏,极易流动到低处。

(7)反应性。易燃液体遇强酸及氧化剂等能发生剧烈反应而引起燃烧。

(8)毒性。大多数易燃液体及其蒸气都有不同程度的毒性或麻醉性。

(9)易积聚静电。大部分易燃液体的绝缘性能都很高,易积聚静电。

(10)比重小。大部分易燃液体的比重都小于1,且不混溶于水。当这类物质发生火灾时,用水去灭火是无效的,不但起不到覆盖、降温作用,当液体不只限于某一容器时,还会由于水的流动性,而使火灾蔓延。

(11)蒸气相对密度较大。有许多易燃液体的蒸气较空气为重,当它们从容器中挥发出来后,其蒸气不是向高空扩散,而往往是向低处扩散。因此,在存放和积载易燃液体的库房和货舱的较低处就可能有易燃液体蒸气聚集,容易产生潜在的危险。

(四)第4类　易燃固体、易自燃物质和遇水放出易燃气体的物质

1.定义

第4类　易燃固体、易自燃物质和遇水放出易燃气体的物质(flammable solids;substances liable to spontaneous combustion substances which in contact with water,emit flammable gases)涉及除划分为爆炸品以外在运输条件下易燃或可能引起或导致起火的物质。

2.分类

第4类分为3小类:

(1)第4.1类　易燃固体

本类物质是在运输所经受条件下,易于燃烧或易于通过摩擦可能起火的固体;易于发生强烈热反应的自反应物质(固体或液体);如没有充分稀释的情况下也可能爆炸的退敏爆炸品。该类货物包括:易燃固体(flammable solids)、自反应物(self-reactive substances)和固体退敏爆炸品(desensitized explosives)。

(2)第4.2类　易自燃物质

易自燃物质是在运输中遇到的正常条件下易于自发升温或易于遇空气升温,然后易于起火的液体或固体物质。该类货物包括:引火性物质(hydrophobic substances)、自热物质(self-heating substances)。

(3)第4.3类　遇水放出易燃气体的物质

本类物质与水反应易自发地成为易燃或放出达到危险数量的易燃气体的液体或固体物质。

该类物质无论是固体还是液体,与水作用易于自燃或放出危险数量的易燃气体,放出的气体与空气混合将形成爆炸性混合物,很容易被普通的火源点燃。

3.特性

(1)燃烧性。易燃固体的燃点都很低,在遇空气(或氧化剂)、遇火、受热、摩擦或与酸类接触等都能引起剧烈的燃烧甚至爆炸。

易自燃物质的自燃点较低,并易于被氧化分解,尤其是受潮、受热后放出热量,这些热量又加剧氧化反应,产生热量越来越多很容易达到自燃点引起自燃。

遇水放出易燃气体的物质化学特性极其活泼,遇水(湿)、酸、氧化剂等能发生剧烈的化学反应,放出易燃性气体,并产生一定的热量,当产生的热量达到其自燃点时或遇到明火立即引起燃烧甚至爆炸。

(2)爆炸性。本类物质的爆炸主要有以下几种情况:

①易燃固体中有许多物质都是粉末状的,飞散到空气中在一定条件下会引起粉尘爆炸。

②有些物质与氧化剂混合会形成爆炸性混合物。

③因物质燃烧产生大量气体,使体积迅速膨胀引起爆炸。

④固体退敏爆炸品,当其浸湿液体低于规定含量或处于干燥状态时即为爆炸性物质,具有强烈的爆炸性。

⑤遇水放出易燃气体的物质,如放出的易燃气体与空气混合浓度达到爆炸极限,遇明火即引起混合气体的爆炸。

⑥遇湿放出易燃气体的物质,如与包装内残留的空气中的水汽反应生成气体,此气体如不能及时排泄,压力增大会发生爆炸。

(3)毒性和腐蚀性。本类中的一些物质本身有毒,还可以产生腐蚀性物质。

(五)第5类　氧化物质和有机过氧化物

1.定义

第5类氧化物质和有机过氧化物(oxidizing substances and organic peroxides)所涉及的物质因在运输过程中会放出氧气并产生大量的热,从而引起燃烧。

2.分类

第5类分为2小类:

(1)第5.1类　氧化物质

该类物质本身未必能燃烧,但通常因放出氧气能引起或促使其他物质燃烧,这些物质可能包含在一个物品中。

(2)第5.2类　有机过氧化物

该类物质属于有机物,在分子结构上含有两价的—O—O—(可以认为是过氧化氢其中的一个或两个氢原子被烃基取代的衍生物)。

3.特性

(1)第5.1类氧化性物质本身未必能燃烧,但在遇酸、受热、受潮或接触有机物、还原剂会放出原子氧和热量,引起燃烧或形成爆炸性混合物的危险。

(2)大多数有机过氧化物本身是易燃的,表现出强烈的氧化性能,极不稳定易分解。

(六)第6类　有毒物质和感染性物质

1.定义

有毒物质(toxic substances)是指吞咽、吸入或皮肤接触易于造成死亡、严重伤害或损害人体健康的物质。

感染性物质(infectious substances)是指已知或一般有理由相信含有病原体的物质。所谓病原体是指已知或一般有理由相信会使人或动物引起感染性疾病的微生物(包括细菌、病毒、立克次氏体、寄生生物、真菌)或微生物重组体(杂交体或突变体)。

2.分类

第6类分成2小类:

(1)第6.1类 有毒物质

有毒物质的确认指标及危险等级标准见下表:

包装类	危险等级	经口吞咽毒性 LD_{50}(mg/kg)	皮肤接触毒性 LD_{50}(mg/kg)	粉尘、烟雾吸入毒性 LC_{50}(1 小时)(mg/l)
Ⅰ	大	≤5	≤40	≤0.5
Ⅱ	中	>5～50	>40～200	>0.5～2
Ⅰ*	小	固体>50～200 液体>50～500	>200～1000 >200～1000	>2～10 >2～10

* 毒性数据相当于包装类Ⅲ的催泪性毒性物质，应将其列入包装类Ⅱ。

(2)第 6.2 类 感染性物质

本类物质具体包括感染性物质、生物制品、诊断样品和基因重组的生物和微生物。

3.特性

(1)毒害性

有毒物质少量地进入人或动物的机体后，能与体液及组织发生作用，扰乱或破坏机体的正常生理功能，引起暂时性或永久性的病理状态，甚至危及生命安全的物质。

衡量毒物毒性大小的指标：

①半数致死剂量(LD_{50})

半数致死剂量是指使试验动物一次染毒后，在 14 天内有半数试验动物死亡所施用的毒物剂量。单位用 mg/kg 表示。

②半数致死浓度()

半数致死浓度是指使试验动物一次染毒后(连续吸入 1 小时)，在 14 天内有半数试验动物死亡所施用的蒸气、烟雾或粉尘的浓度。单位用 mg/l 或 ml/l(ppm)表示。

③最高容许浓度(MAC)

最高容许浓度是指工作场所空气中有害物质规定的最高浓度限值。单位用 mg/m^3 或 ml/l(ppm)表示。

④阈限值(TLV)

一个健康成人一整天内反复经受毒物浓度的上限。单位用 ppm 表示。

MAC 和 TLV 都表示人员在这一浓度下长期劳动也不至于引起急性或慢性中毒。这一浓度值是经代表性的多次采样测定出来的。

(2)遇热、酸、水等分解性

几乎所有的有毒物质遇火或受热分解散发有毒气体。

(3)有机毒品可燃性

毒害品中的有机物都是可燃的，其中还有不少液体是易燃的，它们遇火、高热或与氧化剂接触会燃烧甚至爆炸，并放出有毒气体，加大危害性。

(4)污染性

大部分有毒物质具有污染性。

(5)腐蚀性

有不少毒害品对人体和金属有较强的腐蚀性，强烈刺激皮肤和黏膜，甚至发生溃疡，加速毒物经皮肤的入侵。

(七)第 7 类　放射性物质

1. 定义

放射性物质(radioactive material)是指所托运的货物中放射性比活度和总活度都超过了 IMDG Code 所规定的数值的任何含有放射性核素的物质。

2. 分类

第 7 类不分小类

3. 特性

(1)放射性

本类物质的主要危险性是放射性。

所谓放射性是指一些物质能自发地、不断地放出穿透力很强、而人的感觉器官察觉不到的射线,这种射线对人体组织会造成伤害,使人体产生急性或慢性放射性疾病的性质。

(2)其他特性

有些放射性物质还具有爆炸性、易燃性、腐蚀性、毒性等。

(八)第 8 类　腐蚀品

1. 定义

腐蚀品(corrosive substances)是指通过化学反应能严重地伤害与之接触的生物组织的物质,或从其包件中撒漏亦能导致对其他货物或船舶损坏的物质。

2. 分类

(1)IMDG Code 在本类中不分小类。

(2)我国《水路危规》将第 8 类分为 3 小项:

第 8.1 类　酸性腐蚀品;

第 8.2 类　碱性腐蚀品;

第 8.3 类　其他腐蚀品。

(3)按运输中的危险程度,将第 8 类分成以下三类包装类:

①包装类Ⅰ

是在 3 分钟或少于 3 分钟的暴露时间后开始直到 60 分钟的观察期内,能使动物完好的皮肤组织出现坏死现象的物质;

②包装类Ⅱ

是在 3 分钟至 60 分钟以内的暴露时间后开始直到 14 天的观察期内,能使动物完好的皮肤组织出现坏死现象的物质;

③包装类Ⅲ

是在 60 分钟以上 4 小时以内的暴露时间后开始直到 14 天的观察期内,能使动物完好的皮肤组织出现坏死现象的物质;或虽不会在完好的皮肤组织引起可见坏死现象,但在试验温度为 55℃时对 P235 型(ISO P328(II):1991)钢或非电镀 7075-T6 型或 AZ5GU-T6 型铝的表面年腐蚀率超过 6.25mm 的物质,该试验还可用 ASTN G31－72(1990 年重新批准)规定的试验代替。

3. 特性

(1)腐蚀性

腐蚀品与很多物品、人体接触后,都能形成不同程度的腐蚀。其中对人体的腐蚀又称化学烧伤(或化学灼伤)。

(2)毒性

许多腐蚀品具有不同程度的毒性,特别是具有挥发性的腐蚀品,能挥发出有毒的气体和蒸气,在腐蚀人体的同时还能引起中毒。

(3)氧化性

腐蚀品中的含氧酸大多是强氧化剂,本身会分解出氧气,或与其他物质反应时,夺取电子使其氧化。强氧化剂与可燃物接触时,即可引起燃烧。

(4)易燃性

有机腐蚀品具有可燃性,其中有些是易燃的。

(5)遇水反应性

腐蚀品中有很多物品能与水发生反应生成烟雾,对眼睛和呼吸道有强烈的刺激作用。

(6)污染性

一些腐蚀品具有污染性,属于海洋污染物甚至是严重海洋污染物。

(九)第 9 类　杂类危险物质和物品

1.定义

海上运输中,IMDG Code 指出杂类危险物质和物品(miscellaneous dangerous substances and articles)包括:

(1)根据已经表明的具有经修订的《1974 年国际海上人命安全公约》第七章 A 部分规定列出的危险性,但未列入其他危险类别的物质和物品;包括运输或准备交付运输的温度等于或超过 100℃仍为液态、温度等于或超过 240℃仍为固态的物质和物品;

(2)上述公约第七章 A 部分未规定的,但《经 1978 年议定书修订的 1973 年国际防止船舶造成污染公约》(MARPOL73/78)附则 II 规定的有害物质(海洋污染物)。

航空运输中,IATA《危险货物运输规则》关于本类货物的定义为:

在航空运输时有危险而又没有包括在前八类的货物。

最典型的货物是磁性物品。磁性物品对飞机的导航、通信设备有一定影响,可能危及航空安全,而对陆上运输则没有威胁。所以空运危规都把磁性物品列入第九大类。

《危险货物分类和品名编号》(国家标准 GB6944－86)将第九类危险货物称为"杂类",定义为:

第一项:磁性物品。系指航空运输时,距其包装件表面任何一点 2.1m 处的磁场强度 H≥0.159Am(安培米)。如移动电话、便携式游戏机等。

第二项:另行规定的物品。系指具有麻醉、毒害或其他类似性质能造成飞行机组人员情绪烦躁或不适,以致影响飞行任务的正确执行、危及飞行安全的物品。如水果榴莲、大蒜油等。

2.海洋污染物

海洋污染物(marine pollutants)系指由于其对海产品生物积累的潜在威胁或由于其对水生生物的严重毒性,而适用于 MARPOL73/78 附则 III 的物质。

参考文献及网站

1. 中国国际货运代理协会. 国际货运代理理论与实务. 北京:中国商务出版社,2007

2. 中国国际货运代理协会. 国际海上货运代理理论与实务. 北京:中国商务出版社,2005

3. 中国国际货运代理协会. 国际航空货运代理理论与实务. 北京:中国商务出版社,2005

4. 王学锋,郑丙贵. 国际货运代理概论. 上海:同济大学出版社,2006

5. 王学锋. 国际货运实务. 北京:高等教育出版社,2006

6. 杨志刚,孙明,吴文一. 国际货运代理实务与法规. 北京:化学工业出版社,2008

7. 杨志刚. 国际集装箱多式联运实务与法规. 北京:人民交通出版社,2001

8. 杨志刚. 国际货运物流实务、法规与案例. 北京:化学工业出版社,2008

9. 杨志刚,吴永富. 国际集装箱运输实务. 北京:人民交通出版社,1998

10. 杨茅甄. 集装箱运输实务. 北京:高等教育出版社,2007

11. 黄中鼎. 国际货运代理实务. 北京:中国物资出版社,2006

12. 汪传旭. 国际航运市场与政策. 北京:人民交通出版社,1999

13. 王志强等. 新编国际货运代理实务. 北京:对外经济贸易大学出版社,2005

14. 孟于群等. 国际货运代理法律及案例评析. 北京:对外经济贸易大学出版社,2000

15. 袁永友,姚大伟. 全国国际货运代理资格考试全真试题评析及模拟题. 北京:对外经济贸易大学出版社,2003

16. 孙翠霞,苏同江. 2002—2007 年全国国际货运代理从业人员资格考试全真试题评析. 北京:电子工业出版社,2008

17. 刘浩华,彭本红. 运输管理. 南昌:江西高校出版社,2007

18. FIATA 青岛培训中心 http://www.coscoqmc.com.cn/other/fiata2.htm

19. 中国物流人论坛 http://club.jctrans.com/

20. 中国航贸网 http://www.snet.com.cn

21. 中国涉外商事海事审判网 http://www.ccmt.org.cn

22. 欧盟再出重手,将对航运联营体"动刀" http://www.csi.com.cn/hyzxNews/20081028083207.html23. 国际货运代理责任保险的产生和内容

http://13701151374.blog.163.com/blog/static/124838457201010299524190 6/

24. 鹿特丹规则 http://www.fob001.cn/cj/article/2011-3-23/2011323811231198.htm